MEUS LUGARES ESCUROS

James Ellroy

MEUS LUGARES ESCUROS

Tradução de
CLAUDIA COSTA GUIMARÃES

2ª edição

EDITORA RECORD
RIO DE JANEIRO • SÃO PAULO

2011

CIP-Brasil. Catalogação-na-fonte
Sindicato Nacional dos Editores de Livros, RJ.

Ellroy, James, 1948-
E43m Meus lugares escuros / James Ellroy; tradução
2ª ed. de Claudia Costa Guimarães. – 2ª ed. – Rio de
Janeiro: Record, 2011.

Tradução de: My dark places
ISBN 978-85-01-05301-5

1. Ellroy, James, 1948- – Biografia. 2.
Escritores americanos – Biografia. I. Título.

CDD – 928.1
99-0491 CDU – 92(ELLROY, J.)

Título original norte-americano
MY DARK PLACES

Direitos exclusivos de publicação em língua portuguesa para o Brasil
adquiridos pela
DISTRIBUIDORA RECORD DE SERVIÇOS DE IMPRENSA S.A.
Rua Argentina 171 – Rio de Janeiro, RJ – 20921-380 – Tel.: 585-2000
que se reserva a propriedade literária desta tradução

Impresso no Brasil

ISBN 978-85-01-05301-5

Seja um leitor preferencial Record.
Cadastre-se e receba informações sobre nossos
lançamentos e nossas promoções.

Atendimento e venda direta ao leitor:
mdireto@record.com.br ou (21) 2585-2002

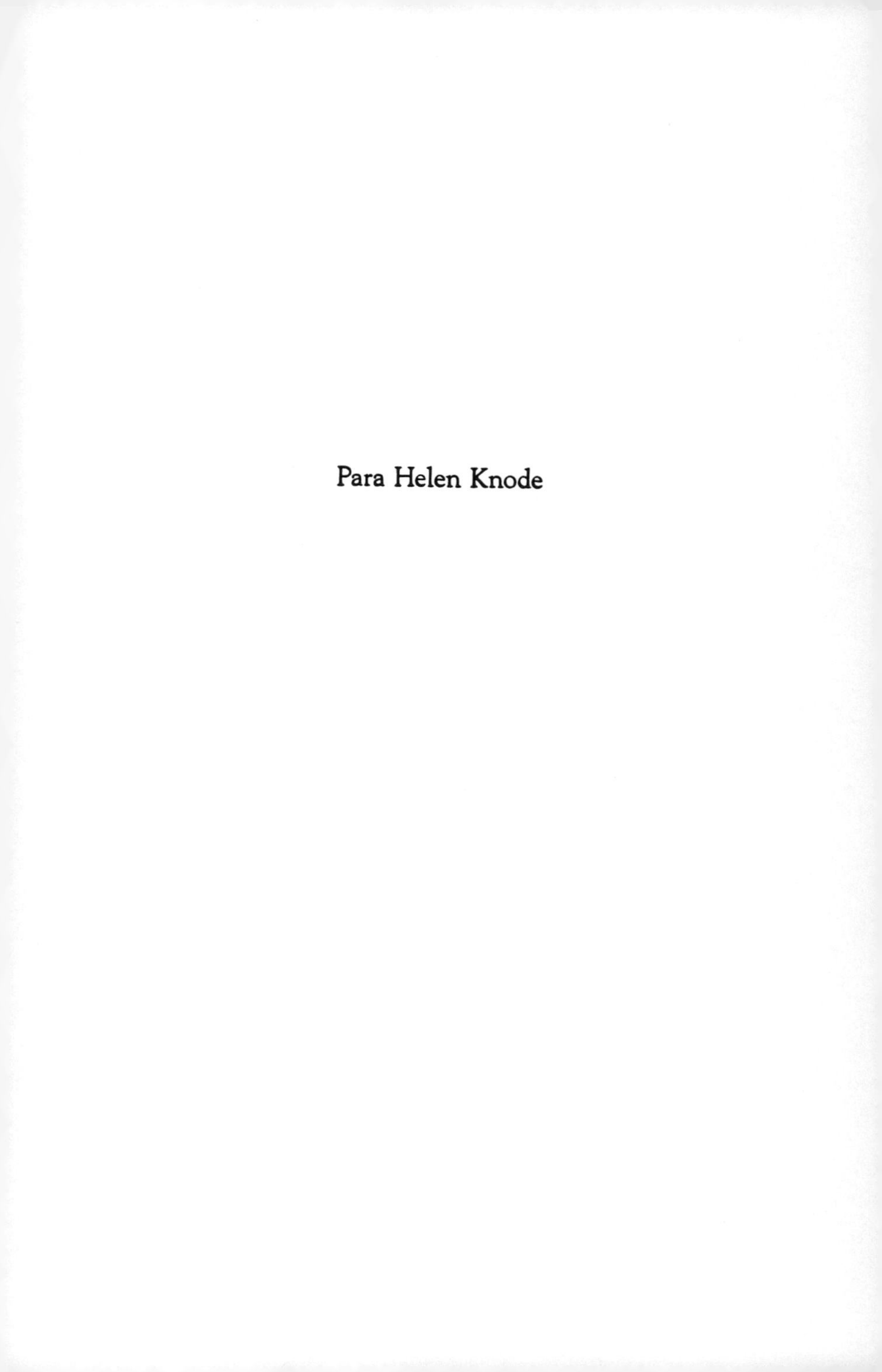

Para Helen Knode

I
A Ruiva

Você foi abatida por uma noitada barata de sábado. Teve uma morte estúpida e cruel, sem ter meios de se agarrar à vida.

Sua fuga para um lugar seguro foi um breve alívio. Levou-me com você para o seu esconderijo como se eu fosse um talismã. Falhei como tal, me transformando, assim, em sua testemunha.

Sua morte define minha vida. Quero encontrar o amor que nunca tivemos e defini-lo em seu nome.

Quero tornar públicos os seus segredos. Quero incendiar esta distância que nos separa.

Quero lhe dar alento.

1

Alguns moleques a encontraram.

Eram jogadores da liga infantil de beisebol e tinham saído para bater bola. Três treinadores adultos caminhavam logo atrás.

Os garotos viram uma forma no meio da hera, bem próximo ao meio-fio. Os homens viram pérolas espalhadas pela calçada. Uma descarga telepática percorreu o grupo.

Clyde Warner e Dick Ginnold enxotaram os meninos dali — para impedir que vissem demais. Kendall Nungesser atravessou a Tyler correndo e avistou um telefone público ao lado da sorveteria.

Ligou para a delegacia do xerife de Temple City e disse ao detetive de plantão que tinha descoberto um corpo. Estava bem ali, naquela estrada que ladeava o campo de beisebol da Arroyo High School. O sargento o mandou ficar onde estava e não tocar em coisa alguma.

Passaram o rádio às 10:10 de domingo, 22/6/58. Corpo encontrado em King's Row com Tyler Avenue, em El Monte.

Uma patrulha do xerife chegou ao local em menos de cinco minutos. Uma viatura da polícia de El Monte chegou alguns segundos depois.

Vic Cavallero, assistente do xerife, reuniu os treinadores e os garotos. O policial Dave Wire foi dar uma olhada no corpo.

Era uma mulher branca. Tinha pele clara e cabelos ruivos. Tinha aproximadamente quarenta anos. Estava deitada de barriga para cima — numa nesga de terra coberta de hera, a poucos centímetros do meio-fio da King's Row.

O braço direito estava dobrado para cima. A mão direita encontrava-se poucos centímetros acima da cabeça. O braço esquerdo estava dobrado na altura do cotovelo e repousava sobre o ventre. A mão esquerda estava cerrada. As pernas estavam esticadas.

Ela trajava um vestido sem mangas, gola canoa, mesclado de azul-claro e escuro. Um casaco azul-escuro com forro da mesma cor cobria-lhe a parte inferior do corpo.

Os pés e tornozelos estavam à mostra. O pé direito estava descalço. Havia uma meia de náilon embolada em volta do tornozelo esquerdo.

O vestido estava amarrotado. Mordidas de insetos cobriam-lhe os braços. O rosto estava machucado, a língua pendia para fora da boca. O sutiã estava desabotoado e solto acima dos seios. Havia uma meia de náilon e uma corda de algodão atadas em torno do pescoço. As duas ligaduras estavam amarradas com um nó apertado.

Dave Wire passou um rádio para o detetive de plantão da delegacia de El Monte. Vic Cavallero ligou para a delegacia de Temple. O aviso de desova entrou no ar:

Manda o legista do condado de Los Angeles vir para cá. Manda o laboratório de criminologia da delegacia e a equipe de fotografia virem para cá. Liga para a Delegacia de Homicídios do gabinete do xerife e fala para eles mandarem uma equipe para cá.

Cavallero postou-se ao lado do corpo. Dave Wire correu até a sorveteria e requisitou uma corda. Cavallero o ajudou a demarcar o perímetro da cena do crime.

Discutiram a estranha posição do corpo. *Tanto* parecia ter caído ali de qualquer maneira *quanto* ter sido meticulosamente posicionado.

Os curiosos perambulavam pelas imediações. Cavallero os afastou para a calçada da Tyler Avenue. Wire viu pérolas caídas no meio da rua e contornou cada uma delas com giz.

As viaturas pararam perto do cordão de isolamento. Policiais uniformizados e à paisana passaram por debaixo da corda.

Do Departamento de Polícia de El Monte: chefe Orval Davis, capitão Jim Bruton, sargento Virg Ervin. Capitão Dick Brooks, tenente Don Mead e sargento Don Clapp, da delegacia do xerife de Temple. Os assistentes do xerife mandaram segurar civis e tiras curiosos, quer estivessem estes em serviço ou não.

Dave Wire mediu a posição exata do corpo: 19,20m a oeste do primeiro portão trancado localizado no terreno da escola/61 centímetros do meio-fio da King's Row. O fotógrafo policial chegou e bateu fotos de perspectiva da King's Row e do campo de beisebol da Arroyo High.

Era meio-dia — fazia mais de trinta graus.

O fotógrafo retratou o corpo de cima e de ângulos laterais. Vic Cavallero lhe assegurou que os caras que o acharam não o haviam tocado. Os sargentos Ward Hallinen e Jack Lawton chegaram e foram direto falar com o chefe Davis.

Davis mandou que assumissem o caso. Assim rezava o contrato, determinando que todos os homicídios cometidos na cidade de El Monte ficassem a cargo da Delegacia de Homicídios do gabinete do xerife de Los Angeles.

Hallinen se aproximou do corpo. Lawton diagramou a área em seu caderno.

A Tyler Avenue corria de norte a sul. A King's Row a cruzava na extremidade sul do terreno da escola e estendia-se 160 metros para leste. Terminava na Cedar Avenue — na ponta leste do terreno da escola. Nada mais era do que uma estrada pavimentada de acesso.

Um portão delimitava o final da Cedar Avenue. Um portão interno isolava alguns bangalôs localizados perto dos prédios principais da Arroyo High. O único acesso à King's Row era pela Tyler Avenue.

A King's Row tinha 4,57m de largura. O campo de beisebol corria paralelo à extremidade norte. Por trás da linha do meio-fio — que delimitava a ponta sul — e de uma moita de hera com um metro de largura, corria uma cerca de arame coberta de arbustos. O corpo se encontrava 68 metros a leste do entroncamento da Tyler com a King's Row.

O pé esquerdo da vítima encontrava-se a cinco centímetros do meio-fio. O peso do corpo achatara toda a hera que o cercava.

Lawton e Hallinen olharam bem para o corpo. Começava a ser tomado pela rigidez cadavérica — a mão cerrada da vítima estava rígida.

Hallinen notou um anel de pérola falsa no dedo médio. Lawton disse que talvez ajudasse a identificá-la.

O rosto estava arroxeado. Parecia um exemplo clássico de desova de sábado à noite.

Vic Cavallero disse aos treinadores e aos jogadores mirins que fossem para casa. Dave Wire e Virg Ervin se misturaram com os civis. O sargento Harry Andre apareceu por lá — apesar de estar de folga, estava louco para ajudar.

A imprensa apareceu por lá. Alguns assistentes do xerife de Temple deram uma passadinha para ver como iam as coisas. Metade dos 26 homens do Departamento de Polícia de El Monte deu uma passadinha pelo local — defuntas brancas eram sempre uma grande atração.

O legista deu as caras. O fotógrafo policial disse a ele que podia examinar a vítima.

Hallinen e Lawton chegaram mais perto para olhar. O legista tirou o casaco da parte inferior do corpo da vítima.

Ela não usava anágua, cinta ou calcinha. O vestido estava erguido acima dos quadris. Sem calcinha e sem sapato. Aquela meia enroscada no tornozelo esquerdo. Hematomas e pequenas lacerações na parte interna das coxas. Uma marca de asfalto no quadril esquerdo, como se tivesse sido arrastada.

O legista virou o corpo. O fotógrafo policial bateu algumas fotos das costas da vítima. Estavam úmidas com o orvalho e mostravam sinais de lividez cadavérica.

O legista disse que ela devia ter morrido entre oito e doze horas atrás. Tinha sido desovada antes do amanhecer — era o que indicava o orvalho, claramente.

O fotógrafo bateu mais alguns retratos. O legista e seu assistente levantaram o corpo. Estava flácido, ainda não completamente tomado pela rigidez cadavérica. Carregaram a vítima até o rabecão e colocaram-na sobre uma maca.

Hallinen e Lawton verificaram a moita de hera e o meio-fio. Encontraram uma antena de carro quebrada na rua. Encontraram um colar de pérolas arrebentado na hera amassada, perto do local de desova. Apanharam as pérolas contornadas com giz e enfiaram-nas no colar. Constaram que ele agora estava completo.

O fecho estava intato. O fio estava rompido bem no meio. Colocaram as duas peças em sacos plásticos para serem usadas como provas.

Não encontraram a calcinha, os sapatos ou a bolsa da vítima. Não viram marcas de pneu no cascalho próximo ao meio-fio. Não havia marcas de arrastamento sobre superfície alguma da King's Row. A hera que cercava o local da desova não parecia ter sido pisada.

Eram 13:20. A temperatura aproximava-se dos 35 graus.

O legista tirou amostras dos cabelos e dos pêlos púbicos da vítima. Cortou-lhe as unhas e colocou as aparas num pequeno envelope.

Mandou despirem o corpo e colocou-o de barriga para cima, na maca.

Havia uma pequena quantidade de sangue seco na palma direita da vítima. Havia uma pequena laceração no meio da testa.

O mamilo esquerdo estava faltando. A pele da aréola era enrugada com o tecido branco típico de uma cicatriz. Parecia tratar-se de uma amputação cirúrgica, já antiga.

Hallinen tirou o anel da vítima. O legista mediu o corpo, 1,67m, e estimou o peso em 61kg. Lawton se afastou para passar os dados para o detetive de plantão e para a Delegacia de Desaparecidos do gabinete do xerife.

O legista pegou um bisturi e fez uma incisão de 15 centímetros no abdômen da vítima. Afastou as bordas com os dedos, enfiou um termômetro no fígado e leu, 32 graus. Estimou a hora da morte entre as 3:00 e as 5:00.

Hallinen examinou as duas ligaduras. A meia e a corda de algodão amarradas em torno do pescoço da vítima separadamente. A corda lembrava uma corda de varal ou de veneziana.

O nó da corda foi dado na nuca da vítima. O assassino amarrou com tanta força que uma das pontas partiu — o puído e os comprimentos desiguais das pontas dos nós mostravam isto de forrna conclusiva.

A meia amarrada em torno do pescoço da vítima era idêntica àquela embolada em volta do tornozelo esquerdo.

O legista trancou o furgão e levou o corpo para o necrotério do condado de Los Angeles. Jack Lawton passou um rádio:

Atenção todas as viaturas do Vale de San Gabriel, alerta para homem suspeito apresentando escoriações.

Ward Hallinen convocou alguns repórteres de rádio. Mandou-os colocar no ar:

Mulher branca encontrada morta. Quarenta anos/cabelos ruivos/olhos castanho-esverdeados/1,67m/61kg. Informações para o Departamento de Polícia de El Monte e para o xerife de Temple City.

O chefe Davis e o capitão Bruton dirigiram-se à sede do Departamento de Polícia de El Monte. Três homens da Delegacia de Homicídios do gabinete do xerife juntaram-se a eles: inspetor R.J. Parsonson, capitão Al Etzel, tenente Charles McGowan.

Sentaram-se juntos para pensar um pouco. Bruton ligou para a polícia de Baldwin Park, para a polícia de Pasadena, para a Delegacia do xerife de San Dimas e para as polícias de Covina e West Covina. Passou-lhes os dados da vítima e recebeu respostas idênticas: Não corresponde a nenhuma de nossas desaparecidas mais recentes.

Assistentes do xerife, uniformizados, e policiais de El Monte vasculharam o terreno da Arroyo High. Hallinen, Lawton e Andre fizeram uma diligência pelas imediações.

Conversaram com quem passeava, conversaram com quem pegava sol em seu quintal. Conversaram com a longa fila de fregueses da sorveteria. Descreveram a vítima e ouviram a mesma resposta de todos: Não sei de quem estão falando.

A área era residencial e semi-rural — pequenas casas entremeadas por terrenos baldios e quarteirões inteiros de terras não cultivadas. Hallinen, Lawton e Andre a desconsideraram como sendo território infrutífero.

Rumaram para o sul, até as rodovias principais de El Monte: Ramona, Garvey, Valley Boulevard. Cobriram uma série de cafés e bares. Falaram da ruiva e receberam uma sucessão de respostas negativas.

A diligência inicial não deu em nada.

A busca não deu em nada.

Nenhuma viatura comunicou ter se deparado com suspeitos exibindo cortes e arranhões.

Ligaram para a delegacia de El Monte. A mulher disse ter acabado de ouvir o repórter no rádio. A pessoa encontrada na escola era igualzinha à sua inquilina.

O telefonista passou um rádio para Virg Ervin: ver mulher no número 700 da Bryant Road.

O endereço ficava em El Monte — mais ou menos um quilômetro e meio, a sudeste da Arroyo High School. Ervin foi até lá e bateu à porta.

Uma mulher abriu. Identificou-se como sendo Anna May Krycki e afirmou que, pela descrição, a morta parecia ser sua inquilina, Jean Ellroy. Jean saiu de sua casa, na propriedade dos Krycki, na noite anterior, aproximadamente às vinte horas. Passou a noite toda fora — e ainda não tinha voltado.

Ervin descreveu o casaco e o vestido da vítima. Anna May disse que, pela descrição, parecia ser a roupa favorita de Jean. Ervin descreveu a cicatriz no mamilo direito da vítima. Anna May disse que Jean havia lhe mostrado a cicatriz.

Ervin foi até o carro e passou um rádio com a informação para a mesa telefônica de El Monte. O detetive de plantão mandou uma viatura atrás de Jack Lawton e Ward Hallinen.

O carro os encontrou em menos de dez minutos. Foram direto para a casa dos Krycki.

Hallinen foi logo mostrando o anel da vítima. Anna May o identificou como sendo de Jean.

Lawton e Hallinen lhe pediram que se sentasse e a interrogaram. Anna May Krycki disse que era a sra. Krycki. O nome do marido era George e ela tinha um filho de 12 anos de um primeiro casamento com um certo Gaylord. Jean Ellroy era, tecnicamente, *sra.*

Jean Ellroy, mas estava divorciada havia anos. O nome de batismo de Jean era Geneva. O segundo nome era Odelia, e o nome de solteira, Hilliker. Jean era enfermeira formada. Trabalhava numa fábrica de peças de avião no centro de Los Angeles. Ela e o filho de dez anos moravam num pequeno bangalô de pedra no quintal dos Krycki. Jean dirigia um Buick 1957 vermelho e branco. O filho estava passando o fim de semana com o pai em Los Angeles e chegaria dali a algumas horas.

A sra. Krycki mostrou-lhes uma foto de Jean Ellroy. O rosto correspondia ao da vítima.

A sra. Krycki disse ter visto Jean deixar o bangalô na noite anterior, mais ou menos às vinte horas. Estava só. Saiu em seu carro e não voltou. O carro não estava na frente da casa ou dentro da garagem. A sra. Krycki contou que a vítima e o filho tinham se mudado para lá havia quatro meses. Disse que o garoto passava a semana com a mãe e os fins de semana com o pai. Jean era, originalmente, de uma cidadezinha no Wisconsin. Era uma mulher trabalhadeira, reservada, retraída. Tinha 37 anos.

O pai tinha vindo pegar o garoto ontem pela manhã, de táxi. Ela tinha visto Jean cuidando das plantas ontem à tarde. Conversaram brevemente, mas Jean não lhe contou seus planos para a noite de sábado.

Virg Ervin mencionou o carro da vítima. Quem fazia a manutenção?

A sra. Krycki o mandou tentar o posto Union 76, perto dali. Ervin pegou o número com o serviço de informações, ligou para o posto e conversou com o proprietário. O homem verificou seus registros e voltou à linha com uma placa: Califórnia / KFE 778.

Ervin passou o número para a mesa telefônica da delegacia de El Monte, que o repassou para todas as patrulhas e da polícia local.

O interrogatório prosseguiu. Hallinen e Lawton insistiram num assunto: a vítima e seus relacionamentos com homens.

A sra. Krycki disse que Jean tinha uma vida social limitada. Parecia não ter namorados. Às vezes saía sozinha — e normalmente voltava cedo. Não era muito de beber. Vivia dizendo que precisava dar um bom exemplo para o filho.

George Krycki chegou. Hallinen e Lawton perguntaram-lhe o que tinha feito sábado à noite.

Ele contou que Anna May saiu para ir ao cinema em torno das 21:00. Ele ficou em casa e assistiu a uma luta na TV. Viu a vítima sair de carro entre as 20:00 e as 20:30 e não a viu voltar para casa.

Ervin pediu aos Krycki que o acompanhassem ao necrotério de Los Angeles. Precisava que identificassem o corpo.

Hallinen telefonou para o laboratório de criminologia do xerife e pediu que enviassem um dactiloscopista para o número 700 da Bryant, em El Monte — a casa menor, atrás da casa grande. Virg Ervin levou os Krycki até o Tribunal de Justiça de Los Angeles — um percurso de 19 quilômetros pela auto-estrada de San Bernardino. O Instituto Médico Legal e o necrotério ficavam no porão, abaixo da Delegacia de Homicídios do gabinete do xerife.

A vítima estava guardada numa câmara refrigerada sobre uma mesa de necrópsia. Os Krycki a viram em separado. Ambos a identificaram como sendo Jean Ellroy.

Ervin tomou uma declaração oficial dos dois e levou-os de volta a El Monte.

O dactiloscopista encontrou-se com Hallinen e Lawton do lado de fora do bangalô de Ellroy. Eram 16:30 e o dia continuava quente e úmido.

O bangalô era pequeno, construído com madeira marrom-avermelhada e pedras retiradas do leito do rio. Ficava atrás da casa dos Krycki, ao fundo de um quintal em comum. O quintal tinha palmeiras e bananeiras altas, com um pequeno lago de pedras no centro. As duas casas ficavam na esquina sudoeste da Maple com a Bryant. A casa de Ellroy tinha a Maple Avenue como endereço.

A porta de entrada dava para o lago e para a porta dos fundos dos Krycki. Era de lâminas verticais de vidro fixadas a uma moldura de madeira. Faltava uma lâmina perto do buraco da fechadura. A porta não podia ser trancada nem por dentro e nem por fora.

Hallinen, Lawton e o dactiloscopista entraram na casa. O interior era apertado: dois quartos minúsculos saindo de uma sala estreita; uma cozinha americana, copa e banheiro.

O lugar era limpo e arrumado. Nada parecia ter sido mexido. Tanto a cama da vítima quanto a do filho estavam feitas.

Encontraram uma taça na cozinha, parcialmente cheia de vinho. Checaram as gavetas do quarto da vítima e encontraram alguns documentos pessoais. Souberam que a vítima trabalhava na Airtek Dynamics — South Figueroa, número 2.222, Los Angeles.

Souberam que o ex-marido da vítima chamava-se Armand Ellroy. Vivia no número 4.980 da Beverley Boulevard, em Los Angeles. Seu telefone era HOllywood 3-8700.

Notaram que a vítima não tinha telefone.

O dactiloscopista pulverizou a taça e diversas outras superfícies possíveis com pó. Não encontrou impressões digitais latentes.

Hallinen caminhou até a casa dos Krycki e ligou para o telefone do ex-marido. Deixou tocar um bom tempo, mas ninguém atendeu.

Virg Ervin chegou. Disse que Dave Wire tinha encontrado o carro da vítima — estacionado atrás de um bar na Valley Boulevard.

O nome do bar era Desert Inn. Ficava no número 11.721 da Valley — a três quilômetros do local de desova e a um quilômetro e meio da casa da vítima. Era uma estrutura de um pavimento, coberta com telhas de cerâmica vermelha e toldos nas janelas da frente.

O estacionamento, nos fundos do bar, se estendia até uma fileira de bangalôs ordinários de estuque. Um pequeno gramado coberto com plátanos dividia quatro fileiras de vagas. Correntes baixas delimitavam as laterais do estacionamento.

Havia um Buick vermelho e branco estacionado próximo à cerca do lado oeste. Dave Wire estava em pé ao lado do carro. Jim Bruton e Harry Andre colocaram-se ao lado da patrulha do xerife.

Al Etzel estava presente. McGowan estava presente.

Hallinen e Lawton entraram no estacionamento. Virg Ervin e o dactiloscopista chegaram em carros separados.

Dave Wire aproximou-se e contou os detalhes.

Tinha ouvido o rádio sobre o carro e começou a checar ruas transversais e estacionamentos. Encontrou o carro da vítima às 15:35. Estava destrancado e não parecia ter sido mexido. Procurou nos bancos da frente e detrás e não encontrou as chaves nem a bolsa da vítima, as roupas íntimas ou os sapatos. Encontrou, *sim*, seis latas de cerveja vazias. Estavam embrulhadas com papel e amarradas com corda.

Hallinen e Lawton examinaram o carro. Estava intato por dentro e por fora. O dactiloscopista fotografou o interior e o exterior e pulverizou as portas e o painel com pó. Não encontrou uma só impressão digital latente.

Um assistente do xerife de Temple chegou. Ele apreendeu o Buick e levou-o para uma concessionária Ford, próxima dali, por segurança.

Alguns civis descansavam no gramado. Wire apontou para Roy Dunn e Al Manganiello — dois *barmen* do Desert Inn.

Andre e Hallinen conversaram com eles. Dunn disse que tinha trabalhado na noite anterior; Manganiello disse que só trabalhava durante o dia. Hallinen mostrou-lhes a foto que a sra. Krycki tinha tirado da vítima. Os dois homens disseram nunca ter visto a mulher na vida.

Também nunca tinham visto o Buick vermelho e branco. Dunn tinha estado de serviço na noite anterior —, mas tinha ficado enterrado atrás do bar de serviço e não tinha visto os fregueses entrarem nem saírem. Os dois achavam que o Buick devia ter passado o dia todo estacionado ali — talvez até mesmo a noite toda.

Andre perguntou quem mais tinha trabalhado na noite anterior. Dunn disse: "Fala com Ellis Outlaw, o gerente."

Hallinen e Andre entraram. O capitão Etzel e o tenente McGowan foram atrás.

O Desert Inn era estreito, no formato da letra L. Reservados forrados de couro artificial acompanhavam as paredes. Havia um bar com banquetas de frente para três fileiras de mesas e para a porta de entrada; o bar de serviço e a cozinha ficavam atrás. Uma pista de dança e um palco formavam a parte mais curta do L.

Andre e Hallinen cercaram Ellis Outlaw e mostraram-lhe a foto da vítima. Outlaw disse nunca tê-la visto — nem aquele Buick 1957 estacionado lá nos fundos. Ele não tinha trabalhado na noite anterior, mas sabia quem tinha.

Deu a eles alguns nomes:

Alberta "Bert" Outlaw, sua esposa. Myrtle Mawby, sua irmã. As duas estavam na casa dele. Royal Palms Apartments — West Mildred Avenue, 321, West Covina. E podiam tentar Margie Trawick — GIlbert 8-1136. De vez em quando ela trabalhava como garçonete no Desert Inn, e ele sabia que ela tinha estado lá na noite anterior.

Hallinen anotou as informações e seguiu os outros policiais até lá fora. O estacionamento estava apinhado de tiras de El Monte querendo saber as novidades. Um outro grupo de rapazes fazia plantão na esquina da Bryant com a Maple, à espera do ex-marido e do garoto.

Eram 18:30 e começava a refrescar um pouco. Era um longo dia de começo de verão e não parecia que ia escurecer tão cedo.

Os rádios dos carros crepitaram todos ao mesmo tempo.

O garoto e o ex tinham chegado. Estavam sendo levados à delegacia de El Monte em viaturas separadas.

O ex-marido da vítima estava a uma semana de completar sessenta anos. Era alto e tinha porte de atleta. Parecia manter as emoções sob controle.

O filho da vítima era gorducho e alto para os seus dez anos. Estava nervoso — mas não parecia, de forma alguma, transtornado.

O garoto tinha chegado sozinho, de táxi. Foi informado da morte da mãe e recebeu a notícia calmamente. Contou ao assistente do xerife que o pai estava na rodoviária de El Monte — esperando o ônibus que o levaria de volta a Los Angeles.

Uma viatura foi enviada para apanhar Armand Ellroy. Pai e filho não tinham se comunicado desde que se despediram na rodoviária. Agora estavam detidos em salas separadas.

Hallinen e Lawton entrevistaram o ex-marido primeiro. Ellroy disse que estava divorciado da vítima desde 1954 e que estava fazendo valer seus direitos de visitação naquele fim de semana. Pegou o garoto, de táxi, às dez da manhã de sábado e não viu a ex-esposa. Ele e o filho pegaram um ônibus até seu apartamento em

Los Angeles. Almoçaram e foram assistir a um filme chamado *Os Vikings*, no Fox-Wilshire Theatre. A sessão terminou às 16:30. Fizeram algumas compras no mercado e voltaram para casa. Jantaram, assistiram TV e foram dormir entre 22:00 e 23:00.

Dormiram até tarde. Pegaram um ônibus até o centro e almoçaram na Clifton's Cafeteria. Passaram diversas horas olhando vitrines e pegaram um ônibus de volta para El Monte. Na rodoviária, ele colocou o filho num táxi e sentou-se para esperar o ônibus com destino a Los Angeles. Um policial o abordou e lhe deu a notícia.

Hallinen e Lawton perguntaram a Ellroy como era seu relacionamento com a ex-mulher. Ele contou que tinham se conhecido em 1939 e se casado em 1940. Divorciaram-se em 1954 — as coisas ficaram ruins e eles acabaram se odiando. O processo de divórcio foi amargo, litigioso.

Hallinen e Lawton perguntaram a Ellroy sobre a vida social da ex-mulher. Ele respondeu que Jean era uma mulher cheia de segredos, retraída. Mentia quando lhe convinha — na verdade, tinha 43 anos, e não os 37 que dizia ter. Era promíscua e alcoólatra. O filho a pegara na cama com estranhos em diversas ocasiões. Com relação à recente mudança para El Monte, ou ela estava fugindo de alguém ou correndo atrás de um cafajeste qualquer com quem estaria saindo. Jean era discreta com relação à vida pessoal porque sabia que ele queria provar que ela não era uma mãe digna — e assim conseguir a guarda do filho.

Hallinen e Lawton pediram a Ellroy que desse os nomes de alguns namorados de sua ex-mulher. Ele disse que só sabia um nome: Hank Hart, um operário gordo que não tinha o polegar.

Hallinen e Lawton agradeceram a Ellroy e caminharam até uma sala de interrogatório no final do corredor. Alguns policiais que estavam de folga faziam companhia para o filho da vítima.

O garoto estava sendo corajoso. Estava segurando as pontas muito bem.

Hallinen e Lawton foram gentis com ele. O garoto confirmou o que o pai tinha dito sobre o fim de semana nos mínimos detalhes. Disse que só sabia os nomes de dois homens com quem a mãe saía: Hank Hart e um professor da escola onde estudava, Peter Tubiolo.

Eram 21:00, Ward Hallinen deu uma barra de chocolate para o garoto e levou-o para ver o pai.

Armand Ellroy abraçou o filho. O garoto retribuiu o abraço. Os dois pareceram aliviados e estranhamente felizes.

O garoto foi entregue aos cuidados de Armand Ellroy. Um policial os levou até a rodoviária de El Monte. Eles pegaram o ônibus das 21:30 para Los Angeles.

Virg Ervin levou Hallinen e Lawton de carro até Royal Palm Apartments. Mostraram a foto e fizeram as perguntas de praxe para Bert Outlaw e Myrtle Mawby.

As duas reconheceram a mulher da foto. As duas afirmaram que a vítima não era freqüentadora habitual do Desert Inn —, embora tivesse estado lá na noite anterior. Tinha se sentado com um homem franzino de cabelos negros lisos e rosto fino. Foram os dois últimos fregueses a sair — na hora de fechar, às 2:00.

As duas mulheres afirmaram jamais terem visto o homem franzino antes.

Myrtle Mawby sugeriu que ligassem para Margie Trawick. Ela tinha estado no bar no começo da noite e talvez tivesse algo a acrescentar. Jack Lawton discou o número que Ellis Outlaw lhe deu. Margie Trawick atendeu.

Lawton fez algumas perguntas preliminares. Margie Trawick respondeu com enorme segurança — tinha visto uma ruiva atraente, *sim*, sentada com um grupo na noite anterior. Lawton pediu a ela que o encontrasse na delegacia de El Monte dali a meia hora.

Ervin levou Lawton e Hallinen de carro de volta à delegacia. Margie Trawick os aguardava. Deu a impressão de estar agitada e ansiosa por ajudar.

Hallinen mostrou-lhe a foto de Jean Ellroy. Ela a identificou imediatamente.

Ervin partiu para o Desert Inn — ia mostrar a foto para quem quer que estivesse por lá. Hallinen e Lawton acomodaram Margie Trawick e deixaram que ela falasse, sem interrupções.

Ela disse que não era empregada do Desert Inn — mas que fazia bico lá como garçonete, esporadicamente, havia nove anos. Tinha feito uma cirurgia bastante séria recentemente e continuava a freqüentar o local por puro prazer.

Chegou ao local às 22:10 na noite anterior. Sentou-se a uma mesa próxima do bar e tomou alguns drinques. A ruiva entrou porta adentro por volta das 22:45 ou 23:00. Estava acompanhada de uma mulher corpulenta de cabelos louros-escuros, presos num rabo-de-cavalo. A loura devia ter uns quarenta anos — a mesma idade da ruiva.

A ruiva e a loura sentaram-se a uma mesa. Imediatamente, um homem, que parecia ser mexicano, aproximou-se das duas e ajudou a ruiva a tirar o casaco. Dirigiram-se à pista e começaram a dançar.

O homem tinha entre 35 e 40 anos, entre 1,72m e 1,82m. Era magro, tinha os cabelos penteados para trás e um bico-de-viúva. Vestia terno escuro e uma camisa branca aberta no pescoço.

O homem parecia *conhecer* as duas mulheres.

Um outro homem convidou Margie para dançar. Tinha uns 25 anos, cabelos castanho-claros, altura e peso médios. Estava mal-arrumado e calçava tênis maltrapilhos. Estava bêbado.

Margie não aceitou o convite. O bêbado não gostou e se afastou. Um pouco depois ela o viu dançando com a loura.

Ela se distraiu com outras coisas. Encontrou um amigo e decidiu dar uma volta de carro com ele. Saíram às 23:30. A esta altura, o bêbado estava sentado com a ruiva, a loura e o mexicano.

Ela nunca tinha visto a ruiva e a loura antes. Nunca tinha visto o mexicano. Talvez já tivesse visto o bêbado. Ele lhe pareceu familiar.

Lawton e Hallinen agradeceram a Margie Trawick e a levaram até em casa. Ela concordou em voltar para um interrogatório de confirmação no decorrer dos quatro dias seguintes. Era quase meia-noite — um bom horário para cercar o pessoal do bar.

Voltaram ao Desert Inn. Jim Bruton estava lá, fazendo perguntas aos fregueses. Lawton e Hallinen o tiraram de lá e lhe contaram a história de Margie Trawick.

Agora, tinham com que trabalhar. Foram de mesa em mesa e espalharam o que tinham pelo recinto. A isca foi mordida de imediato.

Alguém achou que o tal bêbado devia ser um palhaço chamado Mike Whittaker. Trabalhava em construções e morava em South San Gabriel.

Bruton foi até o carro e passou um rádio para o Departamento de Trânsito do estado da Califórnia. A resposta veio a galope:

Michael John Whittaker, de cor branca, data de nascimento 1/1/34, 1,78m, 84kg, cabelos castanhos, olhos azuis. South Gladys Street, 2.759, South San Gabriel.

O endereço era o de uma casa de cômodos que já tinha visto melhores dias. A dona era uma mexicana chamada Inez Rodriguez.

Hallinen, Lawton e Bruton apresentaram seus distintivos à porta. Estavam à procura de Mike Whittaker — possivelmente, como suspeito de homicídio.

A mulher disse que Mike não voltara para casa aquela noite. Talvez tivesse entrado e saído durante o dia — não estava bem certa. Ele bebia um bocado. Passava grande parte do tempo no Melody, na Garvey Boulevard.

O "suspeito de homicídio" a assustou.

Hallinen, Lawton e Bruton foram até o Melody Room. Um homem que se encaixava na descrição que tinham de Mike estava sentado ao bar.

Eles o cercaram e apresentaram seus distintivos. O homem confirmou ser Michael Whittaker.

Hallinen disse que tinham algumas perguntas — relacionadas ao seu paradeiro na noite anterior. Lawton e Bruton o revistaram e o arrastaram para fora, até o carro.

Whittaker fez o papel do submisso injustiçado.

Eles o levaram para a delegacia de El Monte. Eles o enfurnaram numa sala de interrogatório e enfiaram o dedo na sua cara.

Whittaker fedia. Estava trêmulo e meio bêbado.

Confirmou que tinha estado no Desert Inn na noite anterior. Disse que estava a fim de dar uma trepada. Como tinha estado no maior pileque na noite anterior, não se lembrava de nada muito bem, não.

Então conta pra gente do que é que você se lembra, Michael.

Ele se lembrava de ter ido até o bar. Se lembrava de ter convidado uma garota para dançar e de ter levado um fora. Se lembrava de ter se intrometido na conversa alheia, de um grupo. O grupo incluía uma ruiva, uma outra garota e um sujeito com cara de italiano. Ele não sabia o nome deles e nunca os tinha visto na vida.

Lawton disse a ele que a ruiva tinha sido assassinada. O choque de Whittaker pareceu sincero.

Ele disse que tinha dançado com a ruiva e com a outra garota. Convidou a ruiva para sair no domingo. A ruiva recusou e disse alguma coisa sobre o filho voltar do fim de semana com o pai. O sujeito com pinta de italiano também dançava com a ruiva de vez em quando. Dançava bem. Talvez tenha dito que seu nome era Tommy —, mas eu não estou bem lembrado, não.

Então conta pra gente do que é que você se lembra, Michael.

Michael se lembrava de ter caído da cadeira. Michael se lembrava de ter começado a incomodar o pessoal da mesa. Michael se lembrava dos três terem deixado o bar para se livrarem dele.

Ele ficou no bar e encheu a cara mais ainda. Foi até o Stan's Drive-In fazer um lanche. Foi parado por uma patrulha do xerife na Valley Boulevard. Foi detido por embriaguez e levado para a delegacia de Temple City.

A cela reservada para bêbados estava abarrotada. Os policiais o levaram para a cadeia do Tribunal de Justiça e o autuaram por lá. Uns *chicanos* roubaram seus sapatos e suas meias enquanto ele dormia.

O oficial encarregado o soltou pela manhã. Ele voltou para South San Gabriel a pé, descalço — caminhou uns 19 quilômetros. Fazia um calor de rachar. O asfalto comeu seus pés e ele ficou cheio de bolhas vermelhas. Foi até o quarto e pegou uns trocados, um par de sapatos e meias. Foi até o Melody e virou um drinque.

Bruton saiu da sala e ligou para a delegacia do xerife de Temple City. Um oficial confirmou a história de Whittaker: o homem tinha estado sob custódia da meia-noite e meia em diante. Tinha um álibi para a provável hora da morte da vítima.

Bruton voltou à sala de interrogatório e deu a notícia. Whittaker ficou radiante. Perguntou: "Então eu posso ir para casa?"

Bruton disse que ele teria de dar um depoimento formal em, no máximo, 48 horas. Whittaker concordou. Jack Lawton pediu desculpas pelo mau jeito e ofereceu-lhe uma carona até a casa de cômodos.

Whittaker aceitou. Lawton o levou até em casa e deixou-o na calçada.

A senhoria tinha despejado seus pertences no gramado, na frente da casa. A porta de entrada estava trancada, com chave e trava.

Ela não queria porra de suspeito de homicídio nenhum naquela casa.

Eram 2:30 de segunda-feira, 23 de junho de 1958. O caso Jean Ellroy — ficha da Divisão de Homicídios do xerife nº Z-483-362 — completava 16 horas de idade.

2

O Vale de San Gabriel era o cu do condado de Los Angeles — uma extensão de 48 quilômetros contíguos de cidadezinhas caipiras a leste da cidade propriamente dita.

As montanhas de San Gabriel formavam a fronteira norte. Os montes Puente-Montebello fechavam o vale ao sul. Leitos de rios barrentos e trilhos de trem o cortavam ao meio.

A definição da fronteira leste era ambígua. Quando a vista melhorava, dava para perceber que se tinha saído do vale.

O vale de San Gabriel era plano e mais parecia um caixote. O flanco das montanhas encontrava-se eternamente oculto pelo *smog*. As cidadezinhas — Alhambra, Industry, Bassett, La Puente, Covina, West Covina, Baldwin Park, El Monte, Temple City, Rosemead, San Gabriel, South San Gabriel, Irwindale, Duarte — formavam um borrão, sem nada que as distinguisse entre si, senão placas do Kiwanis Club.

O vale de San Gabriel era quente e úmido. Ventos fortes levantavam a poeira dos contrafortes, ao norte. Calçadas de terra batida e cascalheiras faziam os olhos arderem.

A terra no vale era barata. A topografia plana era ideal para a construção de conjuntos habitacionais e rodovias. Quanto mais remota a área, mais terra o dinheiro podia comprar. Dava para caçar guaxinim a poucas quadras da estrada principal, sem que ninguém reclamasse. Dava para construir uma cerca em volta do terreno e criar galinhas e porcos para o abate. Dava para deixar a criançada perambular pela rua com as fraldinhas cagadas.

O vale de San Gabriel era o paraíso do lixo branco.

Exploradores espanhóis descobriram o vale em 1769. Aniquilaram a população indígena local e fundaram uma missão perto do entroncamento da auto-estrada de Pomona com a Rosemead Boulevard. La Misión del Santo Arcángel San Gabriel de los Temblores foi criada dez anos antes do primeiro povoado de Los Angeles.

Saqueadores mexicanos invadiram o vale em 1822. Expulsaram os espanhóis e apropriaram-se das terras da missão. Os Estados Unidos e o México travaram uma breve guerra em 1846. Os mexicanos perderam e tiveram que abrir mão da Califórnia, de Nevada, do Arizona, de Utah e do Novo México.

O Homem Branco mandou brasa nos negócios. A explosão da agricultura no vale de San Gabriel durou um bom tempo. Os simpatizantes dos Confederados deslocaram-se para o oeste após a Guerra Civil e compraram muita terra no vale.

A estrada de ferro chegou à região em 1872 e deu início à especulação imobiliária. A população do vale cresceu em 1.000%. Los Angeles tornou-se um burgo de alguma importância. O vale aproveitou a deixa.

Os especuladores imobiliários anexaram o vale em pequenas cidades. Uma explosão de incorporações seguiu-se, continuando até a década de 1920. A população das cidades cresceu exponencialmente.

Em todo o vale foi imposta uma política habitacional segregadora. Os mexicanos ficaram restritos a bairros miseráveis e barracos de telhado de zinco. Os negros não podiam sair às ruas depois do anoitecer.

As plantações de nozes eram vastas. As plantações de frutas cítricas eram vastas. As fazendas de leite davam rios de dinheiro.

A Depressão freou o crescimento do vale de San Gabriel. A Segunda Guerra Mundial o ressuscitou. De volta ao lar, os ex-combatentes se animaram com a perspectiva de migrar para oeste.

Os especuladores imobiliários ficaram animados com tanta animação.

Loteamentos e condomínios foram surgindo. Bosques de nogueiras e pomares foram destruídos para dar espaço para um número cada vez maior deles. Os limites das cidades foram se expandindo.

A população explodiu nos anos 50. A agricultura entrou em declínio. Indústrias pesadas e leves prosperaram. A auto-estrada de San Bernardino estendeu-se do centro de Los Angeles até El Monte. Os automóveis tornaram-se uma necessidade.

O *smog* chegou. Mais conjuntos habitacionais surgiram. A prosperidade deu uma nova aparência ao vale —, mas não alterou a característica de Velho Oeste.

Havia os refugiados das regiões mais áridas e seus filhos. Havia os jovens mexicanos nascidos nos Estados Unidos — os *pachucos* —, com seus cabelos gomalinados e penteados para trás para formar um rabo de pato atrás da cabeça, suas camisas Sir Guy e calças cáqui com fendas na barra. Os caipiras odiavam os *chicanos* da mesma maneira que os antigos caubóis odiavam os índios.

Houve um grande fluxo de homens fodidos pela Segunda Guerra Mundial e a Guerra da Coréia. Havia subúrbios atulhados de gente, entremeados por imensas áreas rurais. Dava para andar até o vau do rio Hondo e pegar um peixe com as mãos. Dava para entrar num curral de Rosemead e atirar numa vaca. Dava para cortar um bife da vaca ali mesmo.

Dava para encher a cara. Era só ir ao Aces, ao Torch, ao Ship's Inn, ao Wee Nipee, ao Playroom, ao Suzanne's, ao Kit Kat, ao Hat, ao Bonnie Rae ou ao Jolly Jug. Dava para sacudir o esqueleto no Horseshoe, no Coconino, no Tradewinds, no Desert Inn, no Time-Out, no Jet Room, no Lucky X ou no Alibi. O Hollywood East era bom. O Big Time, o Off-Beat, o Manger, o Blue Room e o French Basque eram legais. O mesmo podia ser dito do Cobra Room, do Lalo's, do Pine Away, do Melody Room, do Cave, do Sportsman, do Pioneer, do 49'er, do Palms e do Twister.

Dava para virar uns drinques. Talvez desse até para se conhecer alguém. O número de divórcios na década de 1950 explodiu. Era só escolher, dentre uma infinidade de mulheres disponíveis.

Em 1958, El Monte era o eixo central do vale. Os primeiros colonos referiam-se a ela como "o final da trilha de Santa Fé". Era uma cidadezinha caipira e um bom lugar para se divertir. Os colonos mais recentes a chamavam de "Cidade das Divorciadas". Era um buraco barra-pesada com uma atmosfera digna de filmes de bangue-bangue.

A população beirava os dez mil: 90% de brancos e 10% de mexicanos. A cidade tinha quarenta quilômetros quadrados. Era cercada por terras não incorporadas pelo condado.

A população crescia nas noites de sábado. Os forasteiros chegavam para rondar os bares da Valley e da Garvey. O El Monte Legion Stadium apresentava Cliffie Stone and Hometown Jamboree — transmitido ao vivo pela KTLA-TV.

A platéia vestia roupas de caubói: os homens usavam chapéus Stetson e calças de boca fina e as mulheres, saias-balão. O estádio dava bailes de *doo-wop* nos sábados em que Cliffie estava de folga. *Pachucos* e jovens delinqüentes brancos se socavam no estacionamento, sempre que possível.

A auto-estrada de San Berdoo cortava El Monte. Para ir para o leste, os motoristas deixavam a estrada e entravam no Valley Boulevard. Paravam para comer no Stan's Drive-In e no Hula-Hut. Paravam para tomar um drinque no Desert Inn, no Playroom e no Horseshoe. A Valley era a artéria principal das noites de sábado. Os motoristas que iam para o leste acabavam dando uma paradinha por ali, quer quisessem ou não.

O movimento terminava em Five Points — onde a Valley e a Garvey se encontravam. O Stan's e o Playroom ficavam na esquina nordeste. O Crawford's Giant Country Market ficava do outro lado da rua. Espremidos em torno da encruzilhada, havia uma dúzia de restaurantes e barzinhos baratos, animados por *juke-boxes*.

A área residencial de El Monte ficava ao norte, ao sul e ao leste dali. As casas eram pequenas e estavam disponíveis em dois modelos básicos: rancheiro-*fake* e cubo de estuque. Os mexicanos ficavam isolados num trecho chamado Medina Court e numa favela chamada Hicks Camp.

Medina Court tinha três quarteirões. As casas eram de bloco de concreto de cinzas e restos de madeira roubada. Hicks Camp ficava do outro lado dos trilhos da Pacific-Electric. As casas tinham chão de terra batida e eram construídas com madeira arrancada de velhos vagões de trem.

Carmen Jones foi filmado em Hicks Camp, em 1954. A favela de mexicanos foi remodelada como um gueto de trabalhadores agrícolas negros. Os cenógrafos não tiveram que mexer num mísero detalhe.

Medina Court e Hicks Camp estavam cheias de bêbados de todos os tipos. O tipo de homicídio preferido de Hicks Camp era embebedar a vítima e colocá-la nos trilhos para ser decapitada por um trem.

A polícia de El Monte detinha o controle sobre as radiopatrulhas e investigava todo o tipo de crime, menos homicídios. Tinham 26 tiras na folha, além de uma policial feminina e um supervisor de parquímetros. O departamento tinha a ficha relativamente limpa. Os comerciantes locais mantinham os rapazes contentes com comida e bebidas alcoólicas. Os policiais de El Monte sempre faziam compras uniformizados.

Os rapazes rodavam sozinhos nas patrulhas. O ambiente de trabalho era bom — capitães e tenentes saíam para beber com policiais de baixa patente. Era bom trabalhar no Departamento de Polícia: dava para ajudar as pessoas, dar porrada nos imigrantes ilegais ou dar uma força para a prostituição, dependendo da vontade de cada um.

Os rapazes vestiam uniformes cáqui e dirigiam Fords Interceptors 1956. Recuperavam carros para as concessionárias locais e reclamavam com o xerife sobre assuntos de merda. Metade dos homens era indicada por alguém. A outra metade entrava via concurso público.

O Departamento de Polícia passava os casos de assassinato para a Delegacia de Homicídios do gabinete do xerife. Para uma cidadezinha desordeira como aquela, eles até que tinham poucos.

Duas mulheres com pinta de sapatão mataram um pintor de paredes de El Monte no dia 30 de março de 1953. O nome do sujeito era Lincoln F. Eddy.

Eddy e Dorothea Johnson passaram o dia todo bebendo em diversos bares de El Monte. Deram um pulo na casa de Eddy no final da tarde. Eddy coagiu a srta. Johnson a chupar seu pau. A srta. Johnson voltou para casa e contou o acontecido à amiga com quem rachava o aluguel, a srta. Viola Gale. As duas passaram a mão num rifle e voltaram à casa de Eddy.

Atiraram em Lincoln Eddy. Dois garotos que brincavam bem do lado de fora da casa viram as duas entrarem e saírem. Foram presas na manhã seguinte. Foram julgadas, condenadas e receberam penas pesadas.

No dia 26 de março de 1956, o sr. Walter H. Depew adentrou o Ray's Inn, na Valley Boulevard, com o carro.

Dois homens foram atingidos e morreram. A lateral do carro do sr. Depew arrancou quase cinco metros da fachada e uns seis metros dos fundos. Diversos outros fregueses do bar foram gravemente feridos.

O sr. Depew estivera bebendo no Ray's Inn mais cedo. Sua mulher era *barwoman* lá. O sr. Depew teve uma discussão com o proprietário. O proprietário expulsou o sr. Depew do bar algumas horas antes do incidente.

O sr. Depew foi preso imediatamente. Foi julgado, condenado e recebeu uma pena leve.

A Delegacia de Homicídios do gabinete do xerife atuou nos dois casos. Os três últimos assassinatos de El Monte tinham sido resolvidos em tempo recorde.

O caso Jean Ellroy começava a se arrastar.

3

O crime só mereceu a segunda página do *Times*, do *Express* e do *Mirror*. O noticiário local dedicou-lhe cinco segundos.

A ruiva era nota zero. Quente mesmo era o fim de Johnny Stompanato. A filha de Lana Turner o esfaqueara em abril. A história continuava em alta.

O *Mirror* publicou uma foto da ruiva sorrindo. O *Times* publicou uma do moleque depois que a polícia lhe contou sobre a morte da mãe. Jean Ellroy foi a décima segunda vítima de homicídio naquele condado em 1958.

Armand Ellroy foi até o Instituto Médico Legal. Identificou o corpo e assinou um formulário para que fosse liberado para a casa funerária Utter-McKinley. O dr. Gerald K. Ridge fez a autópsia: Caso número 35.339-23/6/58.

Atribuiu como causa da morte "asfixia devido a estrangulamento com ligadura". Seu resumo anatômico mencionou "ligadura dupla totalmente oclusiva" em torno do pescoço da vítima. Observou que a vítima estava no período menstrual. O esfregaço realizado revelou a presença de espermatozóides. Ele encontrou um tampão no fundo da abóbada vaginal.

Mencionou a "ausência cirúrgica" do mamilo direito da vítima. Diagramou os arranhões nos quadris e nos joelhos e os hematomas na parte interna das coxas. Descreveu o corpo como sendo de "uma mulher de cor branca, não conservado, bem desenvolvido e bem nutrido". O exame externo foi direto aos dois garrotes:

> Há uma ligadura dupla, fortemente oclusiva, em torno do pescoço, produzindo sulcos profundos nos tecidos mais moles. Essa ligadura é composta de um pedaço de corda semelhante a uma corda de varal que, ao que parece, foi a primeira a ser atada, com toda a força, na nuca da vítima. As pontas da corda estão soltas, uma das quais é extremamente curta, parecendo ter rompido no local do nó, ao passo que a outra ponta é de comprimento médio e pende para baixo. Aparentemente, uma meia de náilon foi amarrada por cima da primeira ligadura, o nó igualmente localizado na metade esquerda da região posterior. Neste ponto, a ligadura de náilon se sobrepõe à extensão mais longa da corda de varal. A meia de náilon parece ter sido fixada, acima, por um primeiro nó, do tipo comum; abaixo, um dos segmentos livres faz uma alça, com um nó parcialmente corrediço, extremamente apertado.

O dr. Ridge removeu as ligaduras e observou "sulcos profundos e pálidos" em torno do pescoço. Raspou a cabeça da vítima e descreveu o tecido da cabeça como sendo "intensamente cianótico, com uma sufusão de coloração roxo-azulado". Cortou o couro cabeludo até o crânio e puxou as beiradas para trás. Diagramou onze ferimentos e descreveu-os como "equimoses de coloração avermelhada na face profunda do couro cabeludo".

O médico serrou o topo da cabeça e examinou o tecido do cérebro da vítima. Pesou-o e não encontrou "evidências de ferimento ou qualquer outra anormalidade intrínseca". Abriu o estômago da vítima e encontrou feijões roxos, lascas de carne, uma massa laranja-amarelada que lembrava cenoura ou abóbora e uma massa amarela semelhante a queijo.

Examinou o resto do corpo e não encontrou outras evidências de trauma. Tirou uma amostra de sangue para ser levada a exame e removeu porções de órgãos vitais para um possível exame microscópico.

Extraiu amostras de comida do estômago para serem armazenadas e analisadas. Congelou o esfregaço de espermatozóides para armazenamento e análise do tipo sangüíneo.

O toxicólogo tirou uma amostra do sangue e examinou o conteúdo de álcool. A leitura foi baixa: 0,8%.

O químico forense checou o corpo. Encontrou pequenas fibras brancas debaixo da unha direita do dedo médio da vítima, que pareciam ser de tapete, e guardou-as como prova. Levou os dois garrotes, o vestido da vítima, a meia direita e o sutiã para o Departamento de Criminologia do xerife. Observou que, desenrolada, a corda usada para o estrangulamento tinha 43 centímetros — e, no entanto, tinha sido apertada em torno do pescoço da vítima até atingir 7,6cm.

O dr. Ridge ligou para Ward Hallinen e resumiu seus achados. Confirmou asfixia como sendo a causa da morte e afirmou que a vítima recebera pelo menos seis golpes na cabeça. Era possível que já estivesse inconsciente quando foi estrangulada. Tinha mantido relações sexuais recentemente. Era provável que tivesse feito uma refeição completa uma ou duas horas antes de morrer. Tinha comido, provavelmente, um prato mexicano — havia feijão, carne e queijo parcialmente digeridos no estômago.

Hallinen anotou a informação e ligou para a divisão metropolitana do xerife. Apresentou o caso para o tenente da equipe e requisitou dois homens para uma diligência em bares e restaurantes na região de El Monte/Rosemead/Temple City. O tenente disse que mandaria Bill Vickers e Frank Godfrey. Hallinen disse que deveriam enfatizar três coisas:

A vítima comeu comida mexicana sábado à noite ou muito cedo na manhã de domingo. Era possível que tivesse saído com um homem branco, mexicano ou de tipo latino — possivelmente chamado Tommy. A vítima era ruiva — o casal devia ter chamado alguma atenção.

O tenente prometeu dar prioridade ao caso. Hallinen disse que ele próprio sairia para a busca.

Lawton e Hallinen encontraram-se na delegacia de El Monte. Separaram-se e começaram suas diligências em separado.

Jim Bruton se juntou ao capitão Al Etzel. Foram até o número 700 da Bryant e interrogaram George e Anna May Krycki outra vez. A sra. Krycki insistiu na história de que Jean não bebia/Jean não saía com homens. Contou que Jean leu o anúncio no jornal e alugou a casinha dos fundos impulsivamente. Jean gostava do quintal cercado e da densa folhagem. Tinha dito que se sentia segura no lugar. Os Krycki tinham a impressão de que Jean estava se escondendo de alguém em El Monte.

Jean não tinha telefone. Usava o dos Krycki para fazer ligações locais e dava seus outros telefonemas do trabalho. Os Krycki recebiam ligações *para* ela. Eram telefonemas estritamente relacionados ao emprego.

Bruton perguntou à sra. Krycki se tinha alguma outra fotografia de Jean. Ela lhe deu seis *slides*. Etzel pediu a ela que revistasse o bangalô com eles dois. Precisavam fazer um balanço dos pertences de Jean para descobrir quais sapatos e qual bolsa ela tinha usado na noite de sábado.

A sra. Krycki percorreu a casa com Bruton e Etzel e examinou os pertences da vítima. Não conseguiu se lembrar de coisa alguma quanto à bolsa, mas disse que os sapatos de salto alto, de plástico transparente, estavam faltando.

Bruton e Etzel foram até a delegacia de El Monte e deixaram as fotos para serem copiadas.

Hallinen encontrou-se com Lawton.

As diligências policiais não tinham sido bem-sucedidas. Percorreram inúmeros bares e boates, mas ninguém se lembrava de ter visto uma ruiva acompanhada de um homem moreno na noite de sábado.

Foram até a fábrica da Airtek Dynamics. Ficava ao sul do centro de Los Angeles — era um prédio grande, de seis andares. A diretora de recursos humanos chamava-se Ruth Schienle.

Ela estava sabendo sobre o assassinato. Contou que a notícia corria por toda a Airtek. Disse que tinha um bom relacionamento com Jean. Ela era uma funcionária querida por todos da Airtek.

A Airtek era uma divisão da Packmeyr Gun Company. Fabricavam esquadrias para janelas de aviões militares. Jean era a enfermeira da fábrica. Tinha sido contratada em setembro de 1956.

A sra. Schienle disse que sabia muito pouco sobre a vida particular de Jean. Hallinen e Lawton a pressionaram.

Ela disse que Jean tinha muito poucos amigos. Não era muito sociável e bebia de vez em quando. A maioria de seus amigos eram casais mais velhos, da época de seu casamento.

Hallinen e Lawton descreveram a loura e o homem de pele morena. A sra. Schienle disse que não pareciam ser gente da Airtek — ou qualquer amigo de quem Jean já tivesse falado. O nome Tommy não lhe trazia ninguém à mente.

Hallinen e Lawton deixaram um cartão com ela e disseram que entrariam em contato. Pediram-lhe que telefonasse se qualquer coisa suspeita acontecesse.

A sra. Schienle assegurou-lhes que cooperaria. Hallinen e Lawton voltaram para El Monte.

O destacamento metropolitano era uma unidade de reserva. Tinha uma única função: auxiliar à divisão de detetives em seus principais casos. Os inspetores designados trabalhavam à paisana e eram habilidosos na investigação.

Frank Godfrey entrou para o caso Ellroy na segunda-feira à tarde. Bill Vickers começaria em breve.

Godfrey fez diligências carregando a foto da vítima. Conversou com garçonetes, atendentes de *drive-in*, *barmen*, gerentes de restaurantes e de bares. Insistiu na ruiva, na loura e no homem de pele morena, que talvez se chamasse Tommy. Disse que a ruiva pedira comida mexicana ou uma porção de *chili* com queijo.

Deu um pulo no Staat's Cafe, na Meeker com Valley. Uma garçonete disse que a ruiva lhe parecia familiar. Disse que um grupo de quatro tinha aparecido na tarde de sábado e pedido porções de *chili*. Pearl Pendleton os atendeu.

Pearl estava de folga hoje. Godfrey pegou seu telefone com o gerente e ligou para ela. Pearl ouviu as perguntas e disse que nenhum de seus fregueses de sábado à noite lembrava as pessoas descritas.

Godfrey deu um pulo no Dick's Drive-In, na Rosemead com Las Tunas. Ninguém que estava lá tinha trabalhado o turno de sábado para domingo. O gerente não estava.

Um atendente deu a ele os nomes de algumas garotas: Marlene, Kathy, Kitty Johnson e a garota do balcão, Sue. Todas tinham trabalhado o turno de sábado para domingo e voltariam ao trabalho na quarta.

Godfrey atravessou a rua e foi até o Clock Drive-In. O gerente disse que nenhum dos funcionários que estava em serviço tinha trabalhado na noite de sábado ou no domingo de manhã. Ele checou a lista de 21/6 e deu alguns nomes e telefones: duas garçonetes que trabalhavam no salão, uma recepcionista, uma balconista e quatro atendentes que serviam os carros.

Godfrey deu a volta e foi até Five Points, ao Stan's Drive-In. O gerente disse que todas as garotas que tinham trabalhado de sábado para domingo estavam de folga hoje. Godfrey anotou seus nomes e telefones:

Eve McKinley / ED3-6733; Ellen "Nicky" Nichols / ED3-6442; Lavonne "Pinky" Chambers / ED7-6686.

Eram 16:00. Godfrey seguiu para o sul, pela Garvey, e deu uma passada no Melody Room.

O proprietário se apresentou como Clyde. Ouviu as perguntas de Godfrey e o mandou entrar em contato com Bernie Snyder, *barman* da noite. Bernie tinha fechado o bar às duas da manhã de domingo. Liga para o Bernie e conversa com ele.

Um freguês se intrometeu na conversa. Disse que *ele* próprio tinha estado no bar domingo à noite e que *ele* tinha visto uma loura de rabo-de-cavalo abraçadinha com um sujeito de cabelos escuros. O fulano tinha entre 30 e 35 anos. Rabo-de-cavalo e ele pareciam muito nervosos.

Clyde disse que rabo-de-cavalo devia ser uma freguesa chamada Jo. Trabalhava na Dun & Bradstreet, em Los Angeles. Chamou a mulher de "rata de bar". O sujeito de cabelos escuros não lhe soou nem um pouco familiar.

Godfrey anotou o nome e o telefone da tal freguesa. Clyde o encorajou a ligar para Bernie Snyder — Bernie se lembrava da cara de todo mundo.

Godfrey ligou do bar. A mulher de Bernie atendeu. Disse que Bernie só estaria de volta às 17:30 — para tentar de novo então.

Eram 16:30. A maioria dos locais freqüentados pela turma da noite não abria antes das 18:00 ou 19:00. Godfrey tinha uma longa lista de telefonemas para dar.

O Desert Inn era uma espelunca de caipiras. Já tinha se chamado Jungle Room e Chet's Rendezvous. Myrtle Mawby comprou o lugar para seu irmão mais novo, Ellis Outlaw. Ellis o batizou de Outlaw's Hideout.

Ellis vivia encrencado com a polícia e com a porra da Receita. Os Federais fecharam seu bar porque ele passava a mão no dinheiro que deveria estar sendo retido do pagamento dos empregados — e depois o deixaram reabrir para que ele pudesse pagar as dívidas. Em 1955, Ellis quebrou uma garrafa na cabeça de Al Manganiello e por pouco não foi em cana. Ele simplesmente não conseguia fazer com que o Hideout desse lucro constante.

Vendeu-o de volta para Chet Williamson. Chet batizou-o de Desert Inn e colocou Ellis como gerente. Ellis era de uma família de donos de bar. Sua irmã Myrtle deu um tiro no ouvido do marido certa vez e ganhou dois bares no acordo de divórcio.

Ellis era dono dos bangalôs que ficavam atrás do estacionamento do Desert Inn. Seu amigo Al Manganiello alugava uma vaga ali. Ellis fazia as vezes de *bookmaker* lá mesmo no bar. Agia em todas as corridas de Hollywood Park e Santa Anita.

Ellis foi apanhado por dirigir embriagado em maio de 1957. Dois tiras de El Monte disseram que ele tentou suborná-los — levariam uma boa grana se dessem sumiço no auto de prisão. Alguns amigos de Ellis ofereceram um suborninho extra.

As quantias oferecidas não passavam de uns trocados. A coisa tomou vulto e transformou-se numa *cause célèbre* de cidade do interior.

Ellis foi condenado por dirigir embriagado. Diversos recursos o mantiveram longe das grades por mais de um ano. Ellis e seus comparsas se livraram da acusação de suborno.

No caso de embriaguez, os recursos prescreveram no dia 19 de junho. Um juiz confirmou a condenação. Mandou que Ellis aparecesse no dia 27 de junho para ouvir a sentença.

O Desert Inn era uma espelunca caipira respeitável — e de alto nível, pelos padrões de El Monte.

Spade Cooley tocou lá após sua derrocada na TV local. Os Ink Spots tocaram lá na decadência pós-Las Vegas.

Fregueses negros eram enxotados. Os *chicanos* eram recebidos, mas sem grande entusiasmo, contanto que não aparecessem em bando.

O Desert Inn era um bom local para beber e para arranjar mulher. O Desert Inn era seguro e civilizado — pelos padrões da El Monte de 1958.

Jim Bruton encontrou Hallinen e Lawton no bar. Eram 18:30.

Mandaram que Al Manganiello lhes entregasse o livro de freqüentadores do Desert Inn. Al mostrou-lhes um livrinho cheio de nomes e endereços. Folhearam-no e encontraram dois homens chamados Tom.

Tom Downey: Azusa Canyon Road, 4.817, Baldwin Park. Tom Baker: North Larry Street, 5.013, Baldwin Park.

Al disse que não conhecia Tom Baker. Tom Downey tinha mais a ver com o que procuravam: era um sujeito elegante, de cabelos escuros como os do elemento visto dançando com a ruiva.

Hallinen, Lawton e Bruton foram até o endereço de Downey. Uma mulher abriu a porta e se identificou como sendo a sra. Downey.

Disse que Tom ainda estava no trabalho — ele vendia automóveis Ford na El Monte Motors. Estaria em casa dali a poucos minutos.

Disseram a ela que voltariam mais tarde e ficaram vigiando a casa de dentro do carro de Bruton. Os "poucos minutos" se transformaram em nove horas e meia.

Desistiram às cinco da manhã. Bruton passou um rádio para a delegacia e pediu que enviassem uma viatura para substituí-los na campana.

Uma patrulha preta e branca chegou cinco minutos depois. Bruton levou Hallinen e Lawton de volta para o Desert Inn para pegarem seus carros. Eles se separaram e voltaram para casa.

Os rapazes da viatura vigiaram a casa de Downey. Ele apareceu vinte minutos depois de terem começado a campana.

Os rapazes da viatura o agarraram. Passaram um rádio para a mesa de El Monte e mandaram o detetive de plantão tirar o capitão Bruton da cama.

Além de puto da vida, Tom Downey ficou completamente desnorteado. Os rapazes o levaram para a delegacia de El Monte e o enfiaram numa sala de interrogatório.

Jim Bruton chegou. Sua primeira impressão de Tom Downey: Este sujeito é forte demais para ser o nosso homem.

Bruton o interrogou. Downey disse que tinha saído para caçar mulher — e porra, tava cansado para caralho. Bruton o mandou contar tudo o que tinha feito sábado à noite.

Downey disse que esteve no Desert Inn duas vezes naquela noite. A primeira, entre as 20:00 e as 21:00. Sentou-se a uma mesa com Ben Grissman e um outro sujeito enquanto jantavam.

Ben e o outro homem foram embora. Ele ficou ali outros dez minutos. Rodou alguns bares, voltou ao Desert Inn e tomou mais dois drinques. Trocou um cheque de vinte dólares com o *barman* e saiu fora um pouco antes da meia-noite. Foi até outro bar e encontrou um amigo. Foram até um restaurante em Covina e jantaram. Chegou em casa supertarde.

Bruton descreveu a vítima, a loura e o homem de pele morena e os colocou no Desert Inn mais ou menos na mesma hora em que Downey tinha aparecido por lá. Downey disse que não tinha notado ninguém que se parecesse com eles.

Bruton anotou o nome "Ben Grissman" e pegou o do outro amigo de Downey. Disse a Downey que talvez uns homens do xerife aparecessem para conversar com ele.

Downey disse que teriam sua inteira cooperação. Bruton o mandou para casa numa radiopatrulha.

Uma carta chegou à delegacia de El Monte terça-feira pela manhã. Tinha sido rabiscada no verso de um canhoto de depósito bancário e de uma folha de ponto.

> À Polícia de El Monte 23/6/58
>
> Prezados Senhores,
>
> Com relação ao seu último homicídio, acompanhado de estupro (a respeito do qual li hoje no jornal), vocês deviam interrogar E. Ponce, técnico de televisão, que trabalha na Dorn's e mora em Monterey Park. Fica bastante próximo de El Monte e minha mulher alega que ele a estuprou em abril do ano passado, dentro de minha casa. Na ocasião, ele também a ameaçou, assim como ao resto da família. Hoje, nosso caso se arrasta nos Tribunais de Justiça. Ele é um mexicano alto e magro, com um sotaque bastante pesado. Façam com que ele pague por estes e/ou quaisquer outros atos de natureza similar, pois essa é a sua natureza.
>
> Perguntem a Ponce se ele conhecia a enfermeira encontrada morta & estuprada. Descubram se ela alguma vez comprou uma TV ou se fez negócio com a Dorn's e se Ponce consertou algum televisor ou qualquer aparelho eletrônico dela. Olhem os livros e a folha da Dorn's. Peçam a ele que dê conta do que fez na noite do crime. Peçam comprovação. Peçam para eu identificá-lo, como se eu o tivesse visto com ela. Deixem eu olhar para ele bem de perto.

A carta foi assinada por um "Lester A. Eby, Cires Avenue, 17.152, Fontana, Califórnia". A secretária do chefe de polícia ligou para Informações e conseguiu um número de telefone: VA2-7814. Escreveu-o no pé da folha de ponto e tornou a ligar para Informações.

Pediu o registro de "E. Ponce", de Monterey Park. A telefonista deu-lhe o único que tinha: Emil Ponce, Fernfield Drive, 320, PA1-3047. Ela anotou as informações debaixo do nome do informante e colocou a carta na caixa do capitão Bruton.

Ruth Schienle ligou para a Delegacia de Homicídios do gabinete do xerife na terça-feira de manhã. Deixou um recado detalhado para Ward Hallinen e Jack Lawton. O telefonista anotou-o no verso de uma tira de teletipo.

> Srta. Schienle disse que Henry Kurtz, Irving Pl., 4.144, Culver City, NE8-5888, não se apresentou para trabalhar ontem à noite e que ligou dizendo que não vai trabalhar hoje à noite (24/6/58). Henry F. Kurtz / sexo masculino / cor branca / 39-42 / 1,72m - 100kg / cabelos castanhos.

O telefonista colocou a tira de papel na caixa de Jack Lawton.

Jim Bruton ligou para Frank Godfrey na terça-feira de manhã. Disse ele que corresse até Brea para conversar com uma mexicana chamada Carmen Contreras. Tinham recebido a informação de que ela conhecia um freqüentador do Desert Inn chamado Tommy. O endereço da garota era South Poplar, 248.

Godfrey foi ao condado de Orange e achou o endereço. A mãe da garota o mandou à Beckman Instrument Company — local de trabalho de Carmen.

Godfrey conversou com Carmen. Carmen disse que conhecia um homem chamado Tommy —, mas não sabia seu sobrenome. Ele era branco, tinha entre trinta e quarenta anos, entre 1,67m e 1,70m. Era moreno, tinha olhos escuros e cabelos crespos e escuros.

Carmen achava que ele vivia em Baldwin Park. Era casado, mas estava tentando se divorciar. Tinha um Mercury cupê 1957 rosa sobre branco. Contou a ela que já havia tido um Oldsmobile 1952. Trabalhava para uma empresa de colocação de pisos de Temple City. Freqüentava o Ivanhoe, em Temple City, e o Desert Inn, em El Monte. Gostava de ficar sentado no bar ou então de ir parando de mesa em mesa. Ele a tinha levado a um restaurante italiano na Valley algumas vezes. Não via Tommy já fazia algum tempo.

Godfrey deu a ela seu cartão. Pediu-lhe que telefonasse se desencavasse o sobrenome de Tommy. Carmen concordou.

Godfrey ligou para Jim Bruton e contou a ele sobre a entrevista. Bruton disse que daria um pulo no Ivanhoe.

Um informante anônimo ligou para o xerife de Temple City na terça-feira de manhã. Disse que um tal de "Johnny" podia ser o sujeito que esganou a enfermeira.

O informante disse que Johnny freqüentava o Desert Inn. Dirigia um Olds Holiday rosa e branco e se considerava "um grande amante". Era branco, tinha entre 30 e 35 anos, 1,72m e compleição média. Tinha cabelos negros e era moreno. Tinha uma ex-namorada chamada Patricia Fields.

O detetive de plantão passou a informação para Bill Vickers. Vickers encontrou o número de Patricia Fields na lista telefônica e ligou para ela.

A srta. Fields disse a ele que Johnny estava trabalhando no exterior desde dezembro e se correspondia com ele desde então. Vickers perguntou-lhe se havia como verificar essa informação. A srta. Fields disse que telefonasse para Peggy Narucore. O telefone era GI3-2638.

Vickers ligou para o tal número. Peggy Narucore confirmou a história da srta. Fields.

A tarde chegava à metade.

Frank Godfrey e Bill Vickers percorriam bares e restaurantes. Ward Hallinen e Jack Lawton voltaram a interrogar o ex-marido e o filho da vítima.

O apartamento dos dois era pequeno e abafado. Sentaram-se ao redor de uma pequena mesa.

Armand Ellroy mencionou o funeral, na semana seguinte. Providenciara um pastor e um enterro no cemitério de Inglewood. A irmã de Jean viria de avião de Madison, Wisconsin, com o marido. Ele ia levar o garoto de volta a El Monte na segunda seguinte, para pegar suas coisas.

Hallinen e Lawton fizeram algumas perguntas ao garoto.

Sua mãe conhecia uma loura que usava rabo-de-cavalo? Você alguma vez a viu com um mexicano ou um homem branco de pele morena? Quem eram os amigos de sua mãe no trabalho? Ela já tinha feito amizades depois que vocês se mudaram para El Monte? *Por que ela tinha se mudado para El Monte?*

O garoto disse que a mãe tinha mentido sobre o porquê da mudança para El Monte. Ela disse que queria que ele morasse numa casa, não num apartamento. Ele sabia que ela estava mentindo.

Ele gostava de Santa Monica. El Monte o assustava. Não sabia por que tinham se mudado para tão longe.

Não conhecia mulher loura nenhuma. Não conhecia nenhum mexicano nem qualquer homem branco de pele morena. Não conhecia os amigos da mãe no trabalho. Já tinha mencionado Hank Hart e Peter Tubiolo. A sra. Krycki era amiga da mãe dele — disso ele sabia.

Lawton perguntou a ele se sua mãe costumava beber.

O garoto disse que ela bebia um bocado de *bourbon* Early Times.

Jim Bruton recebeu um telefonema na terça à noite. A delegacia do xerife de Temple passou-lhe uma dica quente: Tommy tinha acabado de dar as caras no Ivanhoe.

Bruton providenciou uma viatura do xerife para levá-lo à delegacia de El Monte. Providenciou uma sala de interrogatório com espelho falso e ligou para Myrtle Mawby. Ela concordou em ir até lá, dar uma olhada no suspeito.

Dois inspetores chegaram com Tommy. Era o Tom Baker da lista de freqüentadores do Desert Inn. Bruton mandou que dissesse tudo o que tinha feito na noite de sábado.

Baker disse que foi assistir à corrida de cavalos em Hollywood Park. — Ficou até o sétimo páreo e depois foi a um restaurante na Florence com Rosemead. Comeu um hambúrguer e voltou para casa, em Baldwin Park. Passou o resto da noite assistindo TV com o senhorio e com o filho deste. Não tinha ido ao Desert Inn no sábado à noite.

Myrtle Mawby observou Tom Baker. Disse a Bruton que aquele não era o homem que ela tinha visto com a ruiva.

Tom Baker foi solto. Uma viatura o levou de volta ao Ivanhoe.

Eram 20:00.

Vickers e Godfrey estavam em Temple, telefonando para a casa dos *barmen* e atendentes de *drive-in*. Hallinen e Lawton faziam ligações da delegacia de El Monte.

Estavam tentando localizar Margie Trawick e Mike Whittaker. Precisavam colher depoimentos oficiais naquela mesma noite.

Encontraram Margie na casa dos pais. Encontraram Mike no Melody Room e disseram que mandariam um carro buscá-lo. Pediram ao escrivão do xerife para ir até a delegacia.

O detetive de plantão os interrompeu. Disse que uma informação tinha acabado de chegar: uma atendente do Stan's talvez tivesse visto alguma coisa no sábado à noite.

Lavonne Chambers vestia um uniforme vermelho e dourado. Hallinen e Lawton a entrevistaram no cubículo do gerente.

O Stan's era circular e de uma modernidade digna da era espacial. Havia uma haste de néon espetada no telhado. O estacionamento, que ficava nos fundos, era imenso — os carros paravam em três fileiras e piscavam os faróis quando queriam pedir alguma coisa.

Lavonne disse que tinha ouvido o comunicado no rádio. Ficou remoendo aquilo um ou dois dias e contou ao chefe do seu turno o que sabia. Ele tinha ligado para o xerife por ela.

Hallinen e Lawton conversaram amenidades com ela. Lavonne relaxou e contou-lhes sua história.

Tinha reconhecido a descrição quando ouviu a notícia no rádio. Lembrava-se da ruiva — do vestido ao anel de pérola. Tinha certeza de que atendera a ruiva e seu acompanhante *duas* vezes — no sábado à noite e no domingo de madrugada.

Chegaram um pouco depois das 22:00. A mulher pediu um queijo quente; o homem pediu café. Quem dirigia era ele. O carro era um Oldsmobile sedã 1955 ou 1956. Tinha dois tons de verde — com o verde mais claro provavelmente na parte de cima. O homem era muito magro, tinha entre 35 e 40 anos e cabelos negros penteados para trás. Aparentava ser de origem grega ou italiana.

A mulher parecia alegre. Talvez estivesse bêbada. O homem parecia entediado e reservado.

Comeram e foram embora. Voltaram entre as 2:00 e as 2:45. Estacionaram na sua área de atendimento outra vez.

A ruiva pediu *chili* com feijão. O homem pediu café. Ela continuava alegre. Ele continuava entediado e reservado. Comeram, pagaram e foram embora. Hallinen e Lawton mostraram-lhe o casaco da vítima — agora coberto com etiquetas do Instituto Médico Legal. Lavonne Chambers reconheceu o forro imediatamente. Identificou uma foto da vítima com igual rapidez. Concordou em prestar depoimento, oficialmente, no dia seguinte —, mas só se fossem à sua casa. Não podia deixar as crianças sozinhas.

Hallinen e Lawton marcaram com ela às 15:30. Lavonne não parou de falar na ruiva — ela era tão bonita e parecia ser tão boazinha.

O depoimento oficial de Mike Whittaker foi uma bagunça.

Ele não parava de alegar que estava bêbado. Identificou a vítima ruiva de 43 anos como sendo uma morena de seus vinte e poucos. Chamou a loura de rabo-de-cavalo de mexicana.

A história que contou foi vaga e cheia de furos. Contradizia o depoimento de domingo à noite a todo instante. Sua única referência cronológica era o momento em que caiu da cadeira.

Seu depoimento terminou às 21:35.

Mike Whittaker saiu. Margie Trawick entrou.

DEPOIMENTO DE MARGIE TRAWICK. TOMADO NA DELEGACIA DE EL MONTE, NA EAST VALLEY BOULEVARD, 505, EL MONTE. PRESENTES: SARGENTO W. E. HALLINEN, SARGENTO J. G. LAWTON. 21:41, 24 DE JUNHO DE 1958. PARA FICHA Nº Z-483-362. TOMADO POR: DORA A. BRITTON, ESTENÓGRAFA.

PELO SGTO. HALLINEN:

P Seu nome completo?
R Margie Trawick.

P Tem outro nome?
R Tenho. Meu segundo nome é Lucille.

P Algumas vezes a chamam por outro sobrenome?
R Meu nome de solteira é Phillips.

P Onde mora?
R Court Adair Street, 413, El Monte.

P Tem telefone?
R Gilbert 8-1136.

P Posso perguntar sua idade?
R Fez uma semana no sábado, 14 de junho, que completei 36 anos.

P Com quem vive nesse endereço?
R Com meus pais, sr. e sra. F. W. Phillips.

P Está trabalhando no momento?
R No momento, não. Mas tenho emprego. Estou de licença.

P Quem é seu empregador?
R Tubesales, Tubeway Avenue, 2.211, Los Angeles 22.

P Você trabalhou anteriormente como garçonete?
R Trabalhei, sim. Garçonete. Era mais como recepcionista, no Desert Inn, na East Valley Boulevard, 11.721, El Monte.

P Quanto tempo trabalhou lá?
R Aproximadamente nove anos. Nunca foi um emprego fixo, só aparecia lá quando precisavam de mim. Quando os negócios iam muito bem.

P Quando foi seu último dia de trabalho?
R Vamos ver, me internei no dia 6 de maio, uma terça-feira. Foi no sábado anterior.

P Com relação à noite de sábado, 21 de junho, lembra-se dessa data?
R Lembro, sim.

P Poderia nos contar seus passos mais ou menos a partir das 22:00 dessa data?
R Saí de casa entre as 22:05 e as 22:10 e fui direto para o Desert Inn.

P Por favor, que tipo de lugar é o Desert Inn?
R Uma boate. É um lugar para se dançar e jantar.

P A que horas chegou ao Desert Inn?
R Eu diria que mais ou menos às 22:15, 22:20. Só o tempo que eu levaria para ir de carro daqui direto para lá.

P Onde foi que se sentou?
R Na mesa diretamente em frente ao bar, ao lado do balcão de serviço.

P Quando diz balcão de serviço, quer dizer o lugar onde as garotas pegam os drinques para servir os clientes?
R Isso mesmo.

P Enquanto estava sentada à mesa, podia ver o salão como um todo e os fregueses?
R Podia, é um hábito que tenho.

P Poderia nos falar a respeito do movimento e se notou alguém em especial?
R Havia umas seis pessoas em duas meses juntas na primeira fileira, bem ao lado da pista de dança.

P Reconheceu alguma dessas pessoas?
R Reconheci, eram fregueses habituais do Desert Inn.

P Sabe o nome delas?
R Não, não sei.

P Notou alguém sentado ao bar?
R Notei. Havia um cantor de cor sentado no banco ao lado do balcão de serviço. Havia mais dois homens no bar.

P Poderia nos dizer seus nomes?
R Só o de um, um homem que conheço como Cliff. Foi o homem que saiu comigo às 23:30.

P Está se referindo ao momento em que deixou o Desert Inn, às 23:30?
R Isso mesmo.

P Reconheceu mais alguém, ou saberia dizer o nome de mais alguém que estivesse dentro de seu campo de visão?
R Tinha uma bailarina que dançava no Pioneer, uma *stripper*, quero dizer, e eu não sei se o sujeito é marido ou empresário dela, mas está sempre com ela. Estavam sentados bem ao meu lado. Tinha também um outro freguês sentado à mesa do centro, bem debaixo do espelho, na parede lateral. São todos fregueses. Havia quatro pessoas na mesa ao lado da pista de dança. Não as conheço, mas já apareceram um bom número de vezes por lá. Tinha um casal jovem diretamente atrás delas. O rapaz eu já tinha visto. A garota, não.

P Tem noção de que horas eram quando essas pessoas estavam dentro de seu campo de visão?
R A hora em que cheguei.

P Entrou mais alguém que tenha chamado a sua atenção?
R Duas moças. Uma era ruiva e a outra, eu diria, tinha os cabelos louro-escuros. Elas entraram e se sentaram à mesa do centro, na fileira do meio.

P Poderia descrever essas duas senhoras?
R A ruiva era muito atraente. Eu diria que tinha cabelos castanho-alaranjados. Não sei exatamente como explicar. Não era um vermelho-escuro, nem um vermelho-claro. Estava muito bem-arrumada com um vestido na mesma estampa do casaco, tipo *blazer*, tudo azul-marinho. O vestido estampado, e forro do casaco era desse mesmo tecido. A parte de fora do *blazer* era azul-marinho. No momento em que se sentaram, a garçonete, uma amiga muito querida, estava conversando com um freguês no balcão.

P Qual é o nome da garçonete?
R Myrtle Mawby.

P Com referência à ruiva, poderia descrever sua idade aproximada, altura e peso?
R Eu diria que ela tinha quarenta anos. Estimaria a altura em 1,65m, mas o peso é difícil de estimar. Não acredito que possa afirmar quanto ela pesava, é possível que entre 55 e 60 quilos.

P Notou alguma jóia na moça?
R Não, não notei.

P Notou mais alguma coisa que a fizesse se destacar?
R Eu notei a garota quando ela tirou o casaco para dançar com um sujeito que se aproximou da mesa.

P Poderia descrever a outra moça sentada à mesa?
R Tinha cabelos louro-escuros, usava um casacão, bege ou marrom-claro, atirado sobre os ombros e calçava sapatos de salto baixo. Até ela vir dançar, isso foi tudo o que vi. Quanto ao peso, eu diria que tinha entre três e cinco quilos a mais que a ruiva. Talvez fosse gordinha, ou então tinha os quadris largos.

P Idade?
R Devia ter a mesma idade da outra moça, uns quarenta anos.

P Altura?
R Mais ou menos a mesma da ruiva. Os sapatos dela tinham salto baixo. Os da ruiva tinham salto alto.

PELO SGTO. LAWTON:

P Notou os sapatos da ruiva?
R Não, não notei.

P A ruiva lhe pareceu bêbada?
R Nenhuma das duas me pareceu bêbada.

PELO SGTO. HALLINEN:

P Depois que as duas moças que acabou de descrever sentaram-se à mesa, o que aconteceu?
R Eu avisei a srta. Mawby que duas freguesas estavam à sua espera, e ela terminou a conversa com o cavalheiro do bar. Nesse meio-tempo, um camarada mexicano se colocou atrás da cadeira da ruiva. Não o ouvi convidá-la para dançar. Ela imediatamente se levantou da cadeira.

P Antes de prosseguir, poderia descrever essa pessoa um pouquinho melhor?
R Eu diria que tinha entre 1,75m e 1,82m, era bastante franzino, tinha o rosto fino. Cabelos escuros, penteados para trás. Bem penteados para trás.

P Os cabelos eram ondulados?
R Não.

P Estavam repartidos?
R Não, ele tinha entradas dos dois lados.

P Que tipo de roupas usava, você se lembra?
R Um terno escuro. Uma camisa esporte escura aberta no pescoço com a gola por cima do paletó.

P Notou se ele usava alguma peça branca ou clara?
R Não, não notei.

P Idade?
R Eu diria que ele não era... que devia ter a mesma idade das mulheres.

P Aproximadamente quarenta anos de idade?
R Sim. Entre quarenta e cinqüenta.

P Ouviu alguma parte da conversa, quando ele se aproximou da mesa?
R Não, não ouvi.

P Lhe ocorreu que esse homem conhecia uma das duas moças?
R Achei que ele fazia parte do grupo. Foi o que pareceu.

P E o que foi que lhe deu essa impressão?
R A forma como ele se aproximou da ruiva. Ela se levantou da cadeira, tirou o casaco, ele a ajudou a dobrá-lo, com o forro para fora, colocou-o no espaldar da cadeira e foram para a pista de dança.

P Nesse momento a garota do rabo-de-cavalo ficou sozinha à mesa?
R A srta. Mawby ia pegar os pedidos, mas então voltou e ficou esperando ao lado da minha mesa para ver se os outros eram maiores de idade antes de servi-los. A seguir, ela pegou os pedidos. Eu a ouvi gritar *tall*, então eu soube que um deles tinha pedido um *tall drink*.

P Nesse momento, havia três pessoas à mesa?
R Havia.

P Do que se lembra a seguir?
R A seguir me lembro de que Mike saiu da pista de dança com a loura.

P Você sabia o nome dele?
R Não, na época eu não sabia.

P E desde então veio a saber que o nome dele era Mike?
R Sim.

P Gostaria de voltar atrás neste depoimento e pedir que tentasse se lembrar a que horas, mais ou menos, as duas moças chegaram e se sentaram à mesa que descreveu.
R Diria que eu já tinha chegado fazia pelo menos meia hora, o que teria sido mais ou menos às 22:45.

P Poderia descrever a pessoa que conhece por Mike?
R Bem, ele tem cabelos castanho-claros. Considerando os traços, eu diria que é louro. É, é louro mesmo. Jovem, com seus 23, 24

anos. Vestia uma camisa escura, azul-marinho ou preta. O que mais me chamou a atenção foi a aparência desleixada. A camisa estava desabotoada de cima até embaixo. Vestia calças escuras e sapatos de lona; pareciam tênis, mas eram mais leves.

P Essa é a mesma descrição que nos deu antes de saber que o nome dessa pessoa é Mike?
R Isso mesmo.

P O que foi que fez Mike?
R Com referência a ter me convidado para dançar, ele caminhou até o bar, pediu uma cerveja, depois se aproximou da minha mesa e perguntou se eu queria dançar; eu disse que a música era rápida demais. Então ele me perguntou se eu dançaria uma música lenta com ele, e eu disse. "Não, obrigada." Ele se zangou e me perguntou se eu por acaso sabia dançar. Voltou para o bar, pegou a cerveja e caminhou até a mesa de canto que separa o bar do restaurante. A garçonete... eu comentei com ela que ele tinha sido grosseiro e que me parecia um pouco jovem demais. Ela foi até ele, deu um cinzeiro e um guardanapo limpos para ele, voltou à minha mesa e disse: "Não, ele tem idade o bastante para beber." Um pouco mais tarde eu notei que ele estava dançando com a loura de rabo-de-cavalo que estava sentada na fileira central, com a ruiva.

P Notou quando Mike se aproximou da mesa, antes de dançar com a loura?
R Não, eu o vi sentar-se com o grupo, que então se transformou em um grupo de quatro; o mexicano, o rapaz e as duas moças.

P Com relação à localização do bar, lembra-se em que posição as quatro pessoas se encontravam?
R As duas moças estavam de costas para mim.

P Então elas estavam de costas para qual parte do salão?
R As costas estavam viradas para o norte. Elas estavam de frente para a pista de dança. A cadeira de Mike estava posicionada de forma que ele podia ver a pista de dança, mais próximo à loura de rabo-de-cavalo.

P Neste caso, seria o lado oeste?
R Sim, oeste. O mexicano estava de frente para mim. O que quer dizer que ele estava olhando para o norte.

P E para o bar e para as garotas?
R Isso mesmo.

P E a leste de Mike?
R Sim.

P Viu mais algum drinque ser servido naquela mesa?
R Eu vi a garçonete servir apenas duas rodadas.

P Lembra-se de quem pediu essas rodadas?
R Não, não me lembro.

P Notou o grau de embriaguez das quatro pessoas sentadas à mesa?
R O rapaz conhecido como Mike estava bastante embriagado. As outras três pessoas, não.

P Os dois homens dançaram com as duas moças?
R Depois disso, não prestei mais muita atenção neles porque saí às 23:30.

P Todos quatro estavam sentados à mesa quando partiu?
R Sim, senhor.

P Saiu do Desert Inn com alguém?
R Saí, sim.

P E eram aproximadamente 23:30 quando partiu?
R Isso mesmo.

P Voltou mais tarde naquela mesma noite?
R Às dez para a uma. Voltei com o mesmo camarada. Fui com ele apanhar um dinheiro que estavam lhe devendo.

P A que horas voltou?
R Às dez para a uma.

P Notou as condições de ocupação da mesa e do bar do Desert Inn?
R O lado do bar estava praticamente vazio.

P Notou a mesa na qual disse haver quatro pessoas anteriormente?
R Estava vazia.

P Viu alguma das pessoas mencionadas anteriormente no restaurante?
R Não, não vi.

P Quanto tempo ficou lá?
R Poucos minutos.

P E depois partiu?
R Depois fui para casa, sim.

PELO SGTO. LAWTON:

P Esse mexicano alto e magro que descreveu, seria capaz de identificá-lo se o visse outra vez?
R Creio que sim. Ele era tão magro aqui (indicando), que se não estive sorrindo, até parecia desdentado.

P Está se referindo à região do maxilar?
R Estou.

P Foi ele quem convidou a ruiva para dançar?
R Foi. Eu não o ouvi convidá-la para dançar.

P Mas dançaram?
R Sim.

P Era a ele que se referia quando disse ter tido a impressão de que eles já se conheciam?

R Isso mesmo.

P Muito obrigado.

DEPOIMENTO CONCLUÍDO ÀS 22:10.

Duas cartas chegaram à delegacia de El Monte na quarta-feira de manhã. Ambas estavam endereçadas ao chefe de polícia.

A primeira tinha sido datilografada e enviada de Fullerton, na Califórnia.

> Andamos seguindo o sr. C.S.I., de Santa Ana, e vimos ele atirar aquele corpo, a garota de cabelos vermelhos, do carro dele, ou de um Plymouth 1954 em dois tons de salmão, marrom cor de chocolate naquela noite. Sabe, ele tem ficha em várias delegacias do sul da Califórnia e já ameaçou muitas vidas. Achamos ele um LIXO e é ele que vocês estão procurando. KI-28114 vai ter mais a lhes dizer.

Estava assinada "Testemunha ocular, Peggy Jane, sr. e sra. Virgil Galbraith, Fullerton".

A segunda carta tinha sido enviada de Los Angeles. Era escrita à mão. "Pense Nos Modos Dela" estava escrito na frente do envelope.

> Vosso infortúnio virá na forma de um viajante e vossa penúria na de um homem armado.
>
> Olga foi criada numa casa de má fama, com outras profissionais ela aprendeu tudo sobre furtar, assaltar, roubar, e o ladrão é como um assassino. Sua trilha passa por assaltos a bancos — o caixa da Nova com Spring recentemente, assim como outro trabalho em São Francisco. É conhecida, localmente, como Vovó. Ela usa disfarces —, pois andou pelos estúdios de cinema e com um ascensorista do Ambassador, daí e de seu emprego de arrumadeira desenvolveu sua técnica de ladra e assassina e trabalhou em Hollywood para matar uma mulher num hotel, sra. Greenwald, srta. Epperson

e uma mulher num hotel de Los Angeles. Inúmeros outros homicídios — um Stepanovich, no MacArthur Park, há alguns meses, e outros não levados a público. Ela anda pela rodoviária da Santa Fé Trailways & pelos museus e por Forest Lawn, assim como em áreas mutantes e bairros onde ela possa encontrar um homem com uma carteira que possa roubar, uma mulher para sodomizar, um bêbado para enrolar, um viajante para depenar ou de quem bater a carteira, Olivera Street, onde ela vende o corpo e bate a carteira de viajantis e rapazes — normalmente dois — para dormir com aquilo nas tripas.

Ela precisa dormir, então acha um hotel do outro lado da ponte da 7th Street em Los Angeles. No caminho, está o mercado administrado por Anthony Jr. & pelo velho Thomas. Foi lá que Anthony a seduziu e A freqüentemente a paga, agora A mora em El Monte, para impedir mais um crime em El Monte, é bom tirar Anthony de El Monte (aplacando sua fúria com fogo) ou ela matará você, seus filhos e seu amor, porque quer tirar dinheiro de Anthony. Portanto, expulse esse homem de sua cidade. Se não quiser — isso mesmo — no mínimo — uma doença venérea. Se sua cidade estiver aberta a profissionais como Olga, vamos continuar a reprimir esse mal. Os líderes são o terror do mal. Agora o escritor está à procura de dois eunucos que atirem Olga janela afora. Portanto, devem mandá-la para o lugar onde os eunucos estão e estão num lugar onde as mulheres mergulham. Mande ela para o hospital público com a desculpa de consertar seus pés. Ela nunca usa calcinhas — desrespeita a lei atentando ao pudor — e assim enrola as meias que causam varizes. É capaz de ter cãibras e de cair no meio dos carros & num acesso de entusiasmo o xerife e o juiz do tribunal superior & o diretor médico do hospital estadual poderiam ser atropelados & padeceriam. Onde é que vocês estariam? Ela é loura, entre 40 e 45, sua suspeita.

Se os crimes de roubo e homicídio pararem, então Olga é a culpada. Quanto mais tempo ela passar na instituição mais tempo é preciso para seus modos levarem o crime lá para dentro. Então vai ser descoberto e então vão se dar conta de que embora tenha outros crimes sem solução na área dela atribuídos a homens, vocês,

> xerifes, têm procurado o suspeito errado no livro da ciência de criminologia do qual vocês são pagos para comer, dormir, falar e sair em viagem a respeito. A ciência — o ladrão é como se fosse um assassino, e a pessoa que ganha pouco cobiça, Olga só recebe algumas respostas para os anúncios que coloca & seus pés a forçam a dormir. Tem mais mulheres do que homens e problemas na área dos nascimentos através de ações simuladas e objetos que são parte de um espetáculo de profissional para um homem sozinho "Job". Assim, ele ou ela que comete violência ao corpo de qualquer pessoa tem que ir para o poço. Que nenhum homem o impeça, a não ser que este demônio de mulher morra na câmara de gás, nós mandaremos vocês para lá.

A carta não tinha assinatura. Vinha acompanhada de uma página arrancada de uma revista em italiano. De um lado, a página continha um texto científico. Do outro lado, a fotografia de uma mangangá.

A secretária do chefe colocou as duas cartas na caixa do capitão Bruton.

Um alerta geral foi passado na quarta-feira de manhã.

> ALERTA GERAL
> BOLETIM ESPECIAL... DELEGACIAS DE POLÍCIA DO VALE DE SAN GABRIEL E POLÍCIA RODOVIÁRIA DA CALIFÓRNIA
>
> NO DIA 22 DE JUNHO DE 1958, FOI ENCONTRADO O CORPO DE UMA MULHER ESTRANGULADA. NA REGIÃO DE EL MONTE. ELA FOI IDENTIFICADA COMO SENDO JEAN ELLROY, TAMBÉM CONHECIDA COMO GENEVA O. ELLROY. ACREDITA-SE QUE O SUSPEITO AINDA TENHA EM SEU PODER OU QUE TENHA JOGADO FORA PEÇAS DO VESTUÁRIO DA VÍTIMA E OBJETOS PESSOAIS, INCLUINDO UMA BOLSA DE APARÊNCIA DESCONHECIDA, AS CHAVES DE UM BUICK 1957 DE PROPRIEDADE DA VÍTIMA, UM PAR DE SAPATOS FEMININOS, POSSIVELMENTE DE PLÁSTICO TRANSPARENTE E SALTO ALTO, CALCINHAS, CINTA E ANÁGUA.

QUALQUER INFORMAÇÃO REFERENTE AO ASSUNTO ACIMA ENVIAR PARA J. G. LAWTON & W. E. HALLINEN, DELEGACIA DE HOMICÍDIOS DO GABINETE DO XERIFE.
(REFERÊNCIA LAWTON QG DB DELEGACIA DE HOMICÍDIOS FICHA Z-483-362.)

E. W. BISCAILUZ, XERIFE

Era quarta-feira à tarde. Bill Vickers percorria os bares de El Monte outra vez.

Checou o Suzanne's Cafe — com resultados negativos. Checou o Dublin Inn — com resultados negativos.

Deram-lhe uma dica no 49'er. O *barman* disse que era possível que a vítima tivesse ido ao local no sábado anterior — 14 de junho.

Estava acompanhada de um homem. Tinha 1,72m, era atarracado e tinha cabelos louros levemente ondulados. Os dois estavam bêbados. Ficaram ali pouco tempo e tiveram uma discussão — algo sobre a ruiva ter recusado um drinque. O *barman* disse já ter visto o tal louro —, mas não era freguês da casa e ele não sabia seu nome.

Vickers checou o restaurante Mama Mia. O proprietário lhe disse que ligasse para a garçonete — Catherine Cathey — que tinha trabalhado sábado à noite.

Vickers ligou para ela. Catherine Cathey disse que uma ruiva tinha aparecido no lugar lá pelas 20:00, sozinha. Vickers disse que lhe telefonaria outra vez e que marcaria para ela ver uma foto da vítima.

Vickers checou o Off-Beat. Ninguém reconheceu a fotografia da vítima. A mulher do proprietário contou uma história que ela achava estar ligada ao caso.

Uma freguesa da casa, chamada Ann Mae Schidt, tinha estado no Off-Beat na noite anterior. Disse que estava bebendo no Manger Bar com o marido e outro casal na sexta à noite e acabou discutindo com eles. Saiu do bar — sozinha — e foi abordada do lado de fora por um mexicano.

O mexicano a empurrou para dentro de um carro e tentou estuprá-la. Não conseguiu consumar o ato. Ann Mae escapou.

Ela não deu parte do ataque. Teve medo de ser presa por embriaguez.

Ann Mae tinha mais ou menos quarenta anos e era ruiva. A mulher do proprietário deu a Vickers o telefone dela: GI8-0696.

Vickers deixou um cartão com ela e foi para o Manger. Os resultados foram negativos no Kay's Cafe e no ponto de táxi de El Monte.

Um sujeito chamado Jack Groves estava trabalhando no bar. Reconheceu a foto da vítima e disse que ela tinha passado por lá no sábado à noite, entre as 20:00 e as 21:00. Achava que ela estava sozinha.

Groves não conhecia nenhuma Ann Mae Schidt. Disse que talvez os donos — Carl Manger e a mulher — a conhecessem. Tinham trabalhado sábado à noite. Talvez tivessem alguma informação sobre a ruiva.

Lavonne Chambers era divorciada. Morava numa pequena casa com os três filhos. Hallinen e Lawton tomaram seu depoimento oficial lá mesmo.

DEPOIMENTO DE LAVONNE CHAMBERS. TOMADO À FOXDALE AVENUE, 823, WEST COVINA. PRESENTES: SARGENTO W. E. HALLINEN, SARGENTO J.G. LAWTON. 15:55, 25 DE JUNHO DE 1958. PARA FICHA Nº Z-483-362. TOMADO POR DELLA ANDREW, ESTENÓGRAFA.

PELO SGTO. LAWTON:

P Qual é o seu nome?
R Lavonne Chambers.

P Tem algum nome do meio?
R Marie.

P Quantos anos tem, sra. Chambers?
R Vinte e nove.

P E qual é o seu endereço residencial?
R Foxdale, 823, West Covina.

P E seu telefone?
R Edgewood 7-6686.

P Em que trabalha ou qual é a sua ocupação?
R Sou atendente no Stan's Drive-In.

P Está falando do Stan's Drive-In, localizado em Five Points, El Monte?
R Estou.

P Na noite de sábado, 21 de junho, e na madrugada de 22 de junho, a senhora estava trabalhando no Stan's, nessa função de atendente?
R Estava.

P E no decorrer da noite, enquanto servia diversos carros, houve algum em especial, assim como seus ocupantes, que chamou a sua atenção?
R Bem, foi quando eu voltei, depois do lanche. Normalmente eu lancho às 21:00. Normalmente já são 22:00 quando volto. Depois disso, eu vi uma mulher — foi ela que me chamou a atenção mais do que o homem.

P A mulher chamou a sua atenção, mais do que o homem. E isso foi depois das 22:00?
R Foi depois das 22:00.

P Poderia ter sido mais perto das 23:00?
R Poderia, mas eu acho que foi mais perto das 22:00 porque não foi muito depois de eu ter voltado do lanche.

P Em que tipo de carro estavam o homem e a mulher?
R Era um Oldsmobile 1955 ou 1956, verde-escuro. Mas pela tinta, é mais provável que fosse um 1955. Tinha perdido o brilho e a pintura parecia nunca ter recebido polimento.

P Que tipo de carro era?
R Um sedã.

P Conhece as diferenças na linha da Oldsmobile entre a linha normal e a série Holiday?
R Conheço. O Holiday é mais comprido.

P Na sua opinião, esse era ou não um Holiday?
R Não era.

P Não era?
R Não.

P A senhora se lembra que quando conversamos ontem à noite no Stan's, disse alguma coisa sobre haver uma possibilidade do carro ter duas tonalidades de verde?
R É possível. Mas mesmo que tivesse dois tons, era todo verde — um tom mais claro de verde e outro mais escuro.

P Do que se lembra com maior clareza neste exato momento? Deve ter pensado a respeito da cor do carro depois que conversamos ontem à noite.
R Continuo achando que tinha dois tons.

P A parte debaixo do carro era a de tom mais escura?
R ERA.

P Disse que quem mais lhe chamou a atenção foi a mulher. Por quê?
R Bem, normalmente quando vamos até o carro e perguntamos se aceitam ver um cardápio, as pessoas respondem sim ou não. Mas ela não sabia o que queria. Ela disse: "Quero um sanduíche, o menor sanduíche que tiverem." E eu estava pronta para dizer. "Um cachorro quente?", quando ela disse: "O sanduíche mais fino que vocês tiverem." Eu disse: "Seria um queijo quente." Ela disse. "O.K." Ele não disse coisa alguma, eu esperei que ele fizesse o pedido, e ele disse. "Só café." Eu anotei. E quando fui pegar a bandeja, notei o anel — o jeito dela sentar. Ficou sorrindo e rindo o tempo todo, muito alegre.

P Com licença, disse que notou o anel, o jeito dela sentar?
R Quando eu me aproximei da janela dele, o anel estava neste dedo, então deu para ver. (Mostrando.)

P Está indicando o dedo anular?
R Estou.

P Da mão esquerda?
R É.

P Poderia descrever o anel?
R Era uma pérola enorme, muito grande mesmo.

P Havia alguma outra coisa em especial sobre a pérola?
R Acho que me pareceu ser ainda maior por causa da posição da mão dela. Parecia ser uma bola, porque eu só via a parte grande da pérola.

P Mais alguma coisa, além da pérola?
R Não, só a pérola, e o vestido que ela usava. O vestido azul — notei isso.

P Mais uma vez, se a senhora se recorda, lhe mostramos aquele casaco, com dois tipos de fazenda, a de fora sendo linho azul-escuro e o forro de um material sedoso, com diversos tons de azul.
R Era isso mesmo, um vestido azul estampado.

P A fazenda que viu forrando o casaco que lhe mostramos ontem à noite era a mesma?
R Sim, era a mesma do vestido.

P Teve a impressão de que a mulher havia bebido?
R Ah, sim, ela estava — bem, eu diria, bastante bêbada.

P Diria que ela estava bastante bêbada?
R É.

P E o que diria do homem?
R Não, ele não. Se estava bêbado, não parecia. Me pareceu muito sóbrio.

P Poderia descrever essa mulher para nós?
R Era magra, com cabelos ruivos curtos e era muito agradável — era simpática, ou pelo menos parecia ser. Do tipo para quem se olha duas vezes.

P Quantos anos acha que ela tinha?
R Não sei. Não sou muito boa de adivinhar idades.

P Bem, pelo que me lembro, a senhora tem 29 anos.
R Eu diria que era mais velha do que eu.

P Muito mais velha do que a senhora?
R Nossa, não sei.

P Na sua opinião, ela poderia ter quarenta anos?
R Poderia.

P Não quero colocar idéias na sua cabeça, quero que se lembre do máximo que puder. Estou apenas tentando ajudá-la a se lembrar. E quanto ao homem, como era ele?
R Moreno, muito magro. Rosto fino, cabelos escuros penteados para trás.

P Disse cabelos escuros. Seriam castanho-escuros ou pretos?
R Ou eram pretos ou castanhos muito escuros.

P Lhe pareceu que ele usava alguma coisa para fixar os cabelos?
R Para fixar os cabelos? Talvez. Não prestei muita atenção. Ele tinha muito cabelo. Não eram volumosos — tinha entradas, pequenas entradas. Mas ainda assim tinha bastante cabelo aqui em cima.

P O cabelo era achatado em cima.
R Era.

P Quantos anos acha que ele tinha?
R Tinha uns trinta, trinta e cinco, ou mais.

P Entre trinta e cinco e quarenta possivelmente?
R É. Por aí.

P Na sua opinião, qual a origem dele?
R Ela, é claro, eu não penso nela sendo algo que não americana —, mas ele, acho que podia ser grego ou italiano.

P Grego ou italiano. Acha possível que ele fosse mexicano, hispânico, latino?
R Pode ser. (Pausa.) O tom de pele dele não parecia ser moreno o bastante para ser mexicano. Claro que eu sei que tem um monte deles que não são tão morenos, mas...

P Notou qualquer coisa de peculiar sobre as condições das roupas dela naquele momento?
R Não, não notei. Notei o vestido que ela usava, assim que fui atendê-los. Sei que era decotado porque a luz batia nela.

P E quanto a esse carro. Depois que falamos com a senhora ontem, lembrou-se de alguma coisa a respeito de carro que pudesse nos ajudar?
R Não, pensei no carro ontem à noite. Pensei também que devia ter placa da Califórnia. Se tivesse placa de outro estado, eu teria notado. É que a gente trabalha pelas gorjetas, e com 99% dos carros de outros estados, a gente não ganha um centavo, então acaba notando. E como eu não notei que o carro não tinha placa da Califórnia, então é bem provável que tivesse.

P E o que me diz de pára-choques amassados, grades quebradas ou qualquer coisa do gênero? Lembra-se de alguma coisa assim?
R (Interrompendo.) Eu só notei a tinta, a falta de polimento. Era tão sem brilho.

P A senhora os ouviu — depois que terminaram de comer, que lhe pagaram e foram embora — a senhora os ouviu, ou os viu indo embora?
R Não.

P Em algum momento ouviu o ronco do motor do carro?
R Não. O motor não estava ligado quando eu fui buscar a bandeja.

P Ouviu quando o carro se afastou?
R Não.

P Em outras palavras, não saberia dizer se o carro era envenenado, ou algo assim?
R Não.

P Então, ao que me parece, viu esse carro outra vez, mais tarde. Quando foi isso?
R Domingo de madrugada depois que o bar fechou. Deviam ser umas 2:15 ou um pouco mais tarde, porque o lugar normalmente não enche até umas 2:15. Mas em geral o estacionamento enche lá pelas 2:15, e eles pararam lá atrás, quase no final, bem onde a luz bate no lado do carona, bem em cima dela. Então eu voltei ao carro e, é claro, perguntei se queriam ver um cardápio. Ela disse que queria uma tigela de *chili* e uma xícara de café. E eu fiquei ali, esperando que ele pedisse alguma coisa, e eu acho que nem o teria notado — fiquei esperando que ele pedisse alguma coisa e, finalmente, ele disse: "Só café."

P Disse que ela pediu uma tigela de *chili*?
R Foi.

P *Chili* puro ou *chili* com feijão?
R Só *chili* e café.

P Mas mesmo assim havia um pouco de feijão no *chili*?
R Tem, sempre tem. É sempre servido como *chili* com feijão. Não servimos *chili* puro.

P Em que condições encontrava-se ela dessa vez?

R Estava um pouquinho mais bêbada, mas, ainda assim, muito simpática. Não era grosseira. Muito agradável de se servir, alegre, risonha, e quando eu fui pegar a bandeja, ela disse alguma coisa — tentei me lembrar do que ela disse para mim, ou para ele, mas não consegui me lembrar do que foi e nem com quem ela falou, mas ela disse alguma coisa e riu, e eu sorri para ela, mas não consegui me lembrar do que ela disse.

P Em que condições estavam as roupas dela nessa ocasião?

R As roupas estavam normais, a não ser pela frente do vestido. Do jeito que estava, dava para ver um dos seios quase todo.

P Ela não estava usando sutiã?

R Não, não vi sutiã algum. Deu para ver alguma coisa branca, que eu achei que era uma combinação de renda branca.

P Será que não podia ser um sutiã puxado para baixo?

R Até podia ser, mas normalmente os sutiãs não têm renda.

P Dava para ver os pés dela?

R Não, não dava para ver os pés. Se eu tivesse olhado, teria dado. Mas não olhei. Eu tenho mesmo que me meter lá dentro dos carros, para tirar as bandejas e para colocá-las lá dentro.

P Dessa vez, qual foi a impressão que teve com relação à aparência dela? Quero dizer, o que ela parecia estar trazendo antes de ir ao *drive-in*?

R Ah, não sei. Não me pareceu muito diferente da primeira vez em que a vi. Pude olhá-la melhor porque estava do seu lado do carro.

P Seria possível, devido à aparência que acaba de descrever com relação ao vestuário, que eles tivessem acabado de trocar carícias?

R Poderiam, sim. É possível.

P Na ocasião, ela deu alguma indicação de estar triste, zangada ou alguma coisa assim?
R Não, ela foi muito simpática, estava muito alegre. Estava rindo. A foto dela sorrindo me lembra tão bem dela porque ela ria o tempo todo.

P Ele não sorriu?
R Não, ele me pareceu entediado com aquilo. Só que eu tive que esperar um minuto para ele me pagar. Da vez anterior eu já tinha esperado por ele e tive que esperar outra vez. Então fui até lá, disse quanto dava a conta e esperei um instante, até ele pegar uma nota de um dólar e me dar. Dei-lhe o troco e fui até o outro lado do carro. A gorjeta que ele deixou estava na bandeja.

P Quanto foi que ele lhe pagou em cada uma das vezes? Pagou com uma nota de um dólar das duas vezes?
R Da primeira vez, não lembro, mas me lembro da segunda.

P Lembra-se se ele tirou a nota do bolso ou de uma carteira?
R Estava na mão dele, mas ele levou alguns minutos para me pagar depois que eu disse quanto era.

P Já tinha visto essas pessoas antes, um ou outro?
R Não que eu me lembre. Não me lembro de jamais tê-los visto.

P Depois que nos falamos da primeira vez e lhe mostramos a peça de vestuário e as fotos dessa mulher, teve alguma dúvida de tratar-se da mesma pessoa que serviu naquela noite?
R Não tenho a menor dúvida.

P E se visse esse homem outra vez, seria capaz de identificá-lo?
R Estou certa de que seria. Eu me lembro dele na minha mente. Não há nada de muito especial a seu respeito que me permitisse descrevê-lo, nenhum traço que o faria se destacar no meio de uma multidão. Mas eu sei, na minha cabeça, como ele era.

P Bem, a senhora disse que ele tinha o rosto fino. Era um rosto extremamente fino?

R Era italiano ou grego — com um nariz assim indicando. E um rosto fino, muito fino.

P Teve a impressão de que ele usava dentadura?
R Não.

P Sabe, quando as pessoas usam dentadura — quer a estejam usando ou não — o maxilar parece despencar. Teve essa impressão?
R Não, não tive.

P Nada além de magreza?
R Não.

PELO SGTO. HALLINEN

P Deve ter pensado bastante a respeito disso depois que nos falamos ontem. Conseguiria descrever as roupas que esse homem usava?
R Eram claras, é só disso que me lembro. Vestia um paletó, ou algo com mangas compridas, e era claro.

P Tem bastante certeza de que era claro?
R Tenho.

P Era uma roupa esporte ou um terno normal?
R Não, não era um terno. Era um tipo de paletó. Eu diria que era um *blazer*.

P Não sabe dizer de que cor eram as calças?
R Não.

P Lembra-se se ele usava camisa, se era clara ou escura?
R Ele usava camisa, mas não me lembro — não me lembro se era clara ou escura.

P Conseguiria reconhecer um carro parecido com o que viu?
R Ah, claro.

P Em outras palavras, conseguiria reconhecer qualquer carro, saberia dizer se era parecido com aquele ou não?
R Saberia, eu saberia dizer. Eu talvez não fosse capaz de reconhecer o carro, esse carro em especial, mas se visse um carro como aquele, saberia identificar.

P Acha que quando o visse, seria capaz de dizer se o carro que tem em mente era de dois tons ou de um tom?
R Acho.

P Notou se algum dos dois fumou, enquanto estavam ali?
R Não, não notei.

P Voltando aos traços desse homem, na sua opinião, a pele dele era morena, ou normal, lisa?
R Era lisa e escura.

P Ele era um homem de compleição clara?
R Não, era um homem de compleição escura.

P Mas tinha a pele clara?
R Não, a pele dele não era clara, mas também não era muito escura. Não tão escura quanto à de um mexicano realmente moreno. A pele era escura como a de um italiano.

P Mencionou que os cabelos eram escuros, penteados para trás?
R Eram.

P Também que ele tinha entradas?
R Um pouco, tinha poucas entradas. Nada de mais.

P Mas tinha muito cabelo?
R Tinha.

P Notou algo de especial sobre as orelhas dele?
R Não me lembro.

P Tinham algum formato peculiar ou...
R (Ela balançou a cabeça.)

SGTO. LAWTON: Mais uma coisa. Notou se ele usava alguma jóia, um anel?
R Não, não notei.

SGTO. LAWTON: Muito obrigado.

DEPOIMENTO CONCLUÍDO ÀS 16:15.

Um teletipo foi passado para toda a região na quarta-feira à noite. Fazia um resumo do caso Ellroy nas últimas 72 horas.

Mencionava a bolsa e as roupas desaparecidas da vítima, o suspeito, a loura e o Oldsmobile 1955 ou 1956. Qualquer órgão de polícia com informações a respeito deveria entrar em contato com a Divisão de Homicídios do xerife ou com a polícia de El Monte.

Um homem da polícia rodoviária da Califórnia mandou uma informação às 22:10. O detetive de plantão da delegacia de El Monte anotou.

O homem da polícia rodoviária sabia de um "tipo latino bem moreno" que tinha um Olds de dois tons. O sujeito andava pelo Five Points. O carro tinha placas de repórter fotográfico e uma antena. O tal latino bem moreno era mal-humorado e gostava de monitorar as transmissões de rádio da polícia. O homem da polícia rodoviária disse que descobriria a placa do tal sujeito e a informaria.

O teletipo causou comoção rapidamente. Cadáveres de mulheres brancas sempre chacoalhavam as coisas.

Manhã de quinta-feira.

Vickers e Godfrey terminaram suas diligências e responderam às últimas ligações telefônicas. As andanças da vítima na noite de sábado estavam mais ou menos delineadas.

Hallinen e Lawton fizeram um pedido urgente para o Departamento de Trânsito da Califórnia. Pediram os dados de todos os Oldsmobiles 1955 e 56 registrados no vale de San Gabriel. Mandaram um outro pedido urgente para a Delegacia de Registros do gabinete do xerife.

Pediram fotos de prontuário de todos os agressores sexuais registrados que lembrassem o homem de pele morena. O suspeito era muito provavelmente branco — embora pudesse ser, racialmente falando, latino. Acrescentaram anotações sobre o crime em si: espancamento, estrangulamento e, provavelmente, estupro. A vítima era uma mulher branca de 43 anos, que costumava freqüentar bares.

Lavonne Chambers e Margie Trawick foram levadas ao Tribunal de Justiça. Um inspetor ajudou-as a usar o *Identi-Kit* para fazerem o retrato falado do suspeito.

Esse *kit* era um recurso novo. As testemunhas iam escolhendo os traços impressos em tiras de cartolina e construíam os rostos de acordo com a lembrança. Técnicos treinados auxiliavam as testemunhas a juntá-los.

O inspetor trabalhou com Lavonne e Margie, separadamente. O resultado foram dois rostos similares — embora diferenciados.

O homem de Lavonne parecia um camarada normal, de rosto magro. O homem de Margie tinha uma aparência ameaçadora.

Convocaram um artista para fazer o retrato falado. Ele se sentou com as duas testemunhas e fez retratos separados do sujeito. O terceiro retrato juntava traços das duas versões anteriores. Lavonne e Margie concordaram: Foi esse o sujeito que vimos.

O artista mimeografou cópias do retrato e entregou-as a Hallinen e Lawton. Estes as encaminharam para a divisão de informações — para serem incluídas no relatório sobre o homicídio de Ellroy.

Um inspetor levou Lavonne e Margie para casa. Hallinen e Lawton marcaram entrevistas com os colegas de trabalho da vítima e outra revista à casa dela.

O caso completava quatro dias.

Tarde de quinta-feira.

Jim Bruton ligou para um contato seu no distrito escolar de El Monte. O homem lhe deu o telefone de Peter Tubiolo.

Bruton telefonou para Tubiolo e pediu-lhe que desse um pulo na delegacia — com o intuito de responder a algumas perguntas. O assunto a ser discutido era o assassinato de Jean Ellroy.

Tubiolo concordou em ir naquela mesma tarde. Insistiu que mal conhecia a tal mulher. Bruton disse a ele que era pura rotina e assegurou-lhe que a confidencialidade da entrevista seria mantida.

Marcaram uma hora. Bruton ligou para Hallinen e Lawton e disse a eles que fossem até lá. Pediu que levassem Margie Trawick, para que desse uma olhada no homem.

Peter Tubiolo foi pontual. Bruton, Hallinen e Lawton conversaram com ele na sala de interrogatório espelhada. Tubiolo era corpulento e tinha o rosto redondo. Não lembrava o homem moreno em absolutamente nada.

Era vice-diretor da Anne LeGore Elementary School. O filho da vítima tinha terminado o quinto ano lá recentemente. Era uma criança assustada e um tanto volátil.

Tubiolo disse ter encontrado Jean Ellroy numa única ocasião. Ela tinha ido à escola discutir o baixo rendimento escolar do filho e sua incapacidade de se dar com as outras crianças. Ele não tinha "namorado" e tampouco "travado conhecimento social com" a falecida sra. Ellroy. Esse tipo de coisa era contra a política do distrito escolar.

Os tiras lhe disseram que o moleque tinha afirmado o contrário. Tubiolo insistiu em sua história. A única coisa que sabia a respeito da vida íntima dos Ellroy era que os pais eram divorciados e que o garoto era proibido de ver o pai durante a semana. A sra. Ellroy era uma pessoa distinta — mas não havia nada de pessoal entre eles.

Margie Trawick observou Tubiolo. Deu uma boa olhada nele através do espelho.

Disse aos tiras que ele não era o camarada que procuravam. Soltaram Tubiolo mediante pedidos de desculpas.

Ward Hallinen recebeu uma dica na noite de quinta-feira. A polícia de West Covina tinha um suspeito: um mau elemento local, chamado Steve Anthony Carbone.

Hallinen mandou que Frank Godfrey checasse a informação. Godfrey checou a ficha de Carbone e ficou animado.

Carbone era um americano branco, de descendência italiana.

Sua data de nascimento era 19/02/15. Tinha 1,78m e 63kg, olhos castanho-esverdeados, cabelos pretos lisos e testa larga. Era dono de um Olds sedã duas portas 1955, branco polar sobre verde, placa MMT879.

Era de Detroit, no Michigan. Tinha sido pego três vezes por atentado ao pudor: em 10/41, em 11/41, em 8/53. Mudou-se para West Covina em 1957. Envolveu-se numa série de confusões: três vezes por dirigir embriagado e duas por agressões com porte de arma. A última agressão a mão armada foi notável. Puxou uma carabina 30.30 para um tira.

Carbone era mal-humorado e agressivo. Carbone era conhecido por odiar policiais e por atacar mulheres sexualmente.

Hallinen e Lawton foram em cima dele.

Pediram à polícia de West Covina para arrastá-lo até eles. Apreenderam e fotografaram o Oldsmobile no estacionamento da polícia. O laboratório de criminologia do xerife vasculhou o carro em busca de manchas de sangue e o aspirou em busca de fibras que lembrassem as brancas, encontradas no corpo da vítima.

O homem do laboratório não encontrou coisa alguma.

Hallinen e Lawton apertaram Carbone. Ele deu conta de suas atividades na noite de sábado de forma muito vaga. Jim Bruton levou Margie Trawick e Lavonne Chambers até a delegacia para identificá-lo.

As duas disseram que ele não era o camarada que tinham visto na companhia da ruiva.

Hallinen e Lawton trabalharam o fim de semana todo.

Conversaram com colegas de trabalho da vítima e não encontraram pistas. Revistaram a casa da vítima outra vez. Passaram horas no Desert Inn e conversaram com dúzias de fregueses. Ninguém sabia de coisa alguma a respeito da loura ou do sujeito de pele morena.

A polícia metropolitana recebeu uma dica sobre um camarada chamado Robert John Mellon — ex-paciente de uma instituição para doentes mentais, em Dakota do Norte. Um inspetor checou Mellon e descartou a informação por ser inútil.

Um homem chamado Archie G. Rogers telefonou para a delegacia de El Monte com uma pista.

Disse que um elemento chamado Bill Owen tinha uma namorada chamada Dorothy. Os dois lembravam vagamente das duas pessoas descritas no jornal — o pessoal visto com a enfermeira morta.

Owen era pintor e mecânico. Tinha morado com a irmã do sr. Rogers. Dorothy freqüentava o Manger e o bar Wee Nipee. Ela dormiu no carro do sr. Rogers na noite de sábado, 21 de junho.

O telefone de Dorothy era ED4-6881. Dorothy disse que tinha uma amiga nova chamada Jean. Dorothy planejava levar Jean à casa da irmã do sr. Rogers na noite de sábado.

O sr. Rogers achou aquilo tudo muito suspeito.

A polícia de El Monte encaminhou a pista para a divisão metropolitana do xerife. O inspetor Howie Haussner — cunhado de Jack Lawton — se encarregou da informação.

Conseguiu o endereço da irmã de Rogers e descobriu que o número de telefone de Dorothy pertencia a um tal Harold T. Hotchkiss, de Azusa. Juntou os dois endereços aos nomes de William Owen e Dorothy Hotchkiss e teletipou tudo para a divisão de registros criminais de Sacramento.

A resposta não foi conclusiva.

O nome Dorothy Hotchkiss não produziu resultado algum: nenhum registro, nenhum pedido, nenhum mandado de prisão, nenhuma confirmação para aquele endereço em Azusa. "William Owen" voltou com seis referências — havia diversos Owen com registros criminais datando desde 1939. Nenhum desses Owen morava no vale de San Gabriel.

A papelada referente a Owen-Hotchkiss foi enfiada numa pasta sanfonada. A pasta foi marcada com o código Z-483-362.

Jean Ellroy foi enterrada terça-feira, 1º de julho de 1958.

Um pastor celebrou uma cerimônia protestante. Ela foi sepultada no cemitério de Inglewood — na parte sudoeste de Los Angeles.

A irmã de Jean e o cunhado estavam presentes. Algumas pessoas da Airtek apareceram. Armand Ellroy e alguns velhos amigos de Jean compareceram.

Jack Lawton e Ward Hallinen estavam lá.

O filho de Jean arranjou uma desculpa e não foi. Passou o dia assistindo TV com amigos do pai.

Na lápide lia-se: "Geneva Hilliker Ellroy. 1915-1958."

O túmulo ficava na extremidade oeste do cemitério. Ficava a centímetros de uma rua movimentada e de uma extensa cerca de arame.

4

O gabinete do xerife do condado de Los Angeles era originário do Velho Oeste. Era um Departamento de Polícia moderno, impregnado de nostalgia do século XIX. A delegacia do xerife de Los Angeles abraçava temas do Velho Oeste de corpo e alma. Como estratégia de R.P., era brilhante.

O xerife controlava as cadeias do condado e patrulhava a área com 12 subdelegacias. Seu território atravessava a cidade de Los Angeles e se estendia até a roça, no norte, no sul e no leste. Seus assistentes cuidavam do deserto, das montanhas e do trecho sofisticado de praias. Sua jurisdição se estendia por centenas de quilômetros quadrados.

Malibu era o filé *mignon*. West Hollywood era coisa fina — a Sunset Strip estava sempre pegando fogo. East L.A. era cheia de mexicanos brigões. Firestone era negra. Temple City e San Dimas ficavam no vale de San Gabriel. Os assistentes do xerife podiam ir até o sopé das montanhas atirar em coiotes por puro divertimento.

A divisão de detetives investigava ações criminosas em todo o condado. A Delegacia de Homicídios do gabinete do xerife cuidava dos assassinatos para as inúmeras delegaciazinhas de meia-pataca. A divisão aérea do xerife cortava os céus do condado e suplantava operações de resgate.

O gabinete do xerife se expandia a mil por hora. Los Angeles crescia sem parar.

Los Angeles estava sempre pronta para uma boa briga. Foi construída sobre grilagens e ódios raciais. O gabinete do xerife do condado de Los Angeles foi fundado em 1850. O intuito era levar a lei para um pedaço de terra onde ela não existia.

A primeira leva de xerifes foi eleita com mandatos de um ano. Lidavam com índios saqueadores, bandidos mexicanos e guerras entre gangues chinesas. Os *vigilantes* constituíam uma séria ameaça. Homens brancos bêbados adoravam linchar peles-vermelhas e bandidos de pele morena.

O condado de Los Angeles cresceu. Xerifes eleitos iam e vinham. A força de assistentes eleitos foi crescendo junto com o condado. Auxílio civil era sempre bem-vindo. O xerife transformava homens em assistentes e formava pelotões montados.

A delegacia do xerife de Los Angeles se modernizou. Carros substituíram cavalos. Cadeias maiores e mais subdelegacias foram construídas. O gabinete do xerife do condado de Los Angeles cresceu até se tornar a maior do tipo em todo o território continental dos EUA.

O xerife John C. Cline renunciou em 1920. Big Bill Traeger serviu o restante do mandato. Traeger foi eleito para três mandatos de quatro anos. Candidatou-se para uma vaga no Congresso e ganhou. O Conselho de Supervisores do condado nomeou Eugene W. Biscailuz xerife.

Biscailuz ingressou na delegacia do xerife em 1907. Era de ascendência inglesa e espanhola, de origem basca. A família tinha dinheiro. Suas raízes californianas remetiam aos tempos das doações de terras por parte dos espanhóis.

Biscailuz era um administrador brilhante. Era politicamente hábil, e agradável. Era um gênio em relações públicas, um apaixonado pelo lado folclórico do Velho Oeste.

Biscailuz era um progressista de meia-tigela. Algumas de suas opiniões beiravam no bolchevismo. Exprimia seus pontos de vista com grande gentileza. Raramente era acusado de vomitar heresias.

Biscailuz mobilizava forças para lutar contra incêndios e inundações e desenvolveu o "Plano de Prevenção Contra Grandes Catástrofes". Construiu o Wayside Honor Ranch e desenhou sua política de reabilitação. Lançou programas para coibir o crime juvenil.

Biscailuz tinha a intenção de passar muito tempo no posto que ocupava. Rituais do Velho Oeste ajudaram a garantir suas reeleições.

Ele reinstituiu a guarda montada do xerife. Ela cavalgava em grupos e procurava eventuais crianças perdidas no meio do nada. Biscailuz era freqüentemente fotografado com a guarda. Ele sempre montava um garanhão *palomino.*

Biscailuz patrocinava o rodeio anual do xerife. Assistentes uniformizados saíam pelo condado vendendo ingressos. O rodeio normalmente enchia o Los Angeles Coliseum. Biscailuz aparecia a caráter, com roupa de xerife de faroeste, dois revólveres de seis tiros idênticos e tudo o mais.

O rodeio era uma atividade lucrativa e uma extravagância da boa vontade. O mesmo podia ser dito do churrascão do xerife, que alimentava sessenta mil todos os anos.

Biscailuz levava a delegacia do xerife ao povo. Ele o seduzia com seu próprio mito. Sua exibição mítica perpetuava seu poder. Era de uma falta de franqueza de primeira linha.

Biscailuz sabia que diversos de seus rapazes chamavam negros de "crioulos". Sabia que surras dadas com catálogos de telefones garantiam confissões rápidas. Depois de Pearl Harbor, Biscailuz arrebanhou um bando de japinhas e os trancafiou em Wayside. Sabia que uma única porrada com palmatória era capaz de arrancar os olhos de um suspeito de dentro do crânio. Biscailuz sabia que o trabalho policial trazia o isolamento.

Assim, ele proporcionava o Velho Oeste aos seus eleitores como um idílio utópico. Isto o reelegeu seis vezes. Ele justificava suas baboseiras ritualistas com ambigüidade. Seus rapazes tinham uma mentalidade menos repressora do que os rivais de uniforme azul, que agiam do outro lado da cidade.

William Parker assumiu o Departamento de Polícia de Los Angeles (DPLA) em 1950. Em termos organizacionais, era um gênio. Seu estilo pessoal era antagônico ao de Biscailuz. Parker odiava a corrupção financeira e abraçava a violência como parte essencial do trabalho policial. Era um militar alcoólatra, severo e rígido, imbuído da missão de restaurar uma moralidade pré-século XX.

Biscailuz e Parker regiam reinos paralelos. O mito de Biscailuz implicitamente salientava a inclusão. Parker cooptou um mandachuva da televisão chamado Jack Webb. Juntos armaram uma saga semanal chamada *Dragnet* — um mito sobre crimes e castigos severos que concedeu à polícia de Los Angeles uma imagem casta e poderes divinos. O DPLA levou seu mito extremamente a sério. Enfiaram a cabeça num buraco e se isolaram do público que Gene Biscailuz abraçava. Bill Parker detestava negros e mandava seus homens para a Crioulândia para dar uma dura nos donos de boates que admitiam a freqüência de mulheres brancas. Gene Biscailuz gostava de fazer média com seus eleitores mexicanos. Ele próprio era uma espécie de *chicano*.

O mito de Gene Biscailuz era estritamente local. O de Bill Parker era vendido em âmbito nacional. O xerife ressentia-se da celebridade atingida pelo DPLA. O DPLA considerava o gabinete do xerife uma organização mambembe e se apossava dos louros de todas as operações conjuntas.

A ideologia dividia os dois órgãos. A topografia os dividia ainda mais. O DPLA chamava a atenção para sua jurisdição densamente populosa e sua demografia racial como prova de superioridade e justificativa para sua mentalidade de estado de sítio. O gabinete do xerife chamava atenção para o crescimento exponencial do condado.

Tinham novos territórios para conhecer. Novas cidades contratavam seus serviços. Simplesmente não podiam sair dando porrada indiscriminadamente.

Bill Parker fez 56 anos em 1958. Sua sensibilidade estava em alta. Gene Biscailuz fez 75 e planejava se aposentar no final do ano.

Biscailuz tinha entrado para o gabinete do xerife cinqüenta anos antes. Assistiu aos cavalos serem substituídos por Fords e sedãs "Grey Ghost" e Fords preto & brancos. Viu a Los Angeles do Velho Oeste crescer e se reinventar — muito além das fronteiras do mito por ele criado.

Era provável que soubesse que os colonizadores brancos estupravam as índias. Era provável que soubesse que os defensores da lei eram psicopatas e alcoólatras. Talvez admitisse que seu mito era muito mais desejo e bebida barata do que realidade.

Talvez ele chamasse nostalgia de indulgência. Era provável que soubesse que o Velho Oeste era um inferno para os mulheres — era e ainda é.

Era provável que soubesse que as noites de sábado no Velho Oeste eram um mito em si. Talvez tenha desconsiderado o caso daquela enfermeira ruiva como uma casualidade mítica.

5

As investigações foram em frente.

Hallinen e Lawton trabalhavam em tempo integral. Jim Bruton continuou a bordo. Godfrey e Vickers passaram para casos fresquinhos da hora.

Os jornais de Los Angeles publicaram o retrato falado do suspeito e deixaram a história morrer por aí mesmo. A ruiva jamais funcionou como vítima. O caso Lana Turner/Cheryl Crane/Johnny Stompanato roubava todas as manchetes.

Hallinen e Lawton viraram freqüentadores assíduos do Desert Inn. Conversavam com fregueses e com quem estivesse apenas de passagem. Entravam e saíam dos outros bares de Five Points sem parar. Fizeram contatos em todos os lugares.

A polícia de El Monte mantinha a pressão sobre eles. Patrulhas rodavam com o retrato falado e a foto da vítima. A população local continuava antenada.

A delegacia de polícia recebeu uma pista na quinta-feira, 3 de julho. Um homem disse ter visto quatro elementos atirando latas de cerveja no vau do rio Hondo algumas semanas antes. Estavam num Olds 88, placa HHP 815. Um dos sujeitos disse que tinha marcado de sair aquela noite com uma enfermeira chamada Jean.

A pista foi verificada. O carro foi identificado como sendo um Oldsmobile cupê 1953. Estava registrado sob o nome de Bruce S.

Baker, morador do número 12.060 da Hallwood, em El Monte. Baker e seus amigos foram entrevistados e eliminados como suspeitos.

Hallinen e Lawton entrevistaram os colegas de trabalho da vítima mais uma vez e localizaram seus amigos. Todos se agarravam à versão casta de Jean Ellroy. Ninguém descobriu quem era a loura de rabo-de-cavalo ou o sujeito de pele morena. Detiveram e liberaram Hank Hart, ex-namorado de Jean, com a mesma rapidez. Era baixo, gordo e não tinha um dos polegares. Tinha um álibi para a noite de 21 de junho.

Hallinen e Lawton verificaram os últimos casos de estrangulamento e tentaram encontrar algum padrão. Um dos casos sob jurisdição do xerife e dois casos da cidade chamaram a sua atenção.

Helene Kelly, falecida em 30/10/53, em Rosemead. Espancada e estrangulada com as mãos em sua própria casa. A vítima era idosa. Não foi estuprada. Parecia ser uma tentativa frustrada de roubo.

Ruth Goldsmith, falecida em 5/4/57, em Wilshire, Los Angeles. A vítima tinha cinqüenta anos. Foi encontrada no chão do banheiro de sua casa, parcialmente vestida. Foi estuprada. Os punhos estavam amarrados atrás das costas com uma meia de náilon. Um pano de prato foi enfiado em sua boca e preso no lugar com outra meia de náilon. O apartamento não tinha sido revirado. A polícia de Los Angeles desconsiderou a possibilidade de tentativa de assalto.

Marjorie Hipperon, falecida em 10/6/57, no bairro de Los Feliz, em Los Angeles. A vítima tinha 24 anos. Foi encontrada na cama com a camisola erguida acima dos quadris. Foi estuprada. Havia uma meia de náilon amarrada ao seu punho direito. Uma segunda meia de náilon tinha sido amarrada em torno do pescoço. Os lábios estavam machucados. Um pano de prato branco, usado como mordaça, foi encontrado debaixo de sua cabeça.

Os três casos estavam parados. O *modus operandi* de cada um tinha mais diferenças do que similaridades com o caso Ellroy.

O Departamento de Registros do xerife forneceu fotografias e antecedentes criminais de uns quarenta agressores sexuais que lembravam o homem de pele morena.

A maioria desses homens era branca. Uma dúzia deles estava classificada como "mexicanos do sexo masculino". As acusações de agressão sexual abrangiam todas as possibilidades. A maioria dos homens estava sob condicional.

Alguns tinham deixado Los Angeles. Outros tinham voltado para a cadeia. Hallinen e Lawton mostraram cada uma das fotos de prontuário para Lavonne Chambers e Margie Trawick. As negativas eram semelhantes e uniformes.

Mas por via das dúvidas, apertaram todos os tipos morenos. Iam buscá-los em casa e mandavam seus respectivos supervisores de condicional darem uma dura neles. Todas as tentativas foram frustradas.

Outros órgãos mandaram fotos. Hallinen e Lawton as mostraram a Lavonne e Margie.

Lavonne e Margie não paravam de dizer que não. Eram testemunhas decisivas. Sabiam o que sabiam.

Lavonne tinha três filhos de um casamento fracassado. Ganhava uma boa grana, livre de impostos, no Stan's Drive-In. Seu namorado era policial da delegacia de Temple City. Os atendentes do Stan's alimentavam os rapazes da Temple de graça — para que corressem atrás de quem saía sem pagar e lhes arrancasse a quantia à força. Os rapazes da delegacia lavavam e enceravam o carro de Lavonne. Lavonne sabia transitar entre os tiras.

Margie tinha uma filha de 14 anos. O marido, um *bookmaker*, morreu de ataque cardíaco em 1948. Margie gastou todo o dinheiro que ele deixou e foi morar com os pais. Era quase uma versão morena de Jean Ellroy. Conhecia o circuito de bares de El Monte intimamente. Sua saúde andava abalada e ela vivia alta, à base de drogas receitadas pelos médicos.

Lavonne e Margie adoravam o papel de testemunha. Hallinen e Lawton gostavam das duas. Demoravam séculos para tomar uma xícara de café quando levavam fotos para serem analisadas por elas.

Receberam a informação de que o cabeleireiro da vítima se parecia com o tal homem de pele morena. Levaram Lavonne ao salão e pagaram uma lavagem com secagem para ela. Lavonne disse que ele não era o homem certo. Além do mais, era uma bicha afetada.

Mais pistas foram chegando.

11/7/58:

Um homem chamado Padilla telefonou para a delegacia de El Monte. Disse ter saído da cadeia do Tribunal de Justiça no dia 30 de junho. Viu um homem que lembrava o suspeito entrar num bar de South Main Street.

13/7/58:

Um homem chamado Don Kessler ligou para a delegacia do xerife de Temple City. Disse que trabalhava no El Monte Bowl e que viu um homem que lembrava o suspeito em seu estabelecimento. A mãe do sr. Kessler seguiu o homem até o bar Bonnie Rae. Acabou perdendo-o de vista. O homem estava sujo e parecia ser mexicano.

14/7/58:

O xerife de Temple passou a pista para a polícia de El Monte. Estava relacionada com um outro homem sujo que tinha aparecido no El Monte Bowl.

O homem lembrava o suspeito. Vestia calças bege sujas. Um homem da polícia de El Monte encontrou um par de calças como essas um pouco depois. O oficial as pegou, levou-as para a delegacia e colocou-as sobre a mesa do capitão Bruton.

A polícia de El Monte tinha pego o vírus da Defunta Branca.

O inquérito do médico-legista ocorreu na terça-feira, 15 de julho, e foi presidido pelo dr. Charles Langhauser. Jack Lawton representou o gabinete do xerife do condado de Los Angeles.

Seis jurados ouviram as provas. O inquérito ocorreu na sala 150 do Tribunal de Justiça.

O primeiro a depor foi Armand Ellroy. Disse não ter tido relacionamento recente algum com a ex-esposa e que não a via, viva, havia mais de dois anos. Afirmou ter visto seu corpo na segunda-feira, 23 de junho, e confirmou que seu nome completo era Geneva Hilliker Ellroy, que tinha 43 anos e que era natural do Wisconsin.

George Krycki depôs. Contou a breve conversa que teve com a vítima no sábado, 21 de junho. Jean não lhe pareceu embriagada. Disse que era engraçado: "Ela parecia estar sempre maquiada."

Jack Lawton fez várias perguntas a Krycki. Enfatizou os amigos da vítima.

Krycki disse não conhecer seus amigos. Que a mulher talvez conhecesse, dava-se mais com a sra. Ellroy do que ele.

Anna May Krycki depôs. Langhauser pediu-lhe que contasse todas as suas atividades na noite de 21 de junho e voltou à questão dos amigos de Jean Ellroy. A sra. Krycki disse que conhecia apenas um casal — eram pessoas mais velhas que estavam na Europa, a passeio.

Lawton assumiu o comando do depoimento. Perguntou à sra. Krycki se Jean algum dia lhe pediu para recomendar um lugar para tomar um drinque.

A sra. Krycki respondeu. "Sim" — mas que disse a Jean que *não* havia lugar algum onde pudesse ir desacompanhada. Ela tinha, *sim*, mencionado o Desert Inn e o Suzanne's. Eram boates muito freqüentadas em El Monte.

Lawton perguntou se ela tinha recomendado restaurantes. A sra. Krycki disse que tinha recomendado o Valdez e o Morrow's. A conversa tinha acontecido um mês antes do assassinato. Jean jamais disse se tinha, ou não, ido aos referidos locais.

Lawton perguntou à sra. Krycki se alguma vez tinha visto Jean bêbada. A sra. Krycki respondeu que "Nunca". Lawton perguntou se ela, alguma vez, tinha visto Jean beber. A sra. Krycki revisou sua versão abstêmia de Jean. Disse que Jean tomava alguns cálices de xerez à noite.

Lawton perguntou se Jean alguma vez lhe confidenciara seus problemas. A sra. Krycki disse que ela mencionava o ex-marido de vez em quando. Lawton perguntou-lhe a respeito dos amigos homens de Jean. A sra. Krycki negou a existência de tais amigos.

O dr. Langhauser liberou a sra. Krycki.

Vic Cavallero, assistente do xerife, subiu ao banco de testemunha e descreveu a cena do crime na Arroyo High School.

Margie Trawick fez o juramento. Descreveu os acontecimentos que assistiu no Desert Inn. Disse que o suspeito tinha o maxilar tão fino que parecia ter tido todos os dentes extraídos. O maxilar era fino a esse ponto.

Jack Lawton deu seu testemunho. Resumiu o caso Ellroy, que completava três semanas.

Disse que a vítima parecia estar embriagada quando chegou ao Stan's Drive-In. Disse que diversas pessoas achavam ter visto a vítima naquela noite de sábado. A informação não podia ser verificada. As únicas testemunhas oculares, verificadas, eram Margie Trawick, Lavonne Chambers e Myrtle Mawby.

Ele contou que tinha seguido os passos de um bom grupo de suspeitos. Disse que todos tinham sido inocentados. A investigação ia em frente.

O dr. Langhauser dispensou os jurados. Eles voltaram com o veredicto rapidamente:

"Asfixia, por estrangulamento com ligadura, infligido na falecida por pessoa ou pessoas desconhecidas por este júri no momento; e a partir do testemunho apresentado nesta ocasião, concluímos que a morte da falecida foi um homicídio, e que o desconhecido, ou desconhecidos, sejam criminalmente responsáveis por tal."

Salvador Quiroz Serena era um ex-maquinista da Airtek. Era um mexicano de 35 anos. Tinha 1,67m, 72kg, cabelos negros e olhos castanhos. Seu colega, Enrique "Tito" Mancilla, o delatou como responsável pela morte de Jean Ellroy. Todos sabiam que Serena dirigia um Olds sedã 1955.

O chefe da Homicídios atendeu ao chamado. Hallinen e Lawton estavam incomunicáveis. O sargento Al Sholund seguiu a pista.

Mandou um teletipo para a divisão de registros do estado. A resposta foi rápida. Serena tinha uma movimentada ficha de antecedentes criminais.

Um arrombamento com intuito criminoso. Um assalto à mão armada. Uma condenação por bigamia. O suspeito era registrado como estrangeiro residente e ex-presidiário residente.

Sholund mandou um teletipo para o Departamento de Veículos Motores. A resposta foi rápida.

Serena era dono de um Olds cupê 1954. O último endereço conhecido era: Westmoreland, 952, Los Angeles.

O endereço não coincidia com o dado por Mancilla. Sholund foi até a Airtek e deu uma prensa em Mancilla.

Mancilla contou que conhecia Serena há dois anos — desde

sua passagem pela Airtek. Serena era amigo de outros dois sujeitos da Airtek: Jim Foster e George Erqueja.

Serena tinha estado recentemente no México. Tinha voltado para Los Angeles no mês anterior. Jim Foster tinha achado um apartamento para ele em Culver City.

Mancilla visitou Serena no dia ou perto do dia 23 de junho. Perguntou: "Soube o que aconteceu com a Jean?" Serena respondeu: "Não." Mancilla contou a ele que Jean tinha sido assassinada. Serena não pareceu surpreso.

Serena disse que tinha dançado com Jean num piquenique da companhia no ano anterior. E disse: "Eu podia ter dormido com ela, se quisesse."

Serena apareceu na casa de Mancilla sete ou oito dias depois. Queria o carro de Tito emprestado. Mancilla disse que não emprestava. Serena passou por lá outra vez, na mesma noite. Disse que estava de mudança para Sacramento.

Sholund encontrou Jim Foster e George Erqueja no trabalho. Apresentaram uma história idêntica: Serena tinha se mudado para Sacramento e arranjado um emprego na Aerojet Company. Sholund voltou para o Tribunal de Justiça e escreveu um memorando detalhado para Jack Lawton.

Lawton recebeu o memorando. Ligou para a Aerojet e conversou com o gerente de pessoal. O homem tido por Salvador Quiroz Serena provavelmente era um empregado recém-contratado, chamado Salvador Escalante. Lawton disse que estava a caminho para conversar com ele. Pediu ao gerente que mantivesse aquela conversa em segredo.

O gerente disse que cooperaria. Lawton ligou para Jim Bruton e contou a história de Escalante. Decidiram ir a Sacramento.

Foram naquela mesma noite. Dormiram num hotel e foram até a Aerojet na manhã seguinte, 17 de julho.

O chefe da segurança entregou Serena — também conhecido como Escalante — aos dois. Lawton e Bruton o levaram à delegacia do xerife de Sacramento e o apertaram.

Era um sujeito atarracado. Não se parecia muito com o camarada que procuravam.

Disse que tinha se casado no México no dia 3 de junho. Tinha se mudado de volta para a Califórnia mais ou menos três semanas depois. Ouviu a notícia do assassinato no rádio enquanto atravessava El Centro. Encontrou-se com Mancilla no dia seguinte. Falaram da enfermeira que tinha sido apagada.

Ele disse que a esposa era seu álibi. Mas que ela não falava inglês.

Bruton ligou para a polícia da fronteira e arranjou um intérprete. Encontraram com ele na residência de Escalante.

Conversaram com Elena Vivero Escalante. Ela apresentou um álibi convincente para o marido. Estavam no México no dia 21 de junho. Salvador não tinha saído de perto dela um só segundo. Ela corroborou as afirmações do marido.

O suspeito foi liberado.

A Delegacia de Homicídios do gabinete do xerife era uma divisão centralizada, composta de treze sargentos, dois tenentes e um capitão. A sala da equipe ficava em cima do necrotério do condado. Às vezes o fedor flutuava no ar feito vapor.

A responsabilidade dos casos de assassinato era dividida de forma rotativa. Não havia parcerias regulares — os homens iam formando times de acordo com a necessidade. A unidade tinha sido escolhida a dedo, formando uma elite. Lidava com casos de extorsão complicados sob ordens diretas do xerife Biscailuz. Gene Biscailuz mandava seus assuntos supersecretos diretamente para a Homicídios.

A unidade lidava com suicídios, acidentes industriais e entre 35 e 50 assassinatos por ano. Doze subdelegacias e um bando de cidades-clientes despejavam vítimas sobre eles. A maioria dos homens mantinha garrafas de bebida em suas mesas. Bebiam na sala da equipe e davam uma passada nos bares de Chinatown antes de irem para casa.

Ward Hallinen tinha 46 anos. Jack Lawton, 40. Seus estilos eram contrastantes e conflitantes.

Ward era conhecido como "Raposa Prateada". Era um homem miúdo, de olhos azul-claros e cabelos ondulados, de um grisalho quase branco. Ternos de corte rente caíam melhor nele do que em qualquer manequim de vitrine. Tinha a fala mansa, era autoritário e meticuloso. Não gostava de andar armado e desdenhava dos aspectos menos regrados do trabalho policial. Não gostava de trabalhar com parceiros impacientes e impetuosos. Era casado com a filha de Traeger, o antigo xerife. Tinham uma filha no último ano do segundo grau e outra no primeiro ano de faculdade.

Jack tinha estatura mediana, era corpulento e começava a ficar calvo. Era estourado, trabalhador e detalhista. Se alguém azucrinasse demais o juízo de Jack, ele cobria o sujeito de porrada em questão de segundos. Ele adorava crianças e animais. Era comum ele salvar cachorros e gatos encontrados nas cenas dos crimes. No quesito homicídio, tinha estreado no exército, investigando os crimes de guerra dos japoneses. Curtia a sobriedade de seu trabalho. Combinava bem com sua natureza volátil e, ao mesmo tempo, protetora. Tinha uma certa tendência a perder a cabeça. Era casado e tinha três filhos pequenos.

Ward e Jack se davam relativamente bem. Acatavam a opinião um do outro, quando necessário. Jamais permitiam que seus estilos conflitantes fodessem com um caso.

O caso Ellroy estava estagnado. Não conseguiam descobrir porra nenhuma sobre a loura ou o homem de pele morena.

Eram interrompidos por compromissos nos tribunais. Hallinen pegou um esfaqueamento, seguido de morte, no dia 24 de julho.

Um moleque chamado Hernandez tinha sido retalhado. Três *pachucos* foram apanhados na cena do crime. Ou aquilo tinha a ver com rixas entre gangues rivais ou então alguém estava comendo a irmã de alguém.

A Narco do xerife recebeu uma dica sobre o caso Ellroy no dia 1º de agosto. Quem a forneceu foi uma enfermeira chamada sra. Waggoner.

Disse que tinha respondido a um anúncio de amor do jornal e que tinha conhecido um mexicano chamado Joe, o Barbeiro. Ele tinha 45 anos, 1,80m e 91kg. Tinha um Buick 1955 verde-claro. A sra. Waggoner teve um caso com Joe, o Barbeiro. Ele tentou convencê-la a roubar drogas do hospital onde trabalhava. Disse a ela que vendia maconha.

Um policial da Narco gostou do ângulo "enfermagem" da história. Mandou a pista para Homicídios. Joe, o Barbeiro, foi interrogado e eliminado como suspeito.

A delegacia de polícia de El Monte recebeu uma pista no dia 3 de agosto. Dois mexicanos e uma mulher branca foram apresentá-la pessoalmente.

Disseram que estavam bebendo num bar mexicano em La Puente. Conheceram um homem que se ofereceu para levá-los de carro até onde desejassem ir. Era branco, tinha entre 25 e 30 anos, 1,75m, 68kg, cabelos escuros e olhos azuis. Entraram em seu Chevy Tudor 1939.

Ele os levou até o vau de San Dimas. Uma caminhonete Ford 1946 parou atrás deles. O motorista era branco, tinha trinta anos, 1,78m, 82kg, cabelos louros e olhos azuis.

Ficaram todos ali, em volta do vau. O sujeito do Chevy agarrou o colar da mulher. Disse a ela que se não tivesse cuidado, ia acabar igual à enfermeira de El Monte. O cara da caminhonete fez uma declaração de ódio aos mexicanos. Um dos mexicanos saltou em cima dele. O outro mexicano e a mulher saíram correndo. O primeiro mexicano bateu no homem da caminhonete e saiu correndo atrás dos amigos.

Os informantes deixaram seus nomes com o detetive de plantão. Ele datilografou o relatório e colocou-o na caixa de entrada do capitão Bruton.

O caso Ellroy estava parado. O caso de uma esposa que esfaqueou o marido aterrissou sobre Hallinen no dia 29 de agosto.

Lillian Kella retalhou Edward Kella — um tanto fatalmente. Ela contou que ele batia na cabeça dela um pouco demais. Era um caso rotineiro de final do verão.

A patrulha de Temple registrou uma ocorrência estranha no dia 2 de setembro. Começou do lado de fora do Kit Kat Bar, em El Monte.

Dois policiais viram uma mulher chamada Willie Jane Willis. Ela estava encostada numa cabine telefônica em estado de estupor.

O zelador do Kit Kat disse ter visto Willie Jane saltar de um caminhão-betoneira amarelo. O motorista tentou cercá-la, correndo em volta do caminhão, desistiu da perseguição e foi embora. Willie Jane mostrou aos policiais o galo em sua cabeça.

Os homens levaram Willie Jane ao Centro Médico Falk. Um médico a colocou sobre a mesa de exames. Willie Jane começou a berrar. Dizia: "Carlos, não mate ela. Eu vi ele matar ela e jogar o corpo dela perto da escola."

Um dos policiais perguntou a ela se estava falando da Arroyo High. Willie Jane o atacou e tentou fugir pela porta dos fundos. Os homens a apanharam e colocaram-na dentro da viatura policial. O médico da emergência disse que ela tinha tomado drogas.

Os policiais levaram Willie Jane até a delegacia de Temple City. No caminho, ela murmurava, histérica. Os tiras a ouviram dizer: "Eu vi ele matar ela. Ele estrangulou ela e jogou o corpo perto da escola. Eu vi o rosto dela, estava roxo, que horror."

Willie Jane tentou pular do carro. Os policiais não deixaram. Willie Jane disse: "Não me levem de volta para a escola; por favor, não me façam voltar lá."

Chegaram à delegacia. Os policiais levaram Willie Jane para dentro. O detetive a interrogou e encaminhou o memorando para Homicídios.

Hallinen e Lawton desconsideraram aquilo por ser a mais pura baboseira.

Pistas e relatos de loucos foram rareando. O caso Ellroy foi entrando no limbo.

Lawton pegou uma briga entre sócios, que acabou em morte, no dia 9 de outubro. Hallinen pegou casos de esposas que atiraram em seus maridos nos dias 12 e 14. Um filho da puta tarado chamado Harvey Glatman foi preso no dia 27 de outubro.

A polícia rodoviária da Califórnia o pegou no condado de Orange. Estava lutando com uma mulher no acostamento, perto da rodovia de Santa Ana. Os dois se atiraram do carro de Glatman e estavam brigando pela arma que ele tinha apontado para ela. Um homem da polícia rodoviária assistiu ao incidente e deu a voz de prisão.

O nome da mulher era Lorraine Vigil. Era modelo que posava para calendários e pôsteres em Los Angeles. Glatman usou uma sessão de fotos como isca. Disse que tinha um estúdio em Anaheim.

Glatman foi fichado na delegacia do xerife do condado de Orange. Foi acusado de tentativa de estupro mediante grave ameaça. Os policiais encontraram corda de varal, uma câmera, diversos rolos de filme e uma caixa de balas calibre 32 em seu carro. Checaram teletipos antigos e relatórios sobre pessoas desaparecidas e chegaram a três possíveis encaixes:

1/8/57:

Uma modelo que posava para calendários e pôsteres chamada Judy Ann Dull desapareceu. Foi vista pela última vez na companhia de um fotógrafo chamado Johnny Glynn. Os dois deixaram o apartamento da srta. Dull, em North Sweetzer, e nunca mais foram vistos. A descrição de Harvey Glatman correspondia à de Johnny Glynn.

8/3/58:

Uma mulher chamada Shirley Ann Bridgeford desapareceu. Deixou sua casa no vale de San Fernando com um homem chamado George Williams. Os dois nunca mais foram vistos. A srta. Bridgeford era sócia de um clube para pessoas solitárias. Williams a contatou depois de estudar o catálogo do clube. A descrição de Harvey Glatman correspondia à de George Williams.

20/7/58:

Uma modelo que posava para pôsteres e calendários chamada Angela Rojas, também conhecida como Ruth Rita Mercado, desapareceu — e nunca mais foi vista.

Harvey Glatman concordou em passar pelo polígrafo. O operador fez perguntas sobre as três mulheres desaparecidas. Suas respostas indicaram conhecimento culposo. O operador disse-lhe isto. Glatman disse ter matado as três mulheres.

Bridgeford e Rojas eram casos do DPLA. Judy Ann Dull era um caso do xerife de Los Angeles. Os tiras do condado de Orange notificaram os dois órgãos.

Dois detetives do DPLA foram até o condado de Orange. Jack

Lawton foi até lá representando a Homicídios do xerife. O capitão James Bruton o acompanhou.

O interrogatório foi longo. Glatman tinha os detalhes na ponta da língua.

Lawton perguntou-lhe a respeito da vítima Dull. O sargento Pierce Brooks o interrogou a respeito da vítima Bridgeford. O sargento E. V. Jackson o interrogou com relação à vítima Rojas.

Glatman disse ter visto um anúncio no jornal no final de julho de 1957. Oferecia modelos que posavam para pôsteres e calendários por hora. Telefonou para o número indicado e conversou com uma mulher chamada Betty Carver. A srta. Carver o convidou para ir à sua casa ver seu *portfolio.*

O apartamento ficava na North Sweetzer. Glatman chegou e perguntou à srta. Carver se ela estava livre para uma sessão de fotos naquele instante. A srta. Carver disse que estava ocupada. Glatman viu uma foto de Judy Dull, a moça que rachava o apartamento com ela. Perguntou se *ela* não estaria interessada.

A srta. Carver disse que era bem capaz.

Glatman foi embora e ligou no dia seguinte. Conversou com Judy Ann Dull e disse que seu nome era Johnny Glynn. A srta. Dull concordou em fazer uma sessão de duas horas. Glatman foi buscá-la em casa de carro.

Foram ao apartamento dele, em West Hollywood. Glatman disse a ela que queria fazer umas fotos no estilo "amarrada e amordaçada" para a *True Detective.* A srta. Dull permitiu que ele a amarrasse e a amordaçasse.

Glatman a fotografou. Glatman apontou uma arma para ela. Glatman a acariciou, a estuprou e a forçou a posar para as fotos com as pernas abertas.

Passaram seis horas no apartamento dele. Judy Ann não resistiu às suas investidas. Glatman disse que, na verdade, ela tinha cooperado com vontade. Disse a ele que era ninfomaníaca e que não conseguia se controlar perto de homem algum.

Glatman amarrou seus pulsos e a levou até o carro. Eram 22:30.

Seguiu com ela pela auto-estrada de San Berdoo rumo ao leste — a uns 145 quilômetros de Los Angeles. Chegaram àquele trecho de deserto nos arredores de Indio. Ele virou numa estradinha deserta, no meio das montanhas. Parou o carro e a arrastou até o acostamento. Amarrou seus tornozelos e colocou-a de cara para a areia.

Atou a ponta mais longa da corda que amarrava o tornozelo em torno do pescoço dela. Pisou em suas costas. Puxou a corda bem no meio e a estrangulou. Deixou-a só de calcinhas e atirou areia sobre o corpo.

Sentiu a mesma comichão em março de 1958. Viu o anúncio de um clube para corações solitários no jornal. Foi até lá e pagou uma taxa de inscrição. Deu o nome de George Williams.

O diretor deu a ele alguns números de telefone. Ele marcou encontro com uma garota e foi até sua casa para ver como ela era. Não fazia seu gênero. Ligou para Shirley Ann Bridgeford e marcou um encontro para sábado, 8 de março.

Foi apanhá-la diante dos olhos da família inteira. Sugeriu um passeio de carro em vez de um filme. Shirley Ann concordou.

Glatman rumou para o sul, entrando no condado de San Diego. Jantaram num café e agarraram-se dentro do carro. Shirley Ann disse que precisava voltar para casa.

Glatman rumou com ela para o leste. Deram uma parada na beira da estrada para mais um amasso. Glatman puxou a arma e forçou-a a passar para o banco traseiro.

Ele a estuprou. Amarrou suas mãos e empurrou-a de volta para o banco da frente. Foi avançando cada vez mais na direção leste, seguindo a trilha de trevas que cortava o deserto. Empurrou-a a pé por mais de três quilômetros e então amarrou seus pés e a amordaçou.

O sol raiou. Glatman pegou seu equipamento fotográfico.

Abriu um cobertor sobre a terra. Fotografou Shirley Ann presa e amordaçada. Amarrou a corda dos tornozelos no pescoço. Puxou a corda bem no meio e a estrangulou.

Voltou para Los Angeles. Revelou as fotos de Shirley. Colocou-as numa caixa de metal, ao lado das fotos de Judy.

Sentiu a comichão em julho outra vez. Viu um anúncio com uma modelo em trajes sumários e ligou para aquele telefone. Angela Rojas o convidou para ir ao seu estúdio/apartamento em Pico.

Glatman apareceu. Angela disse que não estava se sentindo bem, perguntou se ele poderia voltar outra hora. Glatman concordou. Voltou na noite seguinte, sem ser convidado.

Angela deixou-o entrar. Glatman apontou a arma para ela e forçou-a a ir para o quarto. Amarrou seus pés e tornozelos e a acariciou. Desamarrou-a e a estuprou. Encostou o revólver em suas costas e empurrou-a em direção ao carro.

Levou-a diretamente para o deserto. Encontrou um bom local para se acomodar.

Acampou com ela o dia todo. Estuprou-a e fotografou-a. Quando escureceu, levou-a para um local ainda mais isolado.

Disse a ela que queria tirar mais algumas fotos. Embrenhou-se ainda mais pelo deserto e montou o equipamento fotográfico.

Amarrou-a, amordaçou-a e tirou umas fotos. Deitou-a de bruços, com a cara no cobertor, e amarrou o pescoço aos tornozelos. Ela chutou, esperneou e acabou se estrangulando até a morte. Glatman atirou uns arbustos sobre o corpo e voltou para Los Angeles.

Lawton mencionou o assassinato de Jean Ellroy. Glatman disse que não tinha sido ele. Não sabia onde ficava El Monte. Só tinha matado as três mulheres de quem acabava de falar. Não tinha matado enfermeira ruiva nehuma.

Foi indiciado por três homicídios em primeiro grau. Os policiais e o promotor do condado de Orange discutiram a logística de como autuá-lo.

Judy Ann Dull tinha sido morta no condado de Riverside. Shirley Ann Bridgeford e Angela Rojas, no condado de San Diego. Glatman tinha atacado Lorraine Vigil em Orange. Harvey estava fodido — onde julgá-lo primeiro não era essencial.

Glatman já tinha duas condenações por agressão sexual. Tinha passado cinco anos em Sing-Sing e dois na penitenciária estadual do Colorado. Tinha trinta anos e trabalhava como técnico de televisão. Era magro. Parecia um merdinha subnutrido.

Lawton, Brooks e Jackson levaram Harvey Glatman para fazer um *tour* pelos locais dos homicídios. Fotógrafos, promotores e diversos assistentes do xerife foram com eles. Glatman os levou diretamente às ossadas das vítimas Bridgeford e Rojas.

Os restos mortais de Judy Dull tinham sido encontrados em dezembro de 1957. Ficaram sem identificação, no escritório do médico-legista do condado de Riverside.

O *tour* terminou no apartamento de Glatman. Os policiais examinaram sua coleção de fotos.

Ele tinha dúzias de fotos de sacanagem compradas por reembolso postal. Todas exibiam mulheres amarradas e amordaçadas. Ele tinha tirado fotos de mulheres amarradas e amordaçadas da tela de sua própria TV. Glatman contou que sempre assistia à TV com a máquina fotográfica no colo. Conseguia fotos inusitadas dessa forma.

Tinha retratos de garotas fotografadas em Denver. Estavam amarradas, amordaçadas e vestindo apenas calcinha e sutiã. Ele disse que as moças estavam vivas e bem.

Guardava as fotos especiais numa caixa de metal. Os policiais as olharam, uma a uma.

O sutiã de Judy Dull estava puxado abaixo do peito. A mordaça esticava suas bochechas e distorcia todo o rosto. As poses com as pernas abertas eram fátuas, obscenas.

Ela não parecia assustada. Parecia uma adolescente gasta, cansada de guerra. Talvez tivesse achado que conseguiria ser mais esperta do que aquele zero à esquerda. Talvez tivesse achado que sua anuência fosse demonstração de força. Talvez estivesse possuída por uma bravata ensandecida de garota que posava para calendários e pôsteres: os homens são todos fracos e extremamente suscetíveis a uma combinação bem dosada de bajulação e boceta.

Angela Rojas parecia atordoada. Usado como pano de fundo, o deserto aparecia lindamente iluminado.

Shirley Ann Bridgeford sabia que sua vida chegara ao fim. A máquina de Glatman captou suas lágrimas e contorções e o grito silenciado pela mordaça que lhe tapava a boca.

As fotos chocaram Jack Lawton. Glatman o enojava. Sabia que ele não tinha matado Jean Ellroy.

Hallinen e Lawton pegaram um caso, juntos, no dia 8 de novembro. Um homem chamado Woodrow Harley estuprou a enteada de 13 anos e a asfixiou com um travesseiro embebido em clorofórmio.

Passaram a semana toda amarrando o caso. Visitaram Armand Ellroy e o filho um pouco antes do feriado de Ação de Graças.

O garoto tinha crescido um pouco. Era muito alto para um menino daquela idade.

Hallinen e Lawton levaram Ellroy e o filho até o Tiny Naylor's Drive-In. O moleque pediu um sorvete. Hallinen e Lawton perguntaram a ele mais uma vez sobre os namorados da mãe.

Ele repetiu o que já havia dito. Não conseguiu desencavar um único garanhão novo.

Voltaram ao apartamento. Ellroy pediu ao garoto que fosse brincar lá fora. Precisava conversar com os dois cavalheiros a sós.

O moleque se retirou, mas voltou pelo corredor, pé ante pé. Ouviu o pai conversar com os tiras na cozinha.

O pai chamava sua mãe de bêbada e promíscua. Os tiras diziam que o caso estava morto. Jean era uma mulherzinha tão cheia de segredos. Sua vida simplesmente não fazia sentido.

II

O Garoto da Foto

Você enganava as pessoas. Ia se entregando aos poucos e se reinventava ao seu bel-prazer. Sua vida de segredos eliminou a possibilidade de marcar sua morte com vingança.

Pensei que a conhecia. Travesti meu ódio infantil de conhecimento íntimo. Jamais chorei sua perda. Ataquei sua memória.

Você exibia uma fachada da mais severa retidão. Libertava-se nas noites de sábado. Suas breves reconciliações a levavam ao caos.

Não vou defini-la assim. Não revelarei seus segredos tão facilmente. Quero descobrir onde enterrou o seu amor.

6

Meu pai me colocou num táxi na rodoviária de El Monte. Pagou ao motorista e disse a ele que me deixasse na Bryant com Maple.

Eu não queria voltar para casa. Não queria deixar meu pai. Queria sumir de El Monte para todo o sempre.

Estava quente — talvez cinco graus mais quente do que em Los Angeles. O motorista pegou a Tyler até a Bryant e cortou na direção leste. Virou na Maple e parou o táxi.

Vi viaturas da polícia e sedãs com pinta de carro oficial estacionadas no meio-fio. Vi homens de uniforme e homens de terno em pé no meu quintal.

Eu sabia que ela estava morta. Esta não é uma lembrança revisada ou um palpite que tive em retrospectiva. Eu soube no mesmo instante — aos dez anos de idade —, no domingo, 22 de junho de 1958.

Caminhei até o quintal. Alguém disse: "Olhem, é o garoto." Vi o sr. e a sra. Krycki ao lado da porta dos fundos da casa deles.

Um homem me levou para um lado e se ajoelhou, para ficar do meu tamanho. Ele disse: "Filho, sua mãe foi morta."

Eu sabia que ele queria dizer "assassinada". É provável que eu tenha estremecido, que um calafrio tenha percorrido meu corpo ou que eu tenha ficado meio zonzo.

O homem perguntou onde meu pai estava. Respondi que tinha

ficado na rodoviária. Fui cercado por uma meia dúzia de homens. Eles se apoiaram sobre um dos joelhos e me olharam bem de pertinho.

Estavam olhando para um garoto de muita sorte.

Um policial partiu rumo à rodoviária. Um homem com uma máquina fotográfica me levou até o galpão onde o sr. Krycki guardava ferramentas.

Colocou um furador na minha mão e me fez fazer pose numa bancada de carpinteiro. Eu segurei um pequeno bloco de madeira e fingi que ia serrá-lo. Olhei direto para a máquina — não pisquei, nem sorri e nem traí meu equilíbrio interno.

O fotógrafo se posicionou numa soleira de porta. Os policiais estavam atrás dele. Eu tinha uma platéia extasiada.

O fotógrafo saiu tirando fotos e me incentivou a improvisar. Eu me debrucei por cima daquele bloco e o serrei, com um meio/ sorriso/meia/careta estampado no rosto. Os policiais riram. Eu ri. *Flashes* espocaram.

O fotógrafo disse que eu era corajoso.

Dois policiais me escoltaram até uma patrulha e me colocaram no banco de trás. Eu me encostei na janela da esquerda e olhei para fora. Pegamos a Maple até uma rua lateral que levava à Peck Road, na direção sul. Enfiei a cabeça para fora da janela e registrei as coisas mais estranhas.

Pegamos a Valley Boulevard para oeste e paramos em frente à delegacia de El Monte. Os policiais me levaram para dentro e me fizeram sentar numa salinha.

Eu queria ver meu pai. Não queria que os policiais o machucassem.

Uns homens de uniforme me fizeram companhia. Foram gentis e respeitosos da minha nova condição de filho sem mãe. Mantiveram um papo simpático no ar.

Meu pai tinha me apanhado no sábado de manhã. Tomamos um ônibus para Los Angeles e assistimos a um filme chamado *Os Vikings*. Tony Curtis teve a mão decepada e começou a usar um cotoco de couro no lugar dela. Tive um pesadelo com aquilo.

Os policiais entravam e saíam da sala. Ficavam me dando copos d'água. Bebi todos. Assim eu tinha alguma coisa para fazer com as mãos.

Dois homens entraram na sala. Os policiais simpáticos se retiraram. Um dos homens era meio gordo e quase careca. O outro tinha cabelos brancos, ondulados e olhos azul-claros. Vestiam *blazers* e calças compridas.

Eles me fizeram algumas perguntas e anotaram as respostas. Me fizeram descrever o fim de semana com meu pai e perguntaram os nomes dos namorados de minha mãe.

Mencionei Hank Hart e Peter Tubiolo. Minha mãe saía com Hank lá em Santa Monica. Tubiolo era professor na minha escola. Saiu com minha mãe pelo menos duas vezes.

Eu perguntei aos homens se meu pai estava metido em alguma encrenca. Responderam que não. Eles disseram que eu ficaria sob a custódia dele.

O policial de cabelos brancos me deu uma barra de chocolate e me disse que eu já podia ver meu pai. Eles me deixaram sair daquela salinha quadrada.

Vi meu pai em pé no corredor. Ele me viu e sorriu.

Corri direto para ele. O impacto quase o fez cair para trás. Ele me deu o abraço apertado de sempre, demonstrando o quanto ele era forte.

Um policial nos levou até a rodoviária de El Monte. Pegamos o ônibus da noite para Los Angeles.

Sentei na janela. Meu pai manteve um dos braços sobre meus ombros. A auto-estrada de San Berdoo estava escura e cheia de cintilantes lanternas traseiras dos carros.

Eu sabia que precisava chorar. A morte de minha mãe era um presente — e eu sabia que precisava pagar por ele. Provavelmente que os policiais me julgaram mal por não ter chorado lá em casa. O fato de eu não chorar significava que eu não era normal. Meus pensamentos estavam conturbados a esse ponto.

Relaxei os nervos totalmente tensos. Simplesmente liberei aquela tensão que eu vinha sentindo havia horas.

Funcionou.

Eu chorei. Fui arrancando lágrimas de mim mesmo até chegarmos a Los Angeles.

Eu a odiava. Odiava El Monte. Algum assassino desconhecido acabava de me proporcionar uma vida linda, novinha em folha.

Ela era uma interiorana de Tunnel City, Wisconsin. Eu gostava dela unicamente pela ligação que teve com meu pai. Quando ela deu fim ao casamento, me tornou filho dele, única e exclusivamente.

Comecei a odiá-la como prova do amor que tenho pelo meu pai. Eu tinha medo de aceitar a vontade e a coragem irascíveis daquela mulher.

Em 1956, diagnosticaram, por engano, um câncer em meu pai. Minha mãe me deu a notícia, mas suprimiu a frase-chave — que ele ficaria bem — por puro efeito dramático. Eu chorei e esmurrei o sofá da sala. Ela me acalmou e disse que ele estava com úlcera, e não câncer — e que eu precisava de uma pequena viagem para me recobrar do choque.

Fomos para o México de carro. Arranjamos um quarto num hotel de Enseada e jantamos lagosta num restaurante bacana. Minha mãe usava um vestido de um ombro só. A alvura de sua pele e o vermelho dos cabelos estavam impressionantemente realçados. Eu sabia que ela estava representando um papel.

Fui nadar na piscina do hotel na manhã seguinte. A água estava visivelmente suja. Saí com os ouvidos entupidos e uma dor de cabeça dos diabos.

A dor de cabeça foi entrando pelo ouvido esquerdo adentro. A dor foi ficando cada vez mais localizada e mais intensa. Minha mãe me examinou e disse que eu estava com uma otite barra-pesada.

A dor era horrorosa. Eu chorava e rangia os dentes até as gengivas sangrarem.

Minha mãe me agasalhou bem no banco traseiro do carro e fomos para o norte, em direção à Tijuana. Lá, as farmácias vendiam remédio e narcóticos pesados sem receita médica. Minha mãe achou um lugar e comprou um vidro de comprimidos, uma ampola de droga e uma seringa.

Me fez tomar água e umas pílulas. Preparou uma injeção e aplicou ali mesmo, no carro. A dor foi embora na mesma hora.

Voltamos direto para Los Angeles. A droga me aqueceu por dentro e me fez dormir. Acordei no meu quarto e vi cores novas e estranhas saírem do papel de parede.

Escondi o incidente de meu pai. A omissão foi instintiva e precocemente procedente. Vou atribuir-lhe o motivo quarenta anos após o acontecido.

Minha mãe me protegeu com estilo decididamente grandioso. Eu sabia que meu pai não ia querer ouvir elogios a ela. Eu dançava conforme os medos dele. Não lhe contei o quanto ela havia ficado bonita com aquele vestido. Não lhe contei como tinha sido gostoso o barato daquela droga. Não lhe contei que ela foi dona do meu coração por um breve espaço de tempo.

Meus pais eram excelentes de aparências. Formavam um casal duro mas superbonito, tipo Robert Mitchum e Jane Russell em *Macao*. Ficaram juntos 15 anos. Só pode ter sido uma coisa sexual.

Ele era 17 anos mais velho do que ela. Era alto e tinha o físico de um peso pesado mais para leve. Era bonito de doer e tinha um pau monstruoso.

Era um homem inútil que, numa primeira leitura, parecia ser perigoso. Ela comprou o pacote todo: o físico e o charme que vinha junto. Não sei quanto tempo durou a lua-de-mel. Não sei quanto tempo levou para se desiludirem um com o outro e deixarem o casamento apodrecer.

Mudaram-se para a Costa Leste no final dos anos 30. Eles se conheceram, a coisa entre os dois pegou fogo, eles se casaram e se estabeleceram em Los Angeles. Ela era enfermeira formada. Ele era um contador sem registro estadual. Fazia balancetes para drogarias e declarações de imposto de renda para o pessoal de Hollywood. Cuidou dos negócios de Rita Hayworth durante uns três ou quatro anos e fez o acordo de seu casamento com Aly Kahn, em 1949. As ruivas dominaram sua vida nos anos que se seguiram à guerra.

Eu entrei em cena em 1948. A novidade de ter um filho deixou os dois fora de si por algum tempo. Saíram da casa de Beverly Hills e acharam um apartamento maior em West Hollywood. A arquitetura era espanhola, com paredes de estuque e portais arredondados. Eu cresci ali, com uma percepção um tanto deformada das coisas.

Rita Hayworth demitiu meu pai mais ou menos em 1952. Ele aceitava trabalhos ocasionais em farmácias e passava grande parte dos dias úteis normais deitado no sofá da sala. Ele adorava ler e dormir. Adorava fumar e assistir a eventos esportivos na nossa TV em formato de bolha. O sofá era seu foro de todas as horas.

Minha mãe ia e vinha do trabalho. Trabalhava no St. John's Hospital e servia de babá para uma atriz dipsomaníaca chamada ZaSu Pitts nas horas vagas. Faturava boa parte da renda familiar e vivia enchendo o saco do meu pai para arrumar um emprego.

Ele a mitigava com promessas vagas e mencionava suas ligações hollywoodianas. Era amigo de Mickey Rooney e de um produtorzinho de quinta categoria chamado Sam Stiefel. Conhecia gente poderosa. Podia transformar suas amizades em alguma coisa interessante.

Eu passava muito tempo naquele sofá com meu pai. Ele desenhava para mim e me ensinou a ler quando eu tinha três anos e meio. Ficávamos sentados, lado a lado, cada qual com seu livro.

Meu pai gostava de romances históricos. Eu gostava de histórias infantis com animais. Meu pai sabia que eu não agüentava ver ninguém maltratar ou matar bichos. Dava uma primeira olhada nos livros antes de comprá-los para mim, livrando-se daqueles que me perturbariam.

Meu pai cresceu num orfanato e não tinha parentes de sangue. Minha mãe tinha uma irmã mais nova no Wisconsin. Meu pai odiava a cunhada e o marido dela, Ed Wagner, dono de uma concessionária Buick. Dizia que meu tio Ed era um desertor e um simpatizante dos alemães. Tinha matado um monte de alemães na Primeira Guerra Mundial e não via utilidade para eles nesta vida.

Os Wagner consideravam meu pai um vagabundo. Meu pai me contou que minha prima Jeannie tinha tentado arrancar meus olhos certa vez. Não me lembro desse incidente.

Os amigos de meus pais eram todos de um só tipo: pessoas mais velhas, inocentemente impressionadas com eles. Meus pais eram bonitos e se misturavam à papa-fina de Hollywood. Eram deslumbrantes e só discutiam, se censuravam e trocavam farpas na intimidade do lar. Mantinham uma fachada unida e limitavam seus quebra-paus mais ofensivos a uma única testemunha: eu.

Sua vida em comum foi um longo conflito. Ela atacava a preguiça dele; ele atacava o consumo noturno de álcool dela. A porradaria entre os dois era exclusivamente verbal — e a ausência de violência física estendia ainda mais as discussões. Brigavam em tons comedidos, raramente levantavam a voz e nunca gritavam. Não quebravam jarros de plantas e não atiravam pratos no chão. A ausência do drama mascarava a ausência do raciocínio, da tentativa de se entenderem. Travavam uma guerra autosuprimida. Viviam em estado de irritação perpétua. O ódio que sentiam um pelo outro foi crescendo através dos anos e atingiu seu auge numa fúria branda.

Era 1954. Eu tinha seis anos e fazia a primeira série na West Hollywood Elementary School. Minha mãe me sentou no sofá da sala e disse que estava se divorciando do meu pai.

Eu reagi mal. Passei semanas dando chiliques. Meu estilo melodramático foi uma reação febril e cumulativa aos anos das batalhazinhas de merda entre meus pais. A TV tinha me ensinado que os divórcios eram permanentes, imutáveis. Divórcios estigmatizavam crianças pequenas e fodiam com suas vidas para todo o sempre. A mãe ficava com a guarda de todos os filhos menores de idade.

Minha mãe expulsou meu pai do apartamento. Tolerou aquela minha história de garoto magoado durante algumas semanas e depois me deu um sopapo curto e grosso e me mandou parar de frescura.

Parei. Inventei uma fantasia doida de criança pequena de forjar um relacionamento todo-poderoso em separado com meu pai.

Minha mãe contratou um advogado e entrou com o pedido de divórcio. Um juiz deu a ela minha guarda provisória e permitiu que eu passasse os fins de semana com meu pai. Ele alugou um apartamento a poucas quadras de sua antiga casa.

Eu passei uma série de fins de semana com ele. Fazíamos hambúrgueres numa chapa elétrica e transformávamos queijo e bolachas em refeições. Líamos lado a lado e assistíamos às lutas na TV. Meu pai começou a envenenar minha mente, sistematicamente, contra minha mãe.

Me disse que ela era uma bêbada e uma puta. Disse que ela estava dando para o advogado. Disse que tinha uma chance de ganhar minha guarda — se conseguisse provar a deficiência moral de minha mãe. Mandou que eu a espionasse. Concordei em bisbilhotar as indiscrições de minha mãe.

Meu pai arranjou um emprego no centro de Los Angeles. Sempre que possível, eu fugia e ia encontrá-lo quando voltava para casa. Nos encontrávamos numa drogaria da Burton Way com Doheny. Tomávamos sorvete e conversávamos.

Minha mãe descobriu minha pequena traição. Ligou para meu pai e o ameaçou com uma medida cautelar. Ela contratou uma babá para me vigiar que nem um cão de guarda depois da escola.

Não peguei o ônibus escolar no dia seguinte. Me escondi num pátio, perto da casa do meu pai. Queria demais ver meu pai. Estava com medo da vacinação contra a poliomielite que seria feita na minha escola naquele dia.

Minha mãe me achou. Me levou de carro à escola e arranjou uma forma de, ela mesma, aplicar a vacina em mim.

Me vacinou uniformizada de enfermeira. Era muito habilidosa com agulhas — não doeu nem um pouco. Ela ficava bem de fustão branco. Realçava o vermelho dos cabelos de maneira fascinante.

O divórcio foi para os tribunais. Eu tive que testemunhar em sessão fechada. Não via meu pai fazia algum tempo. Eu o vi do lado de fora da sala de audiência e corri para ele.

Minha mãe tentou interceder.

Meu pai me levou para o banheiro masculino e se abaixou para conversar comigo. Minha mãe irrompeu banheiro adentro e me arrastou para fora dali. Meu pai deixou que ela fizesse isso. Um homem, de pé no mictório com o pau na mão, assistiu à confusão toda.

Eu testemunhei. Disse a um juiz muito gentil que queria morar com meu pai. A sentença dele foi outra. Decretou uma divisão de dias da semana e fins de semana: cinco dias com ela, dois dias com ele. Me condenou a uma vida bifurcada, repartida entre duas pessoas presas a um ódio mútuo e incontrolável.

Eu peguei os dois lados desse ódio, que era decididamente escarninho e expressado com grande eloqüência. Minha mãe retratava meu pai como sendo fraco, relaxado, preguiçoso, extravagante e levemente duas caras. Meu pai classificava minha mãe de forma mais concisa: ela é uma bêbada e uma puta.

Eu vivi de acordo com a sentença do divórcio. Os dias da semana significavam um tédio dos mais restritivos. Os fins de semana significavam a liberdade.

Meu pai me alimentava com comidas gostosas e me levava para assistir a filmes de caubói. Contava histórias da Primeira Guerra Mundial e me deixava folhear revistas de mulher pelada. Dizia que tinha uma série de negócios quentes, prestes a acontecer. Ele me convenceu de que estávamos à beira de grandes riquezas. Muito dinheiro significava os melhores advogados e maior poder de barganha jurídica. Esses advogados tinham detetives que podiam desencavar um monte de sujeiras a respeito da Puta Bêbada. Poderiam conseguir minha guarda para ele.

Minha mãe se mudou para um apartamento menor em Santa Monica. Pediu demissão do St. John's e arranjou um emprego de enfermeira industrial na Packard-Bell Electronics. Meu pai se mudou para um apartamento de quarto e sala na fronteira dos distritos de Hollywood e Wilshire. Não tinha carro e me transportava de ônibus. Já tinha cinqüenta e tantos anos e começava a parecer um gigolô passado. Provavelmente as pessoas pensavam que ele era meu avô.

Fui transferido para uma escola particular chamada Children's Paradise. Não era reconhecida pelo Departamento de Educação e deixava minha mãe cinqüenta dólares mais pobre todo mês. O lugar era um depósito de filhos de pais separados. As notas eram garantidas — mas as horas de confinamento se estendiam das 7:30 às 17:00, todos os dias. Os professores eram histéricos ou então passivos de dar dó. Meu pai tinha uma teoria a respeito de um horário escolar tão longo. Ele disse que era calculado de forma a dar tempo para as mães solteiras treparem com os namorados depois do trabalho. Disse que isso não era de todo ruim.

A Children's Paradise margeava terras de grande valor no lado leste. Havia um pátio de terra cheio de brinquedos que dava para a Wilshire Boulevard. O pátio era três vezes maior do que o prédio principal. Havia uma piscina no flanco oeste.

Eu passei a terceira e a quarta séries lá, sonhando acordado. Minha habilidade para a leitura ocultava uma compreensão aritmética retardada. Era um garoto grandalhão. Eu me aproveitava de meu tamanho e blefava em meus confrontos infantis. Foi a gênese do meu eficaz "Número do Doido".

Eu tinha medo de todas as garotas, de grande parte dos garotos e de certos adultos dos sexos masculino e feminino. Meu medo era derivado de um aparato de fantasias apocalípticas. Eu sabia que as coisas sempre terminavam caoticamente mal. Meu treinamento empírico em termos de caos foi, incontestavelmente, válido.

O Número do Doido atraía para mim a atenção que eu tanto queria e avisava aos agressores para que não mexessem comigo. Eu ria quando não tinha graça alguma, enfiava o dedo no nariz e comia minha própria meleca e desenhava suásticas no meu caderno. Eu era o garoto-propaganda do capítulo Se-Você-Não-Quer-Me-Amar-Pelo-Menos-Preste-Atenção-Em-Mim dos livros de psicologia infantil.

Minha mãe bebia cada vez mais. Ela mandava brasa nos *highballs* e ficava puta da vida, sentimental ou efusiva. Eu a flagrei na cama com homens, algumas vezes. Os caras tinham aquele jeito de vagabundo dos anos 50. Possivelmente eram vendedores de carros usados ou profissionais que recuperavam esses carros, quando os donos não conseguiam pagá-los.

Contei a meu pai a respeito dos homens. Ele disse que tinha

colocado detetives atrás da minha mãe. Passei a vasculhar os arredores com os olhos toda vez que saía com ela.

Minha mãe saiu da Packard-Bell e foi para a Airtek Dynamics. Meu pai fazia *free-lance* para diversas drogarias. Eu continuei minha educação no Children's Paradise. O Número do Doido mantinha minha cabeça levemente fora d'água.

Meus pais eram incapazes de conversar de forma civilizada. Não trocavam palavras sobre quaisquer circunstâncias. Suas expressões de ódio eram reservadas para mim: *Ele é* um fraco; *ela é* uma bêbada e uma puta. Eu acreditava nele e ignorava as acusações dela por serem balela. Estava cego para o fato de que os ataques dela tinham maior base na realidade.

1957 chegou ao fim. Minha mãe e eu voamos para o Wisconsin no Natal. Tio Ed Wagner vendeu-lhe um Buick vermelho e branco alinhado. Voltamos para casa nele na primeira semana de 1958. Retomamos nossa rotina de trabalho e escola.

Minha mãe me sentou no final de janeiro e me preparou para a grande mentira. Disse que precisávamos de uma mudança de ares. Eu já estava com quase dez anos e nunca tinha morado numa casa. Disse que conhecia um lugar superlegal chamado El Monte.

Minha mãe mentia mal. Costumava dar um tom formal às suas mentiras, exagerá-las e muitas vezes embelezá-las com expressões de preocupação materna. Ela sempre contava suas mentiras mais cabeludas num estado de semi-embriaguez.

Eu era um bom decodificador de mentiras. Minha mãe não contava com este meu talento.

Contei ao meu pai a respeito da mudança. Ele achou a idéia dúbia. Disse que El Monte estava lotada de mexicanos pobres. Que era uma bosta sob todos os aspectos. Deduziu que minha mãe estava fugindo de algum garanhão de West L.A. — ou que estava correndo para os braços de algum boçal de El Monte. Ninguém levanta acampamento sem mais nem mesmo e vai morar a cinqüenta quilômetros da antiga casa sem um bom motivo.

Ele me mandou manter os olhos abertos. Me pediu para relatar todas as putarias de minha mãe.

Minha mãe quis me mostrar El Monte. Fomos até lá numa tarde de domingo.

Meu pai me deixou predisposto a odiar e a temer o lugar. Ele o retratou com precisão.

El Monte era um vazio coberto de *smog*. As pessoas estacionavam nos gramados das casas e lavavam os carros de cueca. O céu tinha a cor de um bronzeado cancerígeno. Eu notei um monte de *pachucos* com cara de mau.

Passamos pela casa nova. Era bonita por fora — mas menor do que nosso apartamento em Santa Monica.

Conversamos com nossa nova senhoria, Anna May Krycki. Era agitada e tagarela e ficava desviando os olhos. Ela me deixou brincar com seu cachorro da raça *airedale*.

Tinha um quintal em volta da casa dos Krycki e da nossa. Minha mãe disse que poderíamos comprar um cachorrinho só nosso. Eu disse a ela que queria um *beagle*. Ela disse que me daria um de aniversário.

Conhecemos o sr. Krycki e o filho da sra. Krycki de um casamento anterior. Olhamos nossa casa nova por dentro.

Meu quarto era metade do de Santa Monica. A cozinha mal cabia alguém. O banheiro era estreito e apertado.

A casa justificava a mudança. Cosmeticamente falando, garantia a Grande Mentira de minha mãe.

Eu soube disso o tempo todo.

Nos mudamos no começo de fevereiro. Fui matriculado na Anne LeGore Elementary School e me tornei espião do meu pai em tempo integral.

Minha mãe começou a beber ainda mais. A cozinha cheirava a *bourbon* Early Times e a cigarros L & M. Eu cheirava os copos que ela deixava na pia para ver se descobria que encanto aquilo exercia sobre ela. O cheiro de xarope me dava ânsias de vômito.

Ela não levava homens para casa. Meu pai deduziu que ela ia para a casa de alguém nos fins de semana. Ele começou a chamar El Monte de "Merdolândia, EUA".

Eu fiz o que pude para transformar aquele lugar ruim em algo de bom.

Fui para a escola. Fiz amizade com dois garotos mexicanos chamados Reyes e Danny. Dividiram um baseado comigo certa vez. Eu fiquei tonto, bobão e eufórico, fui para casa e comi um pacote inteirinho de biscoitos. Desmaiei e acordei convencido de que logo, logo iria me tornar um viciado em heroína.

A escola era um saco. Minhas habilidades aritméticas eram abaixo de zero e as sociais abaixo de deficientes. Reyes e Danny eram meus únicos amigos.

Um dia meu pai foi me visitar na hora do recreio, ao meio-dia — uma violação da sentença de divórcio. Um moleque me deu um safanão sem mais nem menos. Dei-lhe um chutão na bunda, bem na frente do meu pai.

Meu pai ficou orgulhoso de mim. O moleque me delatou para o vice-diretor, sr. Tubiolo. Tubiolo ligou para minha mãe e sugeriu uma reunião.

Encontraram-se e conversaram. Saíram juntos uma ou duas vezes. Eu relatei todos os detalhes para o meu pai.

Minha mãe me deu um filhote fêmea de *beagle* no meu décimo aniversário. Chamei-a de "Minna" e a sufoquei de tanto amor.

Minha mãe atrelou uma chantagem emocional fodida àquele presente. Disse que agora eu era um rapazinho. Já tinha idade suficiente para decidir com quem queria morar.

Eu disse a ela que queria ir morar com meu pai.

Ela me deu um tapa na cara que me fez cair do sofá da sala. Bati com a cabeça na mesa de centro.

Eu a xinguei de bêbada e de puta. Ela me bateu outra vez. Decidi que iria à forra da próxima vez.

Eu podia acertar a cabeça dela com um cinzeiro e assim anular a vantagem que ela tinha sobre mim em termos de tamanho. Eu podia arranhar seu rosto e arruinar sua beleza para que homem nenhum quisesse fodê-la. Eu podia dar nela com uma garrafa de *bourbon* Early Times.

Ela me tirava do sério por um motivo muito simples.

Eu a odiava porque meu pai a odiava. Eu a odiava para provar meu amor por ele.

Ela simplesmente provocou meu ódio extremo.

El Monte era uma prisão. Os fins de semana passados em Los Angeles eram breves condicionais.

Meu pai me levava ao cinema no Hollywood Boulevard. Assistimos a *Um corpo que cai* e a uma série de bangues-bangues de Randolph Scott. Meu pai foi logo me contando os podres de Randolph Scott: era um conhecido homossexual.

Me levou ao Hollywood Ranch Market e ministrou um curso relâmpago sobre homossexuais. Disse que as bichas usavam óculos de lente espelhada para poderem avaliar, secretamente, o volume nas calças dos outros. As bichas tinham uma coisa de bom. Aumentavam o número de mulheres disponíveis.

Ele quis saber se eu já me interessava por garotas.

Eu disse que sim. Só não disse que eram as mais maduras que me excitavam de verdade. Mães divorciadas eram, mais precisamente, meu tipo.

Seus corpos tinham certas imperfeições extremamente interessantes. Pernas rechonchudas e marcas de sutiã me levavam à loucura. Eu gostava, em especial, de mulheres de pele alva e cabelos ruivos.

O conceito da maternidade me excitava. Eu conhecia bem os fatos da vida e ficava todo ouriçado com o fato da maternidade começar com uma trepada. Mulheres que tinham filhos tinham que ser boas de cama. Tinham prática. Elas aprendiam a gostar de sexo durante o sagrado matrimônio e não conseguiam mais viver sem ele, mesmo depois de suas uniões sacramentadas iam para o brejo. Essa necessidade era suja, vergonhosa e excitante.

Assim como minha curiosidade.

Nosso banheiro de El Monte era minúsculo. A banheira fazia um ângulo reto com a privada. Certa noite, eu vi minha mãe se secando depois do banho.

Ela viu que eu olhava seus seios. Me contou que o bico de seu seio direito tinha infeccionado depois que eu nasci e que precisou ser removido. Seu tom não tinha nada de provocante. Era uma enfermeira formada, explicando um fato médico.

Agora eu tinha ilustrações gravadas na mente. Queria ver mais.

Eu passava horas na banheira, fingindo interesse por um submarino de brinquedo. Eu vi minha mãe seminua, nua e só de anágua. Vi seus seios balançarem. Vi o mamilo bom ficar todo enrugado de frio. Vi o vermelho entre suas pernas e o jeito que o vapor deixava sua pele ruborizada.

Eu a odiava e morria de tesão por ela.

E então ela morreu.

7

Segunda-feira, 23 de junho de 1958. Um luminoso dia de verão e o começo de minha ensolarada vida nova.

Um pesadelo me acordou.

Minha mãe não apareceu. Quem apareceu foi Tony Curtis com seu coto de couro preto. Eu me livrei da imagem e fui absorvendo as coisas.

Eu já tinha deixado aquele chora-chora todo para trás. Derramei algumas lágrimas no ônibus — mas foi só. Meu luto durou meia hora.

Tenho aquele dia gravado na memória. Foi de um azul-pálido incandescente.

Meu pai falou que os Wagner chegariam dali a alguns dias. A sra. Krycki tinha se comprometido a tomar conta do meu cachorro por algum tempo. O enterro seria na semana seguinte — e minha presença não era obrigatória. O laboratório de criminologia do xerife estava para entregar o Buick ao meu pai. Ele planejava vendê-lo para saldar as dívidas de curto prazo de minha mãe — contanto que o testamento dela permitisse.

A sra. Krycki disse a meu pai que eu tinha esfaqueado suas bananeiras até a morte. Ela pediu para ser imediatamente ressarcida. Eu disse a meu pai que só estava brincando. Ele disse que não era nada demais.

Ele dava a impressão de sobriedade. Mas eu sabia que, na verdade, ele estava contente, meio que em estado de choque. Estava liquidando a ex com minúcias cadavéricas.

Me pediu para eu me entreter por algum tempo. Precisava ir ao centro identificar o corpo.

Os Wagner chegaram a Los Angeles alguns dias depois. Tio Ed estava sereno. Tia Leoda estava transtornada.

Ela venerava a irmã mais velha. Um verdadeiro precipício de estilo separava as irmãs Hilliker — a Jean coube a beleza, os cabelos ruivos e a carreira *sexy*. O marido era superficialmente vistoso e extremamente bem-dotado.

Ed Wagner era gordo e apático. Era ele quem ganhava o pão da família. Tia Leoda era uma dona de casa do Wisconsin. Era difícil de irritar e boa de guardar ressentimentos. A irmã vivia uma vida alternativa que a atraía. Os detalhes mais explícitos dessa vida sem dúvida a chocariam.

Meu pai e eu nos encontramos com os Wagner diversas vezes. Nenhum ódio Ellroy-Wagner veio à tona. Ed e Leoda atribuíram meu estado de calma emocional ao choque. Mantive o bico calado e deixei a conversa para os adultos.

Nós quatro fomos a El Monte de carro. Passamos pela casa e a percorremos uma última vez. Abracei e beijei minha cachorra. Ela lambeu minha cara e me mijou todo. Meu pai deu diversas saca-neadas nos Krycki, achava-os perfeitos idiotas. Ed e Leoda recolheram documentos e objetos pessoais de minha mãe. Meu pai enfiou minhas roupas e meus livros em sacos de papel pardo.

Paramos no Jay's Market na saída da cidade. Um caixa tentou ser simpático — sabia que eu era filho da enfermeira morta. Minha mãe tinha batido boca comigo naquele mesmo mercado, algumas semanas antes.

Ela tinha começado a reclamar sobre meu rendimento escolar. Quis me mostrar meu provável destino. Foi me empurrando mercado afora e me levou até Medina Court — coração da comunidade mexicana de El Monte.

Malandros mexicanos perambulavam pelas ruas, caminhando

com aquela ginga que eu tanto admirava. Não havia casas ali, só barracos. Faltavam eixos e rodas à metade dos carros.

Minha mãe apontou os detalhes mais horripilantes. Queria que eu visse onde tanta preguiça me levaria. Eu não levei seus avisos muito a sério. Sabia que meu pai jamais permitiria que eu me transformasse num mexicano pobretão.

Não fui ao enterro. Os Wagner voltaram para Wisconsin.

Meu pai se apropriou do Buick e vendeu-o a um sujeito do nosso bairro. Conseguiu reaver a entrada que minha mãe tinha pago. Tia Leoda tornou-se executora do espólio de minha mãe. Controlava uma apólice de seguros bastante gorda.

Uma cláusula de indenização dupla subiu o prêmio para vinte mil. Eu era o único beneficiário. Leoda me disse que estava colocando o dinheiro num fundo para pagar minha universidade. Ela disse que eu poderia sacar pequenas quantias para emergências.

Eu decidi aproveitar bem as férias de verão.

Os tiras foram à nossa casa algumas vezes. Perguntaram sobre os namorados de minha mãe e sobre outros conhecidos. Contei a eles tudo o que sabia.

Meu pai guardou alguns recortes sobre o caso. Ele me contou os fatos básicos e me aconselhou a não pensar no crime em si. Sabia que eu tinha uma imaginação bastante fértil.

Eu queria saber os detalhes.

Li os recortes. Vi uma foto de mim mesmo encostado na bancada de carpinteiro do sr. Krycki. Reconstituí os acontecimentos com a Loura e o Moreno. Eu tinha a assustadora sensação de que aquilo tudo tinha a ver com sexo.

Meu pai descobriu que eu andava remexendo nos seus recortes. Contou sua teoria de estimação: Minha mãe reclamou de um *ménage à trois* com a Loura e o Moreno. Aquilo fazia parte de um enigma maior: Por que foi que ela fugiu para El Monte?

Eu queria respostas — embora não às custas da presença contínua de minha mãe. Desviei minha curiosidade para livros policiais escritos para crianças.

Descobri os Hardy Boys e as séries de Ken Holt. A livraria

Chevalier os vendia a um dólar cada. Detetives adolescentes solucionavam crimes e se tornavam amigos das vítimas. Os homicídios eram limpos e ocorriam longe das páginas dos livros. Os garotos detetives eram de famílias abastadas e andavam por aí em carros envenenados, motocicletas e lanchas. Os crimes ocorriam em elegantes *resorts*. Todo mundo acabava contente. As vítimas de homicídio estavam mortas —, mas ficava implícito que estavam se divertindo horrores no céu.

Tratava-se de uma fórmula literária criada especialmente para *mim*, que me fazia lembrar e esquecer em doses iguais. Eu devorava aqueles livros e, felizmente, ignorava completamente a dinâmica interna que os tornava tão sedutores.

Os Hardy Boys e Ken Holt eram meus únicos amigos. Suas sombras eram minhas sombras. Solucionávamos mistérios de deixar qualquer um perplexo — mas ninguém se machucava de verdade.

Todo sábado meu pai comprava dois livros para mim. Eu os lia rapidamente e passava o resto da semana tendo crises de abstinência. Meu pai mantinha o limite em dois por semana, e só. Eu comecei a furtar livros das lojas para preencher minhas lacunas de leitura.

Eu era um ladrãozinho esperto. Usava a camisa para fora e enfiava o livro no cós das calças. O pessoal da Chevalier devia me achar um CDFzinho superbonitinho. Meu pai jamais comentou o tamanho de minha biblioteca.

O verão de 1958 voou. Eu raramente pensava em minha mãe. Ela foi colocada na sua respectiva caixinha e definida pela atual indiferença de meu pai à sua memória. El Monte tinha sido um *non sequitur* aberrativo. Ela tinha *desaparecido*.

Cada livro que eu lia era uma homenagem deturpada a ela. Cada mistério solucionado era o meu amor por ela em elipses.

Na época, eu não sabia. Duvido muito que meu pai soubesse. Com a ruiva debaixo da terra, ele passou aquele verão inteiro confabulando.

Comprou dez mil *Tote Seats*, sobras de uma produção japonesa, a dez centavos cada. Eram almofadas infláveis para serem usadas como assento em eventos esportivos. Ele estava convencido de que poderia vendê-las para as torcidas do L.A. Rams e do Dodgers. A primeira remessa o colocaria nos trilhos. Depois ele conseguiria que os japas produzissem mais *Tote Seats* em consignação. Desse ponto em diante, o lucro dele seria astronômico.

Os Rams e os Dodgers deram um belo chegapralá no meu pai. Ele era orgulhoso demais para sair pelas ruas vendendo os *Tote Seats*, feito camelô. Nossas prateleiras e armários estavam abarrotados de plástico inflável. Dava para ter enchido aquelas almofadas e feito metade da população do condado sair boiando rumo ao mar.

Meu pai desistiu do empreendimento *Tote Seats* e voltou a trabalhar nas drogarias. Trabalhava para burro: do meio-dia às 2:00 ou 3:00 da madrugada. Ele me deixava sozinho em casa enquanto trabalhava.

Nosso apartamento não tinha ar-condicionado e era uma sauna no verão. Começou a feder — Minna não se sentia nem um pouco constrangida no seu novo lar: urinava e defecava pelo chão da casa toda. O calor diminuía com o cair da noite e o mau cheiro melhorava um pouco. Eu adorava ficar sozinho naquele apartamento depois que escurecia.

Eu lia e passava os canais de TV, em busca de programas policiais. Folheava as revistas de meu pai. Ele assinava a *Swank*, a *Nugget* e a *Cavalier*. Vinham repletas de fotografias bacanas e *charges* ousadas cujo conteúdo eu ignorava.

Eu ficava olhando as medalhas que meu pai tinha ganhado na Primeira Guerra Mundial — miniaturas, envidraçadas. O conjunto fazia dele um grande herói. Ele tinha nascido em 1898 e estava a três meses de fazer cinqüenta anos quando eu nasci. Eu vivia me perguntando quanto tempo ele ainda teria de vida.

Eu gostava de cozinhar para mim mesmo. Meu prato favorito eram salsichas tostadas no queimador elétrico. Os jantares que minha mãe fazia, espaguete enlatado, não chegavam nem aos pés.

Eu sempre assistia à TV com as luzes apagadas. Me viciei no falatório de Tom Duggan no canal 13 e o assistia todas as noites. Duggan era parte bacana e parte falastrão de direita. Sacaneava os convidados e vivia falando de birita. Ele se retratava como um misantropo, um tarado. Ele me impressionava profundamente.

O programa terminava à 1:00 da madrugada. Meus rituais de verão em 1958 ficavam mais assustadores então.

Normalmente, eu estava agitado demais para dormir. Ficava imaginando meu pai assassinado ou morto num acidente de carro. Ficava acordado, esperando por ele na cozinha, e contava os carros que passavam no Beverly Boulevard. Mantinha as luzes apagadas — para mostrar que não tinha medo.

Ele sempre voltava para casa. Nunca me disse que ficar sentado na escuridão era uma coisa estranha.

Vivíamos na pobreza. Não tínhamos carro e dependíamos do transporte público de Los Angeles. Nossa dieta consistia, basicamente, de gorduras, açúcares e amidos. Meu pai nem tocava em bebidas alcoólicas, mas em compensação fumava três maços de Lucky Strikes por dia. Compartilhávamos um único quarto com nossa cadela malcheirosa.

Nada disso me incomodava. Eu era bem alimentado e tinha um pai carinhoso. Os livros me proporcionavam estímulo e um diálogo sublimado com a morte de minha mãe. Eu tinha uma capacidade silenciosa e tenaz de explorar o que tinha.

Meu pai me deixava correr solto pela vizinhança, que eu explorava e deixava incendiar minha imaginação.

Nosso prédio ficava no Beverly Boulevard com Irving Place. Era a fronteira entre Hollywood e Hancock Park — uma significativa junção de estilos.

Pequenas casas de estuque e prédios sem elevador estendiam-se em direção ao norte. Iam dar na Melrose Avenue e nos estúdios da Paramount e da Desilu. As ruas eram estreitas e retas. As fachadas de inspiração espanhola dominavam.

De Beverly a Melrose. Da Western Avenue ao Rossmore Boulevard. Cinco quarteirões ao sul e 17 quarteirões de leste a oeste. Dos estúdios de cinema às casas modestas, às fileiras de lojas, aos bares e ao Wilshire Country Club. Isto era metade do território pelo qual eu perambulava — mais ou menos metade do tamanho de El Monte.

A fronteira leste tinha casas de estrutura de madeira e prédios baratos, novos e chamativos. O limite oeste era o centro de Los Angeles. A Costa Dourada. Eu curtia aquelas fortalezas Tudor, superaltas, com porteiros e amplas portarias. O Algiers Hotel-Apartments ficava na Rossmore com Rosewood. Meu pai dizia que o lugar era um puteiro de luxo. Os mensageiros controlavam uma rede de prostitutas bonitonas.

Topograficamente falando, o lado norte das minhas perambulações era variado. Eu gostava de acompanhar a decadência do cenário, de oeste para leste. Alguns quarteirões eram bem cuidados. Outros eram sujos, empobrecidos. Eu gostava do Polar Palace Skating Rink, na Van Ness com Clinton. Eu gostava dos El Royale Apartments — porque o som lembrava "Ellroy". O Algiers era emocionante. Toda mulher que entrasse ou saísse era uma puta em potencial.

Eu gostava do lado norte das minhas perambulações. Às vezes me assustava — moleques praticamente jogavam suas bicicletas em cima de mim e faziam gestos obscenos. Estes pequenos confrontos me faziam passar dias na fronteira sul.

No sul, meu território estendia-se da Western à Rossmore e da Beverly ao Wilshire Boulevard. A fronteira leste tinha um grande atrativo: a biblioteca pública da Council com St. Andrews. Para explorar, no entanto, era território negligenciável.

Eu *amava* rondar o sul e o sudeste. 1st Street, 2nd Street, 3rd Street, 4th Street, 5th Street, 6th Street, Wilshire. Irving, Windsor, Lorraine, Plymouth, Beachwood, Larchmont, Lucerne, Arden, Rossmore.

Hancock Park.

Enormes casas Tudor e *châteaux* franceses. Mansões espanholas. Gramados largos, pérgulas com trelissas, meios-fios arborizados e uma atmosfera de refreamento que parecia saída do túnel do tempo. Ordem e riqueza, perfeitamente circunscritas a poucas quadras do meu lar, incrustado de merda.

Hancock Park me hipnotizava. A paisagem me enfeitiçava.

Eu perambulava por Hancock Park. Eu caminhava, olhava, passeava e rodopiava. Prendia Minna na coleira e deixava que ela me puxasse da Irving até a Wilshire, três ou quatro vezes por dia. Eu rondava as lojas de Larchmont Boulevard e afanava livros da Chevalier.

Desenvolvi paixonites pelas casas e pelas garotas que via em suas janelas. Eu elaborava complicadas fantasias sobre Hancock Park. Meu pai e eu invadiríamos Hancock Park e faríamos dele nosso reino.

Não havia a menor dor-de-cotovelo na minha cobiça por Hancock Park. Eu era dono do lugar apenas na imaginação. Era o bastante para mim — por enquanto.

O verão de 1958 terminou. Eu me matriculei na sexta série da Van Ness Avenue Elementary School. Minhas divertidas perambulações diminuíram drasticamente.

A Van Ness Avenue School era coisa fina. Ninguém me oferecia maconha. Minha professora me paparicava um pouco. É provável que soubesse que minha mãe tinha sido vítima de assassinato.

Eu estava me tornando um garoto grandalhão. Era boca suja e deixava meu linguajar profano jorrar pelo pátio da escola. A expressão favorita de meu pai era: "Vá se foder, Fritz." Seu xingamento favorito era "chupador de rola". Eu ecoava a linguagem que ele usava e me deleitava com o choque que causava.

Eu estava refinando o Número do Doido. Ele me mantinha miseravelmente sozinho e trancafiado dentro de minha própria mente.

Meu gosto literário ia se sofisticando cada vez mais. Eu já tinha lido todos os Hardy Boys e Ken Holt e estava cansado de tramas óbvias e soluções simples. Eu queria mais violência e mais sexo. Meu pai recomendou Mickey Spillane.

Roubei alguns Spillanes de capa mole. Eu os li e fiquei tão excitado quanto assustado. Não acho que tenha entendido as tramas muito bem — e sei que isso não diminuiu meu prazer em nada. Eu me amarrava nos tiroteios e no fervor anticomunista de Mike Hammer. O pacote, como um todo, era apenas hiperbólico o suficiente para que eu não ficasse *muito* apavorado. Não era completamente direto e horripilante — como minha mãe, a Loura e o Moreno.

Meu pai me deu mais liberdade. Disse que eu podia ir ao cinema sozinho e levar Minna para passear tarde da noite.

Hancock Park à noite era um mundo à parte.

A escuridão fazia as cores recuarem. Os postes emitiam uma luz agradável. As casas se tornavam cenário da iluminação que vinha pelas janelas.

Eu ficava na escuridão e olhava de fora para *dentro*. De passagem, eu via cortinas, paredes vazias, borrões coloridos e formas. Eu via garotas com uniformes de escola particular. Via lindas árvores de Natal.

Aqueles passeios, tarde da noite, eram assustadores e sedutores. A escuridão reforçava meu direito sobre aquele território e azeitava minha imaginação. Eu comecei a espreitar os quintais e a xeretar as janelas dos fundos das casas.

Espreitar era, em si, emocionante. As janelas dos fundos me proporcionavam paisagens íntimas.

As janelas dos banheiros eram as melhores. Eu via mulheres seminuas, mulheres e garotas de robe. Eu gostava de vê-las diante do espelho.

Vi uma luva de beisebol em cima de uma mesa de piquenique. Eu a roubei. Vi uma bola de futebol de couro de verdade atrás de uma outra casa. Eu a roubei e a abri com um canivete para ver o que tinha dentro.

Eu ainda era um pré-adolescente. Era um ladrão e um *voyeur*. Estava a caminho de um encontro dos mais quentes com uma mulher profana.

8

Ela veio a mim num livro. Um presente inocente incendiou meu mundo.

Meu pai me deu um livro de presente no meu décimo primeiro aniversário. Era uma ode de não-ficção ao Departamento de Polícia de Los Angeles. O título era *The Badge*. O autor era Jack Webb — astro e cérebro por trás do seriado de TV *Dragnet*.

O programa era tirado dos casos da polícia de Los Angeles. Os tiras falavam em tom monótono e invariável e tratavam suspeitos com desprezo e grosseria. Os suspeitos eram covardes e bombasticamente verborrágicos. Os policiais não se deixavam convencer por porra nenhuma do que diziam.

Dragnet era uma saga de vidas sem rumo em confronto com as autoridades. Métodos policiais supressivos garantiam uma Los Angeles virtuosa. As palavras ditas eram severas e os subtextos jorravam autopiedade. Era um épico sobre homens isolados numa profissão que causava isolamento, privados de ilusões convencionais e traumatizados pelo contato diário com a escória da humanidade. Era a angústia masculina *à la* anos 50 — a alienação propagandeada pelo serviço público.

O livro era o programa televisivo sem limites. Jack Webb detalhava procedimentos policiais e se lamentava, sem parar, sobre o fardo que sempre recaía sobre as costas do homem branco que trabalhava no DPLA. Ele comparava criminosos a comunistas, sem ironia. Apresentava anedotas da vida real para ilustrar os horrores e as satisfações prosaicas do trabalho policial. Enumerou alguns dos casos mais impressionantes da polícia de Los Angeles — livre das limitações da censura televisiva.

O bombardeio do Club Mecca foi um estouro.

Quatro maus elementos foram expulsos de um bar local no dia 4 de abril de 1957. Voltaram com um coquetel Molotov e esturricaram o lugar. Seis fregueses morreram. A polícia de Los Angeles encontrou os assassinos em questão de horas. Foram julgados e condenados à morte.

Donald Keith Bashor assaltava apartamentos. Atacava pequenos apartamentos do bairro de Westlake Park. Duas mulheres se intrometeram em seu caminho. Bashor as espancou até a morte. Foi capturado, julgado e condenado. Foi para a câmara de gás em outubro de 1957.

Stephan Nash era um psicopata de dentes separados. Estava puto com o mundo. Espancou um homem até a morte e retalhou um garoto de dez anos debaixo do píer de Santa Monica. A polícia de Los Angeles o apanhou em 1956. Ele confessou a autoria de outros nove crimes e se autodenominou "O Rei dos Assassinos". Foi julgado e condenado à morte.

As histórias eram diretas e tenebrosas. Os vilões eram idiotas e tinham tendências niilistas.

Stephan Nash matava por impulso. Seus homicídios careciam de calculismo e não eram cometidos com vistas ao terror explícito. Nash não sabia concentrar sua ira em gestos simbólicos para infligi-los num ser humano vivo. Faltava-lhe a vontade ou a inclinação para cometer assassinatos que suscitassem a fascinação do grande público.

O assassino da Dália Negra sabia o que ele não sabia. Este compreendia a mutilação como linguagem. Assassinou uma linda jovem e garantiu, assim, sua anônima celebridade.

Li o relato de Jack Webb sobre o assassinato da Dália Negra. Aquilo me deixou pirado.

A Dália Negra era uma garota chamada Elizabeth Short. Seu

corpo foi encontrado num terreno baldio em janeiro de 1947. O local de desova ficava seis quilômetros ao sul do meu apartamento.

Elizabeth Short foi cortada ao meio, na altura da cintura. O assassino limpou o corpo dela e a abandonou nua. Deixou-a a cinco centímetros do meio-fio, com as pernas escancaradas.

Ele a torturou durante quatro dias. Ele a espancou e a retalhou com uma faca muito afiada. Apagou cigarros em seus seios e cortou os cantos de sua boca até as orelhas.

Seu sofrimento foi atenuado de forma terrível. Ela foi sistematicamente violada e aterrorizada. O assassino remexeu e rearrumou seus órgãos internos após a sua morte. O crime foi fruto da mais insana misoginia — e assim sendo, perfeito para ser deturpado.

Betty Short morreu aos 22 anos. Era uma garota excêntrica, que vivia fantasias de uma garota excêntrica. Um repórter soube que ela só vestia preto e passou a chamá-la de "A Dália Negra". O rótulo a anulou, a difamou e a transformou numa filha perdida e santificada e numa puta.

O caso se tornou um imenso evento de mídia. Jack Webb mergulhou em seu resumo de 12 páginas bem no espírito da época: *femmes fatales* morrem de forma violenta e atraem mortes por vivissecção. Ele não compreendeu as intenções do assassino e nem sabia que suas adulterações ginecológicas definiam o crime. Ele não sabia que o assassino tinha um medo mortal das mulheres. Não sabia que ele cortara a Dália ao meio para ver o que tornava as mulheres diferentes dos homens.

Eu não sabia dessas coisas naquela época. Mas sabia que tinha uma história para a qual e da qual correr.

Webb descreveu os últimos dias da Dália. Ela correu para os homens e correu dos homens, esgarçou seus recursos mentais ao ponto da esquizofrenia. Procurava um esconderijo seguro.

Duas fotos acompanhavam a história.

A primeira mostrava Betty Short na rua 39 com Norton. Dava para ver suas pernas até a metade. Havia homens com revólveres e bloquinhos de anotações debruçados sobre seu corpo.

A segunda a mostrava com vida. Os cabelos estavam penteados para cima, afastados do rosto — parecia um retrato de minha mãe na década de 1940.

Eu li a história da Dália centenas de vezes. Li o resto do *The Badge* e estudei as fotos. Stephan Nash, Donald Bashor e os sujeitos da bomba tornaram-se meus amigos. Betty Short tornou-se minha obsessão.

E minha substituta simbiótica para Geneva Hilliker Ellroy.

Betty tinha fugido e procurado abrigo. Minha mãe tinha fugido para El Monte e lá forjado uma vida secreta de fim de semana. Betty e minha mãe foram vítimas de desova. Jack Webb dizia que Betty era uma garota dissoluta. Meu pai dizia que minha mãe era uma bêbada e uma puta.

Minha obsessão pela Dália era explicitamente pornográfica. Minha imaginação supria os detalhes omitidos por Jack. O assassinato era um epigrama sobre vidas em trânsito e sexo reprimido como sinônimos da morte. Sua não-solução era para mim uma muralha que eu tentava pôr abaixo com curiosidade infantil.

Minha mente se dedicou à tarefa. Meus esforços para explicá-lo eram inteiramente inconscientes. Eu simplesmente contava histórias mentais para mim mesmo.

Estas histórias funcionavam de forma contraproducente. Meus contos diurnos sobre mortes por serrote e bisturi me causavam pesadelos horripilantes. Eram destituídos de linhas narrativas — só o que eu via era Betty sendo cortada, retalhada, cutucada, remexida e dissecada.

Meus pesadelos tinham uma força crua. Os detalhes mais vivos explodiam de dentro do meu inconsciente. Eu via Betty esquartejada numa câmara de tortura medieval. Eu via um homem verter todo o seu sangue dentro de uma banheira. Eu a via, completamente arreganhada, sobre uma maca de hospital.

Essas cenas me deixavam com medo de dormir. Meus pesadelos me vinham com regularidade, com intervalos imprevisíveis. Eram complementados por *flashes* diurnos.

Eu estava na escola. Morto de tédio, eu era uma boa presa para devaneios. Via entranhas entupindo privadas e instrumentos de tortura prontos para serem usados.

Eu não invocava estas imagens por querer. Elas pareciam surgir de algum lugar, independentes de minha vontade.

Os pesadelos e *flashes* diurnos continuaram pela primavera e por todo o verão. Eu sabia que eram castigos de Deus pelo meu voyeurismo e pelos meus furtos. Parei de roubar e de espiar as janelas de Hancock Park. Os pesadelos e *flashes* continuaram.

Voltei a roubar e a espiar. Um homem me pegou no quintal dele e me enxotou dali. Abandonei o voyeurismo de uma vez.

Os pesadelos e *flashes* diurnos continuaram. O poder de ambos foi se esvaindo por força da repetição. Minha obsessão pela Dália Negra foi tomando contornos de fantasia.

Eu salvava Betty Short e me tornava seu amante. Eu a salvava de uma vida de promiscuidade. Eu encontrava seu assassino e o executava.

Eram fantasias fortes, com base narrativa. Tiravam o aspecto nauseabundo de minha fixação pela Dália.

Eu entraria para o ginásio em setembro de 1959. Meu pai me disse que eu podia começar a tomar ônibus sozinho. Usei aquela nova liberdade para pesquisar a Dália formalmente.

Ia de ônibus até a biblioteca pública, no centro da cidade. Li os *Herald-Express* de 1947 em rolos de microfilme. Pesquisei tudo sobre a vida e a morte da Dália Negra.

Betty Short tinha nascido em Medford, Massachusetts. Tinha três irmãs. Seus pais eram divorciados. Ela visitou o pai, na Califórnia, em 1943. Viciou-se em Hollywood e em homens uniformizados.

O *Herald* a chamava de *playgirl* e de "festeira". Decodificados os termos, lia-se "vadia". Ela queria ser estrela de cinema. Estava noiva de diversos rapazes da aeronáutica. Um sujeito chamado Red Manley a trouxera de San Diego uma semana antes de sua morte. Ela não tinha endereço fixo em Los Angeles. Passava meses pulando entre casas de cômodo e apartamentos baratos. Freqüentava bares e arrancava drinques e jantares de homens que não conhecia. Contava mentiras mirabolantes rotineiramente. Sua vida era indecifrável.

Eu compreendia aquela vida instintivamente. Ela entrava em caótica colisão com o desejo masculino. Betty Short queria coisas poderosas dos homens — mas não conseguia identificar suas necessidades. Reinventou-se com bravata juvenil e convenceu-se de que era algo de original. Calculou mal. Ela não era esperta e não sabia quem era. Moldou-se à forma dos mais antigos desejos masculinos. A nova Betty era a velha Betty, versão Hollywood. Transformou-se num clichê que a maioria dos homens queria foder e alguns homens queriam matar. Ela queria chegar perto, chegar junto dos homens. Ela enviava sinais magnéticos. Então conheceu um homem que travestia sua ira com esse chegar perto, com o chegar junto que ela tanto queria. O único ato de cumplicidade por parte de Betty já era um *fait accompli*. Ela se reinventava para os homens.

O *Herald* passou 12 semanas inteiras falando da Dália. Dava enorme cartaz à investigação maciça e suas pistas infrutíferas e suspeitos esquisitões. Falsas confissões e outras investigações malsucedidas ganhavam cobertura de primeira página.

A teoria do lesbianismo foi o quente da parada por algum tempo. Era possível que Betty Short tivesse circulado entre sapatões. A teoria das fotos de sacanagem também deu o que falar: era possível que Betty tivesse posado para fotos pornográficas.

As pessoas delatavam os vizinhos como assassinos. As pessoas delatavam os amantes que as abandonavam. As pessoas procuravam médiuns e invocavam o espírito da Dália. A morte de Elizabeth Short inspirou uma pequena histeria.

A Los Angeles do pós-guerra fundiu-se em torno do corpo de uma mulher. Hordas se renderam à Dália. Elas se misturavam à sua história de forma bizarra, fantástica.

A história me excitava, me emocionava. Me enchia de uma perversa sensação de esperança.

A Dália definia seu tempo e seu espaço. Do túmulo, ela se apropriava de vidas e exercia enorme poder.

Stephen Nash foi mandado para a câmara de gás em agosto de 1950. Ele cuspiu um pedaço de chiclete em cima do capelão um pouco antes de ser amarrado. Sorveu os vapores de cianeto com um enorme sorriso.

Eu me matriculei na John Burroughs Junior High School algumas semanas depois. Harvey Glatman foi para a câmara de gás no dia 18 de setembro. Pedi uma bicicleta a meu pai. Arrancamos uma nota de cem da minha tia e compramos uma Schwinn Corvette cor de maçã-do-amor.

Personalizei aquela bicicleta até não poder mais. Coloquei um guidão "pescoço de ganso", bolsas de plástico, pára-lamas cravejados de brilhantinhos e um velocímetro que marcava até 240 quilômetros por hora. Meu pai chamava minha bicicleta de "carroça de crioulo". Ela era linda. Mas era pesada e lenta demais. Eu tinha que empurrá-la na subida dos morros.

Agora eu tinha um veículo. Minha escola nova ficava a cinco quilômetros de minha casa. Meu território de perambulações ex pandiu-se exponencialmente.

Fui de bicicleta até a 39th com Norton diversas vezes. Casas ocupavam o terreno baldio onde Betty Short foi encontrada. Minha imaginação as demolia. Eu deixava marcas de pneu nas calça das próximas àquele solo sagrado.

Eu ainda tinha pesadelos com a Dália. Eu a invocava para combater o tédio nas salas de aula. Eu lia e relia *The Badge*. Me mantinha a par do mundo do crime de Los Angeles.

1949: o escândalo Brenda Allen. Garotas de programa envolvidas com policiais corruptos. Mickey Cohen, o bandidão colorido. O assassinato dos "dois Tinys" em 1951. Marie "O Corpo" McDonald e seus falsos seqüestros. O escândalo policial do "Natal Sangrento".

Eu ia desenvolvendo uma sensibilidade de tablóide. O crime me excitava e me assustava em doses iguais. Meu cérebro era um mata-borrão policial.

Eu acompanhei o caso Ma Duncan pela TV. Ma Duncan tinha uma paixão possessiva pelo filho, Frank. Frank se casou com uma enfermeirazinha gostosa e Ma ficou com ciúmes. Ma contratou dois vagabundos mexicanos para matarem a enfermeira. Eles a seqüestraram no dia 17 de novembro de 1958. Levaram-na para as montanhas de Santa Barbara e a estrangularam. Ma passou a perna nos dois caras na hora do pagamento. Ma abriu o bocão e contou a história toda para um amigo. A polícia de Santa Barbara prendeu Ma e os mexicanos. Atualmente, estavam completamente enrolados nos trâmites legais.

Acompanhei o caso Bernard Finch/Carole Tregoff. Finch era um médico *playboy*. Tregoff era a namorada boazuda. Finch tinha um lucrativo consultório em West Covina. Sua mulher era podre de rica — e Finch era seu único herdeiro. Finch e Tregoff forjaram um assalto e mataram a sra. Finch em julho de 1959. O caso foi a sensação local.

Acompanhei a luta de Caryl Chessman para se livrar da câmara de gás. Meu pai me contou que Chessman arrancou os mamilos de uma mulher com os dentes e que a levou à loucura.

Meu pai endossava minha obsessão por crimes. Ele jamais tentou me desviar de minha idéia fixa. Eu podia ler o que bem entendesse e assistir a uma quantidade ilimitada de programas na TV. Conversava comigo de igual para igual. Pinçava fofocas especialmente para mim, migalhas recolhidas dos anos passados em Hollywood.

Ele me contou que Rock Hudson era veado e que Mickey Rooney trepava com qualquer coisa. Rita Hayworth era ninfomaníaca — disso ele sabia, por experiência própria.

Nós éramos pobres. Nosso apartamento fedia à bosta de cachorro. Eu comia biscoitos e bebia leite no café da manhã e comia hambúrgueres ou *pizza* congelada no jantar. Eu vestia roupas maltrapilhas. Meu pai falava sozinho e dizia "vá se foder" e "vem chupar meu pau" para os apresentadores de TV. Ficávamos em casa de cuecas. Tínhamos assinaturas de revistas de sacanagem. De vez em quando nossa cachorra nos mordia.

Eu me sentia só. Não tinha amigos. Tinha a impressão de que minha vida não era exatamente saudável.

Mas eu *sabia* das coisas.

Meus pais me batizaram Lee Earle Ellroy. Me condenaram a uma vida de tropeções em *l*'s e *e*'s e a me tornar "Leroy", na falta de algo melhor. Eu odiava os nomes que me deram. Eu odiava ser chamado de "Leroy". Meu pai concordava que a combinação de "Lee Earle" com "Ellroy" era uma bosta. Dizia que era nome de cafetão crioulo.

Ele próprio usava um pseudônimo em regime de meio expediente. Respondia pela alcunha de "James Brady" e trabalhava em algumas drogarias com este nome como forma de driblar o fisco. Eu me decidi bem cedo: um dia eu me livraria do "Lee Earle" e ficaria com o "Ellroy".

Meu nome me trazia dores de cabeça na escola. Os valentões sabiam como me irritar. Sabiam que eu era um moleque tímido. Eles não sabiam que um "Leroy" atirado na minha direção me transformava em Sonny Liston.

Não havia muitos valentões na John Burroughs Junior High School. Alguns confrontos assassinaram a epidemia de "Leroy".

John Burroughs era conhecida como J.B. Ficava na Sexta Avenida com McCadden — na extremidade sudoeste de Hancock Park. Era lá que eu usava meus conhecimentos do bizarro como arma.

O corpo estudantil era 80% judeu. Garotos ricos de Hancock Park e uma plebe infantil generalizada compunham os outros 20%. J.B. tinha uma excelente reputação. Havia um bando de jovens brilhantes matriculados ali.

Meu pai chamava os judeus de "trapaceiros de carne de porco". Dizia que eram mais inteligentes que gente normal. Me mandou ficar de olhos bem abertos — as crianças judias eram competitivas.

Eu mantinha os olhos bem abertos na escola. Eu manifestava estes olhos bem abertos de forma perversa.

Eu me uni a um grupo de perdedores, iguais a mim. Nós levávamos revistas de mulher pelada para a escola e batíamos punheta no banheiro, em cubículos contíguos. Nós atormentávamos um garoto retardado chamado Ronnie Cordero. Eu fazia resumos orais de livros que não existiam — e selecionava colegas da aula de inglês para participar da farsa. Tomei um posicionamento controverso com relação à captura de Adolf Eichmann. Comparei Eichmann aos Scottsboro Boys e ao Capitão Dreyfus.

Eu amava minha reputação de instigador da judeuzada. Roubei os argumentos antipapistas de minha mãe e sacaneava as ambições presidenciáveis de John Kennedy. Torcia para mandarem Caryl Chessman logo para a câmara de gás. Eu incitava meus colegas de turma a curtirem a bomba atômica. Desenhava suásticas e aviões Stuka pelo caderno todo.

O intuito de meu comportamento era chocar. Ele era inspirado pela inteligência e erudição que eu encontrava naquela escola. Meu fervor reacionário era uma afinidade às avessas.

Aquela inteligência toda me infectou. Eu tirava boas notas sem muito esforço. Meu pai contador fazia meu dever de matemática e preparava colas para as minhas provas. Eu ficava livre para ler e sonhar nos momentos não passados na escola.

Eu lia romances policiais e assistia a programas de TV. Assistia a filmes policiais. Montava carrinhos e os explodia com bombinhas. Roubava livros. Fui a um comício antibomba em Hollywood e atirei ovos em uns socialistas que carregavam cartazes. Desenvolvi uma paixão latejante pela música clássica.

Pesadelos com a Dália me vinham em grupos intermitentes. Meus *flashes* diurnos giravam em torno de uma única imagem.

Betty Short estava presa a um alvo giratório. Uma mão de homem girava o alvo e rasgava Betty com um cinzel.

A imagem era vista sob um ponto de vista subjetivo. A imagem fazia *de mim* o assassino.

A Dália estava sempre comigo. Garotas de verdade brigavam entre si pelo meu coração. Um assassino rondava todas as garotas do colégio nas quais eu estava de olho. Jill, Kathy e Donna corriam enorme perigo.

Eu fantasiava salvamentos ricamente detalhados, nos quais intercedia com facilidade e brutalidade. O sexo era minha única recompensa.

Eu seguia Jill, Kathy e Donna pela escola e espreitava suas casas nos fins de semana. Eu nunca me dirigia a elas.

Na vida real, quem estava se dando bem era meu pai. Seu amigo, George, me contou que ele estava comendo duas caixas do supermercado Safeway, na Larchmont. Eu cheguei em casa de surpresa um belo dia e o flagrei na cama.

Era uma tarde quente. A porta do nosso apartamento estava aberta. Eu subi as escadas e ouvi gemidos. Entrei em casa, pé ante pé, e espiei pela porta do quarto.

Meu pai estava afogando o ganso numa morena boazuda. A cachorra estava em cima da cama com eles. Ela tentava se esquivar das pernas e dormir num colchão que não parava de pular.

Fiquei algum tempo ali, olhando, e saí outra vez, pé ante pé.

Eu começava a sacar meu pai melhor. Se ele tivesse *mesmo* ganho aquelas medalhas todas, seria tão famoso quanto Audie Murphy. Se ele *realmente* tivesse tanta raça e talento, estaríamos vivendo muito bem em Hancock Park. Ele era orgulhoso demais para vender os dez mil *Tote Seats* pessoalmente — mas não orgulhoso o bastante para não passar a mão no dinheiro do seguro da minha mãe.

Meus dentes precisavam ser consertados. Pedi dinheiro a tia Leoda para o tratamento de ortodentia e dei uma cifra mais alta do que a que tinha sido orçada. Meu pai pagou a primeira conta do dentista e enfiou o restante no bolso. Atrasou os pagamentos de manutenção e pagou vinte pratas a um cirurgião para tirar aquelas ferragens todas da minha boca.

Tia Leoda era fácil de enganar. Eu passava a perna nela com regularidade. Eu estava liquidando o dinheiro que deveria ser usado para a minha faculdade. Eu não dava a menor pelota.

Eu odiava Ed e Leoda Wagner e minhas primas Jeannie e Janet. Meu pai odiava o clã dos Wagner, de verdade. Meu ódio era a cópia carbono do ódio dele.

Leoda achava que meu pai tinha matado minha mãe. Meu pai achava a idéia o máximo. Ele me contou que Leoda suspeitou dele logo de cara.

Eu curtia aquela idéia de ter um pai assassino. Subvertia a ciência que eu tinha da natureza passiva de meu pai e dava a ele um certo charme. Ele tinha matado minha mãe para ficar com minha guarda. Ele sabia que eu a odiava. Ele era um assassino e eu, um ladrão.

Meu pai provocava as suspeitas de tia Leoda. Ele adorava o drama implícito. Ele me mandou de volta àquela pilha de recortes de jornal.

Eu os reli. Comparei o rosto do meu pai com o retrato falado que a polícia tinha feito do Moreno. Não havia a menor similaridade entre os dois. Meu pai não matou minha mãe. Ele estava comigo quando o crime ocorreu.

Spade Cooley espancou a mulher até a morte em abril de 1961. Estava doidaço de anfetaminas. Ella Mae Cooley queria deixar

Spade para ingressar num culto ao amor livre. Queria dar para homens mais jovens.

Eu acompanhei o caso. Spade Cooley se declarou culpado e se livrou da câmara de gás. Ella Mae não teve sua merecida vingança.

Eu tinha 13 anos. Mulheres mortas me possuíam.

9

Eu vivia em dois mundos.

Fantasias compulsivas governavam meu mundo interior. O mundo exterior se intrometia com freqüência excessiva. Eu jamais aprendi a armazenar meus pensamentos e guardá-los para momentos que fossem só meus. Meus dois mundos viviam em rota de colisão.

Eu queria adentrar o mundo exterior, arrebentando. Queria deixá-lo pasmo com meu senso dramático. Eu sabia que se tivessem acesso aos meus pensamentos, as pessoas me amariam. Era um convencimento normal de adolescente.

Eu queria levar meus pensamentos a público. Eu tinha modos exibicionistas — mas me faltavam presença de palco e controle sobre o efeito que tinha sobre os outros. Eu era tido como um palhacinho desesperado.

Meu repertório cênico espelhava minhas obsessões pessoais. Eu gostava de falar sem parar sobre crimes e sobre inimigos nazistas escondidos. Meu *métier* era o *Noir* Infantil.

Meus fóruns eram salas de aula e pátios escolares. Eu fazia meus discursos para crianças aparvalhadas e professores exasperados. Eu aprendi uma velha verdade do teatro *vaudeville*: Você tem a platéia na palma da mão quando a faz rir.

Minhas fantasias eram soturnas, sérias. Minha platéia tinha pouca tolerância para mulheres vivisseccionadas. Eu aprendi a desviar o assunto nessa direção, topicamente, só para revirar estômagos.

Os primeiros anos da década de 1960 forneceram bom material para meu repertório cômico. Eu assumia posições contrárias com relação à bomba atômica, John Kennedy, direitos civis e aquele blablablá todo sobre o muro de Berlim. Eu gritava "Libertem Rudolf Hess!" e defendia a reinstauração da escravidão. Eu fazia imitações terríveis de JFK e torcia pela aniquilação nuclear da Rússia.

Alguns de meus professores me chamaram num canto e me disseram que minhas gracinhas não tinham a menor graça. Meus colegas riam *de mim* e não *comigo*. Eu compreendi a mensagem subliminar que me enviavam: Você é um moleque muito fodido da cabeça. Eles captaram a minha mensagem logo de cara: Vocês podem rir de mim ou comigo — mas *riam*.

Minhas fantasias forneciam material para atos cômicos de segunda categoria. Elas eram uma ponte esquizóide entre meus dois mundos.

Eu fantasiava sem parar. Com a cabeça cheia de fantasias, eu avançava sinais vermelhos montado na minha bicicleta. Sentado nos cinemas, eu criava variações fantasiosas sobre os filmes que assistia. Eu transformava romances monótonos em histórias emocionantes, com o acréscimo de subtramas improvisadas.

O grande tema de minhas fantasias era o CRIME. Meu maior herói era eu mesmo, transformado. Eu dominava tiro ao alvo, judô e os mais complexos instrumentos musicais em questão de segundos. Eu era um detetive que, por acaso, também era um *virtuoso* ao violino ou ao piano. Eu salvava a Dália Negra. Eu corria por aí em carros esporte e triplanos Fokker vermelhos. Minhas fantasias eram ricamente anacrônicas.

E saturadas de sexo.

Mulheres "tipo Jean Ellroy" me enlouqueciam. Eu pegava ruivas de quarenta e poucos que via nas ruas e dava a elas o corpo de minha mãe. Eu traçava todas elas em minhas aventuras. Eu me casava com a última colega de escola por quem estivesse apaixonado. Sempre deixava as substitutas de Jean Ellroy a ver navios.

Minhas fantasias batiam sempre na mesma tecla. Eram uma barreira contra o tédio que sentia na escola e a vidinha miserável que levava em casa.

A esta altura, eu já sacava meu pai direitinho. Aos 14 anos, eu era mais alto do que ele. Achava que podia dar uma coça nele. Ele era um fraco, um mentiroso.

Nosso elo era uma necessidade um tanto desconfortável. "Nós" éramos tudo o que tínhamos. Esse papo de "nós" amolecia meu pai por completo. Eu engolia o papo de "nós" nos momentos difíceis, mas o ignorava grande parte do tempo. O amor do velho por mim era sufocante e não combinava com sua visão profana da vida. Eu adorava quando ele chamava o presidente Kennedy de "católico chupador de rola" e o odiava quando ele chorava ao ouvir o hino nacional. Eu adorava quando ele falava sacanagem e sentia náuseas quando ele embelezava suas aventuras na Primeira Guerra Mundial. Eu não conseguia aceitar uma simples verdade: Para ter como responsável, a ruiva teria sido uma alternativa muito melhor.

A saúde do velho se esvaía. Ele tossia como um tísico e tinha tonteiras. Ele ganhava uma boa grana na época do imposto de renda e depois ficava coçando o saco pelo apartamento, gastando seu bolinho de dinheiro. Só procurava trabalho nas drogarias quando chegava à última nota de dez mangos. O fervor com o qual queria ficar rico, com rapidez, ia de vento em popa.

Ele gerenciou um espetáculo no Cabaret Concerttheatre. O espetáculo era estrelado por jovens comediantes e cantores. Meu pai ficou amigo de um comediante chamado Alan Sues.

O *show* foi um fracasso. Meu pai e Alan Sues abriram uma chapelaria. Sues desenhava os chapéus. Meu pai tomava conta dos livros e mandava chapéus por reembolso postal. O empreendimento foi por água abaixo, rapidinho.

Meu pai voltou a trabalhar em drogarias, esporadicamente. Ele estava com quase 65 anos. Tomava Alka-Seltzers para a úlcera no mesmo ritmo que minha mãe entornava *bourbon*. Passamos grande parte de 1962 sem um centavo furado.

Eu passava a conversa em tia Leoda para liberar uma verba para mim. O bom e velho "preciso de um tratamento dentário" funcionava que era uma maravilha. Passávamos semanas sobrevivendo às custas das remessas de cinqüenta dólares. Eu roubava do meu pai para aumentar meus lucros pessoais.

Ele me mandava ao mercado para comprar comida. Eu afanava uma boa parte das compras e enfiava seu valor equivalente no bolso. Eu carregava um bolo de notas de um dólar presas por um clipe tipo Las Vegas.

Eu ia a Hollywood na minha bicicleta superenfeitada; eu ia à praia. Eu ia de bicicleta à biblioteca pública, no centro. Gostava de pedalar e ir sincronizando minhas fantasias com as cenas que via nas ruas. Gostava de passar pelos lugares onde Jill, Kathy e Donna moravam.

Eu roubava enquanto pedalava. Afanava livros da loja Pickwick e surrupiava material escolar da Rexall Drugs. Eu furtava sem hesitação ou tremores de culpa.

Era grande o estrago que eu fazia sobre duas rodas. Eu era um patifezinho menor de idade solto pela cidade. Tinha 1,80m de altura e pesava 59kg. Espinhas compunham grande parte do meu peso. Minha bicicleta superpersonalizada suscitava chacotas e assovios.

Los Angeles significava a liberdade. Meu bairro significava autorestrição. Meu mundo exterior imediato continuava sendo rigidamente circunscrito: de Melrose a Wilshire, Western e a Rossmore. Este mundo estava repleto de *baby-boomers*, como eu.

Eu queria estar com eles. Conhecia alguns da escola e outros de colisões dentro do bairro. Eu sabia o nome de todos eles e a reputação da maioria. *Eu* ansiava por sua amizade e me degradava para tê-la.

Tentava comprar a afeição deles com os *Tote Seats*, os da sobra de produção japonesa, e eles todos riam da minha cara. Convidava alguns dos garotos para irem ao meu apartamento — e os assistia recuar, de repulsa, diante do cheiro de bosta de cachorro. Tentava me adequar ao seu padrão de comportamento normal e me traía com meus palavrões, com minha péssima higiene pessoal e demonstrava admiração por George Lincoln Rockwell e pelo partido nazista americano.

Meus modos exibicionistas eram puramente autodestrutivos. Eu não conseguia segurar minha onda. Tinha me programado para chamar a atenção e para alienar. Minha tentativa de adequação engatilhou um retrocesso dentro de mim mesmo. Eu passei a me isolar e continuei a ser um leproso adolescente.

Outros leprosos curtiam a minha e seguiam a bandeira que eu empunhava. Eu governava minha colônia de leprosos imperiosamente. Eu não respeitava os moleques que me achavam legal. Minhas amizades da escola terminavam super-rápido. Quase todos os meus amigos eram judeus e predispostos a desconfiar das minhas baboseiras nazistas.

Minhas amizades começavam com uma bonomia niilista e terminavam com socos ineficazes. Eu conquistava os moleques com táticas de choque e os perdia com minha aura generalizada de perdedor. O padrão era interminavelmente repetitivo.

Fiz amizade com um garoto do bairro. Começamos a bater punheta um para o outro. Foi o meu primeiro contato sexual. Era uma vergonha, era excitante, era detestável e assustador pra caralho.

Batíamos punheta um para o outro no apartamento dele ou então no telhado do edifícios. Espalhávamos revistas *Playboy* pelo chão e as olhávamos enquanto mandávamos brasa. Nossos limites de masturbação mútua eram fáceis de obedecer.

Eu sabia que não era veado. Minhas fantasias eram prova disso. Fui procurar a confirmação no relatório Kinsey.

O doutor Kinsey disse que essas veadagens juvenis eram lugar-comum. Ele não estava se referindo aos meus medos de verdade:

Bronhas mútuas podem fazer a gente virar bicha? O simples fato de dar vazão a esse tipo de coisa deixa um estigma reconhecível aos olhos dos outros?

Eu era um moleque cheio de tesão. Punhetas mútuas eram melhores do que aquelas autopropulsionadas. Meu amigo e eu nos punhetávamos diversas vezes por semana. Eu amava e odiava aquilo. Aquilo estava me levando à loucura.

Eu tinha medo de que meu pai nos pegasse. Eu tinha medo de começar a emitir uma energia afrescalhada. Eu tinha medo de que Deus me transformasse numa bicha — como castigo por tantos anos de furto.

Meus medos iam crescendo. Eu sentia as pessoas invadirem minha mente. Eu tornava meus devaneios heterossexuais cada vez mais acalorados — uma estratégia para enganar as pessoas que tentassem entrar na freqüência das minhas ondas cerebrais.

Eu tinha medo de falar enquanto dormia e acabar alertando meu velho para meu potencial de veadagem. Eu sonhava que estava sendo julgado por veadagem. Estes sonhos eram muito mais assustadores do que qualquer pesadelo com a Dália Negra.

Parei de andar com meu amigo. Algumas semanas se passaram. Ele me ligou e pediu que eu distribuísse os jornais para ele no domingo pela manhã — queria ir para Lake Arrowhead com a família.

Eu concordei. Dormi até tarde no domingo, fui de bicicleta à casa dele e despejei sua pilha de *Heralds* numa lata de lixo. No dia seguinte, meu amigo me cercou na escola.

Aceitei seu desafio para um duelo. Estipulei que seriam seis *rounds* — com luvas de boxe, juiz e jurados. Meu amigo concordou com os termos da proposta.

Marcamos a luta para o domingo seguinte. Nossa disposição para a violência provava que não éramos bichas.

Recrutei um juiz, três jurados e alguém para cronometrar a luta. O ringue era o gramado na frente da casa de Ellie Beers. Alguns espectadores deram as caras. Foi o *grande* evento infantil do bairro no final da primavera de 1962.

Meu amigo e eu calçamos luvas de doze onças. Ambos éramos verdadeiros palitos com mais de 1,80m de altura. Não tínhamos a menor habilidade para o boxe. Arfamos, cambaleamos, nos debatemos, nos chacoalhamos e demos soquinhos de moça um no outro durante seis *rounds* de três minutos cada um. Acabamos desidratados, tontos de cair e incapazes de erguer os braços.

Perdi por 2 a 1 na decisão do júri. O embate ocorreu por ocasião da segunda luta entre Emile Griffith e Benny "Kid" Paret. Griffith encheu Paret de porrada. Parece que Griffith odiava Paret. Dizem que Paret saía por aí chamando Griffith de veado.

Eu sabia que não era veado. A luta era prova disso. Ninguém andava interceptando minhas ondas cerebrais. Que idéia mais idiota, caralho.

Eu vivia de idéias — idéias idiotas e nem tão idiotas assim. Eu me saturava de idéias esquisitas. Livros e filmes me forneciam tramas para examinar por uma perspectiva doentia.

Minha mente era uma esponja cultural. Não era destituída de poderes de interpretação e não possuía o dom da abstração. Eu absorvia tramas fictícias, fatos históricos e minúcias generalizadas e construía uma visão demente de mundo com migalhas de dados avulsos.

A música clássica aguçava minha mente. Eu me perdia em Beethoven e Brahms. Sinfonias e concertos me afetavam como romances complexos. *Crescendos* e trechos mais suaves formavam narrativas. Movimentos alternados — rápidos e lentos — faziam minha mente mergulhar no vazio.

O noticiário noturno me dava os fatos. Eu os tecia num formato sensacional e os contextualizava de forma a se adequarem à mania do momento. Eu conectava eventos que nada tinham a ver entre si e ungia heróis de acordo com um capricho perverso. Um assalto a uma loja de bebidas podia se transformar em nazistas fazendo piquete contra o filme *Exodus*. Todos os homicídios eram atribuídos ao assassino da Dália Negra — que atualmente espreitava Jill, Kathy e Donna. Eu desenrolava os novelos que ligavam ocorrências aparentemente díspares. Eu trabalhava a partir de uma mansão de Hancock Park. Vivia cercado de lacaios — digamos assim, Vic Morrow, em *Portrait of a Mobster*, ou então aquele sujeito inglês de *Mr. Sardonicus*.

Eu seqüestrava a cultura popular em pleno vôo e entulhava meu mundo interior com seus destroços. Eu falava minha própria língua especializada e via o mundo exterior com óculos de raios X. Eu via o crime em todos os lugares.

O CRIME ligava meus mundos — interior e exterior. O crime era o sexo clandestino e a profanação feminina cometida ao acaso. O crime era tão banal e puro quanto o cérebro de um garoto se aguçando.

Eu era um anticomunista dedicado. Judeus e negros eram peões na conspiração comunista mundial. Eu vivia pela lógica de verdades confiscadas e agendas ocultas. Meu mundo interior era concebido com obsessão e era tão curativo quanto debilitante. Tornava o mundo exterior prosaico e meu transitar diário por ele razoavelmente tolerável.

O velho governava meu mundo exterior permissivamente e me mantinha na linha com ocasionais explosões de zombaria. Ele me achava fraco, relaxado, preguiçoso, extravagante, levemente duas caras e dolorosamente neurótico. Não percebia que eu era sua imagem espelhada.

Eu o sacava direitinho. E ele a mim. Fechei a porta para ele. O processo de afastamento foi o mesmo que utilizei com minha mãe.

Alguns garotos do bairro sacaram a minha e permitiram que eu entrasse para seu seleto grupinho. Eram párias com boas maneiras. Seus nomes eram Lloyd, Fritz e Daryl.

Lloyd era um garoto gordo, filho de pais separados. Sua mãe era uma cristã fanática. Ele era tão boca suja quanto eu, nós dois amávamos livros e música. Fritz vivia em Hancock Park. Curtia trilhas sonoras de filmes e romances de Ayn Rand. Daryl era um valentão, um atleta e um seminazista de ascendência metade judia.

Deixaram que eu entrasse para seu grupinho. Eu me tornei seu subalterno, seu bobo da corte e auxiliar cômico. Eles me achavam hilário. Minha vida doméstica nojenta os chocava e os encantava.

Nós íamos ao cinema de bicicleta, em Hollywood. Eu andava sempre cem metros atrás de todo mundo — minha Schwinn Corvette era pesada a esse ponto e difícil de impulsionar. Nós ouvíamos música e conversávamos sobre sexo, política, livros e nossas idéias absurdas.

Intelectualmente falando, eu não conseguia defender meus pontos de vista. Meu raciocínio era direcionado internamente e canalizado para a narrativa. Meus amigos achavam que eu não era tão inteligente quanto eles. Eles me sacaneavam, me provocavam e faziam de mim o alvo de todas as suas piadas.

Eu engolia todos aqueles sapos e vivia pedindo mais. Lloyd, Fritz e Daryl tinham um faro aguçado para a fraqueza e viviam competindo para ver quem era o mais esperto. A crueldade deles machucava — mas não o suficiente para fazer com que eu abrisse mão de sua amizade.

Eu era resistente. Pequenas desfeitas me faziam chorar e sofrer intensamente durante — no máximo — dez minutos. Sovas emocionais cauterizavam minhas feridas e as deixavam prontas para serem reabertas.

Em termos de intransigência adolescente, eu era um caso para estudo. Eu era portador de um trunfo blindado, com pára-choques de aço, patologicamente criado e empiricamente válido; eu tinha a habilidade de me retrair e habitar um mundo criado pela minha própria mente.

A amizade significava pequenas indignidades. Gargalhadas compartilhadas com os rapazes significavam ter que assumir um papel de subserviência. O custo me parecia irrisório. Eu sabia lucrar com a alienação.

Eu não sabia que custos se acumulam. Eu não sabia que a gente sempre paga pelo que suprime.

Eu me formei do ginásio em junho de 1962. Passei o verão inteiro lendo, roubando, me masturbando e fantasiando. Me matriculei na Fairfax High School em setembro.

O velho insistiu que eu fosse para a Fairfax. Noventa por cento dos alunos eram judeus e era mais segura do que a Los Angeles High School — o lugar que eu deveria ter freqüentado. A Los Angeles High era cheia de garotos negros valentões. O velho achou que me matariam na primeira vez que eu abrisse a boca. Alan Sues morava a algumas quadras de Fairfax. O velho pegou o endereço de Alan emprestado e soltou o filho nazista bem no meio do coração do *shtetl* de West L. A.

Foi uma experiência cultural deslocadora.

A John Burroughs Junior High me dava sensação de segurança. A Fairfax me dava a sensação de perigo. Lloyd, Fritz e Daryl iam se matricular em outra escola. Meus conhecidos de Hancock Park tinham ido para escolas particulares. Eu era um estranho numa terra estrangeira da porra.

Os alunos de Fairfax High eram incrivelmente espertos e sofisticados. Fumavam cigarros e dirigiam carros. Eu estacionei minha Schwinn Corvette no primeiro dia de aula e fui terrivelmente sacaneado.

Eu sabia que meu número não decolaria ali. Eu me retraí e sondei o terreno de longe.

Eu ia às aulas e mantinha o bico fechado. Joguei fora minhas roupas de garoto de faculdade de prestígio e passei a imitar a elegância dos descolados de Fairfax: calças justas, suéteres de alpaca e botas de bico fino. A transformação não funcionou. Fiquei parecendo uma mistura de criança assustada com cantor de boate decadente.

A Fairfax High me seduzia. A Fairfax Avenue me seduzia. Eu adorava aquela energia insular iídiche. Eu adorava ouvir os velhos tagarelarem naquela estranha língua gutural. Minha reação confirmava a teoria do velho: "Você só fala essas coisas nazistas para chamar a atenção."

Eu dava duro na escola e tentava assimilar as coisas. A metodologia me escapava. Eu sabia incitar, provocar, agir como um bufão e, geralmente, fazer de mim mesmo um espetáculo. O conceito de um contrato social simples entre iguais me era completamente estranho.

Eu estudava. Eu lia uma porrada de romances policiais e assistia a filmes policiais. Eu fantasiava e seguia as garotas até suas casas, a bordo da minha bicicleta. O papo de assimilação foi ficando velho. A magnanimidade era uma bosta. Eu estava cansado de ser um *wasp* anônimo no meio da Judeusópolis americana. Eu não agüentava ser ignorado.

O Partido Nazista americano estabeleceu um posto avançado em Glendale. A Legião Americana e os veteranos de guerra judeus os queriam longe. Eu fui de bicicleta até o escritório e comprei 40 dólares de quinquilharias do ódio.

Comprei uma faixa nazista para o braço, diversos exemplares da revista *Stormtrooper*, um disco chamado "Ship Those Niggers Back", de Odis Cochran e os Três Racistas, algumas dúzias de adesivos racistas para pára-choques e duzentas "Passagens de Navio para a África" — que garantia a todos os negros uma passagem de ida, apenas, para o Congo, numa barca furada. Fiquei encantado com meus novos tesouros. Eram hilários, superbacanas.

Eu usava a braçadeira no apartamento. Eu pintava suásticas na tigela de água da cachorra. Meu pai começou a me chamar de "Der Führer" e de "nazista chupador de rola". Ele arrumou um solidéu de judeu e o usava em casa só para me irritar.

Fui até a livraria Poor Richard e comprei uma variedade de panfletos de extrema direita. Eu os mandava pelo correio para as garotas pelas quais estava obcecado e as enfiava em caixas postais por todo o bairro de Hancock Park. Lloyd, Fritz e Daryl me expulsaram de seu grupinho. Eu era, simplesmente, esquisito e patético demais.

Meu pai estava atolado até o pescoço no desemprego. Atrasamos o aluguel e fomos expulsos do apartamento. O senhorio disse que o apartamento precisaria ser fumigado. Um acúmulo de cinco anos de eflúvios caninos tinha deixado o lugar inabitável.

Nos mudamos para um lugar mais barato, a algumas quadras dali. A cachorra tratou logo de batizá-lo. Eu debutei meu número nazista na Fairfax High School.

Com minhas declarações em sala de aula, atraí desprezo e arranquei algumas boas gargalhadas dos meus colegas. Eu falava da intenção de estabelecer um Quarto *Reich* no sul da Califórnia, de deportar o criouléu para a África e de usar a engenharia genética para criar uma nova raça superior, com a minha própria semente. Eu não era visto como uma ameaça. Que *Führer* ineficaz era eu.

E fui em frente. Alguns professores ligaram para o meu pai e me deduraram. Meu velho mandou que me ignorassem.

A primavera de 1963 foi marcada pela guerra relâmpago travada por mim. Eu atrapalhava aulas, distribuía panfletos que propagavam o ódio e vendia Passagens de Navio para a África a dez centavos cada. Um moleque judeu grandalhão me encurralou na rotunda e me encheu de porrada. Eu consegui dar um bom murro nele — e destronquei todos os dedos da mão direita.

A surra validou meus atos e ninguém mais conseguiria me deter. Eu não permitiria que me ignorassem.

O verão de 1963 passou voando. Li romances policiais, assisti a filmes policiais, bolei tramas mentais policiais e segui Kathy por Hancock Park. Roubei livros, comida, *kits* de aeromodelo e sungas Hang-Ten para vender para surfistas cheios da grana. Meu tesão nazista se amansou. Não tinha a menor graça sem uma platéia cativa.

Minha mãe estava morta havia cinco anos. Eu raramente pensava nela. Seu assassinato não tinha lugar no meu panteon criminal.

Eu ainda tinha um ocasional pesadelo com a Dália Negra. Ainda era obcecado pela Dália. Ela era o coração do meu mundo criminal. Não sabia que ela era a ruiva, metamorfoseada.

As aulas recomeçaram em setembro. Eu voltei à minha rotina nazista. Ela despencou sobre uma platéia entediada.

A distância entre meu mundo interior e exterior aumentava. Eu queria abandonar a escola em tempo integral e me dedicar exclusivamente às minhas obsessões. A instrução formal não valia coisa alguma. Meu destino era me tornar um grande romancista. Os livros que eu amava eram meu verdadeiro currículo.

O seriado *O fugitivo* estreou na TV em setembro. Viciei-me nele rapidinho.

Era o *noir* para as massas. Um médico fugia de uma falsa acusação de assassinato e da cadeira elétrica. Ele passava por uma cidade nova a cada semana. A mulher mais legal da cidade se apaixonava por ele, invariavelmente. Um policial psicótico, todo almofadinha, seguia o médico. As autoridades representadas eram corruptas e deformadas pelo poder que exerciam. O programa fervia com desejo sexual. As atrizes convidadas agarravam minhas gônadas e não as soltavam.

Elas tinham aproximadamente trinta anos e eram mais simpáticas do que belas. Reagiam ao estímulo masculino com cautela e ardor. O programa exalava a promessa do sexo a cada esquina. As mulheres eram problemáticas, complexas. Seus desejos eram saturados de peso psíquico. A TV me dava Jean Ellroy toda terça-feira, às dez da noite.

O outono de 1963 seguiu em frente. No dia 1º de novembro, cheguei em casa e encontrei meu pai numa poça de urina e fezes. Ele se contorcia, choramingava, rumorejava e babava. Sua musculatura rija se tornara completamente flácida no período de um dia.

Era algo horrível de se ver. Eu próprio comecei a chorar e a tagarelar. O velho apenas me olhava. Seus olhos estavam arregalados; não pareciam focalizar coisa alguma.

Eu o limpei e chamei seu médico. Uma ambulância chegou. Dois enfermeiros correram com meu pai para o Veterans Administration Hospital.

Eu fiquei em casa e limpei o que restou da sujeirada que ele tinha feito. Um médico me ligou e disse que meu pai tinha sofrido um derrame. Ele não ia morrer e podia até mesmo se recuperar. Por enquanto, o braço esquerdo estava paralisado e a fala, indecifrável.

Tive medo de que ele morresse. Tive medo de que ele sobrevivesse e me matasse com aqueles olhos enormes e cheios d'água.

Ele começou a se recuperar. Em questão de dias, sua fala foi melhorando. Ele recobrou parte do movimento do braço esquerdo.

Eu o visitava todos os dias. Os prognósticos eram bons — mas ele não era mais o mesmo homem.

Antes, ele era um mentiroso viril. Em uma semana, transformou-se numa criança indefesa. A metamorfose arrancou meu coração de dentro do peito.

Ele tinha que ler textos infantis para fazer a língua e o palato funcionarem em sincronia. Seus olhos diziam: "Ame-me, eu estou indefeso."

Eu tentei amá-lo. Eu mentia para ele a respeito do meu rendimento escolar e dizia a ele que o sustentaria quando me tornasse um escritor de sucesso. Minhas mentiras o divertiam, assim como suas mentiras me divertiram anos antes.

Sua saúde continuou a melhorar. Ele voltou para casa no dia 22 de novembro — no dia em que JFK tomou um tiro. Ele voltou a fumar dois maços por dia. Voltou a tomar Alka-Seltzer sem parar. Voltou a falar os mesmos absurdos de sempre, só que levemente arrastado — mas aquelas porras daqueles olhos o traíam.

Ele estava apavorado e indefeso. Eu era seu escudo contra a morte e seu lento apagar num asilo de caridade. Eu era tudo o que ele tinha.

O velho passou a viver à custa da seguridade social. Nosso padrão de vida caiu na mesma medida. Eu roubava grande parte de nossa comida e cozinhava grande parte de nossas refeições ricas em sal e colesterol. Eu matava aula grande parte do tempo e repeti o segundo grau.

Eu sabia que meu pai era um homem morto. Queria cuidar dele e vê-lo morto, ao mesmo tempo. Não queria que ele sofresse. Eu queria ficar sozinho no meu mundo de fantasia que em tudo se entranhava.

O velho tinha ficado sufocantemente possessivo. Estava convencido de que minha simples presença era capaz de afastar derrames e outros atos de Deus. Eu me aborrecia com seus pedidos. Eu ridicularizava sua fala arrastada. Eu ficava andando de bicicleta por Los Angeles até tarde da noite, sem destino certo.

Eu não conseguia fugir de seus olhos. Não conseguia anular o poder que exerciam sobre mim nem pelo caralho.

Fui pego afanando numa loja em maio de 1964. Um supervisor me pegou roubando seis sungas. Me deteve e passou horas me dando a maior dura. Me deu um cutucão no peito e me fez assinar uma confissão de culpa. Me soltou às 10 da noite — depois da hora que eu tinha que estar em casa.

Fui para casa de bicicleta e vi uma ambulância na frente do prédio. Meu pai estava preso numa maca, atrás. O motorista me disse que ele tinha tido um infarto de pouca intensidade.

Meu pai me fulminou com os olhos. "Por onde foi que você andou?", eles perguntavam.

Ele se recuperou e voltou para casa. Voltou a fumar e a consumir quilos de Alka-Seltzer. Estava louco para morrer. Eu estava louco para viver *do meu jeito*. A vida era o Lee Ellroy *Show*. Era assistido por multidões impassíveis e exasperadas, dentro e fora da escola.

Eu provocava brigas com garotos mais novos. Arrombei o depósito que ficava atrás do supermercado Safeway, na Larchmont, e roubei 60 dólares em cascos de refrigerante. Passava trotes obscenos. Ligava para escolas de toda a região de Los Angeles dizendo que havia bombas. Roubei uma carrocinha de cachorro-quente, roubei carne congelada e a atirei num bueiro. Saí em missões cleptomaníacas e me aborreci, me escondi e "nazifiquei" minha trajetória através de um segundo décimo primeiro ano.

Fiz 17 anos em março de 1965. Eu agora tinha meu 1,90m de altura. As pernas das minhas calças ficavam vários centímetros acima das canelas. Minhas camisas eram manchadas pelo sangue e pelo pus de explosões de acne cística. Eu queria DAR O FORA.

O velho também merecia dar o fora, e rápido — como fizera a ruiva.

Eu sabia que ele ia segurar as pontas e morrer devagarinho. Eu sabia que não queria estar perto para assistir.

Dei um chilique nazista na aula de inglês e fui suspenso da escola durante uma semana. Voltei e fiz a mesma coisa. Fui expulso da Fairfax High para sempre.

Lugares distantes me chamavam. O paraíso me aguardava a pouca distância do condado de Los Angeles. Disse ao velho que queria me alistar no exército. Ele me deu permissão para fazê-lo.

O exército foi um grave erro. Soube disso no instante em que fiz meu juramento.

Liguei para meu pai do centro de alistamento e comuniquei-lhe que estava dentro. Ele não agüentou e chorou. Uma vozinha dentro da minha cabeça me disse: "Você o matou."

Embarquei num avião com uma dúzia de outros alistados. Voamos para Houston, no Texas, e pegamos uma conexão para Fort Polk, Louisiana.

Estávamos no início de maio. Fort Polk era quente, úmida e enfestada de insetos voadores e rastejantes. Sargentos durões nos colocavam em filas e berravam conosco até não poderem mais.

Eu sabia que minha vida de vagabundo tinha chegado ao fim. Eu queria DAR O FORA naquele mesmo instante.

Um sargento nos recebeu e nos instalou num centro de recepção. Eu queria dizer: "Mudei de idéia. Me deixem ir para casa, por favor." Eu sabia que não ia agüentar o esforço e a disciplina iminentes. Sabia que precisava DAR O FORA.

Liguei para casa. O velho não dizia coisa com coisa. Entrei em pânico e obriguei um oficial a me escutar. Ele ouviu o que eu tinha a dizer, confirmou a informação e me levou até a enfermaria.

Um médico me examinou. Eu estava freneticamente agitado e já começava a entrar no meu "modo *performance*". Eu temia pelo meu pai e temia o exército. Eu calculava as vantagens no meio de uma crise de pânico.

O médico me deu um tranqüilizante extremamente potente. Eu cambaleei até a caserna e desmaiei na cama.

Acordei depois do jantar. Estava tonto e minha fala, arrastada. Uma idéia se apossou de mim.

Eu só precisava aumentar a preocupação com meu pai algumas rotações.

Comecei a gaguejar na manhã seguinte. Fui convincente desde a primeira sílaba distorcida. Eu era um ator do método Stanilavsky, usando recursos da vida real.

O sargento do meu pelotão acreditou no meu desempenho. Eu gostava do palco — mas não o queria todinho para mim. Escrevi um bilhete para o sargento expressando uma intensa preocupação para com meu pai. O sargento ligou para ele e me disse: "Ele não me parece bem."

Me designaram para uma unidade: Companhia A, 2º Batalhão, 5ª Brigada de Treinamento. Fui rotulado de louco provável no primeiro dia em que vesti o uniforme. O comandante da companhia ouviu a dificuldade com a qual eu falava e disse que eu não servia para o seu exército.

Um medo verdadeiro dava forma ao meu desempenho. Um senso de drama nato o aprimorava. Eu poderia pirar *de verdade* a qualquer instante. Meu corpo longo e inquieto era o grande instrumento de um ator.

Comecei o treinamento básico. Agüentei dois dias de marchas e outros baratos militares. Meus colegas me tratavam com delicadeza. Eu era um babaca alienígena que gaguejava.

O comandante da companhia me chamou no escritório. Disse que a Cruz Vermelha ia me mandar para casa por duas semanas. Meu pai acabava de ter outro derrame.

A aparência do velho era surpreendentemente boa. Dividia um quarto com outra vítima de derrame.

O tal sujeito me contou que todas as enfermeiras estavam impressionadas com o tamanho do pau do meu pai. Elas riam sobre isso e o olhavam enquanto ele dormia.

Visitei meu pai direto durante as duas semanas. Disse a ele que estava voltando para casa para cuidar dele. Eu falava sério. O mundo exterior *de verdade* me assustou o bastante para voltar a amá-lo.

Minha folga foi superdivertida. Acrescentei insígnias compradas ao meu uniforme e passeava por Los Angeles como se fosse o rei da cocada preta. Usava as asas do esquadrão de pára-quedistas, com o distintivo da infantaria de combate e quatro fileiras de fitas de campanha. Eu era o pracinha mais autocondecorado da história do exército.

Voltei para Fort Polk no final de maio. Voltei a gaguejar e apresentei meu número diante de um psiquiatra do exército. Ele recomendou que eu fosse dispensado imediatamente. Seu relatório dizia que eu era "excessivamente dependente de figuras de apoio", que eu tinha "mau desempenho em situações de estresse" e era "marcadamente inadequado para o serviço militar".

Minha dispensa foi aprovada. Levariam um mês para cuidar da papelada.

Eu consegui. Eu os enganei e os fiz de bobos e fiz com que acreditassem em mim.

A Cruz Vermelha me telefonou alguns dias depois. Meu pai tinha acabado de ter outro derrame.

Eu o vi uma última vez. A Cruz Vermelha me fez chegar em casa um pouco antes de ele morrer.

Ele estava emaciado. Tinha tubos enfiados no nariz e nos braços. Estava todo cheio de buracos e manchado de anti-séptico vermelho.

Segurei sua mão direita na grade da cama e disse que ele ficaria bem. As últimas palavras compreensíveis que ele disse foram: "Dê em cima de todas as garçonetes que lhe servirem."

Uma enfermeira me levou correndo para uma sala de espera.

Um médico entrou alguns instantes depois e disse que meu pai estava morto.

Era 4 de junho de 1965. Ele viveu cerca de sete anos a mais que minha mãe.

Andei até a Wilshire e peguei um ônibus de volta para o meu hotel. Me forcei a chorar — igualzinho tinha feito com a ruiva.

10

O exército me liberou em julho. Fui dispensado "com honras militares". Eu estava livre, era branco e tinha 17 anos. Me safei de ser convocado justamente no início da Guerra do Vietnã.

Meus colegas de treinamento passaram para a infantaria avançada e é provável que tenham sido mandados para o Vietnã. Me desviei das balas com o aprumo de um ator do Método. Passei meu último mês em Fort Polk, devorando romances policiais. Eu gaguejava e rondava o refeitório da Companhia A. Passei a perna no exército americano inteirinho.

Peguei um avião de volta para Los Angeles e fui direto para o velho bairro. Encontrei um apartamento de um cômodo na Beverly com Wilton. O exército me mandou para casa com quinhentos dólares no bolso. Falsifiquei a assinatura do meu pai nos três últimos cheques da seguridade e os descontei numa loja de bebidas. Minha pequena fortuna chegou aos mil dólares.

Tia Leoda prometeu me mandar cem dólares todo mês. Me lembrou que o dinheiro do seguro não duraria para sempre. Ela me inscreveu para receber seguridade social e seguro para veteranos — quantias pagas aos filhos sobreviventes, que eu deixaria de receber no meu décimo oitavo aniversário. Para estudantes matriculados em tempo integral, o benefício era estendido até o vigésimo primeiro ano de vida.

Ela ficou contente de meu pai estar morto. Isto provavelmente aplacava sua dor pela morte de minha mãe.

Escolas eram para babacas e otários. Meu lema era "Viva Livre ou Morra".

A cachorra estava num canil. Meu antigo apartamento estava trancado e isolado. Meu senhorio tinha se apropriado dos pertences de meu pai para cobrir aluguéis atrasados. Minha casa nova era o máximo. Tinha um banheiro, uma cozinha minúscula e uma sala de 3,65m por 2,45m com uma cama de embutir. Eu cobri as paredes com adesivos de direita e pôsteres da Coelhinha do mês.

Passei uma semana desfilando com meu uniforme. Me postei diante do túmulo de meu pai e desfilei o verde-oliva militar coberto de condecorações nunca recebidas. Eu ostentava um guarda-roupa novo da Silverwoods e da Desmonds'. Era cem por cento Hancock Park: camisas quadriculadas, suéteres de gola redonda, calças de tecido leve, canelado.

Los Angeles estava resplandecente e linda. Eu sabia que perseguiria um destino movimentado pra cacete, ali mesmo na minha velha cidadezinha natal.

Guardei a grana num banco e fui procurar um emprego. Arranjei trabalho distribuindo panfletos e me demiti uma semana depois, de saco cheio. Arranjei emprego limpando mesas do principal restaurante da rede Sizzler de Los Angeles e fui demitido por quebrar pratos demais. Arranjei trabalho na cozinha da Kentucky Fried Chicken, mas me mandaram embora porque eu tirava meleca na frente dos fregueses.

Tive três empregos em duas semanas. Dei as costas para os meus fracassos e decidi passar o verão desempregado.

Lloyd, Fritz e Daryl me redescobriram. Agora eu tinha um apartamento só meu. Isto me tornava um lacaio viável.

Me aceitaram de volta em seu grupinho seleto. Um moleque brilhante chamado George nos transformou num quinteto. Fritz e George estavam de partida para USC e Caltech. Lloyd e Daryl ainda tinham um ano de escola pela frente.

O grupinho se encontrava na minha casa ou na de George. O pai de George, Rudy, era da polícia rodoviária e um biruta de direita de carteirinha. Ele enchia a cara todas as noites e difamava os liberais e Martin Luther Tição. Ele se amarrou nas minhas Passagens de Navio para a África e tomou um interesse paternal por mim.

Era ótimo ter amigos. Torrei minhas mil pratas os levando para jantar e ao cinema. Arrepiávamos pelas ruas no Fairlane 1964 de Fritz. Nossas excursões ciclísticas eram coisa do passado.

Eu roubava grande parte da comida que consumia. Adotei uma dieta cem por cento baseada em bifes e afanava *T-bones* e costelas do supermercado local. Dois caixas me pegaram do lado de fora do Liquor & Food Mart no começo de agosto. Me seguraram, arrancaram os bifes de dentro das minhas calças e chamaram a polícia.

A polícia de Los Angeles chegou. Dois tiras me levaram para a delegacia de Hollywood, me ficharam por furto e me passaram para o juizado de menores. O sujeito quis contatar meus pais. Eu disse a ele que estavam mortos. Ele disse que jovens menores de 18 anos não podiam viver sozinhos.

Um tira me levou até o centro juvenil da Georgia Street. Liguei para Lloyd e disse-lhe onde estava. O policial processou os papéis da minha prisão e me despejou num dormitório cheio de delinqüentes barra-pesada.

Fiquei com medo. Eu era o garoto mais alto do dormitório — e facilmente reconhecível como o mais indefeso. Eu estava a sete meses de me tornar maior de idade. Achei que passaria aquele período todo ali.

Negros e mexicanos valentões me olharam de cima a baixo. Eles me perguntaram qual era a minha e riram de minhas respostas. Conversavam em "gangsterês" e me ridicularizavam por não falar sua língua.

Mantive a calma até o apagar das luzes. A escuridão inflamou minha imaginação. Nela eu me fiz passar por uma série de horrores carcerários e chorei até dormir.

Rudy conseguiu que me soltassem no dia seguinte. Fez o diabo para conseguir uma condicional de seis meses e *status* de "menor emancipado". Eu podia viver sozinho — com Rudy no papel de responsável informal.

Foi um excelente negócio. Eu precisava sair da prisão, e Rudy precisava de uma platéia para seus discursos. Lloyd, Fritz e Daryl o ouviam com relutância. Eu absorvia aquela merda toda com gosto.

Rudy era íntimo de um bando de tiras ideólogos. Distribuíam cópias mimeografadas de "O 23º Salmo do Crioulo" e "O Manual de Previdência de Martin Luther Tição". Rudy e eu passávamos noites a fio rindo daquilo. Fomos interrompidos pelos distúrbios de Watts.

Los Angeles estava em chamas. Eu queria matar todos os manifestantes e, eu próprio, transformar Los Angeles na Cidade das Cinzas. Eu achava os distúrbios o máximo. Aquilo era crime com letra maiúscula — crime numa escala que extrapolava as proporções normais.

Rudy foi chamado ao dever. Lloyd, Fritz e eu rondamos a periferia da zona dos distúrbios. Carregávamos pistolas de ar comprimido. Clamávamos dizeres racistas e rumamos para o sul até uns tiras nos mandarem para casa.

Fizemos o mesmo na noite seguinte. Ver a história se fazer ao vivo era o máximo. Assistíamos aos distúrbios através dos telescópios de Griffith Park e víamos partes de Los Angeles crepitarem. Fomos até o vale e vimos uns caipiras tocarem fogo numa cruz no meio de uma plantação de pinheiros de Natal.

Os distúrbios foram se apagando. Voltaram a acender-se na minha mente e dominaram meus pensamentos durante semanas.

Repassei as histórias sob diversas perspectivas. Transformei-me tanto em policial quanto em manifestante nos distúrbios. Vivi vidas estraçalhadas pela história.

Eu espalhava minha empatia. Distribuía colorido moral com igualdade. Não analisei as causas dos distúrbios e não profetizei quanto às suas ramificações. Meu posicionamento perante o mundo era "Fodam-se os crioulos". Minhas fantasias narrativas simultâneas enfatizavam tiras brancos com culpa no cartório.

Jamais questionei a contradição. Eu não sabia que minha única voz verdadeira era a do contador de histórias.

A narrativa era minha linguagem moral. Eu não sabia disso no verão de 1965.

Rudy não dava a mínima para o que eu fazia. O supervisor da minha condicional me ignorava. Continuei a roubar e a fugir de trabalho.

Eu desejava, ardentemente, ter tempo livre. Tempo livre significava poder sonhar e cultivar a sensação de um destino extraordinário. Tempo livre significava poder me tornar presa do impulso.

Era um dia quente de setembro. Senti uma vontade louca de tomar um porre.

Fui até a Liquor & Food Mart e roubei uma garrafa de champanhe. Levei-a para o parque Robert Burns, estourei-a e virei-a inteirinha.

Fiquei extasiado. Fiquei hiperefusivo. Me meti no meio de um grupo de garotas de Hancock Park e contei a elas um monte de mentiras ensandecidas. Apaguei e acordei na minha cama, encharcado de vômito.

Eu sabia que tinha *encontrado* alguma coisa.

Vibrei com a descoberta. Passei a roubar bebidas alcoólicas e a fazer experiências com elas.

Os coquetéis prontos da Heublein eram bons. Eu gostava da doçura dos Manhattans e do azedo picante dos *whisky sours*. Cerveja matava a sede —, mas não tinha o potencial explosivo das bebidas mais fortes. Uísque puro era forte demais — queimava na descida e fazia a bílis subir. Eu evitava *bourbon* puro e *bourbon* com soda. *Bourbon* me fazia pensar na ruiva.

Vodca com suco de frutas era o máximo. Dava para ficar de porre rapidinho sem enjoar. Gim, conhaque e licores me davam engulhos.

Eu bebia em busca de estímulo. O álcool me alçava à estratosfera.

Atiçava meus poderes narrativos. Dava aos meus pensamentos uma dimensão física.

O álcool me fazia falar comigo mesmo. O álcool me fazia vomitar as fantasias em voz alta. O álcool me fazia dirigir-me a inúmeras mulheres imaginárias.

O álcool alterava meu mundo de fantasia — mas não mudava o tema básico. O crime continuava sendo minha obsessão dominante.

Eu tinha um vasto registro de crimes antigos para embelezar.

Os distúrbios de Watts eram recentes e quentes. O caso de Ma Duncan era antigo mas superespecial. Acompanhei Ma até a câmara de gás cem vezes na minha fantasia.

Doc Finch e Carole Tregoff estavam apodrecendo na cadeia. Salvei Carole das sapatões da penitenciária e a fiz minha mulher. Eu me infiltrei no Chino e apaguei Spade Cooley. Ella Mae finalmente teve sua vingança. Cometi os assassinatos de Stephen Nash e invadi a casa alheia com Donald Keith Bashor.

O álcool me dava uma verossimilhança de primeira. Os detalhes iam deixando meu cérebro e formando uma panorâmica com cores novas e vivas. Surgiam mudanças na narrativa de forma inesperada.

O álcool me dava o crime hiperbolizado e o tornava mais sutil. Ele me dava a Dália Negra numa escala histórica ampla.

Eu bebia sozinho e passava horas projetando fantasias de crime e crime-sexo dentro da cabeça. Eu bebia com Lloyd e o viciei na Dália. Discutimos o crime longamente. Meus ocasionais pesadelos com a Dália cessaram de uma vez.

Eu roubava grande parte da bebida alcoólica que consumia e encontrei um adulto para comprá-la para mim, legalmente. Ele era um mendigo negro e bebum que morava debaixo de um viaduto. Dizia se chamar Flame-O. Disse que os tiras tinham lhe dado este apelido porque costumava querer se incendiar quando se embebedava.

Flame-O comprava garrafas para mim. Eu lhe pagava com garrafas de Thunderbird pela metade. Ele me disse que eu levava o maior jeito para mendigo alcoólatra. Não acreditei nele.

Lloyd e Fritz me reapresentaram à maconha. Fiquei amarradão. Acrescentava um toque surrealista às minhas fantasias e tornava a comida um prazer sensual. Eu sabia que aquilo não ia me transformar num *junkie*. Aquela tinha sido uma ilusão de 1958.

E 1965 foi se apagando. Tinha sido um ano do cacete.

Rudy me mandou cair fora. Sacou que eu não valia nada e que não era um direitista sincero. Fiz 18 anos em março de 1966. Agora eu era legalmente adulto.

E um ladrãozinho desempregado, prestes a perder a esmola concedida pelo governo.

Tirei a cachorra do canil e levei-a para casa. Ela tratou de batizar o chão imediatamente. Ponderei sobre o meu futuro. Concluí que não conseguiria viver sem minha pensão.

Eu precisava voltar para a escola, se quisesse que a grana continuasse entrando. Lloyd estava freqüentando uma escola para fanáticos cristãos. A mensalidade era de cinqüenta dólares por mês. Minha pensão era de 130 dólares. Eu podia freqüentar umas aulas e colocar um lucro líquido de oitenta pratas no bolso todo mês.

Lloyd e eu discutimos o assunto. Ele disse que eu precisaria dar um mergulho convincente no seio de Jesus. Memorizei alguns versos da Bíblia e fui ver o diretor da Culter Christian Academy.

Encenei um grande espetáculo. Pavoneei minha nova fé com notável histrionia. Acreditei no que dizia pelo tempo que o disse. Eu possuía a alma de um camaleão.

Eu me matriculei na Culter Academy. O lugar estava lotado de psicóticos convertidos e drogados descontentes. Freqüentei aulas seculares e grupos de estudo bíblico. Era *rebop* de embotar o cérebro o tempo todo. Eu sabia que não ia agüentar aquela merda cinco dias por semana.

Eu ia à escola esporadicamente. Os professores da Culter aliviavam meu lado — apesar de atormentado, eu era um bom jovem cristão. Dei um calote de dois meses neles e deixei a escola definitivamente. Minha breve conversão me rendeu 260 dólares.

A pensão do governo parou de chegar às minhas mãos. Minha renda caiu para cem pratas por mês. Meu aluguel custava sessenta dólares. Dava para esticar os quarenta restantes —, se eu roubasse *toda* a comida e bebida que consumisse e filasse drogas dos meus amigos.

Foi o que fiz. Estendi os limites de meus furtos e passei a atacar mercados e lojas de bebidas alcoólicas no extremo norte e no extremo oeste da cidade. Eu era pele e osso. Enfiava bifes e garrafas por dentro das calças e não ficava com aqueles volumes óbvios. Usava a camisa para fora. Comprava pequenos produtos para justificar minha presença nas lojas.

Eu era um profissional.

Lloyd, Fritz e Daryl tinham como conseguir drogas. Eu não. Eu tinha um apartamento livre de adultos no qual eles podiam relaxar. Eles me supriam de maconha e comprimidos.

Eu não gostava de Seconal nem de Nembutal. Deixam a gente boboca e semicatatônico. O LSD era legal — mas eu achava a mensagem transcendental resultante brochante. Lloyd e Fritz tomavam ácido e iam assistir a épicos tais como *Spartacus* e *A maior história de todos os tempos*. Fui com eles algumas vezes, mas acabava saindo na metade do filme. Sandálias e ressurreição — um tédio. Eu ficava sentado no *lobby* do cinema, viajando nas garotas da *bombonière*.

Fritz conhecia uns médicos que distribuíam anfetaminas. Aquele troço o mantinha hiperconcentrado durante longas sessões de estudo. A USC era um osso duro de roer. Fritz contou que as bolinhas o colocavam à frente do resto da turma.

Ele me dava as sobras do suprimento. Dexedrine e Dexamyl elevavam minha vida de fantasia em seis níveis.

Minha habilidade narrativa se multiplicava por seis. As palpitações induzidas pelas anfetaminas cinetizavam todo o processo.

O barato da anfetamina passava pelo meu cérebro e se alojava na minha genitália virgem.

Anfetaminas significavam sexo. Anfetaminas proporcionavam às minhas fantasias sexuais uma lógica nova e coerente. Anfetaminas me proporcionavam ruivas de quarenta e poucos anos e garotas de Hancock Park. Anfetaminas me proporcionavam punhetas épicas.

Eu passava de 12 a 18 horas batendo bronha, direto. Era *tããããããão* bom. Eu ficava deitado na cama, com a cachorra dormindo do meu lado. Eu batia punheta com os olhos fechados e as luzes apagadas.

O passar do efeito das anfetaminas liquidava minhas fantasias. A droga passava pelo meu organismo e me deixava deprimido e insone. Nessas ocasiões, eu bebia até apagar. O álcool ascendia enquanto a anfetamina retrocedia. Eu sempre desmaiava procurando uma mulher para agarrar.

Fritz perdeu o fornecedor de anfetaminas. Eu perdi o meu por tabelinha. Fiquei faminto de amor de verdade e de sexo.

Eu queria uma namorada *e* trepadas ilimitadas. A irmã de Fritz armou um encontro meu com sua amiga, Cathy.

Cathy estudava em Marlborough — uma escola exclusiva, só para meninas de Hancock Park. Ela tinha traços comuns e era gorducha. Fomos ver *A noviça rebelde* no nosso primeiro encontro. Eu menti e disse a Cathy que tinha gostado muito do filme.

Cathy era socialmente incapaz e carente de amor. Aquilo me atraiu. Ela desdenhava as atividades sociais formais. Ela queria mesmo era ficar de sarro no carro.

O que queria dizer abraços e beijinhos sem língua.

Nós "tiramos sarro" diversas noites de fim de semana. Aquela política do nada de língua/nada de pele me levava à loucura. Eu implorava por um pouco mais de contato. Cathy me negava. Eu implorava mais um pouco. Cathy resolveu me enrolar em grande estilo.

Planejou uma série de reuniões com as colegas da escola. Enquanto Cathy me enrolava, eu tinha a oportunidade de penetrar um bom número de apetitosos apartamentos de Hancock Park.

Eu gostava dos móveis confortáveis. Eu gostava dos cômodos amplos. Eu gostava das paredes forradas de madeira e dos quadros a óleo. Aquele era o mundo do meu *voyeurismo* — bem de perto, bem íntimo.

Cathy me apresentou à sua amiga Anne. Anne tinha 1,85m, era loura e robusta. Ela não conseguia sair com ninguém.

Liguei para Anne e convidei-a para sair. Fomos assistir a um filme e nos beijamos no parque Fern Dell. Rolou uma língua. Foi *tããããão* bom.

Liguei para Cathy e terminei com ela. Anne me ligou e mandou que eu ficasse longe dela. Liguei para Heidi, irmã de Fritz, e convidei-a para sair. Ela me mandou tomar banho. Liguei para Kay, amiga de Heidi, e convidei-a para sair. Ela disse que era uma cristã convicta e que só saía com rapazes salvos por Jesus.

Eu queria mais amor. Eu queria sexo sem os limites de uma garotinha de colégio. Eu queria ver mais apartamentos de Hancock Park.

Fritz tinha um quartinho contíguo à garagem. Era lá que ele

mantinha os discos e o aparelho de som. Era seu esconderijo. Ele nunca deixava os pais ou a irmã entrarem. Lloyd, Daryl e eu tínhamos as chaves.

O quarto ficava a vinte metros da casa principal. A casa me seduzia. Era o cenário favorito das minhas fantasias sexuais.

Eu a invadi certa noite. Foi no final de 1966.

Fritz e a família tinham ido não sei onde. Eu me deitei no chão, ao lado da porta da cozinha, e enfiei o braço esquerdo pela portinhola do bichinho de estimação. Abri o ferrolho e entrei.

Caminhei por ali. Mantive as luzes apagadas e rondei a casa, subindo e descendo as escadas. Procurei drogas no armário do banheiro e afanei uns analgésicos. Me servi de uma dose dupla de uísque e tomei os comprimidos ali mesmo. Lavei o copo que usei e coloquei-o onde o encontrara.

Dei uma volta pelo quarto de Heidi. Absorvi o perfume de seus travesseiros e vasculhei seu armário e suas gavetas. Afundei meu rosto numa pilha de roupas íntimas e roubei um par de calcinhas brancas.

Deixei a casa silenciosamente. Não quis arriscar uma segunda entrada. Eu sabia que tinha tocado em mais um mundo secreto.

Kay morava exatamente do outro lado da rua. Invadi sua casa algumas noites depois.

Liguei para a casa dela do quarto dos fundos de Fritz e ninguém atendeu. Fui até lá e chequei os pontos de entrada.

Achei uma janela aberta que dava para a entrada da garagem. Estava coberta por uma tela e presa com pregos dobrados. Soltei dois dos pregos que ficavam na parte de baixo, removi a tela e me atirei casa adentro.

Era território estranho. Acendi algumas luzes por um segundo, para me localizar.

Não havia armário de bebidas. Não tinha nada que prestasse no armário do banheiro. Ataquei a geladeira e me entupi de frios e frutas. Explorei a casa de cima a baixo — e guardei o quarto de Kay para o final.

Passei os olhos nos seus deveres de casa e me estiquei em sua cama. Examinei um cesto cheio de blusas e saias. Abri as gavetas da cômoda e usei um abajur de mesa para iluminá-las. Roubei um conjunto de calcinha e sutiã.

Coloquei a tela da janela de volta no lugar e desdobrei os pregos para prendê-la. Andei de volta para casa feliz da vida.

Arrombamento com furto era o *voyeurismo* multiplicado por mil.

Kathy morava numa casa em estilo espanhol na esquina da Segunda Avenida com Plymouth. Ela já era meu amor secreto há tanto tempo.

Era alta e elegante. Tinha cabelos castanho-escuros, olhos castanhos e sardas. Era inteligente, doce e graciosa. Eu tinha medo dela sem nenhum motivo justificável.

Arrombei sua casa. Era uma noite muito fria no começo de 1967.

Liguei para ela e ninguém atendeu. Caminhei até sua casa e não vi luzes acesas ou carros na frente da garagem. Dei a volta até os fundos da casa e tentei abrir umas janelas. A terceira ou quarta delas estava destrancada.

Eu me alcei casa adentro. Cambaleei pelo primeiro andar e acendi a luz por um milésimo de segundo. Encontrei um aparador com bebidas e tomei um gole de cada uma das garrafas. Fiquei de porre na hora e subi até o segundo andar.

Eu não conseguia saber qual quarto era de quem. Eu me deitei em cada uma das camas e encontrei roupas íntimas femininas num armário e numa cômoda. Os tamanhos dos sutiãs e calcinhas me confundiram. Eu roubei dois conjuntos só para me certificar de que tinha apanhado um de Kathy.

Encontrei tranqüilizantes de venda controlada num armário de remédios. Roubei três e os tomei com uma bebida estranha pra caralho. Saí por aquela mesma janela dos fundos, voltei para casa trocando as pernas e desmaiei na cama.

Continuei a fazer aquilo. Eu o fazia com um autocontrole pouco característico.

Parei de tomar bolinha no local. Passei a afanar apenas butim fetichista. Voltei às casas de Heidi, Kay e Kathy em intervalos aleatórios e não ficava mais de 15 minutos. Abortava minha missão se encontrasse meus pontos de entrada trancados.

A grande emoção estava no sexo e em mundos brevemente capturados. O arrombamento com furto me proporcionava garotas e famílias emprestadas.

Eu invadi casas durante todo 1967. Jamais me afastei de Hancock Park. Eu atacava, exclusivamente, as casas das garotas dos meus sonhos.

Heidi, Kay e Kathy. Missy, da Primeira Avenida com Beachwood. Julie, três portas adiante, do outro lado da rua de Kathy. Joanne, da Segunda com Irving.

Mundos secretos.

Daryl mudou-se para Portland no começo de 1968. Fritz pediu transferência para a UCLA. Lloyd estava freqüentando o L.A. City College. Era quase tão vidrado em bebidas e drogas quanto eu.

Lloyd tinha os colhões que eu não tinha. Tinha um fraco por mulheres sofridas, ligadas a homens abusivos. Ele tentava salvá-las e se envolvia em brigas com traficantes cafajestes. Ele tinha um enorme coração, um cérebro imenso e um senso de humor perversamente niilista. Vivia com a mãe fanática religiosa e o segundo marido dela — um feirante que tinha duas barracas de frutas lá no vale.

Lloyd tinha uma predileção pela população menos favorecida de Hollywood. Ele sabia conversar com mendigos e *hippies*. Eu o acompanhava em algumas de suas incursões por Hollywood. Conheci motoqueiros, veados que se prostituíam e Gene, a Rainha Nanica — um travesti de 1,48m. Eu vagava por Hollywood, consumia estranhas combinações de drogas e acordava em parques e plantações de pinheiros.

Explodia a era do paz e amor. Lloyd tinha um pé nesse mundo e o outro de volta em Hancock Park. Ele próprio vivia um esquema de vida entre dois mundos. Fazia pose e comprava maconha em Hollywood, mas depois voltava para a casa da mãe maluca.

Hollywood me assustava e me aborrecia. Os *hippies* eram veadinhos idiotas. Gostavam de música degenerada e pregavam uma metafísica capciosa. Hollywood era uma bolsa de pus.

Lloyd discordava. Dizia que o mundo real me metia medo. Dizia que eu só conhecia alguns poucos quilômetros quadrados.

Ele tinha razão. Ele não sabia que eu suplantava meus conhecimentos com coisas que ele jamais saberia.

Continuei a arrombar casas. Fazia-o covarde e cuidadosamente. Eu continuava a ler romances policiais e a projetar fantasias criminais na cabeça. Continuei a roubar e a consumir uma dieta constituída exclusivamente de bifes. Vivia com cem dólares por mês.

A cachorra desapareceu. Cheguei em casa, encontrei a porta aberta e nem sinal de Minna. Suspeitei do meu senhorio, ele odiava cães.

Procurei Minna e coloquei um anúncio de procura-se cachorro perdido no *L.A. Times*. Não deu em nada. Gastei dois meses de aluguel comprando maconha e fui expulso do apartamento.

Tia Leoda se recusou a me dar uma grana a mais. Passei uma semana dormindo no quartinho dos fundos da casa de Fritz e fui despejado pelo pai dele. Me mudei para o quarto de Lloyd e fui expulso pela mãe dele.

Me mudei para o Robert Burns Park. Roubei uns cobertores da Legião da Boa Vontade e dormia num canteiro de hera. Um sistema de irrigação automática, que funcionava durante a noite, me acordava em intervalos irregulares. Eu tinha que juntar os cobertores e sair correndo atrás de trechos secos.

Morar ao ar livre era uma bosta. Fui até a secretaria de trabalho do estado da Califórnia em busca de um emprego. Uma médium servo-croata me contratou para distribuir filipetas.

O nome dela era Irmã Ramona. Suas presas eram negros pobres e mexicanos, e ela espalhava sua mensagem através de filipetas mimeografadas. Ela curava os enfermos e distribuía conselhos financeiros. Os pobres batiam à sua porta em bandos. Ela depenava os coitados dos filhos da puta.

Irmã Ramona era racista e uma fanática de direita. O marido dela me levava para as partes mais pobres da cidade e me deixava lá, com bolsas cheias de filipetas. Eu as colocava debaixo de portas e as enfiava em caixas de correio. Crianças pequenas e cachorros me seguiam por todos os lados. Os adolescentes riam de mim e faziam sinais obscenos com o dedo médio.

O marido me dava duas pratas por dia para almoçar. Eu gastava a grana com vinhos T-Bird e moscatel. Flame-O tinha razão: eu me transformei num mendigo bebum de primeira linha.

Juntei uma grana e recuperei meu apartamento. Parei de trabalhar para Irmã Ramona.

Um conhecido dos tempos de escola me apresentou a uma mulher que precisava de um lugar para morar. Ela disse que me desvirginaria em troca de um teto. Aceitei sua oferta cheio de animação.

Ela se mudou para minha casa. Me desvirginou a duras penas. Eu não a excitava e as marcas deixadas pela acne nas minhas costas lhe causavam repulsa. Ela trepou comigo quatro vezes e disse que era só o que eu teria. Eu era maluco por ela e deixei que ficasse apesar disso.

Ela me enfeitiçou e me dominou completamente. Ficou três meses comigo e anunciou que era lésbica. Tinha acabado de conhecer uma mulher e estava indo morar com ela.

Fiquei de coração partido. Tomei um porre de vodca e gastei o dinheiro do aluguel. Meu senhorio me despejou outra vez.

Voltei para o Robert Burns e encontrei um trecho permanentemente seco perto de um abrigo. Passei a achar que viver ao ar livre não era *tão* ruim assim. Eu tinha um lugar seguro para dormir e podia vagar por aí com Lloyd e ler nas bibliotecas públicas o dia todo. Eu podia me barbear em banheiros públicos e tomar um banho de vez em quando na casa do Lloyd.

Coloquei o raciocínio em ordem e segui naquela rota. Troquei os bifes por apresuntado e vagava feito fantasma pelas bibliotecas de Los Angeles. Eu bebia no banheiro das bibliotecas e li a obra completa de Ross MacDonald nas primeiras semanas passadas nas ruas. Deixava uma muda de roupa na casa de Lloyd e tomava banho lá de vez em quando.

Era outono de 1968. Conheci um doidão na biblioteca pública de Hollywood. Ele me falou dos inaladores de Benzedrex.

Benzedrex era um descongestionante nasal, vendido sem receita médica, que vinha em uns tubinhos plásticos. Os tubos vinham com um chumaço de algodão embebido numa substância chamada profilexedrina. A idéia era enfiar o tubo no nariz e dar umas cafungadas, e não engolir os chumaços e decolar em viagens de dez horas.

Os inaladores de Benzedrex eram legais. Custavam 69 centavos. Dava para comprá-los ou roubá-los em qualquer lugar de Los Angeles.

O doidão disse que eu devia roubar uns frascos. Curti a idéia. Era uma fonte de anfetamina que não precisava de fornecedor quente nem de receita médica. Roubei três inaladores numa drogaria Sav-On e me abaixei ali mesmo para afogar aquele algodão com refrigerante.

Os chumaços tinham seis centímetros de comprimento e a circunferência de um cigarro. Vinham embebidos numa solução âmbar de odor tenebroso. Consegui empurrar um deles goela abaixo e tive que lutar contra a ânsia de vômito. Consegui que ficasse no estômago, e ele começou a fazer efeito dali a meia hora.

Era uma doideira *tããããão* gostosa. Era de estalar o cérebro e agarrar o púbis. Era tão boa quanto qualquer outra doideira farmacêutica de alto nível.

Voltei para o meu lugarzinho no Robert Burns e passei a noite inteira batendo punheta. A doideira durou oito horas inteirinhas e me deixou meio pra baixo, meio esquizofrênico. O vinho T-Bird me fez relaxar e me proporcionou uma euforia novinha em folha.

Eu tinha descoberto alguma coisa. Era algo que podia ser meu quando eu bem entendesse.

Me atirei àquilo de corpo e alma. Eu roubava inaladores e viajava de três em três ou de quatro em quatro dias durante o mês todo. Eu mandava os inaladores para dentro nos banheiros das bibliotecas públicas e ia zumbindo de volta para Burns Park, com a cabeça raspando a lua. A doideira contínua de anfetamina me proporcionava as fantasias criminais e sexuais mais texturizadas que já tinha tido. Roubei uma lanterna e umas revistas de sacanagem e as incluí no meu cenário.

A vida ao ar livre era boa. Pedi a tia Leoda para mandar a nota de cem de todo mês aos cuidados de Lloyd. Ela achou que eu estivesse morando com algum colega. Não disse a ela que estava perpetuamente acampado.

Esqueci de incluir a chuva entre os fatores da minha equação de vida ao ar livre. Alguns chuviscos me mandavam em busca de abrigo. Encontrei uma casa abandonada na Oitava Avenida com Ardmore e me mudei.

Tinha dois andares, não tinha luzes do lado de dentro e nem água corrente. A sala continha um sofá bolorento, de couro falsificado. O sofá era bom de dormir e agüentava bem minhas punhetas.

Eu me instalei na casa. Mantinha a porta da frente destrancada e colocava minhas coisas num armário quando eu saía. Achei que estava sendo discreto. Ledo engano.

Fui pego no final de novembro. Quatro policiais colocaram minha porta abaixo e saltaram em cima de mim, armados.

Me atiraram no chão e me algemaram. Enfiaram aqueles monstros calibre 12 na minha cara. Me jogaram num carro, me levaram para a delegacia de Wilshire e me prenderam por arrombamento com intento criminoso.

Meu companheiro de cela era um negão preso por assalto à mão armada. Roubou uma loja de bebidas, se safou sem problemas e notou que tinha deixado o pente afro cair na cena do crime. Voltou para pegá-lo. O dono da loja o reconheceu. A polícia o pegou ali mesmo.

Fiquei com medo. Aquilo ali era pior do que o centro juvenil da Georgia Street.

Um detetive me interrogou. Disse a ele que eu estava dormindo na casa, que não a tinha arrombado. Ele acreditou em mim e reduziu a acusação para invasão de domicílio, pura e simples. Um carcereiro me transferiu para a parte da cadeia destinada a pequenos delitos.

Meu medo cedeu um pouco. Meus colegas de cela me disseram que invasão de domicílio era uma titica. Era bem capaz de me soltarem na audiência.

Passei sábado e domingo na cela do Tribunal de Wilshire. Nos serviam duas refeições semiprontas e duas xícaras de café por dia.

Eu estava preso na companhia de um monte de bêbados e maridos que enfiavam porrada nas esposas. Todos nós mentíamos sobre nossos crimes e sobre as mulheres que tínhamos comido.

O ônibus do xerife nos carregou para o Tribunal na segunda de manhã. Nos deixou na divisão de Lincoln Heights, onde ficava a famosa cadeia de Lincoln Heights, para bêbados.

Foi lá que esperamos para ver o juiz. A cadeia tinha 160m² e estava abarrotada de vagabundos do sexo masculino. Os inspetores atiravam o almoço dentro de sacos para a multidão. Tínhamos que nos degladiar para comer. Eu era alto o bastante para apanhar a gororoba em pleno vôo.

O dia ia se estendendo. Uma dúzia de bêbados teve crises de abstinência alcoólica. Nos apresentamos ao juiz em grupos de dez, mais ou menos. O juiz era uma mulher chamada Mary Waters. Os outros presos disseram que ela era uma velha escrota.

Me apresentei diante dela e me declarei culpado. Ela disse que eu tinha cara de quem tinha fugido do alistamento. Eu disse a ela que não tinha feito isso. Ela ordenou que eu ficasse preso, sem direito a fiança, aguardando a análise da condicional. Eu deveria voltar ao Tribunal no dia 23 de dezembro.

Era dia 2 de dezembro. Tinha três semanas de xilindró à minha frente.

Eu mantive a compostura. Um policial me prendeu num grilhão para 12 homens. Um outro nos levou para um ônibus grandão, preto e branco.

O ônibus nos deixou na cadeia principal do condado. Era um prédio enorme, um quilômetro e meio a nordeste do centro de Los Angeles. O processo de prisão levou 12 horas.

Os inspetores nos revistaram e nos fumigaram com uma solução contra piolhos. Trocamos nossas roupas por uniformes da cadeia. Tiraram nosso sangue para fazer exame e nos inocularam contra diversas doenças. Passamos horas andando de jaula em jaula. Fui chegar à minha própria cela entre as duas e três da madrugada.

Era uma cela para quatro homens, agora hiperpopulada com seis. Um policial me mandou enfiar o colchão debaixo do beliche da esquerda. Eu me abaixei e desmaiei ali mesmo, de exaustão.

Acordei para o rango das seis da manhã. Um policial chamou alguns nomes pelo interfone — o meu inclusive. Estávamos sendo "convocados" para a cadeia do Palácio de Justiça.

Um dos presos disse que aquilo era rotineiro. A gente era preso na "nova" cadeia do condado e acabava convocado para outro lugar qualquer. A cadeia do Palácio de Justiça era conhecida como a "velha".

O policial me acorrentou a alguns caras. Dois policiais nos colocaram num furgão e nos levaram para a cadeia velha. Subimos num elevador até o décimo terceiro andar.

Meu andar estava entupido, com o dobro da capacidade. O policial disse que os recém-chegados teriam que dormir na passarela. Teríamos que enrolar o colchão pela manhã e ficar trocando de cela até o apagar das luzes.

Eu tinha vinte dias disso à minha frente. Uma voz interna esboçou o quadro geral para mim.

Você é grande — mas não é valente. Você comete crimes — mas não é um criminoso *de verdade*. Tome muito cuidado com o que faz. Tome muito cuidado com o que diz. Tenha cuidado, mantenha a calma e segure as pontas durante vinte dias.

Eu me fiz seguir esta mensagem, instintivamente. Eu não verbalizava o pensamento. Eu não sabia que minha simples presença gritava: moleque bobo, burro, babaca e ineficaz.

Fiquei de bico calado. Eu me programei para ser estóico. Tentei não trair meu medo abertamente. Os outros presos riam só de olhar para mim.

Quase todos eram criminosos aguardando julgamento na Suprema Corte. Compreendiam e desdenhavam a fraqueza masculina.

Riam do meu andar atrapalhado e encurtaram meus dois nomes para formar o odiado "Leroy". Me chamavam de "Professor Aloprado". Jamais colocaram as mãos em mim. Eu era desprezível demais para isso.

Lloyd foi me visitar. Disse que tinha ligado para minha tia e contado que eu estava na cadeia. O dinheiro do meu seguro estava chegando ao fim. A velha estava decidida a me adiantar duzentas pratas mesmo assim. Lloyd sabia de um apartamento que eu poderia conseguir por oitenta por mês — nos Versailles Apartments, na Sexta Avenida com St. Andrews.

Fiz contagem regressiva dos meus vinte dias. Um supervisor de condicional veio me ver. Ele disse que a juíza Waters estava pronta para me soltar. Minha sentença seria suspensa e eu passaria três anos em condicional. Eu teria que arranjar um emprego.

Prometi arrumar um emprego imediatamente. Prometi andar na linha.

Mantive o bico calado lá no andar — e prestei atenção. Aprendi que o xarope Romilar-CF deixava a gente doidão e que pedaços de durex ao longo de uma janela revelavam a presença de um sistema de alarme. Tinha um cara na loja Cooper's Donuts que conhecia as prostitutas negras mais quentes do pedaço. Dava para comprar droga em três filiais da Norm's Coffee Shops. A que ficava na Melrose com a La Cienega era chamada de Norm's de Veado. A que ficava na Sunset com a Vermont era a Norm's Normal. A que ficava ao sul da cidade era a Norm's de Crioulo.

A maconha crescia solta em certas partes de Trancas Canyon. O filho de Ma Duncan era agora um advogado criminal famoso. Doc Finch estava prestes a ser solto em condicional. Carole Tregoff tinha virado sapatão na cadeia. Caryl Chessman era um merda — todos os caras da Quentin o odiavam. O filme de Susan Hayward — *Quero viver!* — era uma babaquice. Barbara Graham tinha, realmente, espancado Mabel Monahan até a morte.

Eu ouvia e aprendia. Li uma cópia maltratada de *Atlas Shrugged* e cheguei à infundada conclusão de que era um super-homem. Fiquei longe do álcool e das drogas e ganhei quase cinco quilos de músculo às custas da comida da cadeia.

Mary Waters me soltou dois dias antes do Natal. Roubei uns inaladores na volta para Burns Park.

Aluguei um apartamento de um cômodo no Versailles e me apresentei a uma agência de serviços temporários. Me deram alguns trabalhos separando correspondência. O supervisor da minha condicional achava minha experiência profissional satisfatória. Ele gostava dos meus cabelos curtos e das minhas roupas de garoto de faculdade de prestígio. Me mandou ficar longe dos *hippies*. Viviam alucinados, à base de substâncias que afetavam o funcionamento do cérebro.

Eu também.

Fazia meus trabalhos temporários de segunda a sexta. Tomava 250ml de uísque no café da manhã e bebia Listerine em cima. Sobrevivia até o almoço no piloto automático e então tomava um vinho e/ou fumava maconha. Ficava bêbado todas as noites e viajava com inaladores nos fins de semana.

Romilar era uma boa droga para arrombamento com invasão. Fazia as coisas corriqueiras parecerem irreais e cheias de verdades ocultas. Eu fiz uma série de invasões com ela na cabeça. Ataquei a casa de Kathy, a de Kay e a de Missy — e me concentrei nos armários dos banheiros. Eu tomava todos os comprimidinhos convidativos em cima do xarope. Apaguei e acordei na minha cama duas das três vezes.

Eu gostava de parecer bem-apessoado e cosmeticamente íntegro. Todo doidão da Los Angeles de 1969 era um ímã para os canas. Usavam cabelos compridos, vestiam roupas esquisitonas e emitiam mensagens que diziam "Me Leva em Cana". Não era o meu caso. Eu saltava entre meus mundos coexistentes com relativa impunidade. Eu era bom em dar aos outros o que queriam ver.

Fiz 21 anos em março. Entreguei meu apartamento e me mudei para um hotel vagabundo em Hollywood. Arranjei um contrato temporário na KCOP-TV.

Eu trabalhava na sala de correio. As pessoas respondiam a anúncios para comprar merdas tipo *64 Country Hits* e mandavam notas e moedas pelo correio. O peso das moedas de vinte e cinco e dez centavos denunciavam esses envelopes. Comecei a ganhar muito dinheiro extra.

Gastava tudo com bebida, drogas e *pizza*. Me mudei para um lugar melhorzinho — um pequeno apartamento da Sexta Avenida com Coverdale. Fiquei interessado numas mulheres de lá e passei a segui-las pelo bairro.

O dinheiro do meu seguro acabou. Os roubos da sala de correio mais do que cobriam esta perda. Tive uma batida boba com um furgão da companhia e tive que admitir que não tinha carteira de motorista. A KCOP me demitiu. Arranjei uns serviços temporários e vivi uma vida frugal. Bateu o desespero. Invadi a casa de Missy e quebrei uma regra básica.

Roubei todo o dinheiro que encontrei na bolsa da mãe dela. Não havia como voltar àquela linda casa na Primeira Avenida com Beachwood.

Minhas invasões começaram a me assustar mais do que me excitar. Eu sentia a lei da probabilidade nos meus calcanhares. Ao todo, já tinha arrombado uns vinte lugares. A temporada passada na cadeia tinha me ensinado coisas que alimentaram minha cautela.

Arrombamento com intento criminoso era o mesmo que arrombamento em primeiro grau. Era o tipo de delito que me mandaria para a penitenciária. Cumprir pena na cadeia do condado era moleza. Cumprir pena numa penitenciária me comeria vivo.

Os assassinatos Tate-La Bianca aconteceram em agosto. Deu para sentir a repercussão em todo Hancock Park.

Notei a fita adesiva em torno da janela da casa de Kathy. Passei a ver mais patrulhas particulares vasculhando as ruas. Via placas de serviços de segurança presas às portas das casas.

Parei de arrombar casas de uma vez. Nunca mais fiz isso.

Passei o ano seguinte no purgatório da fantasia. Fiz vários serviços temporários e trabalhei numa livraria de material pornográfico. Tinham legalizado a sacanagem barra-pesada. Tinha garotas ripongas sem maquiagem, estampadas nuas e em cores vivas nas páginas das revistas.

As garotas não me pareciam desiludidas ou degradadas. Pareciam estar atrás de umas boas risadas e alguns trocados. Estavam envolvidas num proxenetismo hediondo. Traíam a percepção do que faziam com carinhas tristes e olhos vidrados.

Elas me lembravam a Dália Negra — sem a maquiagem pesada ou a bagagem *noir*. A Dália tinha se sufocado nas ilusões da terra do cinema. Essas garotas se tapeavam em algum plano metafísico de merda.

Elas encontraram o caminho direto para o meu coração. Eu era o balconista da livraria de sacanagem, disposto a salvá-las da pornografia para ser recompensado com sexo. Eu guardava as fotos delas da mesma forma que Harvey Glatman tinha guardado as fotos de suas vítimas. Eu dava nome para as minhas garotas e rezava por elas todas as noites. Eu colocava o assassino da Dália no encalço delas e as salvava bem no momento em que a lâmina estava pronta para baixar sobre elas. As garotas abriam as pernas e conversavam comigo enquanto eu viajava com os inaladores Benzedrex.

Eu não me apaixonava pelas que tinham corpos perfeitos e rostinhos sapecas. Eu amava os sorrisos que não funcionavam direito e os olhos tristes que não sabiam mentir. Traços que não combinavam entre si e seios de formatos esquisitos me atingiam em cheio. Eu buscava intensidade sexual e psicológica.

Roubei aquela livraria até não poder mais. Eu examinava cada uma das revistas que chegava e arrancava as fotos das mulheres que mais me emocionavam. Trabalhava da meia-noite às oito da manhã, passava a mão numa grana e ia para um bar que passava filmes de mulher pelada o dia inteirinho. Eu enchia a cara e ficava olhando mais garotas *hippies* — eu sempre estudava os rostos mais do que os corpos.

Minha temporada pornográfica passou rápido demais. O dono da livraria sacou que eu roubava e me mandou embora. Voltei a fazer serviços temporários, juntei uns trocados e passei dois meses numa farra monumental.

Comprei uma caixa de vodca, um monte de bifes e um bocado de inaladores. Me entupi de fantasias sexuais, colesterol e as obras de Raymond Chandler, Dashiell Hammett e uns escritores policiais de merda. Passei dias entocado. Eu perdia, ganhava e perdia peso e me levava a um frenesi quase insano.

Dei um calote de dois meses no meu senhorio. Ele passou a esmurrar minha porta e a falar em despejo. Eu não tinha dinheiro suficiente para calar sua boca. Eu tinha o bastante para garantir um apartamento mais barato por um mês.

Encontrei um lugar perto dos estúdios Paramount. Era uma espelunca distinta chamada Green Gables Apartments. Uma *garçonnière* custava sessenta por mês — muito barato para os anos 70.

Lloyd me ajudou a mudar. Enfiei meus troços todos no carro dele e apliquei o velho golpe do caloteiro que sai no meio da noite para não pagar o aluguel. Me instalei no Gables e fui procurar trabalho.

Não achei. O mercado de trabalho para os menos qualificados estava fraco. Comecei a fazer uma série de viagens com os inaladores e a ver e ouvir coisas que podiam ou não ser verdadeiras.

O inquilino do apartamento ao lado do meu sorria com malícia quando cruzávamos no corredor. Ele esmurrava minha janela enquanto eu viajava com o inalador. Sabia o que eu estava fazendo. Ele desaprovava. Ele lia meus lábios e decifrava todos os doces e indecentes murmúrios que eu pronunciava. Ele lia meus pensamentos através da parede que nos separava.

Ele odiava meus livros pornográficos. Sabia que eu tinha assassinado minha mãe e matado meu pai com negligência. Ele me achava uma aberração, um tarado. Queria me destruir.

Eu levantava vôo e aterrissava, levantava vôo e aterrissava, levantava vôo e aterrissava. A paranóia me assolava na proporção da droga contida no meu organismo. Eu ouvia vozes. As sirenes, nas ruas, me enviavam mensagens de ódio. Eu batia bronha no escuro para enganar o vizinho do lado.

Ele me *conhecia*.

Ele colocava escutas na minha geladeira. Ele envenenava meu vinho. Ligava minhas fantasias diretamente à sua televisão.

Eu dei no pé no meio de uma viagem de inalador.

Deixei minhas roupas e livros de sacanagem para trás. Saí voando daquele apartamento e andei bem rápido quase cinco quilômetros em direção ao nordeste. Vi uma placa de Aluga-se na frente de um prédio na Sunset com a Micheltorena.

Aluguei um estúdio por 39 dólares mensais. O prédio era imundo e fedia a lixo.

Meu quarto tinha metade do tamanho da cela para seis homens. Eu me mudei para lá com as roupas do corpo e meia garrafa de T-Bird.

Na manhã seguinte, mandei brasa nos inaladores. Novas vozes investiram contra mim. O inquilino que morava ao meu lado começou a sibilar pela saída da ventilação.

Eu tinha medo de sair da cama. Eu sabia que as serpentinas do cobertor elétrico eram microfones. Eu as arranquei. Mijei na cama e destruí os travesseiros. Enfiei espuma nos ouvidos para abafar as vozes.

Dei no pé na manhã seguinte. Fui direto para o Robert Burns Park.

Daí em adiante, a coisa foi ficando bastante feia. Foi ficando feia de acordo com uma certa lógica autodestrutiva.

Foi ficando feia pouco a pouco.

As vozes iam e vinham. Os inaladores abriam a porta para elas. A bebida e uma sobriedade forçada as calavam. Intelectualmente, eu compreendia o problema. O pensamento racional me deixava no mesmo instante em que eu enfiava aqueles chumaços de algodão dentro da boca.

Lloyd chamava as vozes de "psicose de anfetamina". Eu as chamava de conspiração. O presidente Richard M. Nixon sabia que eu tinha matado meus pais e mandou que as pessoas me espreitassem. Elas sibilavam dentro de microfones ligados ao meu cérebro. Eu ouvia as vozes. Ninguém mais as ouvia.

Eu não conseguia parar de tomar os inaladores. Ouvi as vozes durante cinco anos.

Passei grande parte desse tempo ao ar livre. Morei em parques, em quintais, em casas abandonadas. Eu roubei. Eu bebi. Eu li e fantasiei. Eu andei por Los Angeles com algodão enfiado nos ouvidos.

Foi uma fuga diária de cinco anos de duração.

Eu acordava do lado de fora de algum lugar. Eu roubava bebida alcoólica e frios. Lia nas bibliotecas. Entrava em restaurantes, pedia drinques e refeições e saía sem pagar. Adentrava as lavanderias de edifícios residenciais, arrebentava as máquinas de lavar roupas e as de secar e roubava as moedas lá de dentro. Eu usava os inaladores e tinha alguns bons momentos antes de ser tomado pelas vozes.

Eu andava.

A Wilshire Boulevard cortava direto para a praia. Eu andava até lá e voltava, enquanto viajava. Eu precisava ficar em movimento. O barulho dos carros defletia as vozes. A falta de movimento tornava as vozes cacofônicas.

Eu joguei fora cinco anos da minha vida, andando. Eles passaram como um borrão em câmera lenta. Minhas fantasias os cortaram como um contraponto em *fast-forward*. As cenas que eu flagrava nas ruas serviam de cenário para as Vozes e para meu próprio diálogo interno.

Eu não falava demais e não traía meu estado de espírito abertamente. Eu sempre me barbeava e usava calças escuras para disfarçar minha imundície. Roubava camisas e meias de acordo com a necessidade e me borrifava com perfume para disfarçar o fedor da vida ao ar livre. De vez em quando eu tomava um banho na casa de Lloyd.

Lloyd se dirigia a lugar nenhum, num ritmo agradavelmente lento. Ele bebia, usava drogas e tentava fazer faculdade. Flertava com o perigo e com o submundo e mantinha a casa da mãe como última opção.

Lloyd segurou a minha mão em alguns momentos horríveis de abstinência da droga. Ele me chacoalhava com pequenos choques de realidade. O DPLA me chacoalhava e me forçava a passar uns tempos na cadeia.

Eles me atormentavam e me prendiam. Me apanhavam por embriaguez, por dirigir embriagado, por furto e por invasão de domicílio. Eles me detinham por andar pelas ruas de madrugada sozinho e me expulsavam de casas desertas e de depósitos da Legião da Boa Vontade. Eles me seguravam em diversas delegacias e me mandavam cumprir entre quatro e oito meses com o xerife.

A cadeia era um retiro para a minha saúde. Eu me abstinha do álcool e das drogas e fazia três refeições por dia. Fazia flexões, era designado para tarefas privilegiadas por bom comportamento e acabava ganhando alguns músculos. Eu andava com brancos idiotas, pretos idiotas e mexicanos idiotas — e trocava histórias idiotas com eles. Todos nós tínhamos cometido os crimes mais ousados e comido as mulheres mais glamourosas do mundo. Um preto bebum e mendigo me contou que tinha comido a Marilyn Monroe. Retruquei: "Caralho, sabe que eu comi ela também?!"

Carreguei o caminhão de lixo na cadeia nova do condado e

trabalhei na biblioteca do Wayside Honor Rancho. Minha cadeia favorita era o Biscailuz Center. Eles serviam refeições enormes e deixavam a gente ler no banheiro depois que as luzes se apagavam. A cadeia não foi nenhum trauma.

Eu sabia fazer com que as temporadas fossem curtas. A cadeia limpava meu organismo e me dava algo pelo qual ansiar: ser solto, encher a cara e ter fantasias tomando drogas.

Fantasias sobre crimes. Fantasias sobre sexo.

A ruiva estava morta havia 15 anos e habitava algum lugar longínquo. Ela me encurralou no verão de 1973.

Eu estava morando num hotel de merda. Ficava doidão com os inaladores numa banheira comunitária que ficava no mesmo corredor que o meu quarto. Eu deixava a água morna cair e me apoderava da banheira por horas a fio. Ninguém reclamava. A maioria dos outros moradores usava o chuveiro.

Eu estava na banheira. Batia punheta enquanto pensava num cortejo de rostos de mulheres mais velhas. Vi minha mãe nua, lutei contra a imagem e perdi.

Bolei uma história bastante precária no mesmo instante.

Era 1958. Minha mãe não tinha morrido em El Monte. Ela não era bêbada. Ela me amava como homem.

Fizemos amor. Senti o cheiro de seu perfume e de cigarro em seu hálito. O mamilo amputado me encheu de tesão.

Afastei os cabelos dela dos olhos e disse que a amava. Minha ternura a fez chorar.

Foi a história mais apaixonada e carinhosa que eu tinha inventado. Isso me deixou envergonhado e horrorizado com o que eu tinha dentro de mim.

Tentei viver aquela história outra vez. Minha mente não deixou. Nem toda a droga do mundo podia trazer a ruiva de volta.

Eu a abandonei mais uma vez.

Torrei o dinheiro do aluguel e perdi o quarto de hotel. Me mudei mais uma vez para o Burns Park.

Viajava com os inaladores e travava uma guerra dentro de mim mesmo. Tentava invocar minha mãe e arranjar uma forma de fazê-la ficar. Minha mente me traía. Minha consciência fazia tudo entrar em pane.

As Vozes foram ficando muito específicas. Diziam, você trepou com a sua mãe *e* a matou.

Eu tinha uma tolerância absurda à profilexedrina. Precisava de dez ou doze chumaços de algodão para decolar. Aquela merda estava afetando meus pulmões. Eu acordava entupido toda manhã.

Passei a ter dores no peito. Cada respiração e cada batida do coração me faziam dobrar ao meio de tanta dor. Peguei um ônibus até o hospital do condado. Um médico me examinou e disse que eu estava com pneumonia. Me internou e me deu antibióticos durante uma semana. Eles aniquilaram a infecção.

Saí do hospital e voltei à vida ao ar livre, à bebida e aos inaladores. Peguei pneumonia outra vez. Eu a curei. Passei um ano tomando T-Bird e inaladores e acabei com *delirium tremens*.

Lloyd estava morando em West L.A. Acampei no telhado do prédio dele. A primeira alucinação bateu dentro do banheiro da casa dele.

Um monstro saltou de dentro da privada. Eu fechei o tampo e vi mais monstros saírem. Aranhas subiam pelas minhas pernas. Pequenas pústulas atiravam-se na direção dos meus olhos.

Eu corri para a sala e apaguei as luzes. As pústulas eram fluorescentes. Eu assaltei o bar de Lloyd e bebi até perder os sentidos. Acordei no telhado — morto de medo.

Eu sabia que precisava parar de beber e de usar os inaladores. Sabia que iam me matar num futuro próximo. Roubei uma garrafa de bebida e peguei uma carona até o hospital do condado. Virei a garrafa na escadaria de entrada e me internei.

Um médico me mandou para a ala dos bêbados. Disse que ia me recomendar para o programa do hospital estadual de Long Beach. Em trinta dias eles iam me deixar novo em folha e me ensinar a viver sóbrio.

Era o que eu queria. Era isto ou então morrer jovem. Eu tinha 27 anos.

Passei dois dias na ala dos bêbados. Me apagaram com tranqüilizantes e sedativos. Não vi monstros e nem pústulas. Eu queria me afogar no álcool com a mesma intensidade que queria me livrar dele. Eu tentava dormir o dia inteiro.

Long Beach disse que me internaria. Marcaram para eu ir para lá com outros três caras que estavam na ala. Eram bêbados velhos, há anos no circuito de reabilitação. Eram reincidentes alcoólicos profissionais.

Fomos num furgão do hospital. Eu gostei da cara do lugar.

Homens e mulheres dormiam em dormitórios separados. O refeitório parecia um restaurante. As salas de recreação pareciam tiradas de uma colônia de férias.

O programa incluía reuniões do AA e terapia em grupo. As sessões de "bate-papo" não eram obrigatórias. Os pacientes usavam uniformes cáqui e pulseiras numeradas — como os presos do sistema penitenciário do condado de Los Angeles.

O Antabuse era obrigatório. Enfermeiras com olhos de águia certificavam-se de que os pacientes o tomavam todos os dias. Se alguém bebesse álcool em cima dele ficaria mortalmente doente. O Antabuse era uma tática de medo.

Comecei a me sentir melhor. Racionalizei a tremedeira como sendo uma aberração de ocorrência única. Eu estava num dormitório com bêbados de todas as camadas sociais. Os homens me assustavam. As mulheres me deixavam com tesão. Eu comecei a achar que podia controlar meu consumo de álcool e drogas.

O programa começou. Eu sonhava acordado nas reuniões do AA e tagarelava sem parar durante a terapia de grupo. Inventava aventuras sexuais e dirigia minhas histórias às mulheres presentes. Uma semana depois, me dei conta: você só está aqui pelas três refeições diárias e uma cama para dormir.

Segui o programa. Comia como um porco e engordei cinco quilos. Passava meu tempo livre lendo romances policiais.

Eu tossia muito. Uma enfermeira da equipe me deu uma dura. Eu contei a ela que tinha tido uma série de doenças pulmonares.

Ela pediu que um médico me examinasse. Ele injetou um relaxante muscular em mim e enfiou um tubo com uma luzinha na ponta pela minha garganta abaixo. Ele espiou por um aparelho para exame e remexeu o pequeno feixe em volta dos meus pulmões. Disse que não via nada de errado.

Minha tosse persistiu. Eu agüentei firme no programa e me perguntei o que fazer agora. Todas as minhas opções me assustavam.

Eu podia arranjar um emprego mixuruca e ficar sóbrio com Antabuse. Eu podia ficar sem álcool e sem inalantes e usar outras drogas. Eu podia fumar maconha. A maconha abria o apetite. Eu podia engordar um pouco e ganhar músculo. As mulheres ficariam caidinhas por mim. A maconha era o caminho para uma vida saudável.

Eu não acreditava naquilo de verdade.

Os inaladores significavam sexo. O álcool significava a essência da minha fantasia. A maconha significava, especificamente, risadas e encontros amorosos quentes, acompanhados de rosquinhas e *pizza*.

Eu cheguei ao fim do programa. Continuei a tomar Antabuse e me mudei de volta para o telhado de Lloyd, depois de 33 dias de sobriedade.

Minha tosse piorava. Meus nervos estavam à flor da pele, e eu só conseguia me concentrar nas coisas por, no máximo, três segundos. Eu dormia períodos de dez horas ou então passava a noite toda me virando na cama.

Meu corpo não me pertencia.

A laje do telhado era meu refúgio. Eu tinha um poleiro bem legal ao lado da saída de incêndio. Foi ali que a coisa ficou feia de uma vez.

Estávamos em meados de junho. Acordei de uma soneca e pensei: "Preciso de um cigarro." Meu cérebro parou de funcionar naquele momento. Eu não conseguia recordar coisa alguma, não conseguia puxar por aquele simples pensamento.

Meu cérebro dava de cara em paredes vazias. Eu não conseguia expressar meu pensamento verbalmente, nem visualizá-lo ou encontrar as palavras para expressá-lo. Passei algo em torno de uma hora tentando dar forma àquele simples pensamento.

Eu não conseguia dizer meu próprio nome. Não conseguia dar forma a algo simples assim ou a qualquer outra idéia. Minha mente estava morta. Os circuitos do meu cérebro tinham se desconectado. Eu estava louco com morte cerebral.

Gritei. Coloquei as mãos sobre os ouvidos e gritei até ficar rouco. Lutei sem trégua, puxando por aquele simples pensamento.

Lloyd correu até o patamar da escada. Eu o reconheci. Não conseguia me lembrar do nome dele, nem do meu ou daquele simples pensamento de uma hora atrás.

Lloyd me carregou para baixo e chamou uma ambulância. Os paramédicos chegaram e me afivelaram a uma maca.

Me levaram para o hospital do condado e me deixaram num corredor cheio de gente. Comecei a ouvir vozes. Enfermeiras passavam por mim e gritavam comigo, telepaticamente. Eu tossia e forçava o corpo contra as minhas amarras. Alguém enfiou uma agulha no meu braço...

Acordei preso a uma maca. Estava sozinho num quarto de hospital.

Meus pulsos estavam feridos e ensangüentados. A maioria dos meus dentes parecia mole. Meu maxilar doía e os nós dos dedos ardiam com pequenas escoriações. Eu vestia uma túnica de hospital. Eu a tinha mijado todinha.

Procurei aquele simples pensamento e o peguei logo no primeiro rebote. Me lembrei do meu nome de cafetão crioulo: Lee Earle Ellroy.

Tudo voltou. Eu me lembrei de cada detalhe. Comecei a chorar. Eu rezei e implorei a Deus que permitisse que eu mantivesse meu juízo.

Uma enfermeira entrou no quarto. Soltou as amarras e me levou até o chuveiro. Fiquei no banho até a água esfriar. Outra enfermeira fez curativos nos meus cortes e escoriações. Um médico disse que eu teria que ficar ali durante um mês. Eu tinha um abscesso do tamanho de um punho fechado no pulmão esquerdo. Precisava de trinta dias de antibióticos intravenosos.

Perguntei a ele o que havia de errado com minha mente. Ele disse que, provavelmente, era "síndrome cerebral pós-alcoólica". Alcoólatras sóbrios às vezes passavam por isso. Disse que eu tinha tido sorte. Algumas pessoas enlouqueciam de vez.

Meu problema de pulmão podia ou não ser contagioso. Iam me manter isolado, por via das dúvidas. Foram me ligando a um pinga-pinga daqueles e começaram a me bombardear com antibióticos. Eles me deram tranqüilizantes para aplacar meus medos.

Os tranqüilizantes me deixavam fora do ar. Eu tentava dormir o dia todo, todo dia. A consciência normal me assustava. Eu ficava imaginando o mal funcionamento permanente da minha mente.

Aquelas poucas horas de insanidade resumiram toda a minha vida. O terror que senti tornou tudo o que as antecedeu irrelevante.

Eu reprisava aquele terror nas horas que permanecia acordado. Não conseguia deixar que passasse. Eu não estava passando um pito em mim mesmo e nem estava me vangloriando de ter sobrevivido. Eu estava, simplesmente, reprisando os momentos que me levaram até ali.

Eu continuei apavorado. As enfermeiras me tiravam daquele sono abençoado para mexer no pinga-pinga. Eu não conseguia fazer minha mente viajar nos padrões de antigamente. O pavor não permitia.

Imaginei a insanidade permanente. Eu me castigava com aquele cérebro esplendidamente funcional.

O medo ficou insuportável. Deixei o hospital sob protestos do médico e peguei um ônibus para a casa de Lloyd. Roubei uma garrafa de gim e desmaiei no chão. Lloyd chamou os paramédicos outra vez.

Outra ambulância chegou. Os paramédicos me acordaram do estupor e me carregaram até ela. Me levaram diretamente para o hospital. Fui internado outra vez e colocado num quarto para quatro na ala de doenças pulmonares.

Uma enfermeira me ligou a outro pinga-pinga. Ela me deu uma escarradeira.

Eu tinha medo de esquecer meu nome. Escrevi-o na parede, atrás da cama, como lembrete. Escrevi "Não vou enlouquecer" do lado.

11

Passei um mês com uma agulha enfiada no braço. Um terapeuta respiratório batia nas minhas costas todos os dias. Aquilo soltava enormes bolas de catarro. Eu as cuspia na escarradeira que ficava ao lado da cama.

O abscesso se foi. Ficou o medo.

Minha mente funcionava normalmente. Eu a testava com jogos de memória. Memorizava artigos de revistas e *slogans* das caixas de leite. Eu estava desenvolvendo músculos mentais para lutar contra a insanidade em potencial.

Eu tinha ido à loucura uma vez. Podia acontecer de novo.

Eu não podia deixar o medo ir embora. Eu me alimentava dele o dia todo, todo dia. Eu não analisei o porquê de ter chegado a um ponto em que o cérebro parou de funcionar. Tratei o fato como um fenômeno físico.

Meu cérebro parecia um anexo. Meu brinquedinho de toda a vida não parecia ser, de forma alguma, inerente a mim. Era um espécime num pote de vidro. Eu era um médico, cutucando-o com uma vareta.

Eu sabia que o álcool, as drogas e minha tênue abstinência de ambos tinham feito meu cérebro pifar. Meu lado racional me dizia isto. Minha reação secundária derivava, diretamente, da culpa. Deus estava me castigando por comer minha mãe mentalmente.

Eu acreditava nisso. Minha fantasia era transgressiva e merecedora de intervenção divina a esse ponto. Eu me torturava com essa idéia. Exumei a ética protestante do Meio-Oeste da qual minha mãe tentara fugir e a usei para me autoflagelar.

Meu novo vício era a autopreservação mental. Eu tinha truques para manter o cérebro ágil. Eles alimentavam meu medo mais do que sustentavam minha confiança.

O abscesso do meu pulmão sarou completamente. Deixei o hospital e fiz um trato com Deus.

Eu disse a ele que não beberia mais e nem usaria inaladores. Eu disse a ele que não roubaria. A única coisa que eu queria era ter minha mente de volta, de vez.

O trato se consolidou.

Voltei para o telhado de Lloyd. Não bebi, não tomei inaladores e não roubei. Deus manteve minha mente em perfeito funcionamento.

Ficou o medo.

Eu sabia que podia acontecer outra vez. Compreendia o absurdo de todos os contratos divinos. Os resíduos deixados pelo álcool e pelos inaladores podiam estar escondidos nas minhas células. A fiação do meu cérebro podia crepitar e desconectar sem aviso prévio. Meu cérebro podia explodir amanhã mesmo, ou no ano 2000.

O medo me mantinha sóbrio. O medo não me ensinou lição moral alguma. Meus dias transcorriam longa, sudorenta e ansiosamente. Eu vendia meu plasma num banco de sangue de última categoria e sobrevivia com dez dólares por semana. Eu rondava bibliotecas e lia romances policiais. Memorizava trechos inteiros para manter a mente funcionando com vigor.

Um cara do prédio do Lloyd trabalhava como *caddy*. Disse que a grana era boa e livre de impostos. Dava para trabalhar ou não trabalhar, dependendo da vontade. O Hillcrest Country Club era de alto nível. Os sócios davam boas gorjetas.

O cara me levou até o Hillcrest. Eu sabia que tinha me dado bem.

Era um prestigioso clube de judeus ao sul de Century City. O campo de golfe era íngreme e profundamente verde. Os *caddies* se reuniam num barraco. Bebiam, jogavam cartas e contavam obscenidades. Bêbados, drogados e jogadores compulsivos mandavam no barraco. Eu sabia que ia me dar bem ali.

O trabalho de *caddy* era chamado de *loop*. Os *caddies* também eram chamados *loopers*. Eu não sabia porra nenhuma sobre golfe. O chefe dos *caddies* disse que eu aprenderia.

Comecei carregando uma única bolsa. Me arrastei pela minha primeira dúzia de *loops* e passei para duas bolsas. As bolsas não eram tão pesadas assim. Percorrer dezoito buracos levava quatro horas. O preço de duas bolsas era vinte dólares. Em 1975, isso era um dinheirão.

Eu trabalhava no Hillcrest seis dias por semana. Ganhava uma boa grana por dia e aluguei um quarto no Westwood Hotel. O lugar ficava entre o Hillcrest e os clubes de Bel-Air, Brentwood e Los Angeles. A maioria dos quartos era alugada por *loopers*. O lugar era um anexo do barraco.

Os *loopings* tomaram conta da minha vida. Seus rituais desviaram meu medo e o faziam sumir gradualmente.

Eu amava o campo de golfe. Era um mundo verde perfeitamente auto-suficiente. O trabalho de *caddy* não exigia nada de mim em termos mentais. Eu deixava a mente vagar ao mesmo tempo em que ganhava a vida.

O meio me estimulava. Eu inventava histórias de fundo para os sócios do Hillcrest enquanto caminhava ao lado deles e fazia piadas sobre os *loopers* menos favorecidos. O choque cultural entre judeus ricos e *caddies* com um pé na sarjeta era fonte de uma gargalhada constante. Eu fiz amizade com um *caddy* inteligente, que fazia faculdade em regime de meio expediente. Discutíamos interminavelmente a sociedade do Hillcrest e a experiência de ser *caddy*.

Eu passava meu tempo com um bando variado. Eu os ouvia e aprendi a conversar com eles. Hillcrest parecia ser uma estação intermediária no caminho que elevava ao mundo real.

As pessoas me contavam histórias. Eu fiz um curso completo de histórias de *country club*. Ouvi contos sobre *self-made men* que usaram unhas e dentes para sair do *shtetl* e de alcoólatras ricos que sucumbiram à vida de *caddy*. O campo de golfe foi uma educação picaresca.

A maioria dos *loopers* fumava maconha. A maconha não me assustava como o álcool e os inaladores. Eu disse adeus a quatro meses de sobriedade com um *Thai stick*.

Foi *tããããão* bom. Era a melhor maconha que eu já tinha fumado na vida. Comecei a comprar e a fumar todo dia.

Achei que não ia acabar com meu pulmão ou desligar meu cérebro. Ela não acenderia fantasias incestuosas que emputeceriam Deus. Era uma droga dos anos 70, administrável e controlável.

Foi o meu raciocínio.

Fumei maconha durante um ano e meio. Era *tããããão* bom — mas não fantástico. Era como tentar chegar à lua num fusquinha.

Eu não bebia e não usava inaladores. Eu mandava ver com a maconha e vivia como um fantasiador de tempo integral mais sutil.

Levei minhas fantasias para o ar livre. À noite, eu as levava, para o Hillcrest e para outros campos de golfe. Eu pulava o muro do Los Angeles Country Club e passava horas andando e fantasiando.

Brincava com meu elenco de personagens de Hillcrest e os incluía numa história policial. Coloquei um herói alcoólatra na história. Ele vinha da parte triste de Hancock Park. Ele nutria uma obsessão vitalícia pela Dália Negra.

Eu incluía canções de amores perdidos do Mecca Club e música clássica. Eu incluía *delirium tremens*. Meu herói queria encontrar uma mulher e amá-la até a morte.

Meu repertório de 18 anos de fantasias afunilou-se nessa única história. Eu comecei a perceber que era um romance.

Fui demitido de Hillcrest. O filho de um sócio me xingou na frente de uma mulher bonitona. Dei-lhe uma porrada, com todo o campo de golfe como testemunha. Um segurança me escoltou para fora do lugar.

Eu estava doidaço de maconha. A maconha agia em mim de forma inesperada.

Consegui um emprego de *caddy* no Bel-Air Country Club. Os sócios e os *loopers* de lá eram tão sedutores como o pessoal de Hillcrest. O campo de golfe era ainda mais lindo.

Eu continuei doidão no Bel-Air. Comprei um toca-fitas para o meu quarto e passava horas viajando, à base de maconha e compositores românticos alemães. Perambulava pelos campos de golfe à noite e lutava com aquela história emergente.

Lloyd mudou-se para o Westwood Hotel. Ele tinha parado de beber e de usar drogas pesadas e estava numa dieta de manutenção à base de maconha, como eu. Estava flertando com a idéia de tentar a sobriedade *de verdade*. Eu disse a ele que não estava interessado.

Menti.

Eu estava com quase trinta anos. Queria realizar coisas. Eu não estava roubando. Não estava morrendo de tesão pela minha mãe. Deus, ou outras forças cósmicas, tinha devolvido meu cérebro em regime de empréstimo permanente. Eu não ouvia vozes. Eu não era mais o alucinado que tinha sido um dia.

E eu não era um ser humano civilizado.

A dieta de manutenção à base de maconha me fez ganhar corpo. Eu comia muito, carregava bolsas de golfe e fazia centenas de flexões diariamente. Eu era alto, forte e pesadão. Tinha olhos castanhos espertos e usava óculos de aro de metal que acentuavam ainda mais a esperteza dos olhos. Eu vivia doidão. Parecia um louco consumido por um monólogo interior. Estranhos me achavam perturbador.

As mulheres me achavam assustador. Eu tentava cantar mulheres em livrarias e as deixava apavoradas. Eu sabia que elas me viam como um sujeito desesperado e sem educação. Minha higiene era notadamente abaixo do aceitável.

Sentia que estava faminto. Eu queria amor e sexo. Queria dar as histórias que povoavam minha mente para o mundo.

Eu sabia que não podia ter essas coisas no estado em que me encontrava. Eu precisava renunciar a todos os tipos de drogas. Eu não podia beber. Eu não podia roubar. Eu não podia mentir. Eu precisava ser um filho da puta contido, irritadiço, preso. Eu precisava repudiar minha velha vida. Eu precisava construir uma nova vida em cima da força dessecada da minha velha vida.

Gostava da idéia. Seduzia minha natureza extremista. Eu gostava do aspecto de auto-imolação. Eu gostava da sensação de apostasia.

Passei semanas dançando com a idéia. Ela impulsionou meu ímpeto de contador de histórias e azedou minha predileção pela maconha. Eu queria mudar minha vida toda.

Lloyd usou o AA para ficar sóbrio. Disse que a abstinência total era melhor do que o melhor do álcool e das drogas. Acreditei nele. Ele sempre tinha sido mais esperto, mais forte e mais capaz de se virar do que eu.

Eu segui seus passos. Disse "Foda-se" e me livrei da minha velha vida.

O AA era uma piração. O cenário do final dos anos 70 era uma loucuuuuura. Era redenção e sexo e Deus, e estupendos fracassos humanos. Foi minha educação sentimental e a estrada de volta ao mundo real.

Conheci um monte de gente que tinha vivido minha vida com suas próprias variações. Ouvi histórias que superavam a minha de tão horripilantes. Fiz amizades. Aprendi preceitos morais e desenvolvi uma fé explícita em Deus que era tão sincera e não mais complexa do que a de um garoto fazendo catecismo.

Minha entrada inicial doeu. As reuniões do AA me exauriam. As pessoas falavam coisas ambíguas. Eu não ia embora só para poder segurar as mãos das mulheres durante o pai-nosso.

As mulheres funcionavam como ímãs e me faziam voltar. Eu voltava "um dia de cada vez" só para segurar a mão de alguém. O tesão e minha vontade apostólica me mantinham sóbrio.

O AA trabalhou em mim com sutileza. O material impresso criticava o alcoolismo e a dependência em drogas de maneira brilhante. Eu percebi que carregava o traço hereditário de uma praga comum. Naquele contexto, minha história era banal. Apenas alguns detalhes incidentais me tornavam único. A crítica dava aos princípios do AA um forte ímpeto moral. Eu os achava completamente críveis e confiava em sua eficácia.

Os princípios me conquistaram. As pessoas me fizeram capitular.

Fiquei íntimo de alguns dos caras. Fui me soltando na presença das mulheres e deixei o ego correr solto nas reuniões do AA. Aprendi rapidamente a falar bem em público. Meu exibicionismo autodestrutivo deu uma guinada radical.

O AA de Westside era uma festa. A composição demográfica era de gente branca, jovem e cheia de tesão. O álcool e as drogas estavam fora. O sexo estava dentro. O lema de Westside era: Fique sóbrio, confie em Deus e trepe.

As pessoas iam para o "Hot Tub Fever" depois das reuniões. Um cara dava festa de troca de esposa. Homens e mulheres se conheciam nas reuniões e se casavam em Vegas duas horas depois. Festas nudistas de piscina reinavam absolutas. As mulheres davam em cima dos homens descaradamente. Annie "Wild Thing" B. mostrava os peitos na Kenny's Deli toda quinta-feira à noite depois da reunião da Ohio Street.

Eu trepava. Tive envolvimentos amorosos que duravam uma, duas e três noites e angustiantes tentativas monogâmicas. Eu deixava viciados em heroína em processo de desintoxicação dormirem no chão do meu quarto enquanto eu mandava brasa, tarde da noite, no Hot Tub Fever. Ganhava trezentos dólares por semana no campo de golfe e gastava grande parte com mulheres. Eu apanhava prostitutas drogadas na rua, as levava às reuniões do AA e lhes contava as histórias da Dália Negra para apavorá-las de tal forma que desistissem de vender o corpo. Era uma depravação frenética e, muitas vezes, até mesmo alegre.

Vivi grande parte dos sonhos sexuais movidos a maconha, sóbrio.

O mundo real lançava uma sombra sobre meu mundo de fantasia. Minha única fantasia persistente era aquela tal história. Eu sabia que era um romance.

Ela me perseguia. Invadia meus pensamentos nos momentos mais estranhos. Eu não sabia se tinha os meios de escrevê-la. Estava vivendo um período de conforto. Não sabia que estava fugindo de coisas antigas.

Minha mãe estava morta havia vinte anos. Meu pai, 13. Eu sonhava com ele. Nunca sonhei com ela.

Minha nova vida era longa em termos de fervor e curta em termos de retrospecto. Eu sabia que tinha abandonado meu pai e apressado sua morte e pagava minha dívida em suaves prestações. Já minha mãe, era uma outra história.

Em se tratando dela, eu só conhecia a vergonha e o ódio. Eu a pilhei durante um sonho febril e repudiei minha própria mensagem de desejo. Eu tinha medo de ressuscitá-la e de amá-la de corpo e alma.

Escrevi meu romance e o vendi. Era sobre o crime em Los Angeles e sobre mim mesmo. Tinha medo de emboscar a ruiva e revelar seus segredos. Ainda não tinha conhecido o homem que a traria de volta para mim.

III
Stoner

Você era um fantasma. Eu a encontrei nas sombras e tentei chegar a você das formas mais terríveis. Você não me censurou. Agüentou minhas investidas e deixou que eu me castigasse.

Você me fez. Você me formou. Você me deu uma presença fantasmagórica para brutalizar. Eu nunca me perguntei como você assombrava outras pessoas. Eu jamais questionei ser o único proprietário de seu espírito.

Eu não quis dividir os meus direitos. Eu a refiz de maneira perversa e a isolei para que ninguém mais pudesse tocá-la. Eu não sabia que meu simples egoísmo invalidava cada uma das minhas reivindicações.

Você vive do lado de fora de mim. Vive através dos pensamentos ocultos de estranhos. Você vive através do seu desejo de se esconder e de se dissimular. Você vive através do seu desejo de se esquivar de mim.

Estou decidido a encontrá-la. Sei que não posso fazê-lo sozinho.

12

Os fantasmas dele eram todos mulheres. Elas desfilavam pelos seus sonhos em regime de revezamento.

O corpo em decomposição encontrado perto da rodovia 126. A garçonete da Marina. A adolescente que ficou muda em decorrência do trauma de um estupro e do uso de força bruta.

A lógica particular dos sonhos distorcia os detalhes. As vítimas se deslocavam entre as cenas do crime e exibiam sinais conflitantes de morte. Às vezes elas tomavam vida. Pareciam mais velhas ou mais jovens ou simplesmente permaneciam como eram quando sucumbiram.

Daisie Mae foi sodomizada como Bunny. Karen tomou os golpes de cassetete que deixaram Tracy de joelhos. Era um cassetete de fabricação caseira. Os assassinos encheram um pedaço de mangueira com bilhas de rolamento e fecharam as pontas com fita adesiva.

As ressurreições instantâneas eram de arrepiar. As mulheres deviam permanecer mortas. Os assassinatos as traziam a ele. O amor que ele sentia tinha início no instante em que elas morriam.

Ele andava sonhando demais. Ia desistir da caça e passar por um afastamento precoce. Estava na hora de cair fora. Tinha dado tudo de si. Inequivocamente, queria dar o fora.

Estava deixando dívidas por pagar. Karen lhe mandaria lembretes.

Ele falou com ela devido a uma escassez de ligações e porque outros assassinatos o fizeram dispersar suas obrigações. Ele era uma vítima da confusão e do acaso — assim como ela tinha sido.

Ele tentaria compensar com o amor que ainda tinha por ela.

O nome dele era Bill Stoner. Tinha 53 anos e era detetive de homicídios da delegacia do xerife do condado de Los Angeles. Era casado e tinha filhos gêmeos de 28 anos.

Estávamos no final de março de 1994. Ele estaria deixando o emprego em meados de abril. Tinha servido durante 32 anos e trabalhado na Homicídios por 14. Estaria se aposentando como sargento com 25 anos na categoria. A pensão o sustentaria confortavelmente.

Deixava o trabalho inteiro. Não era alcoólatra e não tinha ficado obeso devido ao álcool e à *junk food*. Estava com a mesma mulher havia mais de trinta anos e administrou os maus momentos do casamento com ela. Ele não viveu a vida dupla de tantos tiras. Não tentou fazer malabarismo com a família e uma penca de namoradas, na nova comunidade policial sexualmente integrada.

Ele não se escondia atrás do trabalho e não chafurdava numa visão negra do mundo. Ele sabia que o isolamento gerava ressentimento e autopiedade. O trabalho policial era inerentemente ambíguo. Os tiras desenvolviam códigos simples para garantir sua base moral. Os códigos reduziam questões complexas a alguns epigramas do caralho. Todo epigrama podia ser reduzido ao seguinte: Tiras sabem de coisas que outras pessoas ignoram. Todo epigrama ofuscava tanto quanto esclarecia.

A Divisão de Homicídios ensinou isso a ele. Ele foi aprendendo aos poucos. Ele perseguia casos de rápida solução até um julgamento bem-sucedido e não compreendia por que os homicídios ocorriam. Aprendeu a desconfiar de respostas e soluções simples e exultou com as poucas viáveis que encontrou. Aprendeu a guardar as opiniões para si, a manter o ego sob controle e a fazer as pessoas irem até ele. Era a postura de um inquisidor. Dava-lhe alguma distância de si próprio. Ajudava-o a apaziguar seu próprio temperamento e a domar certos comportamentos extra-oficiais pouco recomendáveis.

Os primeiros 17 anos de seu casamento foram uma guerra de foice. Ele lutava contra Ann. Ann lutava contra ele. Isto se manteve no campo verbal por pura sorte e por um senso coletivo de fronteiras. Os dois eram igualmente loquazes e profanos e, portanto, uma bela combinação. Seus quereres eram igualmente egoístas. Tinham levado para a guerra reservas iguais de amor.

Ele tinha amadurecido como detetive da Homicídios. Ann tinha amadurecido como enfermeira formada. Ela ingressou na carreira já madura. O casamento sobreviveu porque ambos tinham amadurecido no ramo da morte.

Ann se aposentou cedo. Sofria de pressão alta e era extremamente alérgica. Os maus anos que tiveram juntos colocaram uma quilometragem altíssima nela.

E nele.

Ele estava exausto. Foram centenas de homicídios e os maus momentos ao lado de Ann tinham sido um enorme fardo. Ele queria largar aquilo tudo.

Ele sabia como deixar as coisas de lado. O ramo da morte tinha lhe ensinado isso. Ele queria ser marido e pai em tempo integral. Queria ver Ann e os garotos de perto em regime permanente.

Bob gerenciava uma loja de móveis Ikea. Era casado com uma mulher apática e tinha uma filhinha. Bob andava na linha. Bill Junior é que era mais problemático. Levantava peso, fazia faculdade e trabalhava como segurança. Tinha um filho com a ex-namorada japonesa. Bill Junior era um garoto brilhante e um idiota inveterado.

Ele amava os netos de morrer. A vida era um chute na cabeça.

Ele tinha uma boa casa no condado de Orange. Tinha resguardado a saúde e feito seu pé-de-meia. Tinha um bom casamento e um diálogo em separado com mulheres mortas. Era a sua versão para a síndrome de *Laura*.

Detetives da Homicídios amavam o filme *Laura*. Um tira fica obcecado com uma vítima de homicídio e descobre que ela ainda está viva. Ela é linda e misteriosa. Ela se apaixona pelo tira.

A maioria dos tiras da Delegacia de Homicídios do gabinete do xerife era romântica. Irrompiam vidas devastadas por assassinatos e distribuíam alívio e conselhos. Cuidavam de famílias inteiras. Encontravam-se com as irmãs e as amigas de suas vítimas e sucumbiam à tensão sexual, cuja fiação vinha ligada diretamente à consternação provocada pela perda. Ignoravam seus casamentos em prol de dramas de situação.

Ele não era louco e nem tampouco viciado em teatralidades. O outro lado de *Laura* era *Double Indemnity*: um homem conhece uma mulher e manda a vida à merda. As duas situações eram igualmente transitórias.

Mulheres mortas incendiavam sua imaginação. Ele as homenageava com pensamentos ternos. Não permitia que governassem sua vida.

Estava prestes a se aposentar. As coisas passavam por sua mente com rapidez e brilho.

Ele precisava ir até o escritório. Ia encontrar um homem às 9:00. A mãe dele tinha sido assassinada uns trinta anos atrás. O homem queria ver a pasta do caso.

O terremoto de janeiro tinha arruinado o Tribunal de Justiça. A Delegacia de Homicídios do gabinete do xerife tinha se mudado para a City of Commerce. Ficava a uma hora do condado de Orange, no sentido norte.

Ele tomou a 405 até a 710. Passava-se quase metade do tempo dedicado a um caso de homicídio nas auto-estradas. Percorrer as auto-estradas o exauria.

O condado de Los Angeles era grande, topograficamente variado, e só se podia atravessá-lo usando as auto-estradas. Estas tinham dinamizado a questão das desovas. Os assassinos podiam ir voando até os cânions mais remotos e desovar suas vítimas num instante. As auto-estradas e seus acostamentos eram zonas de desova quatro estrelas. Ele avaliava auto-estradas de acordo com seu potencial de desova passada e desova futura. Cada trecho da auto-estrada de Los Angeles era marcado por um local de desova ou por ter sido o caminho tomado até a cena de um crime. Cada rampa de subida ou de descida o levava a algum homicídio.

A tendência era os corpos se empilharem nas piores partes do condado. Ele conhecia cada milha de auto-estrada que levava ou que voltava de cada cidadezinha de merda que tinha um contrato com a Delegacia de Homicídios do gabinete do xerife. A quilometragem ia crescendo e cansando sua paciência já inexistente. Ele queria deixar a Auto-Estrada da Desova para todo o sempre.

Do condado de Orange ao centro de Los Angeles eram 160 quilômetros, ida e volta. Ele morava no condado de Orange porque não era o condado de Los Angeles e porque não era um enorme mapa de homicídios passados e presentes. Grande parte do condado de Orange era branca e monoliticamente quadrada. Ele se adequava superficialmente. Tiras eram diabretes se fazendo passar por quadrados. Gostava do ambiente do condado de Orange. As pessoas se sentiam ultrajadas por merdas que ele via todos os dias. Orange o fazia sentir-se levemente dissimulado. Tiras mudavam-se em bando para lugares como Orange para viver a ilusão de melhores dias e para fingir ser outra pessoa. Muitos deles carregavam consigo uma bagagem reacionária. Ele tinha desovado a sua muito tempo atrás.

Vivia onde vivia para manter seus dois mundos em separado. A auto-estrada era apenas um símbolo e um sintoma. Ele estaria eternamente correndo entre um mundo e o outro — de um jeito ou de outro.

A Delegacia de Homicídios do gabinete do xerife estava funcionando no pátio de um complexo industrial. Estava espremida entre fabricantes de ferramentas e de *chips* de computador. O arranjo era temporário. Logo, logo estariam se mudando para instalações permanentes.

O Palácio de Justiça transpirava estilo. O lugar não tinha nem a vaga pinta de ser território policial. A fachada era de estuque branco simples. O interior era de gesso branco. O salão principal continha centenas de mesas encostadas umas nas outras. O local parecia um departamento de *telemarketing*.

A Unidade de Inquéritos Não Resolvidos ficava separada do resto por uma parede. Um almoxarifado repleto de prateleiras ficava em anexo. As prateleiras estavam abarrotadas de pastas de homicídios não resolvidos.

Cada pasta era marcada com a letra Z e um número de seis dígitos. Stoner encontrou a Z-483-362 e levou-a para sua mesa.

Tinha passado sete anos em Não Resolvidos. A unidade tinha uma única missão: checar pastas Z em busca de pistas passíveis de serem seguidas e averiguar qualquer nova informação sobre um homicídio não solucionado. O trabalho era um misto de relações públicas e estudo antropológico.

Os policiais da Não Resolvidos raramente solucionavam homicídios. Seguiam pistas telefônicas, reviravam pastas antigas e viciavam-se em crimes antigos. Checavam velhos suspeitos e conversavam com velhos detetives. Não Resolvidos significava muito trabalho burocrático. Os policiais mais velhos passavam por lá antes de se aposentarem.

Stoner tinha entrado jovem. O capitão Grimm tinha uma missão especial para ele. Grimm achava que o assassinato do *Cotton Club* podia ser trabalhado. Mandou Stoner pegá-lo em tempo integral.

O trabalho levou quatro anos. Era um caso de grande evidência, capaz de definir e glorificar qualquer carreira.

Foi uma bela dor de cabeça. Aumentou enormemente sua quilometragem nas auto-estradas.

Stoner olhou a pasta Z que tirara do arquivo. As fotos da autópsia eram tenebrosas. As fotos de Arroyo High eram quase tão horrorosas. Precisava preparar o espírito do tal homem.

Os tiras passavam pela mesa dele e o sacaneavam por causa da aposentadoria. Seu parceiro, Bill McComas, tinha acabado de fazer quatro safenas. Os caras queriam um relatório.

Mac estava mais ou menos bem. Estaria se aposentando dali a um mês — menos do que intato.

Stoner ajeitou-se na cadeira e sonhou acordado. Ele ainda via as coisas com rapidez e clareza.

Era um garoto da Califórnia. Os pais tinham deixado Fresno e ido para o condado de Los Angeles. Os pais brigavam como pumas. Aquilo o deixava puto e assustava suas irmãs.

Ele cresceu em South Gate. Era um lugar plano, quente, construído com estuque do pós-guerra. Reinavam ex-habitantes de

Oakland, transplantados. Gostavam de carros envenenados e de música caipira. Tinham empregos industriais e ganhavam salários dignos de uma economia em explosão. A velha South Gate gerava operários quadrados. A nova South Gate gerava viciados.

Ele cresceu vidrado em garotas e esportes e num vago espírito de aventura. Seu pai era capataz das indústrias Proto-Tool. Era muito trabalho para pouco dinheiro e zero espírito de aventura. Ele próprio tentou a Proto-Tool. O trabalho era difícil de aturar e pesado para o corpo. Tentou fazer faculdade e ponderou sobre uma carreira de professor. Não morria de amores pela idéia.

As irmãs casaram-se com tiras. Ele tinha um cunhado na polícia de South Gate e outro na polícia rodoviária. Contavam-lhe histórias tentadoras. As histórias se encaixavam com algumas das idéias que ele andava tendo.

Ele queria aventura. Queria ajudar as pessoas. Fez o exame de admissão para o gabinete do xerife do condado de Los Angeles um dia após completar 21 anos.

Passou. Passou nos exames físicos e na verificação de antecedentes. Ingressou na turma de 1961 da Academia de Polícia do gabinete do xerife.

O xerife estava desfalcado. Stoner foi pré-designado para a cadeia do Palácio de Justiça. Conheceu alguns assassinos famosos logo de cara.

Conheceu John Deptula. *Crazy* John arrombou um boliche e acordou Roger Alan Mosser, um faz-tudo que morava no local. Deptula espancou Mosser até a morte e arrastou seu corpo para a Angeles National Forest. Decapitou Mosser e enfiou a cabeça na privada do banheiro portátil do acampamento. Ward Hallinen solucionou o caso para a divisão de homicídios do xerife.

Conheceu Sam LoCigno. LoCigno eliminou Jack "O Justiceiro" Whalen. Foi contratado para eliminá-lo. Aconteceu no Rondelli's Restaurant, em dezembro de 1959. O contrato deu errado do início ao fim.

O andar no qual trabalhava estava cheio de travestis e criminosos filhos da puta que assaltavam à mão armada. Ele prestava atenção no que diziam e aprendia coisas. Entrou para a Academia e devorou um curso de quatro meses de justiça criminal. Conheceu uma loura bonita chamada Ann Schumacher. Ela trabalhava na fábrica da Autonetics, em Downey. Combinaram de sair na noite da formatura dele.

Ele se formou da Academia em abril de 1962. Levou Ann ao Crescendo, na agitada Sunset Strip. Ann estava bonita. Ele estava bonito. Ele carregava uma .38 de cano curto. Tinha 21 anos de idade e era indiscutivelmente *cool*.

Ele queria trabalhar nas patrulhas. O xerife tinha viaturas de patrulhamento em 14 delegacias. Ele queria ação em tempo integral.

Foi designado para o trabalho carcerário.

Foi mandado para Wayside Honor Rancho. Ficava a 104 quilômetros de seu apartamento. O trabalho deu início ao seu longo e desagradável relacionamento com as auto-estradas.

Wayside roubou-lhe um pouco da juventude. Wayside foi um bom curso sobre a justiça americana pré-colapso.

Wayside continha presos que deveriam estar cumprindo pena na cadeia do condado e o excedente do Palácio de Justiça, aqueles que estavam a caminho do xadrez. Brancos, negros e mexicanos se odiavam, mas se abstinham de uma guerra racial. Wayside era um dente eficiente numa engrenagem emperrada. O sistema funcionava porque o número de criminosos ficava muito aquém do que seria considerado estratosférico e a maioria não usava de violência. A heroína era a droga bicho-papão da época. A heroína era uma epidemia de drogas bem contida. A heroína fazia as pessoas arrombarem casas e levava homens a prostituírem as namoradas para sustentar o vício. A heroína levava as pessoas ao estupor. A heroína não fazia ninguém pirar e cortar a namorada em pedacinhos — como o *crack* faria vinte anos mais tarde. O sistema funcionava porque os acusados de crimes hediondos e pequenos delitos se declaravam culpados na maioria das vezes e não reclamavam da conduta policial com freqüência. O sistema funcionava porque dava para cumprir pena nas cadeias na era anterior ao colapso do sistema. Os criminosos eram anteriores à era da psicologia. Aceitavam a autoridade. Sabiam que eram a escória dos menos favorecidos porque era o que viam na TV e liam nos jornais. Estavam encurralados num jogo de cartas marcadas. As autoridades normalmente ganhavam. Sentiam prazer com triunfos insignificantes e deleitavam-se com as maquinações do jogo. O jogo todo era uma série de informações internas. Informações internas e fatalismo eram simplesmente o máximo. Se uma pessoa não fosse condenada à câmara de gás, o máximo que podia pegar era uma estadia na penitenciária. Antes do colapso do sistema, dava para cumprir pena na penitenciária. Dava para tomar bebida clandestina e comer a bunda das bichas. O sistema funcionava porque a América ainda estava por passar por arruaças raciais e assassinatos e baboseiras ambientais e porradarias entre os sexos e pela proliferação das drogas e pela mania por armas e pelas psicoses religiosas ligadas à implosão da mídia e o emergente culto à vitimização — um trânsito de 25 anos de urucubacas divisivas que resultaram num estultificante ceticismo em massa.

Ele se tornou policial no momento certo. Ele pôde se agarrar a idéias simples com a consciência limpa. Pôde dar porrada com impunidade jurídica. Pôde postergar certos aspectos de sua instrução policial para amadurecer como detetive de homicídios.

Comprou essa ilusão toda em 1962. Sabia que o sistema funcionava. Dava para trabalhar no sistema carcerário. Os presos o divertiam de uma maneira perversa. Desempenhavam seu papel de acordo com o roteiro da época. Os carcereiros faziam o mesmo.

Ele se casou com Ann em dezembro de 1962. Transferiu-se para a delegacia de Norwalk um ano depois. Passou o primeiro aniversário de casamento numa viatura. Ann ficou magoada e puta da vida.

Eles começaram a brigar. Ann queria todo o tempo do qual ele dispunha. Ele queria todo o tempo do qual ela dispunha em sincronia com os horários dele. O xerife do condado de Los Angeles exigia a maioria de seu tempo. Alguém ia ter de ceder.

Eles brigavam. O casamento dele se transformou no de seus pais com o volume aumentado e uma saraivada de "Vai se foder". Ann tinha um certo complexo de abandono. A mãe a tinha abandonado para ir morar com um assaltante. O sujeito levou Mamãe numa turnê nacional de assaltos. Ann tinha tido uma infância completamente fodida.

Eles brigavam. Eles se reconciliavam. Eles brigavam. Ele resistia às pencas de perseguidoras de policiais, loucas para dar para ele. A delegacia do xerife de Los Angeles pairava como sua amante num processo de divórcio em potencial.

Ele amava o trabalho de patrulha. Ele amava o fluxo de acontecimentos inesperados e a mistura diária de pessoas em apuros. Norwalk era uma "delegacia de cavalheiros". A população era branca e o ritmo era lento. O manicômio do condado ficava na rota de rondas que ele fazia. Os loucos fugiam e gostavam de fazer brincadeiras nus em pêlo. Os assistentes do xerife de Norwalk administravam um serviço de táxi para malucos. Viviam levando algum doido de volta para o hospício.

Ele gostava de trabalhar em Norwalk. O sistema funcionava e o crime era passível de ser contido. Alguns dos tiras mais velhos viam tempestades no horizonte. Essa história de precisar ler os direitos de um suspeito antes de prendê-lo estava fodendo com tudo. O equilíbrio do poder mudara das mãos dos tiras para a dos suspeitos. Não dava mais para registrar confissões à base de perguntas capciosas e porradas com catálogos telefônicos em cima dos rins.

Ele não usava de tais táticas. Não fabricava cassetetes com luvas de couro cheias com pesos de 500 gramas. Não era um cara violento. Tentava ser razoável com arruaceiros e só brigava quando necessário.

Capotou com a viatura durante uma perseguição e quase morreu na hora. Ele se embolou com um adolescente cheirador de cola e tomou porradas dignas de um peso pesado. Atendeu a um chamado e foi dar com uma batida de dois carros. Havia um homem morto em seu caminhão. Tinha estraçalhado a cabeça dentro do rádio e aumentado o volume estupidamente. Dava para ouvir a música *Charades* a quarteirões de distância.

Norwalk proporcionou a ele alguns momentos de completa piração. Momentos que não eram nada perto do que foi Watts em agosto de 1965.

Ann estava grávida de oito meses. Estavam dirigindo para o norte pela auto-estrada Long Beach. A vista que tinham lá de cima era ampla, extensa. Viram um monte de incêndios flamejantes.

Ele saiu da auto-estrada e ligou para a delegacia de Norwalk. O comandante disse a ele que vestisse o uniforme e fosse para a Harvey Aluminum. A Harvey estava afundada em conflitos trabalhistas. O gabinete do xerife do condado de Los Angeles já tinha um posto de comando armado lá dentro.

Ele deixou Ann em casa e voou para a Harvey. O estacionamento estava abarrotado de negros, brancos e assistentes do xerife em uniformes de batalhão de choque. O posto de comando despachava viaturas com quatro homens. Ele arranjou uma pistola calibre 12 e três parceiros temporários.

Eram plantões de 12 horas cada. Era para arrebentar saqueadores e incendiários. Era para purgar Watts e Willowbrook — os focos de todo esse vudu de crioulo.

Ele foi ao ataque em plena luz do dia. A temperatura beirava os quarenta graus. O fogo aumentava o calor. O uniforme do batalhão de choque aumentava o calor ainda mais. O sul de Los Angeles era só calor e alvoroço.

Os saqueadores estavam atacando lojas de bebidas. Viravam garrafas de marcas conhecidas bem ali, na frente de todo mundo. Os saqueadores empurravam carrinhos de compras pelas ruas. Os carrinhos estavam abarrotados de garrafas de bebida e televisores.

Os tiros eclodiam continuamente. Não dava para saber quem atirava em quem. A Guarda Nacional apareceu em peso. Eles aparentavam ser jovens e burros e medrosos e simplesmente doidos para sair atirando.

Não dava para patrulhar com lógica. Era coisa demais vindo na sua direção, rápido demais. Era preciso agarrar saqueadores a esmo. O trabalho era feito de veneta, de acordo com o estímulo do momento. Não dava para determinar de onde vinham os tiros. Não dava para confiar que os guardas não mandariam bala, matando-o com um ricochete.

Era uma desordem incontrolável. Crescia em proporção direta às tentativas de controlarem-na. Um homem do xerife empurrava a multidão para trás. Um saqueador agarrou sua pistola. Ela disparou e estourou os miolos de seu parceiro.

E a coisa ia em frente. Os focos de ação se dispersavam e se reuniam outra vez. Ele trabalhou naquilo durante três dias inteiros. Arrebentou dúzias de saqueadores e emagreceu devido à exposição ao calor e à sobrecarga de adrenalina.

A atividade foi se dispersando devido a algum tipo de exaustão em massa. Talvez o calor tenha exaurido os manifestantes. Conseguiram dizer ao que tinham vindo. Conseguiram dar um pouco de brilho às suas vidinhas de merda. Entupiram-se de bugigangas baratas e se convenceram de que tinham ganho mais do que perdido.

A polícia perdeu seu cabaço coletivo.

Alguns deles negaram. Atribuíam os distúrbios a uma série específica de eventos gerados criminalmente. Sua lógica de causa-efeito não ia mais longe do que isso.

Muitos tiras entraram em modo *default*. Crioulos indisciplinados eram crioulos indisciplinados. De agora em diante, suas tendências criminosas inatas deveriam ser suprimidas com rigor ainda maior.

Ele era mais esperto do que isso. Os distúrbios lhe ensinaram que a supressão era fútil. Ninguém toca fogo no próprio mundo sem um bom motivo. Não se pode paralisar as pessoas ou mantê-las segregadas. Quanto mais se tenta, mais o caos se sobrepõe à ordem. A revelação o excitou e o assustou.

Os gêmeos nasceram um mês após os distúrbios. Seu casamento passou por uma fase de calmaria. Ele estudava para o exame de sargento e trabalhava na patrulha de Norwalk. Ele ponderou as lições ensinadas por Watts.

Ele vivia em dois mundos diferentes. Seu mundo familiar era incontrolável. As lições ensinadas por Watts falhavam em casa. Ele sabia lidar com criminosos. Ele não conseguia era lidar com a mulher instável a quem amava.

A novidade de ter filhos se gastou. Eles começaram a brigar outra vez. Brigavam na frente dos garotos e se sentiam mal por isso.

Ele chegou ao posto de sargento em dezembro de 1968 e foi transferido para a delegacia de Firestone. Firestone era uma delegacia de alta densidade, alta criminalidade e cem por cento negra. O ritmo era frenético. Ele aprendeu a trabalhar num ritmo três vezes mais intenso do que o de Norwalk.

Ele trabalhou como supervisor de patrulhamento. Passava um plantão inteiro de código 3 em código 3. Firestone era drogas e assalto à mão armada e chamadas de violência doméstica. Firestone tinha sido uma zona de distúrbios em 1965. O povo de lá tinha suas próprias revelações pós-distúrbios. Firestone era toda jogos de dados nas calçadas e revólveres. Firestone era a criança que entrou na secadora de roupas e foi se queimando e rodopiando até morrer. Firestone era um caos desacelerado. Firestone podia explodir a qualquer instante.

Ele passou quatro anos ali. Terminou a temporada de patrulha e ingressou na equipe de detetives. Fez algum trabalho de relações comunitárias. Qualquer coisa que abreviasse a distância entre policiais e civis era bom para os negócios. O DPLA tinha fodido com as relações entre policiais e civis para todo o sempre. Ele não queria que a delegacia do xerife seguisse os mesmos passos.

Foi transferido para a delegacia de furtos de automóveis. Desenvolveu uma grande habilidade como detetive e se deleitava com a natureza específica do trabalho. Os crimes de furto não tinham originalidade. Eram, simplesmente, a violação dos direitos de propriedade. Eram problemas isolados, que terminavam com a prisão de culpados específicos. Ele não precisava prender moleques indefesos por porte de maconha. Não precisava servir de árbitro para brigas domésticas e nem dar conselhos matrimoniais como se soubesse do que estava falando.

Ele tinha um talento especial para o trabalho de detetive. Tinha os bons modos e o temperamento necessários para aquilo. O trabalho de patrulha era uma corrida sem tempo para tomar fôlego e sem linha fixa de chegada. Em comparação, o trabalho de detetive tinha um ritmo mais tranqüilo. Ele mergulhava no interior de cada suspeito, individualmente, e cooptava seu conhecimento. Ele se aprofundava cada vez mais na matriz policial-criminoso.

Ele entrou para Firestone como tira. Saiu como detetive. Foi para Assuntos Internos e perseguiu outros tiras.

Tiras que roubavam dinheiro. Tiras que usavam demais o

cassetete. Policiais que usavam drogas. Tiras que batiam punheta vendo filmes pornô. Tiras que chupavam a pica de presos nas cadeias do condado. Tiras delatados por delitos imaginários por puro despeito.

A AI era brutal. As fronteiras do território moral eram turvas. Ele não gostava de dar dura em tiras. Buscava a verdade literal relativa às situações de cada um e enfatizava atenuantes. Sentia empatia por alguns homens simplesmente perversos. Ele sabia como o trabalho minava contratos familiares. Uma boa porção dos tiras que conhecia era constituída por alcoólatras funcionais. Não eram melhores nem piores do que os tiras acusados de fumar maconha.

Ele sabia lidar com suas próprias deficiências. Ele as usava para ilustrar a grande verdade. *Você* não rouba e nem usa drogas e nem se mete com perversões. *Você* não explora sua posição de policial em troca de ganhos ilícitos. *Você* tem que impor essas restrições sobre os tiras que investiga.

Era uma linha moralmente válida. Era uma simplificação dirigida pelo ego.

Seu casamento estava morto. Ele queria dar o fora. Ann queria dar o fora. Um ficava esperando que o outro tivesse coragem o bastante para terminá-lo. Compraram uma casa e enfiaram o anzol ainda mais fundo um no outro. Ele lutava contra uma ânsia persistente de correr atrás de mulher.

Deixou a AI em 1973. Foi para a delegacia de Lakewood e trabalhou com furto e arrombamentos de carros durante dois anos. Foi para a divisão metropolitana em 1975.

A metropolitana trabalhava em todo o condado. Ele tocava um time de cinco homens que percorria o condado como um todo. O condado de Los Angeles se expandiu para ele. Ele via o crime explodir nas áreas mais pobres, onde as pessoas tinham dinheiro, no máximo, para drogas e apartamentos baratos. A paisagem nesses lugares era plana e poluída. As pessoas viviam numa esqualidez funcional. Moviam-se entre cidades cobertas de *smog* como ratos num labirinto. As auto-estradas os faziam andar em círculos. As drogas eram um circuito fechado de breves êxtase e desespero. Assalto e roubo eram crimes diretamente ligados ao uso de drogas.

Homicídio era um subproduto comum do uso e do tráfico de drogas ilegais. A repressão contra as drogas era um circuito fechado fútil. O uso de drogas era uma reação insana e completamente compreensível àquela vida na casa do caralho do condado de Los Angeles. Ele aprendeu essas coisas passando pelos viadutos das autoestradas.

Ele trabalhou com fraudes em 1978 e foi para a VOIT em 1979. VOIT significava *Violent Offender Impact Team*. Era uma unidade pequena, criada para prender assaltantes que roubavam à mão armada e em série. O trabalho o fez cruzar para Homicídios.

Ann sentiu que tinha uma vocação. Seguiu-a instintivamente. Foi fazer enfermagem e se destacou no trabalho. Essa vontade de ser independente fez seu casamento ressuscitar.

Ele respeitava a profissão dela. Ele respeitava sua vontade de perseguir uma carreira aos quarenta anos de idade. Ele gostava da maneira como a nova vocação dela se misturava à nova vocação dele.

Ele queria trabalhar na Delegacia de Homicídios do gabinete do xerife. Ele queria investigar homicídios. Ele queria aquilo com um comprometimento de corpo inteiro.

Ele cobrou certos favores e conseguiu. Isso o levou ao corpo abandonado à beira da estrada e ao corpo jogado na Marina. Isso o levou à garota que ficou muda devido a um estupro e ao trauma da força bruta usada contra ela.

Seus fantasmas.

13

Ele aprendeu certas coisas sobre homicídios logo de cara. Aprendeu que os homens precisavam de menos provocação para matar do que as mulheres. Os homens matavam porque estavam bêbados, doidões de maconha ou putos da vida. Os homens matavam por dinheiro. Os homens matavam porque outros homens os faziam sentir menos homens.

Os homens matavam para impressionar outros homens. Os homens matavam para poder falar a respeito. Os homens matavam porque eram fracos e preguiçosos. Matar saciava o tesão do momento e reduzia as opções a uma quantidade compreensível.

Os homens matavam mulheres buscando capitulação. A piranha não queria chupar o pau dele ou então não queria dar a ele o dinheiro que era dela. A piranha torrava o bife. A piranha dava um chilique quando ele trocava os vales-refeição dela por drogas. A piranha não gostava que ele ficasse bulindo com a filha dela, de 12 anos.

Os homens não matavam mulheres porque eram sistematicamente maltratados pelo sexo feminino. As mulheres matavam homens porque os homens as maltratavam com intenso rigor e persistência.

Ele considerava esta regra restritiva. Não queria que fosse verdadeira. Não queria ver as mulheres como uma raça inteira de vítimas.

A questão do livre-arbítrio o deixava perplexo. Muitas mulheres vítimas de homicídio se colocavam no caminho do perigo e serviam de co-signatárias passivas de suas sentenças de morte. Ele não queria admitir essa possibilidade. Sentia pelas mulheres uma grande paixão que englobava todo o sexo feminino. Era um sentimento amplo e aleatório e essencialmente idealista. Foi ele que o manteve fiel quando seu casamento o traiu.

Sua primeira vítima foi mulher.

Foi Billy Farrington quem o apresentou à Delegacia de Homicídios do gabinete do xerife. Billy era um negro elegantíssimo. Usava ternos feitos sob encomenda em cenas do crime em que defuntos purgavam gases estomacais e fezes. Billy o ensinou a ler as cenas dos crimes vagarosa e deliberadamente.

Billy tinha 55 anos e estava chegando ao fim de sua carreira como homem da lei. Billy tinha um belíssimo naco de férias vencidas acumuladas. Billy o deixou trabalhar no caso Daisie Mae sozinho.

A desova tinha ocorrido em Newhall. Um homem viu uma trouxa pegando fogo e apagou as chamas. Ligou para a delegacia do xerife de Newhall. O comandante de plantão ligou para a Homicídios do xerife.

Stoner foi até lá. Isolou a cena do crime e examinou o corpo.

A vítima estava completamente vestida. Era branca e idosa. Seu rosto estava contorcido. Parecia quase ser mongolóide.

Ela estava envolta numa bandeira americana e em mantas de bebê. A trouxa estava amarrada com um fio elétrico. As mantas estavam encharcadas com gasolina ou algum outro catalisador de cheiro enjoativo. Ela parecia ter tomado umas cacetadas na cabeça.

Stoner percorreu a área. Não viu pegadas, nem marcas de pneus, nem qualquer cassetete abandonado. A área era montanhosa e coberta por arbustos. Era bem capaz do assassino ter subido com o corpo por uma das vias de acesso.

A equipe do legista chegou. Examinaram as roupas chamuscadas da vítima.

Não encontraram identificação. Stoner encontrou uma corrente de ouro. O pingente parecia ser um símbolo da paz ou qualquer esquisitice do gênero.

Stoner colocou-o num saco plástico. A equipe do legista removeu o corpo.

Stoner foi até o Palácio de Justiça e verificou os relatórios de desaparecimentos recentes. Não havia nada que se parecesse com a tal fulana. Ele mandou um teletipo. Enfatizava o colar da vítima e a possibilidade de que talvez fosse retardada. Ligou para o *bureau* de informações e os instruiu a espalhar a notícia sobre a fulana.

O noticiário do canal 7 mencionou a história naquela mesma noite. Stoner recebeu uma ligação alguns minutos depois.

Um homem dizia ter feito o colar. O pingente era um símbolo do AA. Ele vendia os colares nas reuniões do AA de Long Beach.

Stoner fez um esboço do colar e descreveu os fatos do caso logo abaixo. Acrescentou seu nome e seu número de telefone na Homicídios do xerife. Mimeografou cem cópias e distribuiu-as em todas as reuniões do AA realizadas em Long Beach.

Um homem chamado Neil Silberschlog viu os folhetos e ligou para ele. Disse que a vítima lembrava uma velha freqüentadora do AA. Era conhecida como Daisie Mae. Andava saindo com um homem mais jovem chamado Ronald Bacon. Silberschlog morava perto de Bacon. Bacon andava dirigindo o Impala 1964 de Daisie Mae. Daisie Mae não estava em lugar nenhum. Silberschlog achava aquilo tudo muito suspeito.

Stoner foi até Long Beach e se encontrou com o informante. Silberschlog identificou uma foto da vítima tirada no necrotério. Ele disse que ela não era retardada. Era apenas uma velha suja e bêbada.

Daisie Mae morava perto dali. Silberschlog caminhou com Stoner até o apartamento.

Era uma espelunca. Uma velha bêbada chamada Betty Caolha estava dormindo na sala. Betty disse que tinha visto o carro de Daisie Mae em frente à casa de Ronnie Bacon. Ronnie estava com o relógio de Daisie Mae. Tinha trocado a correia e dado para a namoradinha de 16 anos. Ronnie tinha acabado de ser pego por roubar uma drogaria. Estava na cadeia principal do condado de Los Angeles.

Stoner foi até a cadeia e entrevistou Ronald Bacon. Ele tinha

25 anos e era puro lixo branco. Disse que freqüentava o AA em busca de amizade. Conhecia Daisie Mae, mas certamente não a matara.

Stoner voltou para Long Beach. Vasculhou o apartamento de Bacon e encontrou uma lata de gasolina vazia. Um vizinho contou que Bacon lhe vendera um sofá ensopado de sangue.

Stoner ligou para Betty Caolha outra vez. Ela relatou o último dia de Daisie Mae entre os vivos.

Daisie Mae tinha acabado de receber o cheque da seguridade social. Queria comprar uma televisão. Betty Caolha e Ronald Bacon queriam ajudá-la a gastar o dinheiro. Ficaram dando voltas de carro, com ela atrás de uma TV barata.

Estavam no carro de Daisie Mae. Bacon forçou Daisie Mae a trocar o cheque. Betty Caolha foi para casa. Bacon e Daisie Mae se afastaram sozinhos.

Stoner expediu um mandado de prisão para Ronald Bacon. Um policial da promotoria o atendeu e registrou uma acusação de homicídio contra ele. Bacon foi detido para responder por assassinato em primeiro grau.

Uma mulher telefonou para Stoner no *bureau*. Disse a ele que a filha tinha namorado Ronald Bacon. Bacon tinha escrito uma carta muito suspeita para sua filha.

O tom era lamuriento. Bacon contava que acabava de roubar um dinheiro e que estava "aqui no carro com ela". Ele tinha surrado uma velha até a morte. Começou a implorar por um pouco de compaixão antes mesmo de incendiar o corpo dela.

Um grafólogo examinou a carta e confirmou Ronald Bacon como seu autor. Bacon foi julgado e condenado à prisão perpétua, sem direito à condicional. Stoner tinha solucionado seu primeiro caso de homicídio. Aprendeu que os homens matam mulheres e correm para outras mulheres, cheios de autopiedade.

Um homem de Norwalk atirou na mulher. Mirou acima da cabeça dela e a atingiu entre os olhos. O homem só estava querendo desabafar. Escondeu os pés de maconha antes de dar parte do incidente. Stoner o prendeu por assassinato em segundo grau. Aprendeu que os homens matam mulheres por tédio.

Uma negra atirou e matou o marido. Ligou para a delegacia de Lennox e fez uma queixa anônima, reclamando que um vagabundo andava rondando sua casa. O detetive de plantão mandou uma viatura até o prédio dela. Os policiais não viram gatuno algum. A mulher ligou para a delegacia de Lennox outra vez. Disse ao detetive de plantão que tinha atirado no marido sem querer. Ele tinha entrado pela janela inesperadamente. Ela achou que ele fosse um ladrão. Ela não sabia que as ligações feitas para a delegacia eram gravadas.

O policial de plantão ligou para Homicídios do xerife e explicou a situação. Stoner foi até a cena do crime e deu uma prensa na mulher. Ela admitiu ter atirado no marido antes de dar o primeiro telefonema. Disse que ele andava batendo nela. Ela mostrou os hematomas como prova. Stoner a prendeu e passou o nome do marido para a equipe de detetives da Lennox. Os caras ficaram contentes por ela ter dado um fim no sujeito. Estavam prestes a colocá-lo no xadrez por uma série de assaltos.

Stoner conversou com os vizinhos da mulher. Disseram que o assaltante vivia batendo na mulher. Ficava em casa coçando, enquanto ela trabalhava. Gastava o dinheiro dela com bebida e droga.

A mulher permaneceu sob custódia. Stoner foi à promotoria e pediu um abrandamento da pena. O promotor concordou em aliviar as acusações.

A mulher pegou uma condicional. Telefonou para Stoner e agradeceu-lhe por sua gentileza. Ele aprendeu que as mulheres matam os homens quando a última pancada que levam na cabeça as deixa um tanto fora de si.

A proposta da Homicídios era ir aprendendo com o tempo. O caso Dora Boldt foi extremamente educativo.

Trabalhou nele com Billy Farrington. Billy saiu de férias outra vez e o deixou de cabeça virada. O caso foi um furacão de duas semanas.

Dora e Henry Boldt moravam no bairro de Lennox. Eram a resistência branca num bairro negro. Eram frágeis e tinham quase oitenta anos.

O filho os encontrou.

Dora estava morta no corredor da sala. Estava com uma fronha enfiada na cabeça. A fronha estava encharcada de sangue e fluidos cerebrais.

Henry estava vivo, no quarto. Alguém o havia espancado e chutado até deixá-lo inconsciente.

A casa tinha sido virada do avesso. As linhas telefônicas tinham sido cortadas. O filho correu até a casa do vizinho e discou emergência.

As viaturas chegaram. Uma ambulância chegou. Henry Boldt recobrou a consciência. Um policial pediu a ele que mostrasse um dedo se o assassino, ou assassinos, fossem brancos e dois dedos, se fossem negros. Henry mostrou dois dedos. A ambulância o levou embora.

Stoner e Farrington chegaram. A equipe do laboratório apareceu. Todo mundo achou a mesma coisa.

Foram dois caras. Espancaram a velha até a morte. Usaram os punhos, os pés e lanternas.

Os caras do laboratório empoaram a casa em busca de impressões digitais. Encontraram marcas de luvas pela casa inteira. Stoner encontrou um pedaço de queijo mordido no meio da cozinha. Um fotógrafo pisou no queijo e destruiu a marca da arcada dentária.

Stoner conversou com a família de Dora Boldt. Eles inventariaram a casa e o ajudaram a fazer uma lista do que havia sido roubado. Deram a ele o número de série de uma panela elétrica e de uma televisão que haviam sumido.

Billy Farrington saiu de férias. Stoner foi à equipe de detetives de Lennox, ao esquadrão de polícia de Inglewood e à divisão de investigação do DPLA, em West Los Angeles. Contou-lhes sobre o caso. Eles descreveram quarenta casos parecidos de arrombamento com intuito criminoso, com três assassinatos ligados.

As vítimas eram velhinhas brancas. Tinham sido espancadas até a morte. Os perpetradores sempre cortavam os fios de telefone e comiam o que havia na geladeira. Enchiam as vítimas de cacete. Viravam suas casas de pernas para o ar e roubavam seus carros em 30% dos casos. Todas as vítimas eram idosos brancos. Todos os carros tinham sido abandonados num pequeno raio de distância de West L.A. Todas as surras tinham sido bárbaras. Uma mulher perdeu um olho. Os perpetradores atacavam a cada três ou quatro noites.

Stoner classificou os crimes e escreveu um relatório detalhado. Mandou um boletim para todo o condado. Voltou aos batalhões de Lennox, de Inglewood e de West L.A. e expôs o que sabia. Todo mundo achou a mesma coisa. Precisavam agir imediatamente.

A polícia de Beverly Hills telefonou para Stoner. Tinham lido o boletim. Tinham dois suspeitos para ele.

Seus nomes eram Jeffrey Langford e Roy Benny Wimberly. Eram negros em torno dos 25 anos. A polícia de Beverly Hills os tinha pego por dois arrombamentos com intuito criminoso. Tinham recebido uma sentença de três anos numa penitenciária do estado. Talvez já tivessem saído da prisão.

Stoner ligou para o departamento de condicionais do estado e para o departamento de veículos motores do estado. Soube que Wimberly e Langford tinham saído em condicional um mês antes dos arrombamentos começarem. Langford morava em West L.A. — perto do local onde os carros roubados eram abandonados.

Stoner ligou para a equipe da divisão metropolitana do xerife e colocou os dois sob vigilância. Wimberly e Langford passaram três dias passeando, para cima e para baixo, no jipe de Langford. Vigiaram duas casas em West L.A. e uma em Beverly Hills. Brancos idosos moravam nessas casas.

Stoner ligou para a polícia de Los Angeles. Um tira especializado em arrombamentos chamado Varner colocou dois times de vigilância nas duas casas de West L.A. Stoner ligou para a polícia de Beverly Hills. Colocaram um time na casa que se encontrava em sua jurisdição e tiraram os velhinhos de lá.

Varner tomou conta das duas casas. Tirou o pessoal da Casa nº 1. O pessoal da Casa nº 2 se recusou a deixá-la. Varner cobriu a sala com tapumes e plantou dois policiais armados lá dentro. O pessoal concordou em se esconder sob vigilância 24 horas por dia.

Wimberly e Langford passaram a vigiar, exclusivamente, a Casa nº 2.

Stoner sabia que atacariam em breve. Arranjou um helicóptero e dois times de vigilância de ruas e distribuiu *walkie-talkies*. A casa de Langford estava sendo vigiada. A Casa nº 2 estava sendo vigiada. O helicóptero começou a seguir os suspeitos de uma distância segura. Stoner armou seu posto de comando na delegacia de Lennox. Estava ligado diretamente com a Casa nº 2 e todas as viaturas.

Os suspeitos deixaram a casa de Langford à 1:00 de 3/7/81.

Dirigiram até o beco que ficava atrás da Casa nº 2 e saltaram a cerca dos fundos. Cortaram os fios externos de telefone. Começaram a forçar as janelas do quarto dos fundos.

As janelas estavam tapadas com madeira. Os velhinhos tinham feito isso por precaução. Esqueceram de dizer isto à polícia.

Wimberly e Langford continuavam a forçar a janela. Os *walkie-talkies* que estavam dentro da casa ficaram mudos. Stoner entrou em contato com as viaturas. Estavam estacionadas a um quarteirão da Casa nº 2.

Wimberly e Langford continuaram a forçar a janela. Faziam um barulho do cacete. Eles eram audaciosos e burros. Não tinham a menor noção de coisa alguma.

Alguém estourou uma bombinha em algum lugar da quadra. As viaturas acharam que fosse um tiro. Acenderam os faróis, ligaram as sirenes e caíram em cima de Wimberly e Langford.

Wimberly e Langford fugiram. As viaturas fecharam o beco e os pegaram.

Stoner os interrogou na delegacia de Lennox. Não confessaram os arrombamentos e nem os homicídios. Stoner contou a eles que Henry Boldt tinha morrido. Não mostraram reação alguma. Stoner disse a eles que eram suspeitos de cinco assassinatos, ao todo. Passaram o interrogatório inteiro em silêncio.

Billy Farrington voltou de férias. Ajudou Stoner a interrogar os suspeitos. Langford chamou Billy de crioulo. Stoner se colocou entre os dois e evitou que a coisa ficasse feia.

Wimberly e Langford não confessaram. Stoner revistou as casas dos dois. Caminhões de carga levaram as mercadorias roubadas. Stoner usou um mandado de busca para revistar a casa dos pais de Wimberly. Recuperou cortadores de grama, produtos de beleza e um espelho banhado a ouro. Encontrou a panela elétrica de Dora Boldt. Não havia impressões digitais nelas. O número encontrado no fundo não era um número de série. A panela não tinha valor algum como prova.

As mercadorias roubadas ficaram guardadas em Parker Center. As vítimas as identificaram. Wimberly e Langford foram indiciados em 18 casos de arrombamento em primeiro grau. Não conseguiram recuperar um só item verificável da casa dos Boldt ou das outras vítimas assassinadas. Stoner não conseguiu indiciar Wimberly e Langford por homicídio. Ele quis matar o filho da puta do fotógrafo que amassou aquele pedaço de queijo.

Wimberly e Langford foram julgados e condenados. Langford levou 17 anos. Wimberly levou entre 20 e 25. Langford saiu logo, logo, em condicional. Os Federais o pegaram com dois quilos de cocaína. Langford pegou perpétua, sem direito a condicional.

Stoner tentou indiciá-los por homicídios múltiplos, mas só conseguiu arrombamento em primeiro grau. O caso Wimberly e Langford o deixou frustrado e assustado pelos pais dos dois. Wimberly e Langford tinham crescido numa família de classe média. Não tinham sido maltratados pelos pais. Stoner descobriu que os homens matam mulheres por cortadores de grama e panelas elétricas.

Um homem seqüestrou uma mulher de sessenta anos. Tentou forçá-la a pegar dinheiro em um banco 24-horas. A mulher ficava apertando o código errado. O homem ficou frustrado e deu um tiro nela.

Desovou a mulher no estacionamento de uma igreja. Roubou os cartões de crédito dela e comprou um par de botas Kinney tamanho 40. O xerife do condado de Riverside foi atrás dele por causa de uma violação de condicional antiga. Ele ouviu a batida na porta. Escondeu-se na cama, debaixo da namorada de 136 quilos.

A polícia de Riverside o pegou dois dias depois. Ele disse que tinha informações sobre um assassinato ocorrido em Los Angeles. Um motoqueiro tinha contado a ele que tinha apagado uma velha e a desovado atrás de uma igreja. Podia achar o motoqueiro para eles, se o deixassem ir embora.

A polícia de Riverside ligou para Stoner e relatou a história contada pelo homem. Stoner perguntou a eles se o homem estava calçando botas Kinney tamanho 40. Os policiais disseram que sim. Stoner disse que estava indo para lá com um mandado de prisão por homicídio.

O homem confessou. A Delegacia de Roubos do gabinete do xerife o pegou por uns assaltos. Quem dirigia era a namorada. O homem se recusou a delatá-la. Os homens matavam mulheres e ficavam abobados por causa de outras mulheres, num abrir e fechar de olhos.

Um homem do Camboja se mudou para Hawaiian Gardens. Tinha dois filhos de um casamento anterior. A primeira mulher tinha morrido na guerra. Ele tinha dois filhos com a segunda esposa. Eram cambojanos-americanos trabalhadores.

O homem descobriu que a mulher o estava chifrando. Esfaqueou os dois filhos deles e depois se esfaqueou. Stoner aprendeu que os homens matam mulheres por procuração.

Um viciado em heroína saiu sem rumo vestindo roupão de banho. Invadiu um *trailer* e apunhalou um homem nos olhos. Os policiais foram seguindo as gotas de sangue até o apartamento dele. O moleque estava tentando enfiar o roupão na privada. Disse que não sabia por que tinha saído sem rumo.

Stoner achou que ele devia estar atrás de uma mulher.

Karen Reilly foi um caso de desova. O pneu de um sujeito furou na rodovia 126 e ele viu a calota sair voando para o meio de um campo. Foi procurá-la. Sentiu o cheiro de alguma coisa podre e quase tropeçou em Karen.

Ela estava em estado de composição bastante avançado e tinha sido mordida por animais. Os bichos tinham comido seu osso hióide. Não havia como determinar se houve estrangulamento. Não havia como fazer testes de serologia ou de toxicologia. Não havia como determinar a causa da morte.

Stoner e Farrington vasculharam a cena do crime. A temperatura beirava os quarenta. Encontraram jóias no corpo e as etiquetaram.

Stoner checou os relatórios de desaparecidos. Encontrou um caso do DPLA, de duas semanas antes, e contatou os detetives encarregados. Eles disseram que o corpo encontrado parecia ser o da garota que procuravam. Foram buscar as jóias para mostrá-las aos pais de Karen Reilly. Os pais as identificaram.

Dois detetives particulares já estavam trabalhando no caso. Os pais de Karen os contrataram alguns dias depois do desaparecimento da filha. Eles se reuniram com Stoner e Farrington e fizeram um relatório de progresso.

Karen Reilly tinha 19 anos. Ela gostava de bebida e de rapazes moralmente ofensivos. Morava com os pais em Porter Ranch, um bairro abastado.

Ela se cadastrou em uma agência de serviços temporários. Conheceu um rapaz latino chamado John Soto. Soto trabalhava na agência. Ele vivia com uma mulher em regime de concubinato e um filho e o irmão, Augie, e sua namorada de 16 anos. Karen estava dando para John Soto. Os pais dela não aprovavam.

Karen estava em casa um pouco antes de sumir. Estava bebendo com uma amiga. Ficou grogue. Começou a falar mal de John Soto e da "esposa". Disse que eles eram péssimos pais. Disse que queria ajudar o filho deles.

Karen deixou a casa sozinha. Seu pai e sua mãe nunca mais a viram.

Os irmãos Soto entraram com o resto da história.

Karen andou até uma rua movimentada e pediu carona. Dois caras a apanharam. O motorista pediu o telefone dela. Karen o deu a ele. Os caras a deixaram em frente ao prédio dos irmãos Soto.

Os Soto a deixaram entrar. Karen agrediu a mulher de John verbalmente e saiu correndo do apartamento. A mulher a seguiu. Trocaram insultos na calçada às duas da madrugada. John Soto desceu correndo. Mandou a mulher subir. Augie Soto e a namorada saíram para conversar com Karen. Karen disse que ia pegar uma carona para casa ou então para Los Banos Lake.

Augie e a namorada subiram. John deu a chave do carro a eles e mandou que saíssem à procura de Karen. Eram 2:30.

Augie e a namorada deram diversas voltas. Não viram Karen. Foram à loja de conveniência do bairro e conversaram com o balconista. Ficaram lá até o amanhecer. Nunca mais viram Karen.

Os pais de Karen ligaram para Soto diversas vezes. John Soto contou a eles a mesma história que tinha contado aos detetives. O irmão de Karen botou a porta dos Soto abaixo e deu uns sopapos em John e em Augie. Eles insistiram na história que tinham contado aos detetives. A família Reilly achava que os irmãos Soto tinham matado Karen. Os detetives discordavam. Achavam que Karen tinha pego uma carona e encontrado um maluco.

Stoner entrevistou os pais e o irmão de Karen Reilly. Eles condenaram os rapazes Soto. Stoner entrevistou John e Augie e suas mulheres. Todos insistiram na mesma história. Stoner entrevistou o caixa da loja de conveniência. Ele contestou a versão de Augie com relação ao bate-papo de fim de noite.

Augie disse que tinham chegado lá às 3:00. O caixa disse que tinha sido às 5:00. Stoner voltou a falar com John e Augie e pediu-lhes para fazer um teste de polígrafo. Os irmãos concordaram.

John passou no teste. O teste de Augie não foi conclusivo. A mulher de John e a namorada de Augie se recusaram a fazer o teste.

A mãe de Karen Reilly ligou para Stoner. Contou que o namorado de colégio de Karen tentou seqüestrar sua filha alguns meses atrás. Ele tirou Karen de casa à força e a enfiou dentro do carro. A mãe de Karen intercedeu. O garoto foi embora.

Stoner entrevistou o ex-namorado. Ele disse que ainda era apaixonado por Karen. Não queria vê-la andando com chicanos mortos de fome. Tinha forçado Karen a entrar no carro dele para ver se conseguia fazê-la pensar melhor. O garoto concordou em passar pelo teste de polígrafo. A mãe dele interveio e não permitiu.

Stoner voltou à loja de conveniência. Descobriu que o caixa tinha se mudado para Las Vegas e que tinha sido apagado num incidente relacionado a drogas.

Outros homicídios ocorreram. Exigiam atenção imediata. O caso Karen Reilly estava cheinho de suspeitos indiciáveis. Não havia causa de morte conclusiva.

Digamos que os irmãos Soto passaram a perna no polígrafo. Digamos que o antigo namorado a matou. Digamos que um sujeito deu carona a ela. Eles tomam umas drogas barra-pesada e Karen toma uma *overdose*. O homem despe o corpo e o desova. Um tarado pega Karen. Ele a estupra e a mata para não ser pego por estupro. Tinha um *serial killer* à solta estrangulando mulheres que pediam carona. Digamos que ele tenha colidido com Karen.

Stoner trabalhou em casos novos. Trabalhava no caso Reilly em sonho.

Ele via Karen viva e via Karen enrugada, vermelha e negra devido ao calor e ao processo de decomposição. Via as formas através das quais ela talvez tivesse morrido. Sempre acordava quando estava prestes a identificar o momento exato em que ela ultrapassava esse limite.

O cara da loja de conveniência a viu trepando com John Soto no banco traseiro do carro dele. O carro chacoalhava para cima e para baixo bem ali, no estacionamento. A mulher de John assistiu ao espetáculo e criou aquele quiproquó.

Karen convidou Augie Soto para irem até Los Banos Lake. Augie apareceu com uns amigos. Os tios de Karen não quiseram deixá-los entrar na casa. Karen acampou com os amigos mexicanos.

Karen andava bebendo demais. Karen adorava chocar os pais quadradões. Karen estava vivendo de acordo com um padrão previsivelmente rebelde.

Ela saiu de casa bêbada. Ela acabava de anunciar sua nova ambição profissional para uma amiga igualmente alta. Queria ser puta. Saiu de casa para tirar pais incapazes da cama e salvar o filho negligenciado dos dois.

Ela era confusa e estupidamente franca. Tinha 19 anos. Teria sido tão fácil para ela sair desse redemoinho quanto passar do limite.

Stoner não conseguia deixá-la de lado.

Garotas idiotas e rebeldes tinham opções limitadas. A vida favorecia garotos idiotas e rebeldes. Garotas idiotas e rebeldes causavam repulsa e algum tipo de excitação. Elas representavam um papel diante de um mundo inteiro disposto a ignorá-las. Algumas vezes o homem errado as pegava desempenhando esse papel com perfeição excessiva.

Stoner aprendeu que os homens matavam mulheres porque o mundo ignora e tolera o fato.

Ele trabalhou em dúzias de homicídios. Mantinha uma saudável proporção de casos solucionados. Dedicava seu tempo às famílias das vítimas. Negligenciava a própria família. Seus filhos cresceram rapidamente. Ele passou metade dos aniversários dos garotos em cenas de crimes. O número de homicídios ocorridos no condado de Los Angeles só aumentava. Ele se atolava na papelada acumulada e ficava parado no trânsito das auto-estradas. Pegava homicídios novos, fazia malabarismo com os antigos e passou para suicídios e acidentes de trabalho. Solucionou 19 de 21 casos em um ano corrido. Trabalhou com bons parceiros e fazia metade do trabalho. Trabalhou com maus parceiros e fazia todo o trabalho. Alguns casos o estimulavam. Alguns casos enchiam seu saco. Ele trabalhou em um milhão de casos de mamãe-que-mata-papai e papai-que-mata-mamãe. Trabalhou em dois milhões de mortes ocorridas em bares mexicanos onde havia quarenta testemunhas oculares no banheiro sem que nenhuma delas tivesse visto coisa alguma. Alguns casos o faziam meditar sobre assuntos completamente alucinados. Alguns casos davam um sono do cão, como se fossem uma refeição pesada ou um filme ruim. Ele correu atrás de pistas no caso do "Espreitador Noturno". Solucionou o caso conhecido como "Mini Manson" e prendeu uns safados que matavam garotos de programa. Os homicídios se acumulavam. Ele acabou com Exaustão por dedicação à Homicídios. Saiu de férias e acabou com Crise de Abstinência por dedicação à Homicídios. Trabalhava em todos os seus casos com a mesma dedicação e os discriminava na cabeça e no coração. As audiências iam se acumulando. Elas circunscreviam uma imensa gama de homicídios. Alguns eram recentes. Alguns eram antigos. Ele equilibrava uma imensa variedade de fatos e raramente falava merda quando era posto na posição de testemunha.

Ele realizou seu sonho. Realizou-o porque Bob Grimm ficou com uma idéia fixa. Grimm queria porque queria solucionar o caso *Cotton Club*. Passou Stoner para a Unidade de Inquéritos Não Resolvidos em 1987.

Stoner protestou contra a transferência. Não Resolvidos era coisa para velho. Ele só tinha 46 anos. Queria trabalhar em casos novos. Grimm mandou-o calar a boca e fazer o que lhe mandavam.

O caso *Cotton Club* era famoso. A vítima era um sujeito asqueroso do meio artístico chamado Roy Radin. Foi morto em 1983. Ao que parecia, sua morte tinha a ver com drogas e golpes aplicados em Hollywood. Tudo isso era ligado a um filme de merda chamado *The Cotton Club*.

Grimm disse a Stoner que ele trabalharia com Charlie Guenther. O que era uma boa notícia. Guenther foi o homem que *realmente* solucionou o caso Charles Manson. Trabalhou no caso Gary Hinman para a Homicídios do xerife e detonou dois malucos chamados Mary Brunner e Bobby Beausoleil. Eles escreveram "Porco" e "Porquinho Político" nas paredes da casa de Hinman depois que o mataram. Frases como estas tinham sido rabiscadas na cena dos crimes Tate-LaBianca. Guenther foi ao DPLA e expôs o caso Hinman. Brunner e Beausoleil estavam detidos na época do Tate-LaBianca. Guenther mandou o DPLA checar os companheiros dos dois no Spahn Movie Ranch. O DPLA ignorou o conselho de Guenther. Solucionaram o caso Tate-LaBianca por pura sorte muitos meses depois.

Agora, Guenther estava de férias. Grimm mandou Stoner ir pegando o clima da Não Resolvidos e estudar os dados iniciais do *Cotton Club*. Stoner folheou arquivos antigos para pegar a *gestalt* de Não Resolvidos. Algo o levou a Phyllis (Bunny) Krauch, data de falecimento 12/7/71.

O caso era meio famoso. Um repórter o havia mencionado para ele alguns anos atrás. O caso Bunny Krauch tinha causado uma confusão dos diabos na Delegacia de Homicídios do gabinete do xerife.

Bunny West era de uma família rica de Pasadena. Casou-se com um homem chamado Robert Krauch no final dos anos 50 e teve quatro filhos com ele. Krauch era repórter do *L.A. Herald*. Seu pai era um figurão do jornal.

Bunny Krauch era linda. Tinha um bom coração e era patologicamente alegre. Robert Krauch era possessivo e mal-humorado. Todo mundo gostava de Bunny. Ninguém gostava de Robert.

Os Krauch mudaram-se para Playa del Rey no começo dos anos 60. Compraram uma linda casa à beira-mar. Robert desenvolveu uma má reputação. As pessoas o consideravam excêntrico. Ele andava de bicicleta por Playa del Rey e emitia um astral dos mais hostis.

A marina del Rey era o novo enclave da moda. Ficava a um quilômetro e meio de Playa. Tinha como atrações principais docas para barcos, iates e um monte de bares e restaurantes legais.

O Charlie Brown's abriu em 1968. Era um bar e churrascaria da pesada, com uma clientela do barulho. As garçonetes eram todas lindas de morrer. Usavam decotes pronunciadíssimos e vestidos curtos. O gerente curtia os L.A. Lakers. Puxava o saco dos jogadores e arranjava encontros para eles com suas garotas. O Charlie Brown's transformou-se num local freqüentado por aficionados por esportes.

Bunny Krauch arranjou emprego lá. Trabalhava no último turno e saía do trabalho perto da meia-noite. Começou a viver uma vida à parte, a um quilômetro e meio de distância da família.

O Charlie Brown's era mesmo do barulho. As garçonetes estavam eternamente se esquivando de cantadas. Viviam passando a mão e apalpando Bunny Krauch.

Tinha um sujeito chamado Don que era o Rei das Casquinhas. Era dedetizador. Era feioso e passava muito dos cinqüenta anos. As garçonetes o odiavam. Ele se tornou amante de Bunny Krauch. Ninguém conseguiu entender.

Don tinha vinte anos a mais do que Bunny. Don era nojento. Don gostava de beliscar traseiros e tomar porres homéricos.

O caso durou três anos. Don e Bunny se encontravam num motel em Admiralty Way. Se encontravam no Charlie Brown's e em outros restaurantes da marina. Não eram discretos. Os amigos de Bunny conheciam o riscado. Robert Krauch não conhecia.

Robert fez uma vasectomia. Bunny disse que queria continuar tomando pílula. A pílula regulava sua menstruação.

Robert não sacou.

Bunny morreu em seu próprio carro, que estava estacionado num beco sem saída perto do Charlie Brown's. Foi estrangulada por alguém. Amarraram dois guardanapos do Charlie Brown's e puxaram. Alguém a estuprou e sodomizou. Seu vestido estava levantado e a camisa tinha sido aberta com um rasgão. Ela saiu do Charlie Brown's à meia-noite e morreu logo depois. Morreu vestindo o uniforme do Charlie Brown's.

Um guarda da patrulha particular a encontrou. A Delegacia de Homicídios do gabinete do xerife assumiu o caso.

Don tinha um álibi. Robert Krauch disse que estava em casa, dormindo, quando o assassinato ocorreu. Uma testemunha disse ter visto um homem andando de bicicleta perto da cena do crime. Robert Krauch disse que não era ele. Robert Krauch disse que não sabia que a mulher o traía.

O guarda da patrulha era um suspeito dos mais quentes. Uma mulher contou que ele e um primo a tinham estuprado e sodomizado dois anos antes. Era a palavra dela contra a deles. Os tiras acreditaram neles. O assunto não foi adiante.

Os detetives deram uma prensa no guarda. Ele negou a história anterior e negou ter matado Bunny Krauch. Fez o teste do polígrafo e passou.

Designaram meia dúzia de detetives para o caso. Dúzias de outros detetives se ofereceram para ajudar. O caso se tornou a coqueluche da Homicídios. Apresentava uma linda vítima e um ambiente da pesada. Era *Laura* atualizado para uma era de promiscuidade. Bunny Krauch enfeitiçou todos os rapazes. Eles queriam encontrar seu algoz e acabar com a raça dele. Queriam conhecer todas as garotas do Charlie Brown's. Queriam agitar aquela marina.

Foram com tudo em cima do lugar. Viraram o Charlie Brown's de cabeça para baixo e pularam em todos os safados que já tinham colocado as mãos em Bunny Krauch. Entrevistaram os jogadores do L.A. Lakers e as garçonetes que eram colegas de Bunny. Deram duras em sujeitos que beliscavam os peitos das garotas e em outros com passados de agressão sexual. Eles perseguiram o fantasma de Bunny.

Alguns bebiam demais. Alguns se apaixonaram. Alguns transaram, justificadamente. Alguns deram o grande mergulho atrás de sexo e homicídio e atiraram suas famílias na privada por mulheres que acabavam de conhecer.

Bunny Krauch enfeitiçou a Homicídios. Stoner a amava por isso. Ele sentia muito que outras mulheres tivessem sido magoadas por causa dela. Ele sabia como manter as coisas nos seus respectivos eixos. Sabia como manter sua paixão pelas mulheres trancadas lá dentro.

Ele ficou caidinho por Bunny. Desejou que os caras que deram o grande mergulho soubessem amar como ele.

Ele se deu bem com Charlie Guenther. Os dois gostavam de trabalhar a todo vapor.

Leram o arquivo sobre o *Cotton Club* individualmente e juntos. Conversaram com o detetive sobrevivente e organizaram os fatos.

O *Cotton Club* começou como um caso de desaparecimento junto ao DPLA. O assistente de Roy Radin deu queixa do desaparecimento de Radin. Radin morava num hotel-residência de West Hollywood. Saiu pela porta no dia 13/5/83. Entrou numa limusine com uma traficante de cocaína chamada Laney Jacobs. Radin e Jacobs estavam putos um com o outro. Jacobs achava que Radin tinha conseguido que um de seus lacaios roubasse droga e dinheiro dela. Radin e Jacobs estavam envolvidos com um produtor falido chamado Robert Evans. Estavam regateando pelo projeto do filme *Cotton Club*. Foi uma confusão daquelas.

Radin e Jacobs se encontraram para resolver suas diferenças. Deveriam jantar no La Scala, em Beverly Hills. Radin tinha medo que ela jogasse sujo com ele. Pediu ao amigo Demond Wilson que seguisse a limusine de Laney. Wilson era um ator falido. Tinha sido estrela do seriado *Sanford and Son*.

Radin se mandou com Laney. Wilson perdeu a limusine de vista. Radin sumiu da face da terra.

O DPLA não conseguiu encontrar Laney Jacobs. Bob Evans não soube dizer por onde andava Roy Radin. O DPLA concluiu que Radin era um usuário ocasional. Supuseram que mais cedo ou mais tarde ele acabaria aparecendo. Deixaram as investigações de lado.

Radin apareceu morto cinco semanas depois. Um apicultor encontrou o corpo dele em Caswell Canyon, perto de Gorman. Estava em estado avançado de decomposição. Havia fragmentos de balas calibre 22 espalhados ao seu redor. Alguém enfiou dinamite na boca de Radin, depois de morto. A explosão não destruiu seus dentes. Os peritos identificaram o corpo pela arcada dentária.

Gorman ficava dentro do condado de Los Angeles. Carlos Avila e Willy Ahn pegaram o caso para a Delegacia de Homicídios do gabinete do xerife.

Estudaram os arquivos de desaparecimentos do DPLA. Classificaram Laney Jacobs como uma traficante de grande importância. Descobriram que ela era íntima de um camarada truculento chamado Bill Mentzer. Localizaram Jacobs em Aspen, no Colorado. Decidiram não ir em cima dela, por enquanto. Não conseguiram localizar Mentzer.

Os meses se passaram. Willy Ahn ficou doente. Descobriu que tinha um tumor no cérebro potencialmente fatal. Trabalhou no caso Radin mesmo assim. Carlos Avila checou o computador do DPLA e descobriu que Bill Mentzer era suspeito de ter sido recentemente contratado para liquidar alguém.

O nome da vítima era June Mincher. Era uma negra feia, de noventa quilos. A maioria das pessoas pensava que ela fosse um transexual ou então um homem. Ela era prostituta, empresária do ramo de tele-sexo e mestre em extorsão.

Andava extorquindo uma família rica. O neto era um de seus clientes. A família contratou um detetive chamado Mike Pascal para dar um susto nela. Pascal passou o serviço para Bill Mentzer. Mentzer usou uma pistola para ameaçar June Mincher e um cliente com quem ela estava trepando no apartamento dela. Mincher continuou a incomodar a família. Tomou um tiro e morreu em 3/5/84. Mentzer era o principal suspeito. Não tinham porra nenhuma como prova.

Avila não conseguia encontrar Mentzer. Os meses se passaram. Avila trabalhou em outros casos de homicídio, novinhos em folha, e voltou ao caso Radin quando o serviço diminuiu. Agora, Willy Ahn estava gravemente doente.

Um policial da Narco do DPLA chamado Freddy McKnight andou abrindo o bocão para um sujeito da promotoria. McKnight disse que sabia detalhes das internas do caso Roy Radin. Disse que ia destrinçar um caso importante do gabinete do xerife, sozinho.

O sujeito da promotoria ligou para Grimm. Grimm ligou para seu contato número um no DPLA e mandou-o dar uma prensa em McKnight. A prensa funcionou. McKnight contou o que sabia para Grimm e Avila.

McKnight tinha um informante chamado Mark Fogel. Tinha apanhado Fogel com uma boa quantidade da coca de Laney Jacobs. Fogel tinha um serviço de aluguel de limusines. Bill Mentzer e um cara chamado Bob Lowe trabalhavam para ele como motoristas, em regime de meio expediente. Fogel contou que Mentzer e Lowe tinham participado do assassinato de Radin. Fogel contou a McKnight sobre uma transação de coca, das grandes. Mentzer e Lowe estavam trazendo dois quilos pelo aeroporto de Los Angeles. A droga pertencia a Laney. McKnight estava pronto para pegar os dois ali mesmo, no aeroporto de Los Angeles.

Avila se juntou ao time de policiais que iria prender os dois. O flagrante foi superbem. Tiraram os dois quilos de Mentzer e Lowe. Mentzer e Lowe recusaram-se a discutir o assassinato de Radin. Saíram da prisão rapidinho, sob custódia.

Mentzer e Lowe rachavam um apartamento no Vale. Avila arrumou um mandado e revistou o lugar. Encontrou uma foto de Mentzer e de dois homens desconhecidos no deserto. Parecia o local onde o corpo de Roy Radin tinha sido encontrado. Avila encontrou os documentos de um carro. Laney Jacobs tinha dado um Cadillac a Bob Lowe exatamente no mesmo dia em que Roy Radin tinha desaparecido.

Avila visitou a cena do crime outra vez. A foto tinha mesmo sido tirada lá. Avila mostrou a foto para suas testemunhas. Ninguém soube dizer quem eram os dois homens que estavam com Mentzer.

Willy Ahn morreu. Mentzer e Lowe se livraram da acusação por porte de drogas por causa de um deslize no método de busca e apreensão usado. Avila cercou o promotor. O promotor leu o resumo do caso Radin e rejeitou-o. Disse que os argumentos eram fracos.

Avila pegou homicídios novos. Levava o caso Radin à atenção da promotoria de vez em quando. Ninguém o queria. Dois anos e alguns meses se passaram.

Stoner sabia que podia solucioná-lo. Precisava fazer as pessoas certas abrirem o bico.

Estava tudo ali.

Radin sumira numa limusine. Mentzer e Lowe dirigiam limusines em regime de meio expediente. Mentzer trabalhava para Laney Jacobs. Laney odiava Roy Radin. Mentzer era um matador de aluguel amador.

Stoner queria ir em frente. Guenther queria que ele estudasse um outro caso primeiro. O caso Tracy Lea Stewart era a *bête noir* de Guenther. Ele conhecia os assassinos. Queria pegar o culpado antes de se aposentar. Queria viciar Stoner em Tracy.

Stoner leu o caso. Foi fisgado no mesmo instante.

Tracy Stewart tinha 18 anos. Morava com os pais e um irmão mais novo em Carson. Era quieta e tímida e se assustava com facilidade.

Desapareceu em 9/8/81. Tinha conhecido um garoto chamado Bob naquele mesmo dia, em Redondo Beach. Bob tinha uns 21 anos. Era boa-pinta. Convidou Tracy para sair. Ela disse a ele que lhe telefonasse.

Bob ligou às 18:00. Sugeriu uma volta de carro e um jogo de sinuca num boliche classe A. Tracy disse sim. Bob disse que já estava a caminho. Tracy disse à mãe que tinha um encontro. A mãe lhe pediu que ligasse para casa pelo menos uma vez.

Bob apanhou Tracy em casa. Tracy ligou para a mãe uma hora depois. Estava num boliche em Palos Verdes. Disse que estaria em casa entre meia-noite e uma da madrugada.

Ela não foi para casa. Seus pais a esperaram acordados. Ligaram para a Delegacia do xerife de Carson pela manhã.

Um assistente do xerife deu uma passada no boliche. Conversou com umas pessoas que tinham trabalhado no turno da noite anterior. Lembravam-se de Tracy e de Bob. Não conheciam Bob.

O caso foi passado para Desaparecidos.

O sargento Cissy Kienest conversou com os amigos de Tracy e com dúzias de freqüentadores da praia. Ninguém conhecia Bob. Ninguém tinha visto Tracy ou Bob na noite de 9/8/81.

Os pais de Tracy distribuíram filipetas e colocaram anúncios em jornais. Tracy continuava desaparecida. O caso passou quatro anos adormecido.

Um homem chamado Robbie Beckett atacou a namorada em 1985. Foi preso em Aspen, no Colorado. Foi condenado a dois anos na penitenciária estadual do Colorado. O sargento Gary White cuidou do caso para a polícia de Aspen.

White e Beckett tinham um relacionamento cordial. Robbie disse a White que queria comprar uma parte de sua sentença. Sabia sobre um assassinato ocorrido em Los Angeles. A data era agosto de 1981. A vítima era uma garota que ele conhecia. O primeiro ou o segundo nome era Lee Sr. Tinha esquecido o sobrenome.

White disse que não podia prometer acordo algum. Robbie contou a história mesmo assim.

O nome do pai dele era Bob Beckett. Tinha morado com ele em Torrance — perto de Redondo Beach e Palos Verdes. Seu pai era artista plástico. Dirigia uma escolinha de artes e ganhava um troco como capanga. Coletava dinheiro para uns caras de San Pedro que tinham ligações mafiosas. Seu pai tinha 1,93m e 122kg. Lutava caratê. Fazia parte da Sociedade de Anacronismo Criativo — aquele grupo que representa peças medievais estranhas. O pai dele andava com um cara meio veado chamado Paul Serio, um figurão daquela sociedade esquisita. O pai dele estava com 45 anos agora. Era um filho da puta mau pra caralho.

O pai tinha uma namorada chamada Sharon Hatch. Ela terminou com ele em maio de 1981. Bob Beckett Sr. enlouqueceu. Passou a perseguir e a ameaçar Sharon. Mandou Robbie juntar uma turma de motoqueiros para currarem Sharon.

Robbie amava e temia o pai. Robbie odiava vê-lo magoado e zangado. Juntou uns caras para currarem Sharon. Desistiu no último instante. Robbie gostava de Sharon. Não queria machucá-la. Achou que o pai ia superar essa história de vingança.

Bob Beckett Sr. continuou magoado e zangado. Deixou a fixação por Sharon de lado e disse a Robbie que encontrasse uma garotinha para ele. Ele podia atacar a garotinha e se vingar de Sharon desta forma.

Robbie ficou protelando. Achou que o pai superaria a fixação pela garotinha. Bob Beckett Sr. insistiu. Robbie cedeu.

Conheceu a tal garota chamada Lee na praia. Pegou o telefone dela. Ligou para ela e convidou-a para sair. Levou-a a um boliche e jogou sinuca com ela. Trocaram uns beijinhos e tomaram umas cervejas. Ele disse a ela que precisava parar num lugar antes de levá-la para casa.

A garota disse que tudo bem. Robbie levou-a ao apartamento do pai. As luzes estavam apagadas. Bob Beckett Sr. estava esperando no quarto. Robbie deixou a garota na sala e entrou no quarto. O pai perguntou: "Você me trouxe alguma coisa?" Robbie entregou a garota.

Bob Beckett Sr. agarrou e estuprou a menina. Robbie tomou um porre na sala. Bob Beckett Sr. passou duas ou três horas sozinho com a garota.

Disse a ela que a levaria para casa. Disse a ela que tomasse um banho primeiro. Trancou-a no banheiro. Disse a Robbie que precisavam matá-la.

Robbie não queria matá-la. Bob Beckett Sr. passou a mão num cassetete caseiro e insistiu. Robbie cedeu.

Bob Beckett Sr. destrancou a porta do banheiro e mandou a garota se vestir. Ela se vestiu. Robbie e Bob Beckett Sr. a escoltaram até o furgão. Eram 2:00 ou 2:30.

Robbie rodou o cassetete. Ele ficou preso num galho de árvore. O golpe assustou a garota e machucou seu rosto. Robbie não teve coragem de atingi-la outra vez.

Bob Beckett Sr. deu uma porrada nela e a atirou na traseira do furgão. Entrou e imobilizou-a com os joelhos. Estrangulou-a com as mãos e enfiou um saco plástico de lixo na cabeça dela.

Levaram o corpo para o sul, tomando a auto-estrada 405. Pegaram umas estradas esquisitas pelo interior adentro. Jogaram o corpo da garota em uns arbustos perto de uma cerca.

Voltaram para casa e ficaram esperando ser desmascarados. Os jornais mencionaram o desaparecimento de uma garota. Bob Beckett Sr. disse a Robbie que desse uma boa faxina no furgão. Robbie trocou os painéis e comprou pneus novos. Nenhum policial apareceu atrás dele. Robbie achou que os coiotes tinham comido o corpo.

Robbie viveu assustado durante algum tempo. Saiu do apartamento do pai e foi morar com a mãe. Bob Beckett Sr. deu o furgão para o irmão de Robbie, David. O tempo se arrastou. Bob Beckett

Sr. se casou com uma mulher chamada Cathy. Cathy tinha duas filhas. Bob Beckett Sr. começou a molestar a de 12 anos.

Robbie contou a alguns amigos o que tinha acontecido. Acharam que ele estava de sacanagem. Robbie era beberrão, brigão e de vez em quando cafetinava bichas. Os amigos não o viam como proxeneta de assassinos.

Bob Beckett Sr. mudou-se para Aspen. Conseguiu um emprego com seu velho colega de caratê, Paul Hamway. Robbie mudou-se para Aspen e se instalou perto do pai.

Gary White acreditou em quase toda a história. Robbie jogou mais uma isca. Disse que o pai tinha sido contratado para apagar alguém na Flórida. Sabia os detalhes, mas recusava-se a revelá-los.

Gary White ligou para a Homicídios. Contou a história de Robbie para Charlie Guenther.

Guenther consultou a unidade de desaparecidos. Cissy Kienest disse que "Lee" talvez fosse Tracy Lea Stewart. Guenther mandou uma foto de Tracy Stewart para Aspen. Gary White colocou-a no meio de uma dúzia de fotos de outras moças. Mostrou-as para Robbie Beckett. Robbie apontou Tracy.

White ligou para Charlie Guenther e disse a ele que tinha acertado na mosca. Guenther e Cissy Kienest voaram para Aspen.

Bob Beckett Sr. foi visitar Robbie na prisão. Robbie contou que o tinha delatado no caso da garota morta. Bob Beckett Sr. convenceu-o a voltar atrás naquela história. Fez ameaças, recriminações e deu ênfase à lealdade que deve existir entre pai e filhos. Como sempre, Robbie abaixou a cabeça para o pai.

Charlie Guenther e Cissy Kienest tentaram interrogar Robbie. Robbie deu pra trás. Disse que a história que tinha contado a White era mentira. Não daria um depoimento oficial confirmando aquilo tudo. Não testemunharia contra o pai.

Robbie foi irredutível. Eles não podiam prendê-lo ou a Bob Beckett Sr. sem um depoimento sob juramento e algum tipo de arranjo formal com a promotoria.

White contou uma história paralela para Guenther. A enteada de Papai Beckett acabava de acusá-lo de boliná-la. Ela contou a uma assistente social. Ainda não era uma questão criminal.

Guenther decidiu cutucar Bob Beckett Sr. Encontrou-o e atiçou-o com a história da enteada. Beckett mostrou os músculos e manteve-se impassível. A vontade de Guenther era de saltar em cima dele. É bem possível que Bob Beckett Sr. tenha percebido.

Isto tinha sido há 18 meses.

Stoner leu o caso Stewart meia dúzia de vezes. O caso era tão passível de ser trabalhado quanto o do *Cotton Club*. Eles sabiam quem tinha matado Tracy. Sabiam quem tinha matado Roy Radin. Não podiam fazer porra nenhuma no momento.

Charlie viciou-o em Tracy Stewart. Bob Grimm viciou-o no *The Cotton Club*. Ele tinha um parceiro brilhante. Dois casos eram um número administrável.

Precisavam fazer algumas pessoas abrirem o bico.

Eles sabiam que ex-mulheres gostavam de falar. Sabiam que Bill Mentzer tinha uma ex-mulher chamada Deedee Mentzer Santangelo. O pai dela era um sindicalista peso pesado. Entraram em contato com ele. Disseram-lhe que estavam remexendo a vida do ex dela.

O velho odiava Mentzer. Ligou para Deedee e mandou que ela cooperasse. Stoner e Guenther reuniram-se com ela. Ela examinou a foto que Carlos Avila tinha encontrado. Identificou os dois homens que estavam ao lado de Mentzer.

Um deles se chamava Alex Marti. Era argentino. Era um cara assustador e violento. Deedee já o vira provocar algumas brigas. Tinha medo dele.

O outro sujeito era um ex-tira chamado Bill Rider. Tinha sido muito amigo de Larry Flynt, o rei da pornografia. Era casado com a irmã de Flynt. Tinha sido o chefe da segurança de Flynt. Rider tinha voltado para Ohio. Estava envolvido num litígio contra Flynt.

Stoner pegou o telefone de Rider e ligou para ele. Disse a Rider que precisava saber o local exato onde aquela foto tinha sido tirada. Tinha a ver com a investigação de um homicídio. Rider disse que ia pensar a respeito e que voltaria a ligar para Stoner.

Ligou no dia seguinte. Estava puto. Tinha conversado com

Deedee Mentzer Santangelo. Sabia que a polícia estava atrás de Bill Mentzer. Stoner devia ter sido sincero com ele.

Stoner agiu como se pedisse desculpas. Rider disse que iria até lá se o gabinete do xerife pagasse a viagem e a hospedagem. Bob Grimm aprovou os gastos. Rider foi até lá e conversou com Stoner e Guenther. Foi logo entregando pequenas migalhas sobre o assassinato de Mincher e sobre o caso Radin.

Levou Stoner e Guenther até Caswell Canyon. Disse que Mentzer e Marti costumavam se gabar da execução de Radin. Bob Lowe tinha feito o serviço com eles. Marti era um psicótico com tendências nazistas. Usava um apartamento de Beverly Hills como ponto de venda de drogas.

Rider tagarelou aos montes e começou a demonstrar arrependimento. Disse que tinha medo de Mentzer e Marti. Tinha família. Mentzer e Marti sabiam disso. Stoner disse que podia conseguir proteção para ele. Stoner contou a Rider qual era o problema.

Rider precisava fazer Mentzer e Lowe falarem. Eles precisavam falar num ambiente fechado, onde pudessem instalar escutas. Rider disse que iria para casa pensar.

Gary White ligou para Charlie Guenther com uma boa notícia.

Robbie Beckett tinha saído da prisão. Foi pego por agressão mais uma vez e ia pegar mais dez anos de cana. Robbie ligou para White. Robbie disse que assinaria um depoimento formal. Robbie deu o depoimento. Robbie trocou Papai Beckett por Tracy Stewart e mais um monte de outras coisas.

Robbie Beckett foi acometido de uma tagarelice de suicida. Apresentou-se como escravo do pai em tempo integral e cúmplice de homicídio. O melhor negócio que ele podia conseguir por entregar Bob Beckett Sr. era homicídio em segundo grau e de vinte anos a prisão perpétua. Na prática, sua segunda sentença por agressão teria custado a ele cinco anos. Robbie se fodeu todo só para foder Papai Beckett.

Robbie escreveu sua história. Acrescentou a história de Bob Beckett Sr. e a execução de Susan Hamway.

Bob Beckett Sr. tinha trabalhado para Paul Hamway. Susan

Hamway tinha se separado de Paul Hamway. O divórcio de Paul e Susan estava sendo uma verdadeira batalha. Susan estava morando em Fort Lauderdale, na Flórida. Tinha a guarda de sua filha de 18 meses.

Paul odiava Susan. Perguntou a Bob Beckett Sr. se conhecia algum matador de aluguel. Bob Beckett Sr. disse que cuidaria do assunto por dez mil dólares.

Paul Hamway disse a ele que fosse em frente. Estipulou uma coisa. Alguém deveria ligar para ele depois de realizado o serviço. Ele arranjaria uma forma de resgatar a filhinha.

Bob Beckett Sr. ligou para Paul Serio e marcou um encontro com ele em Miami. Serio pegou um avião até lá. Bob Beckett Sr. foi ao seu encontro. Levou uma faca, um revólver e um consolo. Alugaram um carro e foram até a casa de Susan Hamway.

Bateram à porta. Susan abriu. Reconheceu Bob Beckett Sr., amigo de seu marido.

Susan deixou os homens entrarem. A filhinha estava dormindo no quarto.

Bob Beckett Sr. atingiu-a na cabeça com uma coronhada. Paul Serio a estrangulou com um fio de telefone. Bob Beckett Sr. a esfaqueou nas costas com uma faca de cozinha. Serio o ajudou a tirar as roupas dela e a baixar a calcinha. Não tiveram coragem de enfiar o consolo na vagina dela.

A filhinha dormiu durante todo o assassinato. Paul Serio e Bob Beckett Sr. deixaram a casa em plena luz do dia.

Dirigiram até um elevado perto de Miami Beach. Atiraram as armas dentro d'água. Bob Beckett Sr. ligou para Paul Hamway e disse que a ex estava morta. Disse que tinha feito a coisa de forma que parecesse ser um homicídio com motivação sexual.

Hamway deveria ligar para um dos vizinhos de Susan se dizendo preocupado com o paradeiro de Susan. O vizinho encontraria o corpo. O vizinho forneceria um álibi para ele e resgataria sua filha.

Serio tomou um avião para L.A. Bob Beckett Sr. voltou para Aspen. Ninguém salvou a neném.

A garotinha morreu de fome. Arrancou enormes tufos de cabelo antes de morrer. A polícia de Fort Lauderdale investigou o assassinato de Hamway. Acusaram um sujeito retardado que vivia nas redondezas.

Seu nome era John Purvis. Foi julgado, condenado e pegou prisão perpétua. A sentença não lhe dava direito à condicional.

Stoner e Guenther tomaram um avião para Aspen. O advogado de Robbie Beckett não os deixou entrevistar Robbie. Primeiro, ele queria um acordo por escrito com a promotoria de Los Angeles. Stoner ligou para o promotor Dale Davidson. Davidson contatou o advogado de Robbie e ofereceu homicídio em segundo grau — se Robbie testemunhasse contra Bob Beckett Sr. O advogado aceitou o acordo. Disse a Robbie para não abrir mão da extradição por enquanto. Disse a ele que conseguisse um bom advogado em Los Angeles. Robbie disse que ficaria quietinho, à espera de novas instruções.

Stoner e Guenther voaram para Miami. Procuraram Laney Jacobs e voltaram de mãos abanando. Foram até Fort Lauderdale e pesquisaram o caso Susan Hamway.

O promotor público tinha se tornado juiz. Admitiu que o caso contra John Purvis era um tanto precário. Stoner e Guenther contaram a ele a história de Robbie Beckett. O juiz disse que investigaria o assunto. Stoner e Guenther voltaram para Los Angeles.

Um detetive de Fort Lauderdale ligou para Stoner. Deu a ele alguns detalhes sobre o caso Hamway. Stoner sacou o X da questão: os tiras tinham arrancado uma confissão de um suspeito deficiente mental.

Stoner contou a versão de Robbie Beckett. O detetive mostrou-se chocado. Disse que conversaria com Robbie — depois que ele testemunhasse contra o pai.

Stoner e Guenther conversaram com a ex-mulher de Papai Beckett e com a filha dela, Debbie. A ex contou que Papai estava enchendo o saco de David Beckett. Queria que o filho se livrasse do furgão que ele tinha lhe dado. Segundo ela, David tinha se recusado.

Debbie Beckett estava morrendo de AIDS. Disse que o pai costumava molestá-la. Contou que ele vivia dando porrada em David e Robbie. Disse que ele governava através do terror.

O furgão era crucial. Stoner e Guenther encontraram David Beckett e passaram uma conversa nele. O pai tinha dito a ele que queimasse o carro. David tinha dito que não. Stoner e Guenther apreenderam o furgão. Um time do laboratório o vasculhou. Não encontraram cabelos, sangue ou fibras que pudessem ser atribuídos a Tracy Lea Stewart.

Stoner e Guenther interrogaram Mark Fogel. Ele apontou Laney Jacobs como uma importante traficante de coca e se fez de idiota com relação ao homicídio de Roy Radin. Stoner e Guenther foram de carro a Taft, na Califórnia. Disseram aos pais de Tracy Stewart que sua filha estava morta.

Foi uma porrada para eles. Queriam detalhes. Stoner e Guenther deram os detalhes. A sra. Stewart disse que renovava a carteira de motorista de Tracy todo ano. Stoner disse que tentariam recuperar o corpo.

Os dois casos estavam no limbo. A reinvestigação Radin tinha quase um ano. Estavam esperando que Bill Rider os ajudasse a armar uma cilada para os suspeitos. Estavam esperando que Robbie Beckett abrisse mão da extradição.

Stoner e Guenther localizaram Laney Jacobs. Ela estava casada com um traficante chamado Larry Greenberger. Estavam morando em Okeechobee, na Flórida. Stoner e Guenther decidiram deixar Laney em banho-maria.

Localizaram uma série de sócios seus no tráfico. A maioria das pessoas falou. Disseram que Laney era vaidosa, superficial, gananciosa, cruel e cheia de armações. Era lixo mendicante da Flórida, da pior espécie. Era a ambição barata personificada. Tinha começado como secretária de um advogado do tráfico. Conheceu traficantes, deu para eles e aprendeu a profissão. Era maluca por cirurgias plásticas. Tinha mandado alterar o rosto e o corpo todo de acordo com rigorosas especificações.

Ela ficou zumbindo dentro da cabeça de Stoner. Ela se juntou a Bunny Krauch e Tracy Stewart.

Bunny tinha tentado viver duas vidas, colocando um quilômetro e meio entre cada uma delas. O marido tirano a empurrou na direção de um assassino desconhecido. Tracy era a quintessência da vítima feminina de homicídio. Foi morta por sexo e por ser facilmente descartável. Laney era mais baixa que merda de cobra. Matou um homem por dinheiro e por um crédito de dois segundos num filme.

Robbie Beckett abriu mão da extradição. Gary White o mandou de avião para Los Angeles. Disseram a Robbie que queriam encontrar o corpo de Tracy. Robbie estudou mapas dos condados de Riverside e San Diego. Apontou algumas localidades.

Stoner e Guenther passaram 14 horas dando voltas de carro com ele. Robbie checou diversas paisagens e disse que não tinha como ter certeza. Não encontraram roupas rasgadas ou restos humanos. Stoner e Guenther levaram Robbie para a cadeia principal do condado e fizeram correr a papelada dele.

Robbie conversou com seu defensor público. O defensor consultou Dale Davidson. Fizeram um acordo formal. Stoner e Guenther estavam livres para prender Bob Beckett Sr.

Gary White conduziu uma busca pelos serviços públicos e o encontrou. Estava morando em Tustin com a nova mulher. Tustin ficava no condado de Orange. Stoner ligou para a polícia de Tustin e pediu o reforço de três viaturas.

A prisão foi um não-evento.

Stoner e Carlos Avila bateram à porta. Perguntaram a Frau Beckett onde estava Bob Beckett. Bob Beckett surgiu com as mãos para a frente, prontas para serem algemadas.

Stoner e Avila o levaram para a cadeia principal do condado. Charlie Guenther estava exultante. Logo, logo se aposentaria. Tinham colocado as mãos em Papai Beckett bem na última hora.

Bill Rider ligou para Stoner. Disse que estava morando em San Pedro. Queria ajudar a Delegacia de Homicídios do gabinete do xerife. Queria passar um tempo com Stoner e Guenther para ver se podia confiar neles.

O processo levou três meses. Stoner e Guenther encontraram-se com Rider duas dúzias de vezes. Rider foi lhes dando pequenas migalhas de informações sobre Mentzer e Marti. Era um ótimo material. Mas não constituía informação essencial.

Rider disse que guardava a arma que matou June Mincher. Ele

a tinha emprestado para Mentzer e a recebeu de volta alguns dias depois. Não sabia que ia ser usada num assassinato.

Deixou que Stoner e Guenther a pegassem emprestada. Eles levaram a arma para o laboratório de criminologia e foi realizado um teste de tiro com ela. Compararam as balas com as balas usadas no assassinato de Mincher. Casavam, perfeitamente.

Charlie Guenther se aposentou. Carlos Avila assumiu seu lugar. Stoner e Avila foram até Bob Grimm e explicaram a história de Rider.

Rider era um "consultor de segurança". Precisava ganhar a vida. Precisava ficar escondido para evitar represálias por parte de Mentzer e Alex Marti. Rider era essencial para o caso. Merecia receber um salário mensal.

Grimm conversou com o xerife Block. Block aprovou três mil dólares por mês. Rider aceitou o dinheiro. Concordou em dedurar os assassinos do *Cotton Club*, oficialmente. O próximo passo era armar a arapuca.

Rider ligou para Bob Lowe, em Maryland. Ele estava trabalhando como *barman* por lá. Rider contou uma história para Lowe. Disse que estava indo para Washington para fazer um trabalho de vigilância. Precisava de alguém que o ajudasse. Lowe disse que adoraria ajudá-lo.

Stoner, Avila e Rider foram para Maryland. A polícia estadual de Maryland colocou escutas no carro e no quarto de hotel de Rider. Rider ligou para Lowe para planejarem o trabalho de vigilância. Lowe disse que estaria ocupado e recomendou o amigo Bob Deremer. Stoner e Avila quase enlouqueceram. Rider disse que deviam gravar Deremer mesmo assim. Ele já tinha morado com Bill Mentzer. Eram bastante próximos na época do *Cotton Club*/June Mincher. Talvez Deremer deixasse escapar alguma coisa boa.

Rider fingiu dois trabalhos de vigilância com Deremer. A polícia estadual gravou uma vigilância num carro e outra num apartamento. Deremer disse que Mentzer tinha matado Radin. Bob Lowe tinha feito parte do time. Recebeu 17 mil dólares e um Cadillac como pagamento.

Deremer disse que tinha levado Mentzer para dar umas voltas de carro depois do crime. Rider perguntou a ele quanto Mentzer lhe pagara. Deremer disse que tinham sido três meses de aluguel de graça.

Rider deu uma prensa em Bob Lowe num bar. Seu corpo inteiro era uma escuta. Lowe contou que tinha dirigido o carro para Mentzer duas vezes. Tinha visto Mentzer dar fim na crioulona gorda. Tinham atirado em Radin com .22 *hollow points*. Depois de deflagradas, as cápsulas de .22 pareciam-se com balas de espingarda. Atiraram as armas num lago perto de Miami — a quase cinco mil quilômetros de Caswell Canyon.

Stoner e Avila voltaram para LA. Precisavam deixar as coisas se aquietarem um pouco. Tinham medo de que Rider se assustasse com tantas sessões seguidas de escutas. Ele precisava criar um elo com os suspeitos num ritmo relaxado e crível.

Os meses se arrastavam. John Purvis continuava na prisão. Robbie Beckett e Papai Beckett estavam envolvidos em atividades pré-julgamento. Os tiras de Fort Lauderdale estavam aguardando o testemunho de Robbie. Um testemunho convincente exoneraria John Purvis. Eles poderiam, então, ir atrás de Papai Beckett e Paul Serio. Poderiam, então, pegá-los pela morte de Susan Hamway.

Robbie Beckett e Papai Beckett estavam detidos em cadeias diferentes. Encontraram-se durante uma transferência muito malfeita. Papai conversou com Robbie. Convenceu-o a retratar o depoimento dado sob juramento. Robbie ligou para Dale Davidson e disse que o acordo estava cancelado. Ele não testemunharia contra o pai. Davidson disse a Robbie que ele seria julgado por homicídio em primeiro grau. Ele disse que não se importava.

A promotoria perdeu seu caso contra Bob Beckett Sr. Eles o soltaram.

Stoner e Avila conversaram com duas dúzias de pessoas próximas de Mentzer e Jacobs. Mantiveram-se longe de Mentzer e Jacobs, deliberadamente.

Foram fazendo suas entrevistas. Construíram a história do *Cotton Club* desde o princípio.

O pai de Roy Radin produzia espetáculos teatrais de má qualidade. Morreu jovem. Roy assumiu os negócios aos 17 anos. Ficou rico fazendo sua própria variação grosseira dos negócios.

Realizava espetáculos beneficentes para policiais e para civis. Tinham como atração especial estrelas de segunda grandeza, tais como Milton Berle e Joey Bishop. *Shows* beneficentes eram regulados de acordo com leis estaduais específicas. Radin desobedecia essas leis. Era notório que suas porcentagens eram altíssimas e que, além disso, ele desviava a verba destinada à caridade.

Radin pesava 136 quilos. Radin era viciado em cocaína. Radin dava festas de arromba na propriedade de Long Island. Radin quase se fodeu feio por volta de 1978.

Uma atriz chamada Melonie Haller saiu cambaleando de uma das noitadas de Radin. Estava seminua e doidaça. Disse que tinha sido currada por Radin e outros malucos. Os tiras investigaram. Pegaram Radin por porte de arma. Radin pagou uma multa e parou de dar festas de arromba. Sentiu um comichão de entrar para o mundo do cinema e mudou-se para a Costa Oeste em 1982.

Conheceu Laney Jacobs numa festa. Começou a comprar cocaína dela. Laney usava uma empresa de limusines que tinha Bob Evans como um dos donos. Ela gostava de um chofer chamado Gary Keys. Keys contou a Laney que Evans estava tentando levantar uma grana. Queria fazer um filme sobre o *Cotton Club* — aquela boate do Harlem, famosa nos anos 30. Laney disse a Keys que tinha dinheiro para investir no projeto certo.

Laney trabalhava para um magnata da cocaína chamado Milan Bellachaises. Ele a havia mandado para Los Angeles para distribuir seu fornecimento para a Costa Oeste. A mula que ela usava era um caipira chamado Tally Rogers. Estavam vendendo trinta quilos por mês. Estavam tendo um lucro de meio milhão de dólares por mês.

Laney era viciada em cocaína. Queria ser produtora de cinema. Gary Keys disse a Bob Evans que ela tinha dinheiro para torrar.

Laney e Bob se encontraram. Começaram a tomar drogas juntos e a trepar. Laney alugou um apartamento em Beverly Hills e o transformou num centro de orgias.

Evans disse a ela que *The Cotton Club* era coisa para um orçamento enorme. Ia precisar de, pelo menos, cinqüenta milhões. Laney disse que conhecia um cara chamado Roy Radin. Ele tinha muita grana e estava doido que lhe dessem uma chance para entrar para o cinema. Evans disse a ela que marcasse uma reunião. Laney marcou uma rapidinho.

Radin caiu. Disse a Evans que venderia a casa e que arranjaria uns investidores podres de ricos. Evans prometeu a Laney uma comissão de cinqüenta mil dólares.

Radin contatou um amigo banqueiro de Porto Rico. O banqueiro era amigo do governador do território. Deixou o governador babando pelo projeto *Cotton Club*. Pediu a ele cinqüenta milhões de dólares de dinheiro do governo. O governador disse que só daria 35. Radin aceitou a proposta. Pegou um avião até Nova York para discutir os detalhes com Bob Evans.

Encontraram-se no apartamento de Evans. Laney apareceu por lá. Ela disse a Radin que receberia 5% dos lucros de *Cotton Club* por ter conseguido costurar o negócio. Radin reclamou da porcentagem dela. Evans ficou do lado de Laney. Radin deu um chilique e saiu batendo porta.

Laney pegou um avião de volta para Los Angeles. E se meteu em outra confusão logo de cara.

Tally Rogers queria mais dinheiro. Subia e descia aquela costa levando drogas e não ganhava quase nada com isso. Laney se recusou a aumentar seu salário.

A mulher de Tally, Betty Lou, apareceu. Chegou do Tennessee de surpresa. Laney a levou para conhecer alguns dos lugares quentes de Los Angeles. Tally convenceu Laney a levá-la a Las Vegas.

Laney e Betty Lou viajaram. Tally deu uma batida na garagem de Laney. Roubou 12 quilos de coca e 250 mil dólares em dinheiro.

A empregada ligou para Laney. Disse que tinha visto Tally xeretando a garagem. Tally ligou para Betty Lou e disse a ela que desaparecesse. Betty Lou pegou um táxi para o aeroporto.

Laney pegou um avião para Los Angeles. Ligou para Millan Bellachaises. Ele disse a ela que pegasse a droga e a grana de volta.

Laney conhecia um cara chamado Bill Mentzer. Segundo constava, ele fazia qualquer coisa por dinheiro. Laney ligou para Mentzer e o contratou para encontrar Tally Rogers.

Mentzer reuniu Alex Marti e Bob Lowe. Pegaram um avião para Memphis e seqüestraram o melhor amigo de Tally. O cara lhes mostrou os locais favoritos de Tally. Não encontraram Tally. Soltaram o amigo e voaram para Miami. Discutiram o caso Tally com Milan Bellachaises. Ninguém pensou em nada construtivo.

Mentzer ligou para Mike Pascal. Ele lhe deu o nome dos amigos mais próximos de Laney e mandou-o checar os registros de ligações interurbanas. Talvez eles chegassem a Tally dessa forma.

Pascal retornou a ligação de Mentzer dois dias depois. Sabia que Mentzer queria resultados. Sabia que Laney odiava Roy Radin. Sabia que Radin ficava doidão com Tally Rogers.

Pascal mentiu para Mentzer. Disse que Tally tinha ligado para Radin assim que roubou a grana e as drogas. Radin andava ligando um bocado para as Bahamas. Era bem possível que Tally estivesse escondido por lá.

Mentzer pegou um avião de volta para Los Angeles. Laney estava em Los Angeles. Milan Bellachaises disse a ela que obedecesse às ordens de Mentzer. Radin estava em Los Angeles. Laney ligou para ele. Ela o acusou de roubar as drogas e o dinheiro. Disse que ele estava tentando foder com ela por causa da comissão pelo *Cotton Club*.

Radin negou o roubo. Disse que não sabia onde encontrar Tally Rogers. Estava dizendo a verdade.

Mentzer contou a Laney seu plano.

Ela atrai Radin para dentro de uma limusine. Bob Lowe está dirigindo. Ela manda Lowe parar para comprar cigarros. Tem um carro os seguindo. Mentzer e Marti saltam do carro e pulam dentro da limusine. Laney dá no pé. Os garotos levam Radin para algum lugar e o torturam até ele não agüentar mais. Ele abre o bico quando a dor fica insuportável.

A história do *Cotton Club* era ridícula, pequena. Os assassinos eram palhaços. A vítima era um bostinha ganancioso. Os atores coadjuvantes eram parasitas gosmentos.

Stoner continuava querendo agarrar Bunny Krauch e Tracy Stewart.

Mentzer e Marti estavam em Los Angeles. Lowe estava em Maryland. Laney estava em Okeechobee, na Flórida, com Larry Greenberger. Stoner e Avila aumentaram a pressão.

Bill Rider ligou para Mentzer e disse a ele que estava em Los Angeles. Convidou-o para dar um pulo no Holiday Inn. O quarto de Rider tinha escutas. Stoner e Avila estavam a postos, no quarto ao lado.

Rider falou do processo contra Larry Flynt. Mentzer falou da execução de Radin.

Três viaturas da polícia se aproximaram da limusine por trás. Mentzer achou que estavam ferrados. Marti enfiou a arma na virilha de Radin. Mentzer enfiou o revólver na boca de Radin. As criaturas passaram por eles a toda — rá, rá, rá!

Mentzer falou sobre outros assuntos. Stoner e Avila precisavam que ele dissesse algo mais incriminador. Precisavam colocar escutas em Rider e em Mentzer outra vez.

Decidiram encenar uma compra de drogas. Chamaram a Narco do xerife e formularam um plano.

Colocaram escutas num quarto do Long Beach Holiday Inn. Rider ligou para Mentzer. Disse que estava comprando drogas e que precisava de um guarda-costas. Ofereceu duzentos dólares a Mentzer. Mentzer aceitou o trabalho.

Encenaram a compra num estacionamento que ficava perto do hotel. Usaram drogas de verdade. Assistentes do xerife fizeram o papel de traficantes de cocaína. Rider levou Mentzer até o quarto depois da compra. Stoner e Avila estavam no quarto ao lado, usando fones de ouvido.

Mentzer tagarelou sem parar.

Ele tinha uma porrada de revólveres e explosivos C-4 guardados num armário público. Eles atiraram em Radin com uma *.22 soft-point*. Os tiras burros acharam que tivesse sido com espingarda.

C-4 era pura combustão. Guardar armas num lugar público era um atentado contra a segurança pública. Stoner queria aquela merda sob controle. Deu a Rider um cofre velho e mandou que ele ligasse para Mentzer. Rider ligou para Mentzer e ofereceu o cofre. Mentzer aceitou o cofre. Rider e Mentzer levaram o cofre até o depósito e colocaram as armas e o C-4 lá dentro. Rider estava usando uma escuta.

Mentzer contou que Larry Greenberger estava morto. Tinha

disparado contra si próprio, acidentalmente. Aconteceu em Okeechobee. Mentzer achou a história suspeita.

Stoner ligou para os policiais de Okeechobee. Eles acharam a história muito suspeita. Laney Jacobs estava se escondendo por trás de advogados. Stoner sabia que ela tinha atirado em Greenberger.

Os policiais de Okeechobee ligaram de volta para Stoner. Contaram a ele que Laney Jacobs estava foragida. Stoner começou a segui-la através dos recibos do cartão de crédito.

Estava na hora de dar porrada.

Stoner foi procurar o promotor David Conn. Contou toda a história a ele. Tocou as fitas Rider-Lowe e Rider-Mentzer para ele ouvir. Conn deu o sinal verde.

Acusações foram feitas. Mandados foram expedidos. Stoner bolou um plano com os policiais de Okeechobee.

Eles disseram que o ajudariam a apanhar Laney Jacobs. Ligariam para o advogado dela, marcariam uma reunião e prometeriam não prendê-la pela morte de Larry Greenberger. Diriam que só queriam fazer algumas perguntas. Fariam umas perguntas e a prenderiam com uma ordem do juiz da Califórnia. Eles a segurariam para o xerife do condado de Los Angeles.

O plano era bom pra caralho.

Stoner organizou um posto de comando. Ficava na metade do caminho entre a casa de Marti e o apartamento de Mentzer. Stoner organizou duas equipes da SWAT para pegarem os dois.

Carlos Avila tomou um avião para Maryland para prender Bob Lowe. Bob Deremer estava fazendo uma longa viagem de caminhão. Ninguém sabia onde ele estava.

2/10/88.

A polícia de Okeechobee prende Laney Jacobs. As equipes da SWAT caem em cima de Mentzer e de Marti, ao mesmo tempo.

Cortam as linhas telefônicas e entram na linha em circuito fechado. Dizem a Mentzer e a Marti que olhem pela janela e vejam a quantidade de tiras armados à sua espera. Mentzer e Marti olham pela janela e saem de casa com as mãos para cima.

Equipes de busca são destacadas. São acompanhadas de cães

farejadores de bombas e drogas. Arrebentam a casa de Marti e o apartamento de Mentzer.

Carlos Avila pega Bob Lowe. A polícia local agarra Bob Deremer em Lafayette, na Indiana.

Deremer abre mão da extradição. É mandado para Los Angeles e acusado de cúmplice. Laney Jacobs e Bob Lowe lutam para não ser extraditados. Permanecem sob custódia na Costa Leste.

Carlos Avila está exausto. Bill Stoner está exausto. Continua viciado em Tracey Lea Stewart. Continua cheio de tesão por Bob Beckett Sr.

Laney Jacobs abriu mão da extradição no Natal. Foi transportada para Los Angeles e presa no Instituto Sybil Brand para Mulheres. Robbie Beckett foi a julgamento em fevereiro de 1989.

O julgamento durou uma semana. O júri se reuniu por uma hora. Robbie foi considerado culpado e recebeu prisão perpétua. Papai Beckett saiu ileso. John Purvis continuava na prisão. A polícia de Fort Lauderdale desistiu do caso Hamway.

John Purvis que se fodesse. Já estava condenado mesmo. Eles não tinham um caso contra Papai Beckett, Paul Serio e Paul Hamway. Precisavam de Robbie Beckett. Robbie não trairia o pai.

Três anos se passaram até que o caso *Cotton Club* fosse julgado. Preliminares, interrogatórios e o processo de seleção do júri consumiram meses. O julgamento durou 14 meses. A fase das penas se arrastou. Carlos Avila se aposentou. Bill Stoner trabalhou para a equipe da promotoria em tempo integral. Rodou o país inteiro de avião. Interrogou uma centena de testemunhas. Contabilizou milhares de quilômetros dirigidos nas auto-estradas. O caso *Cotton Club* consumiu quatro anos e meio da sua vida.

O júri se reuniu outra vez no dia 22/7/91. Mentzer, Marti, Lowe e Jacobs foram considerados culpados. Todos pegaram prisão perpétua sem direito à condicional. Stoner continuava sem saber exatamente por que tinham matado Roy Radin.

Mentzer contou que tinha entrado água nos planos de tortura. Marti ficou atiçando Radin dentro da limusine. Marti ficou chamando

Rodin de judeu gordo. Marti deu um tiro nele assim que chegaram a Caswell Canyon.

Marti contou uma história diferente. Lowe também. Stoner já não ligava mais.

Um policial de Fort Lauderdale ligou para Stoner em janeiro de 1993. Disse que a mãe de John Purvis acabava de contratar um advogado. O advogado ia aparecer num programa de televisão noturno. Sua intenção era criar uma confusão dos diabos. A polícia de Fort Lauderdale estava reabrindo o caso Hamway.

Stoner desejou-lhe boa sorte. A polícia de Fort Lauderdale reabriu o caso e conduziu-o mal, outra vez.

Identificaram o Paul Serio errado. Confundiram o coleguinha de Papai Beckett com um matador de aluguel de Las Vegas, de mesmo nome. Pensaram que o sujeito de Las Vegas tivesse armado a morte de Susan com Paul Hamway. Ofereceram imunidade para Papai Beckett se ele testemunhasse contra os dois. Papai Beckett aceitou o acordo e testemunhou diante do grande júri da Flórida. O grande júri indiciou Paul Hamway e Paul Serio. Papai Beckett disse à polícia que o seu Paul Serio não era um matador de aluguel de Las Vegas. Seu Paul era, atualmente, professor no Texas.

John Purvis foi solto. A polícia de Fort Lauderdale pegou o verdadeiro Paul Serio. Serio contradisse o relato de Papai Beckett com relação à execução de Hamway e colocou toda a culpa em Papai. O relato de Serio não serviu de coisa alguma. Papai Beckett tinha imunidade.

John Purvis, acompanhado da mãe e do advogado, apresentou-se no programa de Phil Donahue. Donahue passou um teipe superanimado de Papai Beckett. Era a confissão gravada de Papai Beckett para os tiras de Fort Lauderdale.

E lá está Papai Beckett. Mostrando como estrangulou Sue Hamway. E lá está Papai Beckett, imune a um processo criminal. Papai tinha saído do caso Stewart sem um único arranhão. Papai tinha se safado fácil de Sue Hamway e sua filhinha.

Robbie Beckett viu o programa na cadeia Folsom. Ele viu Papai Beckett encenar a execução de Hamway com brio autêntico. Ele viu os olhos de Papai. Sabia que estava revivendo o momento em que matou Tracy.

Robbie telefonou para Bill Stoner e disse a ele que queria conversar. Stoner e Dale Davidson pegaram um avião para Fulsom. Robbie deu um depoimento formal e concordou em testemunhar contra o pai. Disse a eles que não ia dar pra trás dessa vez. Stoner e Davidson acreditaram nele.

Davidson expediu um mandado. Acusava Robert Wayne Beckett pelo assassinato de Tracy Lea Stewart. Stoner localizou Papai Beckett em Las Vegas. Ligou para a equipe de fugitivos de Vegas e o prendeu no quintal da frente de sua casa.

Papai quis fazer um acordo. Stoner mandou-o se foder. Papai foi falar com um juiz. O juiz negou-lhe fiança. As cortes de Los Angeles estavam brutalmente sobrecarregadas. O filho da puta não seria julgado antes de 1995.

Stoner andava sonhando acordado de montão. Estava vendo as coisas com rapidez e clareza. Estava passando muito tempo com suas mortas.

Estava exausto. Estava para se aposentar no mês seguinte. Um pensamento pequenino e esquisito ficava dando voltas na sua cabeça.

Não estava bem certo de que conseguiria desistir da caça completamente.

IV

Geneva Hilliker

Você está em posição de fuga. Tem o tempo e o segredo ao seu lado. O tempo favorece os que fogem. Seus rastros desaparecem. Não dá para saber como se escondiam antes de desaparecerem.

Você não quer que eu saiba. Sua vida secreta foi projetada de forma a excluir certos homens. Você fugia de homens e para homens, reduzindo-se a coisa alguma. Você possuía a malícia dos fugitivos e se camuflava como eles. Foi morta pela sua gana de fugitiva.

Você não pode fugir de mim. Eu fugi de você tempo demais. É aqui que eu forço um confronto de fugitivos.

Agora chegou a nossa hora.

14

Peguei um avião até Los Angeles para ver a papelada sobre o homicídio de minha mãe. Minhas motivações eram, na melhor das hipóteses, ambíguas.

Era março de 1994. Jean Ellroy estava morta havia 35 anos e 9 meses. Eu estava com 46 anos.

Estava morando na parte chique de Connecticut. Tinha uma casa grande como as que eu costumava arrombar. Peguei um vôo bem cedo e me hospedei numa suíte do Mondrian Hotel. Queria mergulhar na papelada com a cabeça limpa e o coração frio.

Tinha começado seis semanas antes. Meu amigo Frank Girardot me telefonou. Disse que estava escrevendo um artigo sobre homicídios antigos ocorridos no vale de San Gabriel. Seria publicado no *Tribune* do vale de San Gabriel, e no *Star News*, de Pasadena. O artigo focalizaria cinco assassinatos não resolvidos — inclusive o de minha mãe. Focalizaria a Divisão de Casos Não Solucionados da Delegacia de Homicídios do gabinete do xerife de Los Angeles.

Frank ia analisar o processo de minha mãe. Ia ler relatos e ver as fotos da cena do crime. Ele ia ver Jean Ellroy morta.

Aquilo me bateu de imediato. Me bateu com força e rapidez em dois níveis distintos.

Eu precisava ver aquela pasta. Eu precisava escrever sobre a experiência e publicar o artigo numa revista de peso. Aquilo causaria sensação e resultaria em publicidade para meu próximo romance.

Liguei para meu editor na revista GQ e passei uma cantada nele. Ele pirou com a idéia e falou com o chefe dele, que me deu o sinal verde. Liguei para Frank Girardot e pedi a ele que passasse uma conversa nos homens da Não Resolvidos. Frank entrou em contato com o sargento Bill McComas e com o sargento Bill Stoner. Eles disseram que eu podia ver a pasta.

Planejei a viagem. Um terremoto sacudiu Los Angeles e me manteve longe durante semanas. O Palácio de Justiça estava condenado. A Delegacia de Homicídios do gabinete do xerife teve que se mudar. Os arquivos estavam em trânsito. O atraso me deu algum tempo para dançar com a ruiva.

Eu sabia que estava na hora de confrontá-la. Uma velha fotografia me disse por quê.

Minha mulher encontrou a foto num arquivo de jornal. Comprou uma cópia e colocou-a num porta-retratos. Estou encostado na bancada de carpinteiro de George Krycki. É 22/6/58.

Não dá para decifrar meu estado de espírito. Talvez eu esteja entediado. Talvez eu esteja catatônico. Não estou dando coisa alguma a entender.

É a minha vida na estaca zero. Estou atordoado, ou aliviado, ou perdido em avaliações para revelar sinais de uma dor pura e simples.

Aquela foto tinha 36 anos. Ela definia minha mãe como um corpo deixado numa estrada e como fonte de inspiração literária. Eu não tinha como separar o ela do eu.

Gosto de me refugiar em suítes de hotéis. Gosto de apagar as luzes e aumentar o ar-condicionado ao máximo. Gosto de ambientes com a temperatura controlada, de ambientes controláveis. Gosto de ficar sentado no escuro e de deixar minha mente correr solta. Eu deveria me encontrar com Bill Stoner na manhã seguinte. Pedi um jantar no quarto e um bule bem grande de café. Apaguei as luzes e deixei que a ruiva me levasse para passear.

Eu sabia algumas coisas sobre nós dois. Eu intuía outras coisas.

Sua morte corrompeu minha imaginação e me concedeu dons que eu podia explorar. Ela me ensinou a auto-suficiência através de um mau exemplo. Eu possuía características de autopreservação até mesmo no auge de minha autodestruição. Minha mãe me deu o dom e a maldição da obsessão. Começou como curiosidade, em lugar de uma dor infantil. Brotou como a busca de um conhecimento sombrio e transformou-se numa terrível sede por estimulação sexual e mental. A energia obsessiva quase me matou. A ânsia de transformar minhas obsessões em algo de bom e de útil me salvou. Eu durei mais do que a maldição. O dom adotou seu formato final na linguagem.

Ela foi minha ligação direta com o sexo e a morte. Ela foi a primeira mulher da trajetória que me levou à mulher brilhante e corajosa com quem me casei. Ela me deu um quebra-cabeça duradouro sobre o qual ponderar e com o qual aprender. Ela me deu o horário e o local de sua morte para com eles extrapolar. Ela era o centro silencioso do mundo de ficção que eu tinha criado e do mundo alegre no qual eu vivia — e até aquela data meu agradecimento a ela tinha sido completamente superficial.

Escrevi meu segundo romance — *Clandestine* — em 1980. Foi minha primeira tentativa de confronto com Jean Ellroy. Eu a retratei como uma bêbada sofrida, com um passado exageradamente sofrido no interior do Wisconsin. Dei a ela um filho de nove anos e um ex-marido cruel, que se parecia muito com meu pai fisicamente. Atirei detalhes autobiográficos e ambientei o grosso do livro no início da década de 1950 para focalizar uma subtrama da caçada comunista. *Clandestine* falava de Jean Ellroy de forma superficial. Era *inteirinho* sobre seu filho, aos 32 anos de idade. O herói era um jovem policial ambicioso. O grande lance dele era trepar e se dar bem a todo custo. Eu era um jovem escritor ambicioso. Estava super a fim de me dar bem.

"Me dar bem" significava duas coisas. Que eu tinha que escrever romances policiais excelentes. Que eu precisava atacar a história central da minha vida.

Foi o que me dispus a fazer, de início. Implementei minha resolução consciente de forma inconsciente. *Clandestine* era mais rico e mais complexo do que meu primeiro romance. Mãe e filho eram retratados com cores intensas. Só empalideciam em comparação à vida real. Eles não eram minha mãe e eu. Eram substitutos fictícios. Eu queria que saíssem do meu caminho para que eu pudesse ir em frente. Achei que podia pintar minha mãe com detalhes frios e bani-la desta forma. Achei que podia me livrar de alguns segredos de garoto e pular fora. Jean Ellroy não era minha vítima de homicídio preferida. Era Elizabeth Short. Eu mais uma vez troquei a ruiva pela Dália.

Eu ainda não estava pronto para Elizabeth. Queria conversar com ela já como escritor experiente. Mas antes queria estender meu diálogo com as mulheres.

Deixei Los Angeles em 1981. Era familiar e fácil demais. O AA era fácil demais. Eu queria mandar todo aquele povo viciado em terapia e em religiões de 12 passos às favas. Sabia que conseguiria me manter sóbrio em qualquer lugar. Eu queria dar o fora de Los Angeles e limitar minhas incursões por Los Angeles à Los Angeles fictícia que habitava minha mente. *Brown's Requiem* estava para sair em outubro. *Clandestine* estava planejado para sair em 1982. Tinha um terceiro livro terminado. Queria recomeçar em um local novo e *sexy*.

Eu me mudei para Eastchester, Nova York — 30 quilômetros ao norte de Manhattan. Arranjei um apartamento de subsolo e um trabalho de *caddy* no Wykagyl Country Club. Estava com 33 anos. Eu me achava simplesmente o máximo. Queria me colocar à prova em Nova York. Queria me envolver intensamente com a Dália e encontrar, na vida real, a mulher transcendental que eu jamais encontraria em Los Angeles.

Nova York era anfetamina cristalina. Se misturava ao meu estilo de vida dupla. Eu escrevia no apartamento e carregava sacolas de tacos de golfe para me manter. Manhattan ficava a um pulo. Manhattan estava cheia de mulheres provocantes.

Meus amigos desdenhavam do meu gosto por mulheres. Eu achava estrelas de cinema e modelos entediantes. Eu curtia mulheres de negócios, vestidas a caráter. Eu curtia aquela costura na saia prestes a explodir devido a sete quilos de gordura extra. Eu curtia personalidades implacáveis. Eu curtia versões radicais e não programadas do mundo. Eu desdenhava de diletantes, de gente que queria ser o que não era, de incompetentes, de roqueiras, de maníacas por terapia, de ideólogas esquisitonas e de todas as mulheres que não exemplificassem uma versão sã do equilíbrio "protestantismo do Meio-Oeste/libertinagem" que eu tinha herdado de Jean Ellroy. Eu curtia mulheres bem-apessoadas mais do que mulheres consideradas lindas por outros homens. Eu curtia pontualidade e paixão e considerava as duas coisas virtudes equivalentes. Eu era um fanático moralista e crítico, operando numa dinâmica de tempo perdido/vida recuperada. Eu esperava que minhas mulheres andassem na linha, trabalhassem arduamente e que se submetessem à força do carisma que eu pensava possuir e que me fodessem até eu entrar em coma e me submetessem ao seu carisma e retitude moral, tudo em doses iguais.

Era isso que eu queria. Mas não era o que eu tinha. Meus padrões eram bem pouco razoáveis. Eu os revia toda vez que conhecia uma mulher com quem queria dormir.

Eu reconstruía essas mulheres à imagem de Jean Ellroy sem bebida, sem promiscuidade e sem assassinato. Eu era um furacão varrendo suas vidas. Eu ganhava sexo e ouvia suas histórias. Eu contava a elas a minha história. Tentei fazer com que uma série de uniões breves e não tão breves funcionassem. Eu nunca me esforçava com a mesma vontade das mulheres com quem estive.

Aprendi algumas coisas no decurso. Eu jamais diminuí minhas expectativas amorosas. Eu era um cara covarde em fuga eterna, um arrasador de corações com uma convincente fachada de tranqüilidade. Eu eliminava a maioria dos meus casos. Curtia muito quando alguma mulher me sacava primeiro e me eliminava na frente. Eu jamais eliminei minhas expectativas amorosas. Nunca fui flexível com relação ao amor. Eu me sentia mal com relação às mulheres que ferrei. Com o tempo, passei a me aproximar das mulheres com menos ferocidade. Aprendi a disfarçar minha fome. Esta fome foi direto para os meus livros. Estes iam se tornando cada vez mais obsessivos.

Meu desejo ardia com três chamas diferentes.

Minha mãe. A Dália. A mulher que eu sabia que Deus me daria.

Escrevi quatro romances em quatro anos. Mantinha meus mundos de Eastchester e de Manhattan em separado. Fui ficando cada vez melhor. Eu tinha um grupo de seguidores *cult* e juntei um álbum de recortes com críticas quatro estrelas. Meus ganhos como escritor aumentaram. Pendurei minhas chuteiras de *caddy*. Me tranquei durante um ano e escrevi *A Dália Negra*.

O ano voou. Eu vivia com uma mulher morta e 12 homens ruins. Betty Short me dominava. Compus seu personagem com diversos traços do desejo masculino e tentei retratar o mundo masculino que sancionou sua morte. Escrevi a última página e chorei. Dediquei o livro à minha mãe. Eu sabia que poderia ligar Jean e Betty e descobrir um veio de ouro 24 quilates. Eu mesmo financiei a viagem de divulgação do livro. Levei a ligação ao público. Transformei *A Dália Negra* num *best-seller* nacional.

Contei a história Jean Ellroy-Dália uma dúzia de vezes. Eu a reduzi a número de *bits* sonoros e a vulgarizei de forma a torná-la mais acessível. Eu o fazia com meticulosa falta de paixão. Eu me retratava como um homem formado por duas mulheres assassinadas e que podia, agora, pairar num plano acima de tais assuntos. À primeira vista, meu desempenho perante a mídia demonstrava autoridade, mas, numa segunda avaliação, era apenas fluente. Minhas apresentações exploravam a profanação de minha mãe e me permitiam reduzir sua memória a proporções administráveis.

A Dália Negra foi meu livro de ruptura. Foi uma paixão obsessiva e uma elegia à cidade de onde vinha. Queria ficar nos anos 40 e 50. Eu queria escrever romances maiores. Sentia o chamado de homens maus fazendo coisas ruins em nome da autoridade. Queria mijar em cima do mito do nobre-solitário e exaltar tiras filhos da puta dispostos a foder com aqueles que não têm direitos. Eu queria canonizar a Los Angeles secreta. Primeiro eu vislumbrei o dia em que a ruiva morreu.

Deixei *A Dália Negra* para trás. Minha turnê pôs fim a 28 anos de trânsito. Eu sabia que precisava ir além daquele livro. Sabia que precisava retornar à Los Angeles dos anos 50 e reescrever aquele pesadelo de acordo com minhas próprias especificações. Foi meu primeiro mundo privado. Eu sabia que podia extrair seus segredos e colocá-los em contexto. Eu podia reivindicar tempo e espaço. Eu podia isolar aquele pesadelo e me forçar a encontrar um outro.

Escrevi três continuações para *A Dália Negra* e chamei a coleção de *The L.A. Quartet*. Minha reputação junto à crítica e o público foi tomando as proporções de uma bola de neve. Conheci uma mulher, casei-me com ela e me divorciei três anos depois. Eu raramente pensava sobre minha mãe.

Isolei a Los Angeles dos anos 50 e a troquei pela América da era Jack Kennedy. O salto deu ímpeto ao meu campo de ação, geográfica e tematicamente falando, e foi meio caminho andado para um novo romance. A Los Angeles dos anos 50 ficou para trás. Jean Ellroy, não. Conheci uma mulher. Ela me empurrou na direção de minha mãe.

O nome da mulher era Helen Knode. Ela escrevia para um jornaleco de esquerda chamado *L.A. Weekly*. Nos conhecemos. Transamos. Nos casamos. Foi um amor extravagante. Um reconhecimento mútuo que girava a 6.000rpm.

Crescemos. Foi ficando cada vez melhor. Helen era hiperbrilhante. Helen era alta retitude e gargalhada profana. Nossas imaginações se misturavam, colidiam.

Helen era obcecada pela desorientadora questão homem-mulher. Ela a dissecava e a satirizava e a des- e a reconstruía. Fazia aquilo pelo prazer de uma boa gargalhada e ironizava minha visão dramática do assunto.

Ela foi direto à questão de minha mãe. Ela a chamava de "Geneva". Nós criávamos situações que envolviam minha mãe com alguns dos homens mais celebrados de sua era. Ríamos de chorar. Colocamos Geneva na cama com Porfirio Rubirosa e fizemos nossa crítica da América misógina. Geneva conseguiu tornar Rock Hudson hetero. Geneva deixou JFK louco de tesão e o transformou num homem monogâmico. Nós sacaneávamos Geneva e o pau monolítico de meu pai. Nos perguntávamos por que diabos eu não tinha me casado com uma ruiva.

Helen encontrou aquela foto. Helen me encorajou a estudá-la. Ela era a defensora de minha mãe e *agent provocateur*.

Ela me conhecia. Ela citou um dramaturgo já morto e disse que eu era uma bala de revólver que nada tinha senão o futuro. Ela compreendia minha falta de autopiedade. Sabia que eu odiava qualquer coisa que restringisse meu ímpeto. Sabia que as balas não têm consciência. Passam a toda pelas coisas e erram seus alvos com a mesma freqüência que os atingem.

Ela queria que eu conhecesse minha mãe. Queria que eu descobrisse quem ela foi e por que morreu.

15

Estacionei do lado de fora da Delegacia de Homicídios do gabinete do xerife. Bebi um café dentro do carro e tentei ganhar tempo. Pensei nas fotos da cena do crime.

Eu a veria morta. Eu a veria pela primeira vez desde que a vira viva. Eu não tinha guardado fotos dela. Só tinha retratos mentais dela vestida e nua.

Ela era alta. Eu era alto. Eu tinha os traços dela e a coloração do meu pai. Eu estava ficando grisalho e careca. Ela morreu com uma bela cabeleira vermelho-brilhante.

Eu me aproximei do lugar e toquei a campainha. O alto-falante, acima da porta, crepitou. Perguntei pelo sargento Stoner.

A porta fez clique e abriu. Bill Stoner veio ao meu encontro e se apresentou.

Devia ter 1,82m e 80kg. Tinha cabelos castanhos ralos e um enorme bigode. Vestia terno escuro com camisa e gravata listradas.

Nós nos cumprimentamos e caminhamos até a Divisão de Casos Não Solucionados da Delegacia de Homicídios do gabinete do xerife. Stoner me mostrou uma cópia de meu livro *White Jazz*. Perguntou por que todos os policiais eram chantagistas e tarados. Eu disse que os bons policiais não produziam boa ficção. Ele apontou para a foto da sobrecapa. Meu *bull terrier* estava escarrapachado no meu colo.

Ele disse que o cachorro parecia um porco mergulhado na água sanitária. Eu disse que o nome dele era Barko. Era um pequeno filho da puta inteligente. Eu sentia saudades dele. Minha ex-mulher tinha ficado com a guarda.

Stoner riu. Nos sentamos em mesas contíguas. Ele me passou uma pasta sanfonada marrom.

Disse que as fotos da cena do crime eram bastante explícitas. Perguntou se eu queria vê-las.

Eu disse que sim.

Estávamos a sós na sala. Começamos a conversar.

Contei que tinha cumprido pena na cadeia do condado nos anos 60 e 70. Discutimos os méritos e deméritos do Biscailuz Center e do Wayside Honor Ranch. Eu disse que adorava os pimentões recheados do cardápio de almoço do condado. Stoner disse que os comia quando trabalhava em Wayside.

Ele tinha a voz mansa de um inquisidor. Entretecia seus monólogos com breves pausas. Ele jamais interrompia. Olhava nos olhos de quem lhe falava.

Ele sabia fazer as pessoas se abrirem. Sabia como extrair intimidades. Eu o senti me guiar. Eu não resisti. Sabia que ele tinha sacado meu lado exibicionista.

Eu estava tentando ganhar tempo. A pasta marrom me assustava. Eu sabia que Stoner estava me levando até ela.

Conversamos. Trocamos contos sobre crimes de Los Angeles. As percepções de Stoner eram extremamente lúcidas e desprovidas das usuais ideologias defendidas por policiais. Ele chamou o DPLA de instituição racista e teceu histórias com real sentido de drama e de tema. Ele usava "foda" de forma tão rotineira quanto eu e usava palavrões para sublinhar o que dizia. Ele descreveu o caso Beckett e me levou diretamente ao terror de Tracy Stewart.

Conversamos durante duas horas. Paramos quase como se alguém tivesse nos dado uma deixa.

Stoner saiu da sala. Eu parei de tentar ganhar tempo.

A pasta continha envelopes, folhas de teletipo e um ou outro bilhete rabiscado numa tira de papel. Continha o "Livro Azul" da Delegacia de Homicídios do gabinete do xerife. O livro tinha cinqüenta páginas. Continha relatórios datilografados em ordem cronológica.

O relatório cadavérico. O relatório do legista. Relatórios sobre suspeitos inocentados. Três depoimentos transcritos palavra por palavra.

O Livro Azul era frágil e bolorento. Havia dois nomes datilografados na capa. Sargentos John G. Lawton e Ward E. Hallinen.

Os homens que me perguntaram para quem minha mãe andava dando. Um deles comprou uma barra de chocolate para mim um milhão de anos atrás.

A pasta estava malcuidada. Estava prestes a explodir, cheia de bilhetes soltos, enfiados ali e esquecidos. A aparência de desleixo me ofendeu e me deu a impressão de ser simbólica. Aquilo ali era a alma penada de minha mãe.

Impus uma ordem sobre ela. Fiz uma fileira perfeita de pilhas de papel. Separei o envelope marcado "Fotos da Cena do Crime" e coloquei-o de lado. Folheei a primeira série de relatórios do Livro Azul e notei alguns detalhes aqui e ali.

Meu endereço em El Monte era Maple, 756. Duas testemunhas viram minha mãe no bar Desert Inn. O nome me deixou atordoado. Os jornais diziam que ela tinha ido a um bar local. Jamais foram mais longe do que isso.

Eu folheei alguns relatórios. Uma das testemunhas do Desert Inn disse que o acompanhante de minha mãe era mexicano. O fato me causou surpresa. Jean Ellroy era de direita e obcecada por aparências. Eu não conseguia vê-la em público com um *cholo*.

Folheei a parte de trás e vi duas cartas escritas a mão. Duas mulheres delatando seus ex-maridos. Escreveram para John Lawton e detalharam seu raciocínio.

A Mulher nº 1 escreveu em 1968. Disse que seu ex tinha trabalhado com Jean na fábrica da Packard-Bell. Teve casos com Jean e com duas outras colegas de trabalho. Ele começou a agir de forma suspeita depois do assassinato. A Mulher nº 1 tinha perguntado a ele onde estava na noite em questão. Ele bateu nela e a mandou calar a boca.

A Mulher nº 2 escreveu em 1970. Disse que seu ex guardava

rancor contra Jean Ellroy. Jean tinha se recusado a dar andamento a um processo de acidente de trabalho encaminhado por ele. Aquilo o "deixou louco". A Mulher nº 2 incluiu um P.S.: Seu ex tinha tocado fogo numa loja de móveis. A loja tinha reavido um jogo de sala de jantar, e aquilo o "deixou louco".

As duas cartas me pareciam ser movidas por vingança. John Lawton anexou um memorando à carta nº 2. Dizia que ambas as pistas foram verificadas e consideradas sem validade.

Eu folheei o livro. Fui pescando pedaços de informação aqui e ali.

Harvey Glatman foi interrogado e liberado. Eu me lembrei do dia em que ele foi para a câmara de gás. Uma testemunha do Desert Inn colocou em dúvida a história do suspeito ser mexicano. Ela disse que o homem visto com a loura e com a ruiva era um "homem branco de pele morena". Minha mãe trabalhou na Airtek Dynamics de setembro de 1956 em diante. Eu achei que ela ainda estava na Packard Bell nessa época. O relatório da autópsia observou a presença de sêmen na vagina de minha mãe. Não houve menção de hematomas internos ou de abrasões vaginais. Não houve especulação alguma entre estupro *versus* sexo consensual. Minha mãe estava menstruando. O cirurgião da autópsia encontrou um tampão em sua vagina.

Os fatos iam me batendo à queima-roupa. Eu sabia que precisava conter aquela enxurrada. Peguei minha caneta e meu caderno e fui direto às transcrições dos depoimentos. O primeiro deles quase me zune porta afora.

Lavonne Chambers era atendente do Stan's Drive-In — que ficava a cinco quadras do Desert Inn. Ela serviu à minha mãe e ao seu companheiro duas vezes, na noite daquele sábado e na madrugada de domingo.

Ela disse que o homem era italiano ou grego. Estava dirigindo um Olds 1955 ou 1956, de dois tons. Ele chegou com minha mãe às 22:20. Comeram dentro do carro. Conversaram. Foram embora e voltaram às 2:15.

O homem estava calado e entediado. Minha mãe estava "bastante bêbada". Ela "tagarelava alegremente". A parte de cima de seu vestido estava abaixada e um de seus seios estava quase à mostra. Sua aparência era "levemente desgrenhada". O homem agia como se estivesse "entediado com ela".

Essa nova informação era quente. Mandou minha velha teoria para o inferno.

Eu achava que minha mãe tinha saído do bar com o Moreno e a Loura. Eles tentaram forçá-la a participar de uma *ménage à trois*. Ela resistiu. A coisa ficou feia.

Ele estava "entediado". Ela estava "desgrenhada". Ele provavelmente tinha comido ela e queria se livrar dela. Ela queria passar mais tempo com ele.

Eu costumava freqüentar o Stan's Drive-In, que ficava em frente à Hollywood High. Os atendentes vestiam uniformes vermelhos e dourados. O "Cachorro Louco" era bárbaro. Os hambúrgueres e as batatas fritas eram famosos.

Eu li o depoimento três vezes. Anotei os fatos principais. Eu me preparei e abri o primeiro envelope.

Continha três fotos. Vi Ed e Leoda Wagner, *circa* 1950. Vi meu pai aos 45 ou 46 anos. As fotos estavam marcadas "Irmã de vít. & mar." "Ex-mar. Vít." Meu pai estava com uma aparência saudável e boa-pinta.

A terceira foto estava marcada "Vít., agosto 57".

Ela usava um vestido branco. Eu me lembrava dele. Estava segurando um drinque e um cigarro. Os cabelos estavam presos — do jeito que ela sempre os usava. Havia pessoas brincando às suas costas. Parecia um piquenique da empresa.

Ela não estava bem. O rosto estava abatido e inchado. Ela aparentava mais idade do que seus 42 anos e 4 meses. Parecia uma bêbada vivendo de falsas aparências, mas perdendo feio. A foto entrava em conflito com a que eu guardava na mente.

Essa foto era cem por cento a realização de um desejo. Eu congelei a imagem de minha mãe nos seus saudáveis quarenta anos. As rugas em seu rosto demonstravam força — não intemperança. Essa foto era cem por cento desejo sepultado. Eu sucumbi àquela foto e fiz amor com ela naqueles poucos e preciosos momentos de fantasia.

Abri o segundo envelope. Vi dois retratos falados do Moreno, compostos por *kits* de identificação. Retrato nº 1 era de um joão-ninguém magrela. Retrato nº 2 era de um sádico com traços parecidos.

Abri o terceiro envelope. Continha 32 fotos de prontuário de diversos homens. Todos eram agressores sexuais fichados. Alguns eram brancos e outros, latinos. Todos lembravam os retratos falados. Todos foram interrogados e liberados. Todos tinham aquela cara de tarado de quem acaba de ver um *flash* espocar. Usavam o número da última prisão por agressão sexual pendurado no pescoço. Os números continham datas de prisão e diversos outros códigos penais. As datas variavam entre 1939 e 1957. Os números cobriam estupro, lesões corporais e outra meia dúzia de delitos passivos. A maioria daqueles homens era rude. Alguns pareciam assustados, como se tivessem acabado de tomar uma porrada com o catálogo telefônico. O astral coletivo era repugnante. Tinham cara de gosma de doença venérea ou de mancha de porra numa parede de banheiro.

Abri o último envelope. Vi minha mãe morta no pátio da Arroyo High School.

Suas faces estavam inchadas. Os traços, grosseiros. Ela parecia uma mulher doente dormindo.

Vi a corda e a meia amarradas em torno do seu pescoço. Vi as mordidas de insetos em seus braços. Vi o vestido que ela usava. Eu me lembrava dele. Olhei para as fotos em preto-e-branco e me lembrei que aquele vestido era azul-claro e azul-escuro.

O vestido batia logo abaixo do joelho. Alguém o levantara acima dos quadris. Eu vi seus pêlos púbicos. Desviei o olhar com rapidez e formei um borrão.

A última foto era da autópsia. Minha mãe estava deitada numa mesa de autópsia. A cabeça estava apoiada num bloco de borracha preta.

Eu vi seu mamilo deformado e o sangue seco em seus lábios. Vi uma incisão abdominal suturada. Provavelmente eles a abriram na cena do crime. Provavelmente mediram a temperatura de seu fígado antes que ela ficasse completamente gelada.

Eu examinei todas as fotos da cena do crime. Memorizei os detalhes. Me senti perfeitamente calmo. Coloquei tudo de volta na pasta e devolvi-a a Stoner.

Ele me levou até o carro. Nos despedimos com um aperto de mão. Stoner era bastante tranqüilo. Sabia que eu estava em algum lugar muito distante dali.

Fui me deitar cedo naquela noite. Acordei antes do amanhecer. Vi as fotos antes de abrir os olhos.

Senti uma engrenagem fazer "clique" e entrar no encaixe. Era como dizer "Oh" diante de uma enorme revelação.

Agora você sabe.

Você achava que sabia. Estava errado. Agora você sabe de verdade. Agora você deve ir para onde ela o guiar.

Eles voltaram ao Stan's Drive-In. Eram 2:15. Ele estava entediado. Tinham acabado de fazer sexo. Ele queria se livrar daquela mulher desesperada para poder ir em frente com sua vida. A combustão ocorreu porque ela queria MAIS. Mais sexo e mais atenção masculina. A promessa de uma próxima vez, em paragens mais elegantes.

Eu confiava na minha nova teoria. Isso fez com que eu sentisse uma grande onda de amor por minha mãe.

Eu era seu filho. Eu era viciado em MAIS tanto quanto ela. O meu sexo e o meu tempo me favoreciam com relação a isso. Eu pude beber e trepar com uma sanção que ela jamais pôde imaginar. A sorte e a circunspecção de um covarde me salvaram. Eu vi a estrada pela qual ela se perdeu. Ela forçou o instinto de sobrevivência que jamais desenvolveu pela minha goela abaixo. A dor dela foi maior do que a minha. Definiu o precipício existente entre nós dois.

Eu voltei para Connecticut e escrevi meu artigo para a GQ. Não foi catártico. Aquela pequena engrenagem não fez clique para desligar outra vez. Ela estava sempre ali, ao meu lado.

Foi um abraço desajeitado e uma reunião. Foi uma cantada imprudente. Um encontro com uma desconhecida que Helen e Bill Stoner arranjaram para mim.

Agora você deve ir para onde ela o guiar.

A idéia me confundia. Empenhei minha devoção na base da fé cega.

16

Ela me apontou a direção de seus segredos. Sua orientação era uma provocação e um desafio. Ela me desafiava a descobrir como tinha vivido e morrido.

Eu decidi ampliar o artigo da GQ cinqüenta vezes e transformá-lo num livro. Meu editor bancou a idéia. Bill Stoner se aposentou em abril. Eu o contatei e lhe fiz uma proposta. Disse que queria reinvestigar o homicídio de minha mãe. Pagaria a ele uma porcentagem sobre a venda do livro e cobriria todos os gastos. Nos juntaríamos e tentaríamos encontrar o Moreno — morto ou vivo. Eu sabia que estava apostando minhas fichas em probabilidades bastante remotas. Não me importava. A ruiva era meu alvo principal.

Stoner disse sim.

O artigo da GQ foi publicado em agosto. Focalizava minha mãe e eu e nosso tesão compartilhado por MAIS. Entreguei meu romance e aluguei um apartamento em Newport Beach, na Califórnia. Stoner disse que nosso trabalho poderia demorar um ano ou mais.

Meu vôo foi no Dia do Trabalho. As pessoas do meu vôo falavam de O.J. Simpson sem parar.

O caso estava com três meses de idade. Já era o maior caso de homicídio de todos os tempos, em se tratando de uma vítima mulher. O caso Dália Negra era importante e quintessencialmente Los Angeles. O caso Simpson rapidamente lançou uma sombra sobre ele.

Foi extraordinário. Foi uma *performance* épica. Foi um circo multimídia representado de forma falsa, baseado na premissa duvidosa de que o verdadeiro assassino retalhou as vítimas e fugiu. Todo mundo sabia que tinha sido O.J. Especialistas repetiam este consenso e enlouqueciam à procura de verdades ocultas e precedentes empíricos. Os profissionais da imprensa marrom bateram na verdade com mais força ainda. Eles viam o caso O.J. como um microcosmo grosseiro. Era um serviço movido a cocaína e peitos. Era um narcisismo de academia de ginástica e uma servidão de mão dupla com uma pensão alimentícia mensal de cinco dígitos. A platéia de base definiu o crime. Eles queriam o estilo de vida espalhafatoso de O.J. Não podiam tê-lo. Tiveram que se contentar com um jogo de moralismo fedorento que passava a mensagem de que aquele estilo de vida era corrompido.

O.J. e o Moreno. Nicole e Geneva.

Minha mãe era uma mulher muito reservada. Eu era um exibicionista e um oportunista experiente. Eu sempre precisei, desesperadamente, de atenção. Meus instintos me diziam que ela jamais precisou. Eu queria ofertá-la ao mundo. Poderiam me chamar de estuprador da memória e apontar para minhas façanhas anteriores como prova.

Estariam certos. Estariam errados. Eu alegaria inocência, escondido por trás de minha paixão recém-descoberta.

Ela estava morta. Ela estava além da sensibilidade. Seria ridículo se perguntar se ela compreenderia ou não. Eu tinha um lado grosseiro de contador de história. Ela era o centro da minha história.

A questão me afligia. Eu respeitava a privacidade dela e estava me dispondo a destruí-la. Eu só via uma saída.

Eu precisava me submeter ao espírito dela. Se eu a magoasse, eu a sentiria me censurar.

Stoner me encontrou no aeroporto. Fomos direto à Arroyo High School.

Foi minha segunda visita. Uma equipe me filmou ali certa vez. A entrevista foi moleza para mim. Eu não tinha visto as fotos. Eu não podia apontar para o local exato e colocar minha mãe dentro dele.

Stoner estacionou perto do local. Estava quente e úmido. Ele aumentou o ar-condicionado e fechou as janelas.

Ele disse que precisávamos conversar a respeito de minha mãe. Precisávamos conversar de forma franca e aberta. Eu disse a ele que agüentava. Ele disse que queria reconstruir o crime da forma que ele achava ter acontecido.

Eu mencionei minha nova teoria. Stoner disse que não a engolia.

Ele disse que o Moreno queria trepar. Jean estava menstruada e recusou-se a dar pra ele. Ficaram de beijinhos e sarros. O Moreno queria mais. Jean queria que ele esfriasse um pouco. Ela disse: Vamos voltar ao Stan's Drive-In.

Eles voltaram ao Stan's. Lavonne Chambers os serviu outra vez. Jean estava meio alta e alegre. O Moreno estava com tesão e puto da vida com ela. Ele conhecia uma estradinha deserta perto da Arroyo High School.

Terminaram o lanche. O Moreno sugeriu uma volta de carro. Jean disse tudo bem. O Moreno foi direto para lá e exigiu que ela desse pra ele.

Jean disse não. Seguiu-se uma discussão. O Moreno deu umas cinco ou seis porradas na cabeça dela. Usou os punhos ou uma pequena ferramenta que levava no carro.

Jean perdeu a consciência. O Moreno a estuprou. A lubrificação vaginal explicou a ausência de escoriações. Eles tinham se beijado e se acariciado anteriormente. Jean tinha ficado com tesão. Ainda estava molhada. O Moreno a penetrou com facilidade. O estupro em si foi desajeitado, frenético. O legista encontrou um tampão no fundo da vagina de Jean. O pênis do Moreno enterrou-o lá no fundo.

Jean permaneceu inconsciente. O Moreno gozou e entrou em pânico. Estava preso no carro com uma mulher inconsciente. Ela poderia identificá-lo e ferrá-lo com uma acusação de estupro. Decidiu matá-la.

Ele tinha uma corda no carro. Amarrou-a em torno do pescoço de Jean e a estrangulou. A corda arrebentou. Ele tirou a meia esquerda de Jean e a estrangulou com ela. Carregou o corpo para fora do carro e o desovou na hera. Deixou a área rapidamente.

Eu fechei os olhos e repassei aquela reconstituição toda. Dei uns *closes* bastante explícitos.

Comecei a tremer. Stoner desligou o ar-condicionado.

17

Meu apartamento veio mobiliado. As cadeiras e o sofá tinham revestimento sintético contra manchas. A imobiliária supria roupa de cama e utensílios de cozinha. O inquilino anterior me deixou inseticida e uma colônia Old Spice.

O pessoal da imobiliária instalou um telefone. Eu instalei uma secretária eletrônica. O apartamento era modesto para os meus padrões atuais. A sala e o quarto eram pequenos. As paredes eram completamente brancas. Aluguei o lugar com um contrato em aberto, de mês a mês. Eu podia sair fora a qualquer instante.

Mudei. Comecei a sentir saudades de Helen imediatamente.

O lugar parecia uma boa câmara de obsessão. Era contido e lembrava uma gruta. Eu podia fechar as cortinas. Eu podia apagar as luzes e perseguir a ruiva na escuridão. Podia comprar um CD e ouvir música. Podia ouvir Rachmaninoff e Prokfiev e sair rodopiando daquele ponto em que os vôos líricos se tornam discordantes.

A casa de Bill ficava a vinte minutos de distância. Bill carregava um distintivo de reserva e um porte de arma. Trabalhava *ad hoc* para a promotoria. Eles estavam costurando o caso contra Bob Beckett Sr. Bill tinha carta branca da Delegacia de Homicídios do gabinete do xerife. Tinha acesso a todos os arquivos e a todo o equipamento de comunicações. Nossa investigação era sancionada pela Delegacia de Homicídios do gabinete do xerife. Bill compartilharia a informação com a equipe de Não Resolvidos. A pasta de Jean Ellroy estava com ele em regime de empréstimo permanente. Ele disse que precisávamos estudar cada pedacinho de papel nela contido.

Eu comprei um enorme quadro de cortiça e o prendi à parede da minha sala. Peguei emprestadas algumas fotos da pasta e fiz uma colagem.

Prendi duas fotos de minha mãe tiradas em agosto de 1957. Prendi o retrato malévolo do Moreno. Desenhei um ponto de interrogação num *Post-it* e o coloquei sobre as três fotos. Selecionei fotos de prontuário de cinco dos tarados e as preguei abaixo da colagem.

Minha mesa ficava de frente para o quadro. Dava para eu erguer a vista e olhar para minha mãe, adentrando seu redemoinho. Dava para eu olhar para o resultado final. Dava para arrasar com a recordação que eu tinha dela, mais jovem e mais suave.

Bill me telefonou. Disse que eu devia encontrá-lo na Academia de polícia do gabinete do xerife. Queria me mostrar algumas provas.

Fui até lá e encontrei-o no estacionamento. Bill disse que tinha notícias fresquinhas.

O sargento Jack Lawson tinha morrido em 1990. Ward Hallinen ainda estava vivo e vivia no condado de San Diego. Estava com 83 anos. Bill tinha conversado com ele. Não se lembrava de coisa alguma do caso Jean Ellroy. Bill explicou-lhe nossa situação. Hallinen ficou animado e pediu-lhe que levasse a pasta para ele ver. Quem sabe alguma coisa nela iluminaria sua memória.

Caminhamos até o depósito de provas. Havia um pequeno escritório adjacente. Havia três funcionários de braços cruzados. Estavam imersos no bate-papo sobre o assunto do momento. Um cara branco dizia que tinha sido O.J. Dois negros discordavam. Bill mostrou o distintivo e assinou o formulário de provas.

Um dos funcionários nos levou até o depósito. Era quente pra cacete e praticamente do tamanho de dois campos de futebol colocados lado a lado. Era forrado de estantes de aço pesadas.

O teto tinha um pé-direito de nove metros. As estantes chegavam até o teto. Eu vi vinte ou trinta fileiras forradas com trouxas de plástico.

Bill se afastou. Eu me encostei numa mesa perto da porta. O funcionário me trouxe uma trouxa. Estava marcada Z-483-362.

Era de plástico transparente. Vi quatro sacos plásticos menores lá dentro. Abri o saco de fora e coloquei os menores em cima da mesa.

O menor dos sacos continha minúsculas amostras de poeira e de fibras. Uma etiqueta listava sua origem: "Oldsmobile 1955/ MMT-879/26/6/58." O segundo saco continha três pequenos envelopes. Estavam selados. Estavam marcados com o nome de minha mãe e o número do arquivo Z. Os conteúdos estavam listados separadamente, logo abaixo:

"Unhas da vít. (amostra)."

"Cabelos da vít. (amostra)."

"Pêlos púbicos da vít. (amostra)."

Eu não os abri. Abri o terceiro saco e vi o vestido e o sutiã que minha mãe vestiu para morrer.

O vestido era azul-claro e azul-escuro. O sutiã era branco com um corpete de renda. Eu os segurei e levei-os ao rosto.

Não consegui sentir o cheiro dela. Não consegui sentir seu corpo. Eu queria. Eu queria reconhecer seu perfume e tocar seus contornos.

Levei o vestido ao rosto. O calor me fazia suar. Umedeci o forro um pouco.

Baixei o vestido e o sutiã. Abri o quarto saco. Vi a corda e a meia de seda.

Estavam torcidas, juntas. Vi o ponto em que a corda esgarçou e partiu enquanto ainda se encontrava ao redor do pescoço de minha mãe. Os dois laços estavam intatos. Formavam círculos perfeitos com menos de oito centímetros de circunferência. O pescoço de minha mãe foi apertado a este ponto. Ela foi asfixiada com essa força toda.

Eu segurei as ligaduras. Olhei para elas e as manuseei. Levei a meia ao rosto e tentei sentir o cheiro de minha mãe.

18

Fui até El Monte naquela mesma noite. Estava insuportavelmente quente e úmido.

Sempre fazia calor no vale de San Gabriel. Minha mãe tinha morrido durante uma onda de calor de início de verão. Estava igualmente quente agora.

Segui meu velho instinto de morador. Mantive as janelas abertas e deixei que o vento quente invadisse o carro. Passei a delegacia de El Monte. Estava bem ali, na mesma localização de 1958. O prédio me pareceu diferente. Talvez tivesse sido submetido a uma plástica. Meu carro até parecia uma porra de uma máquina do tempo.

Virei para o norte na Peck Road. Eu me lembrei de uma longa caminhada na volta do cinema. Tinha assistido a *Os Dez Mandamentos*. Cheguei em casa e encontrei minha mãe bêbada de cair.

Virei para oeste na Peck com Bryant. Vi a loja de conveniências na esquina sudoeste. Os fregueses eram latinos. O homem atrás do balcão era asiático. A El Monte branca havia muito se fora. Virei na Maple e estacionei em frente à minha antiga casa, do outro lado da rua.

Foi minha terceira visita em 36 anos. Das duas primeiras vezes, eu estava acompanhado do pessoal da mídia. Tagarelei sem parar nas duas vezes. Apontei anacronismos e falei muito das modificações feitas na propriedade pelos inquilinos que vieram depois de nós.

Esta era minha primeira visita noturna. A escuridão encobria as mudanças e me devolveu a casa do jeito que tinha sido um dia. Eu me lembrei da noite em que assisti a um temporal da janela do quarto de minha mãe. Eu me estiquei na cama dela e apaguei as luzes para ver melhor as cores. Minha mãe tinha ido não sei onde. Ela me pegou no quarto dela certa vez e me repreendeu. Eu entrava escondido no quarto dela e remexia a gaveta de *lingerie* toda vez que ela saía à noite.

Voltei à Peck Road e desci até Medina Court. Estava mais acabada do que em 1958. Assisti a três compras de drogas na calçada durante uma caminhada de três quarteirões. Minha mãe me levou de carro até Medina Court algumas semanas antes de morrer. Eu era um moleque preguiçoso. Ela queria me mostrar meu futuro de *cucaracha* pobretão anglo-saxão.

El Monte era agora uma cidadezinha de merda. El Monte era uma cidadezinha de merda em 1958. Era uma simpática cidadezinha de merda, que tinha a ver com aquela era. Drogas eram uma coisa clandestina. Armas eram coisa rara. El Monte tinha 10% da população atual e 1/30 da taxa de criminalidade presente.

Jean Ellroy foi uma anomalia dentre as vítimas de El Monte. El Monte atraía o seu lado cafona. Ela achou ter encontrado um local seguro para se esconder. Obedecia aos seus padrões de segurança. Incluía um *playground* de fim de semana. Hoje em dia, ela teria enxergado perigo naquele lugar. Ela se manteria longe dali. Ela trouxe seu próprio risco para cá em 1958.

Ela procurou aquele lugar. Fez dele seu mundo particular e fictício. Ficava a 23 quilômetros da minha Los Angeles fictícia e verdadeira.

El Monte me assustava. Era a ponte que unia meus mundos real e fictício. Era uma zona, perfeitamente circunscrita, de perda e de terror explícito.

Fui até o número 11.721 da Valley. O Desert Inn agora se chamava Valenzuela's Restaurant. Era um prédio de *adobe* branco com telhado de terracota.

Estacionei nos fundos. Naquela noite, minha mãe estacionou seu Buick naquela mesma vaga.

Entrei no restaurante. A disposição me chocou.

Era estreito e em formato de L. Havia um balcão de serviço de frente para a porta. Era exatamente igual à imagem fantasiosa que guardei comigo durante 36 anos.

Os reservados. O teto rebaixado. A perna do L à minha direita. Tudo correspondia à marca impressa na minha mente.

Talvez ela tivesse me levado até ali. Talvez eu tivesse visto uma foto. Talvez eu simplesmente tivesse acabado de penetrar uma estranhíssima matriz paranormal.

Fiquei na soleira da porta e olhei ao meu redor. Todas as garçonetes e todos os fregueses eram latinos. Ganhei uma meia dúzia de olhares que perguntavam quem-caralhos-é-você.

Voltei para o carro. Subi a Valley até a Garvey. Passei por um estacionamento na esquina noroeste.

O Stan's Drive-In tinha sido ali. Agora, era um café abandonado. O Stan's ficava a seis quadras do Desert Inn. O Desert Inn ficava a dois quilômetros e meio do número 756 da Maple. O número 756 da Maple ficava a dois quilômetros e meio da Arroyo High School.

Era tudo próximo, tudo local.

Fui até a Arroyo High. O céu estava negro e coberto pela neblina. Não dava para ver as montanhas, três quilômetros à minha frente.

Estacionei na King's Row. Acendi os faróis e focalizei a cena do crime.

Assumi a perspectiva do Moreno. Transpus meu tesão por MAIS para o tesão dele por minha mãe. Coloquei toda a fúria com a qual eu quis superar o meu passado na fúria dele em querer destruir a resistência de minha mãe. Consegui cravar sua determinação e o sangue em seus olhos. Passei longe do alvo quanto ao seu desejo de infligir dor na procura do prazer.

Lembrei-me de um incidente triste. Aconteceu em 1971 ou 1972.

Eram duas ou três da manhã. Eu estava aterrissando de uma viagem de inaladores no Robert Burns Park. Achei ter ouvido uma mulher gritar.

Não estava bem certo. Eu estava doidaço de anfetamina. Eu estava ouvindo as Vozes.

O grito me assustou. Eu sabia que tinha vindo dos apartamentos que ficavam a oeste do parque. Quis sair correndo e me esconder. Quis salvar a mulher. Hesitei e corri na direção do som.

Escalei a cerca do parque. Fiz um barulho do cão.

Espiei para dentro de uma janela iluminada. Vi uma mulher vestindo um robe. Ela olhou na minha direção. Apagou a luz e gritou. O grito não se pareceu com o grito que eu achei ter ouvido. Pulei para dentro do parque outra vez e saí correndo pela Beverly Boulevard. As Vozes me seguiram. Elas me mandaram encontrar a mulher para assegurar-lhe de que não tinha tido a intenção de lhe fazer mal. Me toquei de que o primeiro grito não havia sido grito coisa nenhuma. Tinha sido uma mulher fazendo amor.

Tomei um porre na manhã seguinte. As Vozes se aquietaram. Eu jamais me desculpei com a mulher.

O incidente me amedrontou. Eu assustei aquela mulher. Eu sabia que ela jamais compreenderia minhas boas intenções.

Voltei à Newport Beach. Verifiquei a secretária eletrônica e ouvi um recado de Bill Stoner.

Ele disse que tinha notícias urgentes. Mandou que eu lhe telefonasse a qualquer hora.

Liguei para ele. Bill disse que tinha encontrado uma velha pasta de crime não solucionado que virou sua cabeça.

A pasta era datada de 23/1/59. O nome da vítima era Elspeth "Bobbie" Long. Foi espancada. Foi estrangulada com uma meia de náilon. Foi desovada numa estrada em La Puente — a seis quilômetros e meio de El Monte. O caso Long e o caso Ellroy eram gêmeos, detalhe por detalhe.

19

Um notívago deu o alerta. A mesa de San Dimas o registrou às 2:35.

O cara disse que tinha saído para caçar guaxinim. Viu um corpo perto da estrada que ficava na Don Julian com Oitava Avenida. O nome dele era Ray Blasingame. Morava e trabalhava em El Monte. Estava ligando do posto de gasolina na Valley com Terceira Avenida. O detetive de plantão que recebeu a ligação avisou a uma unidade de patrulha. Os assistentes do xerife Bill Freese e Jim Harris se encaminharam para a Valley com Terceira Avenida. Seguiram Ray Blasingame até o local de desova. Ele dirigia uma caminhonete Ford com quatro cães caçadores atrás.

O local era ermo. A estrada era coberta de brita. Um acostamento de terra batida e uma cerca de arame farpado corriam por trás. A estrada levava a uma estação de abastecimento de água.

Estava frio. Estava escuro. Os montes Puente estavam ao sul. Valley Boulevard estava oitocentos metros ao norte.

A mulher estava de barriga para cima. Estava estendida no chão, na terra, entre a estrada e a cerca. Vestia suéter cinza-escuro e preto, saia preta e sandálias pretas. Um sobretudo vermelho cobria suas pernas. Havia um broche com um jóquei montado a cavalo preso ao seu ombro esquerdo. Havia uma bolsa de plástico preto encostada na cerca.

Ela era branca. Tinha estatura mediana. Tinha cabelos louros e curtos. Tinha entre 45 e 50 anos.

O rosto estava machucado. Havia uma meia de náilon amarrada em torno do seu pescoço.

Harris passou um rádio para a delegacia de San Dimas. O detetive de plantão ligou para a Delegacia de Homicídios do gabinete do xerife. O tenente Charles McGowan e os sargentos Harry Andre e Claude Everley foram até o local. Um tenente de patrulha e um dactiloscopista chegaram dois minutos depois.

Andre tinha visto a cena do crime de Jean Ellroy. Disse a Everley que esta daqui era parecida. O assassino de Ellroy tinha atirado o casaco da vítima sobre suas pernas. Este cara tinha feito a mesma coisa.

O carro do necrotério chegou. O carro de fotografia chegou. O assistente do legista checou o corpo. O fotógrafo policial iluminou a cena do crime e fotografou-a.

O camarada do necrotério observou os primeiros sinais de rigidez cadavérica. A cabeça e o pescoço da vítima estavam rijos. Everley tirou suas roupas e examinou as roupas íntimas. Ela estava vestindo uma anágua vermelha, um sutiã vermelho e uma cinta vermelha. As pernas estavam nuas.

Andre esvaziou a bolsa. Encontrou óculos, US$1,32, um maço de cigarros Camel, uma escova de cabelos, um par de luvas azul-claro de lã ou de uma combinação de lã com algodão, um vidro de aspirinas, um chaveiro de plástico, uma caneta esferográfica, um espelhinho e uma carteira de couro marrom com o símbolo de um cavalo branco e prata gravado. A carteira continha fotos da vítima, o canhoto de uma passagem de ônibus, um recorte de anotações sobre corridas de cavalos e carteira de identidade para Elspeth Evelyn Long e Bobbie Long. As identidades registravam endereços em Nova Orleans, Miami e Phoenix, no Arizona. Registravam a data de nascimento da vítima como sendo 10/07/06 e 10/7/13. Um cartão de seguro registrava um endereço em Los Angeles: Rua 52 Oeste, número 2231 ½. O cartão era datado de 18/2/57.

A equipe do necrotério removeu o corpo. Andre ligou para a Delegacia de Homicídios do gabinete do xerife. Disse ao detetive de plantão que mandasse uns homens até a casa da vítima. Everley pegou uma lanterna e vasculhou a área. Não encontrou marcas de pneus ou armas descartadas.

Ray Blasingame foi para casa. O fotógrafo policial bateu mais algumas fotos. O sol nasceu. Andre e Everley percorreram a estrada em plena luz do dia.

Não viram nada de novo.

A vítima morava num pequeno prédio. Seu apartamento ficava nos fundos, no primeiro andar. Ward Hallinen, Ray Hopkinson e Ned Lovretovich foram revistá-lo.

Acordaram o administrador e mostraram seus distintivos. Ele os deixou entrar no apartamento e voltou para a cama. Revistaram os dois cômodos. Encontraram uma caixa de meias de náilon e uma pilha de moedas de um e de meio dólar. Encontraram uma pilha de artigos de jornais sobre corridas de cavalos. Encontraram uma máquina fotográfica. O filme estava na chapa 6. Encontraram um livrinho de endereços. Encontraram um cheque salário de 37 dólares. Era datado de 21/1/59. Tinha sido emitido pelo Bill's Cafe — West Florence Avenue, 1554. Encontraram horários de corridas de cavalos e folhas de rascunho e cartas de um sujeito que vendia dicas sobre corridas.

O apartamento era limpo. Os pertences da vítima estavam dispostos de maneira organizada. As meias totalizavam sete pares.

Passaram a mão na máquina fotográfica e no livrinho de endereços. Acordaram o administrador e mandaram que mantivesse o lugar trancado. Ele disse que deveriam conversar com uma mulher chamada Liola Taylor. Ela morava na casa vizinha. Ele próprio mal conhecia Bobbie Long. Liola a conhecia melhor.

Encontraram Liola Taylor e a interrogaram. Ela contou que Bobbie Long morava na casa ao lado havia quatro anos, mais ou menos. Trabalhava num restaurante na Florence. Conhecia muitos homens. Não era promíscua. Gostava da companhia de homens. Andava saindo com um camarada rico. Ela disse que estava atrás do dinheiro dele. Nunca mencionou o nome dele. Nunca mencionou a própria família.

Hallinen, Hopkinson e Lovretovich foram até o Bill's Cafe. Conversaram com o patrão — William Shostal. Ele disse que Bobbie Long era uma boa garçonete. Era simpática. Adorava corridas de cavalos. Era amiga de uma garçonete chamada Betty Nolan.

Shostal deu o endereço de Betty para os policiais. Eles foram até a casa dela e a interrogaram.

Ela contou que tinha visto Bobbie no trabalho na terça-feira. Isto tinha sido três dias atrás. Bobbie disse que iria às corridas na quinta. Ontem. Bobbie conhecia um sujeito chamado Roger. Bobbie conhecia um camarada que trabalhava na leiteria Challenge. Betty não sabia os sobrenomes de nenhum dos dois. Betty disse que não sabia de "cara rico" nenhum. Um homem tinha levado Bobbie para o trabalho duas semanas atrás. Ele tinha os cabelos penteados para trás e um bigode. Dirigia um carro branco e turquesa. Betty não sabia seu nome. Nunca o vira antes e nunca mais o viu. Ela disse que eles deveriam entrar em contato com Fred Mezaway — o cozinheiro do Bill's Cafe. Fred tinha deixado o cheque de pagamento de Bobbie na casa dela, na quarta ou quinta-feira.

Hallinen ligou para Bill Shostal e pegou o endereço de Mezaway. Shostal disse ser bem possível que ele estivesse em casa àquela hora. Hallinen, Hopkinson e Lovretovich foram até o endereço e interrogaram Mezaway.

Ele disse que planejava deixar o pagamento de Bobbie na casa dela no começo da noite de quarta-feira, mas envolveu-se num carteado e resolveu adiar a entrega para outra hora. Passou para deixar o pagamento de Bobbie na quinta pela manhã. Bobbie chamou a sua atenção. Disse que ele não tinha nada que ficar jogando cartas.

Mezaway contou que Bobbie saía com um monte de gente. Não saberia dar algum nome. Ela devia trezentos dólares para um *bookmaker*. Não sabia o nome do *bookmaker*. Não sabia de "cara rico" nenhum, de Roger nenhum, de qualquer homem de cabelos penteados para trás ou de nenhum fulano que trabalhasse na leiteria Challenge.

Os tiras voltaram ao apartamento de Bobbie Long. Vasculharam seu livrinho de endereços e começaram a telefonar para os seus amigos. Muitos não atenderam. Conseguiram falar com Freda Fay

Callis. Freda Fay disse ter visto Bobbie na terça-feira. Elas tinham se encontrado e passado para pegar Judy Sennett, uma amiga. Levaram Bobbie ao consultório do médico dela. Bobbie andava tendo fortes dores de cabeça. Tinha batido a cabeça na máquina de chá gelado no trabalho. O médico tirou raios X da cabeça de Bobbie e uma amostra de sangue para exame.

As garotas foram até Rosemead. Deixaram Judy na casa do genro. Freda Fay levou Bobbie de volta a Los Angeles e a deixou em casa. Bobbie ligou para ela na véspera de manhã. Disse: Vamos às corridas. Freda Fay disse que estava dura e recusou o convite.

Freda Fay disse que Bobbie era fanática por corridas de cavalos. Freqüentemente pegava o ônibus para ir a Santa Anita. Às vezes ela pegava uma carona de volta para casa com algum estranho que tivesse conhecido. Bobbie era simpática. Não era namoradeira. Gostava de homens endinheirados. Freda Fay não sabia nada sobre um "cara rico" ou sobre um sujeito chamado Roger. Não conhecia o *bookmaker* de Bobbie. Não conhecia nenhum de cabelos penteados para trás ou fulano algum que trabalhasse na leiteria Challenge.

Os tiras deram mais alguns telefonemas. Conseguiram falar com Ethlyn Manlove, amiga de Bobbie. Ela disse que Bobbie nunca mencionou sua família. Bobbie contou a ela que tinha sido casada muito tempo atrás. Tinha se casado em Nova Orleans e se divorciado em Miami. Ethlyn Manlove disse que Bobbie saía com muitos homens. Não saberia dar algum nome. Não sabia coisa alguma sobre um "cara rico". Não conhecia o *bookmaker* de Bobbie. Não conhecia camarada algum de cabelos penteados para trás ou fulano algum que trabalhasse na leiteria Challenge. O nome Roger não lhe dizia nada. Talvez esse Roger fosse um homem casado com que Bobbie dava suas voltinhas.

Eram 14:00. O assassinato de Long chegou às páginas dos jornais vespertinos. Um homem entrou na delegacia do DPLA, na rua 77. Disse que seu nome era Warren William Wheelock. As pessoas o chamavam de Roger. Tinha lido a respeito do assassinato de Bobbie Long. Conhecia Bobbie. Achou que talvez a polícia quisesse conversar com ele.

O sargento de plantão ligou para a Delegacia de Homicídios do gabinete do xerife. O comandante de lá ligou para o apartamento de Bobbie Long e conversou com Ray Hopkinson. Hopkinson ligou para a rua 77 Street e conversou com Warren William Wheelock.

Wheelock disse que tinha conhecido Bobbie nas corridas de Hollywood Park, em maio de 1958. Disse que tinha ido ao apartamento dela na quarta de manhã — há dois dias. Tinha convidado Bobbie para ir a San Diego. Ele iria com a esposa. Bobbie recusou. Disse que queria ir às corridas na quinta-feira. Wheelock e a esposa foram a San Diego. Visitaram o cunhado dele. Foram assistir a um jogo de *jai alai* em T.J. Ele tinha uma entrada para o jogo de número 7 — com data da noite anterior.

Wheelock disse que não conhecia o *bookmaker* de Bobbie. Disse que não sabia nada sobre um "cara rico", sobre nenhum de cabelos penteados para trás ou sobre nenhum fulano que trabalhasse na leiteria Challenge. Hopkinson agradeceu e disse que se falariam outra vez.

Hallinen, Hopkinson e Lovretovich foram até o Palácio de Justiça. Checaram a passagem de ônibus encontrada na bolsa de Bobbie Long. Lovretovich ligou para as autoridades de trânsito de Los Angeles. Explicou a situação e deu o número da passagem. O contato fez uma verificação e ligou de volta. Disse que a passagem tinha sido tirada no dia anterior — 22/1/59. Foi comprada na Sexta Avenida com Main, no centro de Los Angeles. O canhoto que tinham não tinha sido usado. Alguém tinha pego o ônibus da linha M até Santa Anita e não tinha pego o ônibus de volta para casa.

Hallinen foi até o necrotério. O policial legista Don H. Mills o colocou a par da autópsia.

Bobbie Long tinha morrido de asfixia profunda. Levou alguns golpes pesados na cabeça. O crânio estava fraturado em quatro lugares. Uma das fraturas tinha o feitio de uma meia-lua. Era possível que o assassino a tivesse golpeado com uma chave inglesa. A sexta vértebra cervical estava fraturada e solta. Ela tinha feijões, arroz e broa de milho parcialmente digeridos, no estômago. Havia sêmen em sua vagina. O aparelho genital externo não exibia machucaduras ou escoriações. O nível de álcool no sangue era de 0%. Ela morreu cem por cento sóbria.

Um teletipo foi emitido naquela noite.

TRANSMISSÃO NO. 76 23/1/59 ARQUIVO NO. Z-524-820
PROCURAM-SE INFORMAÇÕES PERTINENTES A HOMICÍDIO
EMERGÊNCIA

ENCONTRADA APROXIMADAMENTE ÀS 2:30 DE 23/1/59, VÍTIMA BOBBIE LONG IDADE 45-50, 1,63m, 65kg, OLHOS AZUIS, CABELOS LOURO-ESCUROS E CURTOS, VESTINDO BLUSA CINZA-ESCURA E PRETA, SAIA PRETA DE FELTRO, SOBRETUDO COMPRIDO VERMELHO-VIVO COM BROCHE FEITO SOB ENCOMENDA EXIBINDO CAVALO SOBRE O OMBRO ESQUERDO. CINTA, SUTIÃ E ANÁGUA USADOS PELA VÍTIMA TAMBÉM ERAM VERMELHO-VIVO. CALÇAVA SANDÁLIAS PRETAS E CARREGAVA BOLSA PRETA. A VÍTIMA FOI ENCONTRADA DEITADA DE BARRIGA PARA CIMA PERTO DA ESTAÇÃO DE ABASTECIMENTO DE ÁGUA NA SAÍDA DE DON JULIAN ROAD COM OITAVA AV., REGIÃO DE LA PUENTE, VESTIDA, ESTRANGULADA COM MEIA DE NÁILON. FOI TAMBÉM GOLPEADA NA CABEÇA COM UM INSTRUMENTO QUE DEIXOU UMA MARCA EM FORMA DE MEIA-LUA. MANTEVE RELAÇÕES SEXUAIS OU FOI ESTUPRADA. FOI ÀS CORRIDAS DE CAVALOS EM SANTA ANITA NO DIA 22/1/59. A BOLSA CONTINHA ÓCULOS E CIGARROS CAMEL, ALÉM DOS USUAIS OBJETOS DE USO PESSOAL FEMININOS. É POSSÍVEL QUE O CARRO DO SUSPEITO TENHA MANCHAS DE SANGUE. FAVOR CHECAR SUAS FICHAS DE INTERROGATÓRIO PARA A TARDE E A NOITE ATÉ A MEIA-NOITE DO DIA 22/1/59.
AC/DELEGACIA DE TEMPLE
AC/DELEGACIA DE SAN DIMAS
AC/DEPARTAMENTO DE POLÍCIA DO VALE DE SAN GABRIEL
AC/POLÍCIA RODOVIÁRIA DA REGIÃO DE SAN GABRIEL
CONTATAR MCGOWAN, ANDRE, EVERLEY QUARTEL-GENERAL HOMICÍDIOS
ARQUIVO Z-524-820
PETER J. PITCHESS, XERIFE 18:00h.

Ward Hallinen encontrou-se com Harry Andre e Claude Everley no escritório. Passaram 14 horas discutindo o caso Long. Todos achavam que lembrava muito o caso Jean Ellroy.

Era bastante possível que Jean Ellroy tivesse sido estuprada. Era bastante possível que Bobbie Long tivesse feito sexo por vontade própria. Suas roupas íntimas estavam no lugar. O fato sugeria sexo consensual.

As duas mulheres tinham sofrido ferimentos na cabeça. Os locais de desova se encontravam a pouco mais de sete quilômetros de distância um do outro. Santa Anita encontrava-se três quilômetros ao norte de Arroyo High School. Ambas as vítimas eram divorciadas. As cenas dos dois crimes eram quase idênticas. O assassino de Jean Ellroy tinha atirado o casaco da vítima sobre suas pernas. O assassino de Long tinha feito a mesma coisa. Bobbie Long era loura. Jean Ellroy tinha sido vista com uma loura. Jean Ellroy tinha comido *chili* no Stan's Drive-In. Bobbie Long tinha comido um prato mexicano. O tempo decorrido entre os dois homicídios era de sete meses e um dia.

O assassino de Ellroy tinha usado uma corda *e* uma meia de náilon. O assassino de Long tinha usado, apenas, uma meia de náilon. Meias de náilon eram instrumentos de estrangulamento comuns. O *modus operandi* talvez ligasse os dois homicídios. O *modus operandi* talvez não os ligasse.

Andre e Everley telefonaram para o Departamento de Polícia de San Gabriel. Expuseram o caso. Pediram aos supervisores de patrulha que verificassem suas fichas de interrogatório e relatórios de trânsito. Bobbie Long tinha saído com um homem na noite anterior. Estavam à procura de alguém que talvez os tivesse visto.

Tiraram a foto de um dos cartões de identificação da carteira de Bobbie. Percorreram os restaurantes e bares próximos ao local de desova. Foram a alguns estabelecimentos da Valley Boulevard. Tentaram o French Basque, o Tina's Cafe, o Blue Room, o Caves Cafe, Charley's Cafe e o Silver Dollar Cafe. Voltaram de mãos abanando.

Foram ao Canyon Inn. Ouviram um cara falar do caso deles a

plenos pulmões. Estava bêbado. Estava tentando impressionar alguma mulher.

Andre e Everley desistiram e foram para casa. Ward Hallinen deixou a máquina fotográfica de Bobbie Long no laboratório de criminologia e disse ao técnico que revelasse o filme. Ned Lovretovich trabalhou no escritório até tarde. Continuou a ligar para os nomes do livrinho de endereços de Bobbie Long.

Conversou com Edith Boromeo. Ela contou que conhecia Bobbie havia uns vinte anos. Tinham trabalhado juntas como garçonetes em Nova Orleans. Bobbie era casada com o motorista de caminhão de uma lavanderia. Ele costumava bater nela. Ela não se lembrava do nome do homem. Não conhecia o *bookmaker* de Bobbie, nem o "cara rico" ou nenhum de cabelos penteados para trás ou qualquer fulano que trabalhasse na leiteria Challenge.

Ele conversou com Mabel Brown. Ela disse que tinha trabalhado como garçonete com Bobbie. Bobbie era muito franca e grosseira. Tinha ido às corridas com Bobbie algumas vezes. Bobbie gastava o dinheiro todo com apostas e nunca ajudava com a gasolina. Bobbie vivia pegando carona com estranhos. Ela não conhecia o *bookmaker* de Bobbie. Não sabia nada sobre um "cara rico". Não conhecia ninguém de cabelos penteados para trás. Não conhecia fulano algum que trabalhasse na leiteria Challenge.

Ele conversou com Bill Kimbrough. O cara disse que era dono de uma mercearia que ficava perto do apartamento de Bobbie Long. Tinha visto Bobbie Long no ponto de ônibus no dia anterior. Estava sozinha. Disse que estava indo à corrida.

Lovretovich voltou ao apartamento de Bobbie Long. Revistou-o outra vez. Encontrou duas garrafas de bebida guardadas debaixo da pia da cozinha.

O caso Long completava um dia. Todo mundo achava a mesma coisa.

Bobbie conheceu um maluco qualquer nas corridas. Ele cozinhou alguma coisa para ela no apartamento dele ou levou-a a um restaurante. Trepou com ela no apartamento dele ou num motel, ou então a estuprou na cena do crime e a forçou a vestir as calcinhas de novo. Eles precisavam vasculhar Santa Anita toda. Precisavam ir a todos os restaurantes e motéis de San Gabriel.

Andre e Everley foram até a pista de corridas. Contataram o chefe do bar e mostraram a ele a foto de Bobbie Long. O cara disse que ela lhe parecia familiar. Tinha visto uma garota parecida com ela na quinta-feira. Estava beijando um homem louro que tinha um nariz bulboso. Ela usava uma roupa escura. Não estava usando sobretudo. Havia cinco chapelarias no local. Talvez ela tivesse deixado o sobretudo em alguma delas.

Santa Anita era grande, espalhada. O sujeito da lanchonete mostrou o lugar a Andre e Everley. Percorreram todas as chapelarias, bares, guichês de apostas e balcões de lanchonete. Mostraram a foto de Bobbie Long para todo mundo. Uma dúzia de pessoas disse que ela parecia familiar.

Andre ligou para o escritório. Blackie McGowan disse que tinha recebido uma informação bem cedo pela manhã.

Alguém tinha encontrado uma meia de náilon num paletó na lavanderia Bedon, em Rosemead. O cara da meia tinha lido o jornal naquela manhã. Sabia que Bobbie Long tinha sido enforcada. Achou que a outra meia tinha de estar em algum lugar. Telefonou para a delegacia de Temple City. Uma patrulha foi pegar a meia e levou-a às pressas para o laboratório de criminologia. Um técnico a examinou e a comparou à meia que estrangulou Bobbie Long. As meias não eram iguais.

Andre e Everley foram até o escritório. Telefonaram para o desenhista, Jack Moffett. Pediram a ele que desenhasse Bobbie Long com seu alinhado conjunto preto e vermelho. Pediram a ele que o fizesse com cores vivas e que fizesse umas cópias bem brilhantes.

Moffett pôs mãos à obra. Andre ligou para a Metropolitana e pediu dois detetives. O sargento de plantão mandou Bill Vickers e Frank Godfrey. Eles tinham feito investigações em bares e restaurantes no caso Jean Ellroy. Andre disse a eles que cobrissem o San Gabriel. Que fossem a todos os restaurantes que servem comida mexicana e a todos os motéis. Que procurassem saber sobre todos os casais que se hospedaram na noite de quinta-feira. Que pegassem as placas dos carros e contatassem o Departamento de Veículos Motores. Que pegassem os registros completos. Que contatassem os proprietários dos veículos registrados e descobrissem com quem tinham dormido. Era exigido dos funcionários dos motéis que anotassem as placas dos carros no momento do *check-in* dos hóspedes. Peguem esta informação e corram atrás dela.

Vickers e Godfrey foram ao ataque. Ward Hallinen foi para El Monte. Encontrou Margie Trawick. Mostrou a ela uma foto de Elspeth "Bobbie" Long. Margie disse não. Não era a mulher que tinha visto com Jean Ellroy.

Claude Everley ligou para o laboratório de criminologia. Disse ao técnico que tirasse fotos das roupas de Bobbie e que fizesse ampliações coloridas. O homem disse que tinha revelado o filme encontrado na máquina fotográfica de Bobbie. Conseguiu um total de seis fotos. Mostravam Bobbie sozinha e Bobbie com outras mulheres. Uma das fotos mostrava uma mulher e um Olds 1956 de duas cores.

Everley contou isto a Andre. Andre disse que o suspeito do caso Ellroy estava dirigindo um Olds de duas cores. Everley ligou para o sujeito do laboratório outra vez. Pediu a ele que mandasse a foto do carro para o escritório de investigações. Eles poderiam plantá-la nos jornais de Los Angeles. Talvez conseguissem identificar o carro dessa forma.

Andre gostou da história do carro. Achava que o mesmo sujeito havia estrangulado Bobbie e a tal enfermeira ruiva.

Vickers e Godfrey percorreram motéis e restaurantes. Andre e Everley passaram o fim de semana todo vasculhando a pista de corridas. Ned Lovretovich telefonou para todas as pessoas do livrinho de Bobbie Long. Todas disseram a mesma coisa.

Bobbie adorava corridas de cavalos. Bobbie era frugal. Bobbie desprezava o sexo de qualquer tipo. Bobbie tinha sido casada de duas a quatro vezes. Ninguém sabia dizer quando, onde ou com quem. Ninguém conhecia seu *bookmaker*. Ninguém conhecia o "cara rico", nem o de cabelos penteados para trás, nem o que trabalhava na leiteria Challenge.

Blackie McGowan designou mais quatro detetives para o caso.

Disse a eles que fizessem diligências em tempo integral. O San Gabriel era grande e cheio de motéis.

Receberam uma pista na segunda-feira, 26/1/59. O informante vendia feno em La Puente.

Delatou um motorista de caminhão. O camarada andava falando demais. Disse que tinha comido uma garota na Oitava Avenida com Don Julian. Disse que tinha comido ela *beeeem* comido. Tinha comido ela na sexta-feira pela manhã.

O motorista de caminhão era mexicano. Vivia em Beaumont.

Harry Andre ligou para o Departamento de Polícia de Beaumont e disse a eles que fossem atrás do tal homem. Fizeram o que lhes foi pedido. Andre e Everley foram até Beaumont e o interrogaram.

Ele disse que tinha comido a garota bem cedinho na manhã de *quinta-feira*. O nome dela era Sally Ann. Ele a conheceu no Tina's Cafe, na Simpson com Valley. Ele tinha ido ao apartamento dela antes de treparem. Ficava na Oitava Avenida. Ele tinha visto o nome "Vasquez" na caixa de correios.

O homem insistiu na história. Disse que seu amigo Pete podia confirmar. Pete morava em La Puente.

Andre e Everley foram até La Puente. Conversaram com Pete. Encontraram a casa com a caixa de correio marcada "Vasquez". Conversaram com Sally Ann. Liberaram o mexicano.

Uma dica entrou na terça-feira, 27/1/59. Um homem chamado Jess Dornan delatou seu vizinho, Sam Carnes.

Sam andava agindo de maneira estranha. Sam era louco por corridas de cavalo. Sam tinha virado o estofado do carro pelo avesso dois dias antes. Talvez tivesse tentando se livrar de manchas de sangue.

Andre interrogou Sam Carnes. Sam tinha um álibi para a quinta-feira anterior.

Vickers e Godfrey fizeram diligências. Andre e Hallinen fizeram diligências. O sargento Jim Wahlke e o assistente do xerife Cal Bublitz fizeram diligências. O sargento Dick Humphreys e o assistente do xerife Bob Grover fizeram diligências. Foram ao El Gordo Restaurant, ao Panchito's Restaurant, ao El Poche Restaurant, ao Casa Del Rey Restaurant, ao Morrow's Restaurant, ao Tic-toc

Restaurant, ao County Kitchen, ao Utter Hut, ao Stan's Drive-In, Rich's Cafe, ao Horseshoe Club, ao Lucky X, ao Belan's Restaurant, ao Spic & Span Motel, ao Rose Garden Motel, ao End-of-the-Trail Motel, ao Fair Motel, ao El Portal Motel, ao 901 Motel, ao Elmwood Motel, ao Valley Motel, ao Shady Nook Cabins, ao 9331 Motel, ao Santa Maria Motel, ao Flamingo Motel, ao Derby Motel, ao Bradson Motel, ao El Sorrento Motel, ao Duarte Motel, ao Filly Motel, ao Ambassador Motel, ao Walnut Auto Court, ao Welcome Motel, ao Wonderland Motel, ao Sunkist Motel, ao Bright Spot Motel, ao Home Motel, ao Sun View Motel, ao Mecca Motel, ao El Barto Motel, ao Scenic Hotel, ao La Bonita Motel, ao Sunlite Motel, ao El Monte Motel, ao Troy Motel, ao El Campo Motel, ao Garvey Motel, ao Victory Motel, ao Rancho Descanso Motel, ao Rainbow Motel, ao Mountain View Motel, ao Walnut Lane Motel, ao Covina Motel, ao La Siesta Motel, ao Stan-Marr Motel e ao Hialeah Motel.

Conseguiram informações duvidosas ou não conseguiram informação alguma. Verificaram 130 registros de carros. Encontraram casais casados, casais prestes a ter um fulminante caso de uma só noite e casais de prostituta com cliente. Não conseguiram localizar algumas pessoas. Fizeram uma lista bastante substancial de gente para quem deveriam telefonar. Não se viram diante de um só provável suspeito.

Uma pista entrou na quarta-feira 28/1/59. Uma mulher chamada Viola Ramsey delatou o marido.

O nome dele era James Orville Ramsey. Tinha abandonado a sra. Ramsey no mês anterior. Ligou para ela na segunda-feira à noite. Disse: "Se você ficar me pressionando, vai fazer companhia para aquela garçonete de Puente Hills. Se suas amigas sentirem a sua falta depois de três ou quatro dias, diga a elas que vão poder achá-la deitada na areia, lado a lado com ela."

James Orville Ramsey tinha 33 anos. Era cozinheiro. A sra. Ramsey contou que ele odiava garçonetes. Achava que eram vulgares e vagabundas. Ele gostava de corridas de cavalos e de comida mexicana. Era um bêbado. Tinha cumprido pena três vezes por arrombamento com intuito criminoso e por roubo de carro. Gostava de mulheres mais velhas. Tinha ameaçado matar a senhora Ramsey e "cuspir no seu sangue". Ele dirigia um Chevy 1954 de duas portas. Seu último local de trabalho conhecido era o boliche de Five Points, em El Monte. Estava morando com uma garota de 19 anos chamada Joan Baker. Era garçonete do Happy's Cafe. A sra. Ramsey tinha sido garçonete do Jack's Bar, em Monterey Park.

Claude Everley interrogou James Orville Ramsey. A pista era uma vingançazinha sacana.

Os jornais de Los Angeles publicaram a foto do carro na quinta-feira, 29/1/59. A foto vinha acompanhada de uma nota pedindo informações e do telefone da Divisão de Homicídios do xerife. O caso Long completava seis dias. Não estava indo a lugar algum.

Andre e Everley deram uma batida na pista de corridas outra vez. A garota do café disse ter visto Bobbie Long na semana anterior. Tinha furado a fila. Tinha sido um tanto grosseira.

Uma outra garota do café contou a mesma história. Bobbie tinha furado a fila. Bobbie tinha sido grosseira. Bobbie tinha se recusado a esperar na fila, como todo mundo.

Um caixa disse que tinha visto Bobbie na semana anterior. Ela tinha recebido o prêmio de um bilhete no guichê dele. Contou que ela estava "agindo que nem bêbada".

Um segurança disse ter visto Bobbie na quinta-feira anterior. Estava sozinha.

Um *barman* tinha servido Bobbie na semana anterior. Ela estava "meio bêbada".

Um motorista de ônibus disse ter visto uma mulher parecida com Bobbie Long na semana anterior. Tinha entrado num Ford 1953 com dois negros. O carro era azul-bebê. A porta do lado do carona rangia.

Os rapazes do laboratório fizeram um bom trabalho. Penduraram o casaco, a blusa e a saia de Bobbie Long em cabides de madeira e os fotografaram com filme colorido. Ward Hallinen pegou duas dúzias de ampliações e foi até o vale de San Gabriel. Deixou cópias na delegacia do xerife de Temple City, na delegacia do xerife de San Dimas e nos Departamentos de Polícia de Baldwin Park, Arcadia e El Monte. Conversou com cinco tenentes de equipes de detetives.

Pediu a eles que fizessem diligências em separado em suas jurisdições. Eles disseram que tentariam encaixar o caso.

Ethlyn Manlove foi até o escritório na quinta-feira à tarde. Ray Hopkinson a interrogou. Um escrevente registrou seu depoimento.

Ela disse que Bobbie Long mentia sobre a idade. Disse que Bobbie Long tinha sido casada duas vezes. Bobbie Long tinha se casado com um sujeito em Nova Orleans e com um cara em Abilene, no Kansas. Ela não sabia o nome de nenhum dos dois. Bobbie tinha dois irmãos e uma irmã. Ela não sabia seus nomes. Contou que Bobbie não sentia a menor falta de amor ou de sexo. Bobbie adorava dinheiro. Bobbie era "muito mercenária".

Hopkinson perguntou à srta. Manlove se Bobbie trocaria dinheiro por sexo. Ela disse que sim. Contou que um capitão da marinha tinha "mantido" Bobbie durante a Segunda Guerra Mundial. Ele pagava as roupas que ela vestia e o apartamento em que morava. Mandava-lhe 250 dólares por mês.

A srta. Manlove contou que Bobbie exigia um *bom* dinheiro. Era coisa de 25 ou 30 dólares por tacada. Talvez ela tivesse dado para algum cara. Talvez ele tivesse passado a perna nela. Bobbie deu um chilique. O camarada a matou para que ela calasse a boca e ele ficasse com seu dinheiro.

Hopkinson concordou que era possível.

Uma mulher ligou para a Divisão de Homicídios do xerife na sexta-feira, 30/1/59. Ela se identificou como sra. K.F. Lawter e disse que tinha visto a foto nos jornais. A mulher era Gertrude Hoven, sua antiga inquilina. Gertrude tinha morado num prédio de sua propriedade.

Ward Hallinen telefonou para a sra. Lawter. Ela disse que Gertrude Hoven vivia em San Francisco agora. A foto tinha sido tirada do lado de fora de seu prédio, em Crenshaw District. O Oldsmobile era de propriedade da sra. Henry S. Nevala. Ela ainda vivia no prédio.

Hallinen ligou para a sra. Nevala. Ela disse que se lembrava do incidente. Bobbie Long tinha tirado a foto. Tinha sido muita audácia dela. Bobbie deveria ter lhe pedido permissão primeiro.

Conversaram sobre Bobbie Long. A sra. Nevala disse que Bobbie costumava fazer suas apostas com um *bookmaker* chamado Eddie Vince. Eddie trabalhava a partir de um restaurante na rua 54 com Crenshaw. Tinha morrido num acidente de carro no ano anterior. Um outro camarada tinha assumido os negócios.

O caso Long completava uma semana. Estava desamarrado e cheio de informações equivocadas.

Inocentaram todos os freqüentadores dos motéis. Verificaram todos os homicídios cometidos com estrangulamentos nos últimos cinco anos e nada acharam. Convocaram alguns dos criminosos fichados por agressão sexual, já interrogados no caso Ellroy, e deram uma prensa em todos. Apertaram 22 outros indiciados pelo mesmo tipo de crime. Não conseguiram coisa alguma.

Outros homicídios ocorreram. A equipe do caso Bobbie Long se dispersou. Trabalhavam em casos novos e pescavam uma ou outra pista para o caso Bobbie Long.

Receberam uma pista e identificaram o fulano da leiteria Challenge. Ele estava trabalhando na leiteria na noite em que Bobbie foi estrangulada.

Receberam uma pista no dia 14/2/59. Dois policiais de East L.A. detiveram um palhaço chamado Walter Eldon Bosch. Estava trancafiado num quarto de motel. Andava batendo punheta e dando telefonemas obscenos. A polícia foi ver do que se tratava, mas livraram a cara dele.

Receberam uma pista no dia 17/2/59. A patrulha de Norwalk deteve um camarada chamado Eugene Thomas Friese. Dois policiais o pegaram arrastando uma mulher para dentro de um beco. Ele tinha sido indiciado por estupro em 1951. Foi submetido a um teste de polígrafo para o caso Bobbie Long. O examinador não considerou o resultado conclusivo.

Receberam uma pista em 29/3/59. A equipe de Temple City a passou. Uma mulher chamada Evelyn Louise Haggin contou que um homem chamado William Clifford Epperly a seqüestrara, estuprara e cometera com ela atos de completa perversão sexual. Harry Andre interrogou Evelyn Louise Haggin. Ela disse que Epperly a esganara até deixá-la inconsciente. Seu pescoço não tinha uma só marca. Ela disse que tinha feito sexo com Epperly duas ou três vezes antes de ele a estuprar. Andre conversou com Epperly. Epperly relatou que tinha acabado de cumprir pena na cadeia do condado. Tinha estado sob custódia entre 20/2/58 e 8/2/59. Andre confirmou as datas e Epperly foi inocentado.

Eles encontraram o parceiro de Eddie Vince e ele foi inocentado. Seguiram os passos de Bobbie Long de volta a Nova Orleans e Miami e não encontraram respostas conclusivas. O caso Long foi se arrastando até cair no esquecimento.

Receberam uma pista em 15/3/60. Dois safados seqüestraram uma adolescente. Eles a forçaram a entrar numa caminhonete e a levaram para o cu da perua. Eles a estupraram, fizeram sexo oral com ela e a forçaram a fazer o mesmo com eles. Eles a soltaram. Ela contou aos pais o acontecido. Eles ligaram para a delegacia de San Dimas. A garota conversou com dois detetives. Descreveu seus agressores. Um dos homens parecia ser um imbecil muito conhecido nas redondezas. Chamava-se Robert Elton Van Gaasbeck. Os detetives levaram a garota ao apartamento de Van Gaasbeck. Ela identificou Van Gaasbeck e sua caminhonete Ford 1959. Van Gaasbeck delatou o amigo, Max Gaylord Stout.

Harry Andre deu uma tremenda dura, *pro forma*, em Van Gaasbeck e em Stout. Os inocentou nos casos Bobbie Long e Jean Ellroy.

Receberam uma pista em 29/6/60. Um mexicano tinha tentado estuprar uma mulher num acampamento de *trailers* em Azusa. A vítima chamava-se Clarisse Pearl Heggesvold.

O mexicano invadiu o *trailer* dela e tirou-a de lá à força. Ele a arrastou para trás do *trailer* e arrancou seu vestido e sua anágua. Ele afirmou: "Vou te comer." A vítima começou a berrar. Sue Sepchenko, sua vizinha, correu até o local. Começou a bater no mexicano com um cabo de vassoura. O mexicano soltou Clarisse Pearl Heggesvold e correu na direção de Sue Sepchenko. Clarisse Pearl Heggesvold pegou uma pilha de tijolos e atirou-os sobre o carro do mexicano — um Buick 1955 duas portas vermelho e branco, placa MAG-780. Ela quebrou o pára-brisas e duas janelas laterais.

O mexicano entrou no carro e saiu em disparada. Sue Sepchenko telefonou para a delegacia do xerife de San Dimas. Relatou o episódio e passou o número da placa do suspeito. Os policiais de patrulha seguiram o número da placa e prenderam o dono do veículo: Charles Acosta Linares, também conhecido como Rex.

Al Sholund correu atrás da pista. Interrogou Linares duramente e o inocentou rapidamente. Linares era gordo e claramente psicótico.

Receberam uma pista em 27/7/60. Um sujeito chamado Raymond Todd Lentz invadiu uma casa em La Puente, nu em pêlo. Viu Donna Mae Hazleton e Richard Lambert Olearts dormindo no sofá da sala. Donna Mae e Richard acordaram. Lentz saiu correndo. Richard telefonou para a delegacia de San Dimas. Os policiais de patrulha encontraram Lentz e o prenderam. Lentz disse que estivera bebendo com o ex-marido de Donna Mae. Sabia que Donna Mae era uma divorciada boazuda. Achou que poderia adentrar sua casa e fazer sexo com ela. Sua esposa estava grávida e não podia satisfazê-lo.

Claude Everley interrogou Lentz. Livraram a cara dele em tempo recorde.

Em maio de 1962, uma mulher foi estrangulada em Baldwin Park. O caso ficou sem solução. Foi um estrangulamento com as mãos. Parecia ser um caso de estrangulamento acompanhado de fuga. Não se parecia com os homicídios de Jean Ellroy e Bobbie Long.

Uma tentativa de estupro ocorreu no dia 29/7/62. A vítima era uma mulher chamada Margaret Jane Telsted. O estuprador era Jim Boss Bennett. Eles se conheceram no Torch Bar, em Glendora.

Bennett e a srta. Telsted tomaram umas cervejas juntos. Bennett convidou a srta. Telsted para ir ao seu apartamento em La Puente. Ela foi até lá em seu carro. Tomaram uma cerveja na cozinha. Bennett conseguiu empurrar a srta. Telsted até o quarto e atirou-a sobre a cama. Ele afirmou: "Vamos, você sabe o que eu quero. Você já foi casada." A srta. Telsted disse: "Eu não sou uma vagabunda." Bennett deu-lhe uma porrada no peito e arrancou suas calças, sua blusa e suas calcinhas. Ele se despiu e exibiu suas partes íntimas para ela. Disse que queria transar. Atirou a srta. Telsted no chão.

Abriu as pernas dela à força e conseguiu uma modesta penetração. A srta. Telsted lutou. Bennett bateu a cabeça dela no chão. Ele não conseguiu uma penetração completa.

A srta. Telsted correu até o quarto dos fundos e encontrou um homem dormindo. Correu até a cozinha. Bennett a deteve. Ela disse que se submeteria a fazer sexo com ele, se ele a deixasse se vestir e estacionar o carro melhor. Disse que talvez seu ex-marido a estivesse vigiando. Ela queria cobrir seus passos.

Bennett disse que tudo bem. A srta. Telsted vestiu as roupas e saiu. Bennett a seguiu. A srta. Telsted entrou no carro. Bennett tentou agarrá-la. O cachorro dele saiu de casa e rosnou para ele. Bennett deu um passo atrás. O cachorro pulou dentro do carro e sentou-se ao lado da srta. Telsted. A srta. Telsted foi até a delegacia de West Covina e relatou o incidente. Levou o cachorro para casa com ela.

Os tiras de West Covina telefonaram para a delegacia do xerife de San Dimas e comunicaram a queixa. Dois detetives detiveram Jim Boss Bennett. Eles o levaram até a delegacia de San Dimas e o submeteram a um interrogatório cerrado. Ele desmentiu a história da srta. Telsted. Disse que, na verdade, nunca tinha entrado dentro dela. Os detetives o autuaram. Os detetives o analisaram cuidadosamente. Acharam que ele se parecia com um retrato falado bastante antigo. Telefonaram para a divisão de homicídios do xerife e o entregaram como suspeito de homicídio.

Ward Hallinen foi até a delegacia de San Dimas. Ele se colocou por trás de um espelho falso e observou Jim Boss Bennett. Bennett se parecia com o suspeito do caso Jean Ellroy. Ele checou Bennett com o Departamento de Trânsito e com o registro.

Ele recebeu respostas rapidamente.

Bennett não tinha veículos registrados. Bennett tinha duas páginas de antecedentes criminais.

Ele tinha 44 anos. Tinha nascido em Norman, Oklahoma. Tinha duas condenações por agressão, a primeira datando de 1942. Tinha sido detido por dirigir embriagado em 16/3/57 e 7/7/57. A segunda prisão tinha sido perto de Baldwin Park.

Bennett estava dirigindo seu Merc 1947. Ele quase passou por cima de seis pedestres que estavam do lado de fora do Jubilee Ballroom. Uma patrulha o perseguiu. Ele subiu um barranco com o carro. Parou o carro, saiu cambaleando e quase caiu no chão. Dois policiais o agarraram. Ele resistiu à prisão e foi detido à força.

Bennett foi detido por agressão em 22/2/58. A prisão aconteceu na sede dos veteranos de guerra, perto de Baldwin Park.

Bennett estava dançando com uma mulher chamada Lola Reinhardt. Começou a berrar com a srta. Reinhardt sem motivo aparente. Disse a ela que queria ir embora. A srta. Reinhardt recusou-se a ir embora. Bennett a arrastou para fora e enfiou-a dentro do carro.

Deu-lhe um tapa e começou a berrar com ela. Disse: "Ou eu te mato ou me mata você." Um homem chamado Lester Kendall se aproximou do carro. Bennett deu uma gravata na srta. Reinhardt e tentou enforcá-la. Kendall agarrou Bennett. A srta. Reinhardt se soltou. Alguém chamou o xerife de Temple City. Uma patrulha chegou. Um assistente do xerife prendeu Jim Boss Bennett.

Hallinen checou com as empresas de serviços públicos. Encontrou três endereços anteriores para Jim Boss Bennett.

Ele vivia em Baldwin Park, El Monte e La Puente. Seu registro de emprego mostrava uma enorme lacuna entre empregos. Trabalhou na Hallfield Ceramics. Trabalhou na United Electrodynamics. Foi operário, dirigiu trator e trabalhou na linha de montagem de aparelhos eletrônicos. Era casado com uma mulher chamada Jessie Stewart Bennett. Viviam juntos de vez em quando.

Hallinen interrogou Bennett. Ele jamais mencionou Bobbie Long ou Jean Ellroy. Falou a respeito do incidente na sede dos veteranos de guerra. Bennett contradisse o depoimento de Lola Reinhardt. Disse que um maluco tinha estraçalhado uma garrafa de Coca-Cola no seu carro. Um outro cara tinha dado um murro no pára-brisas. A história de Bennett não fazia o menor sentido.

Hallinen decidiu fazer uma sessão de reconhecimento com cinco homens.

Ligou para Margie Trawick e pediu-lhe que ficasse por perto. Localizou Lavonne Chambers em Reno, Nevada. Ela trabalhava num cassino, dando cartas. Ele concordou em pegar um avião até lá. A delegacia do xerife concordou em cobrir suas despesas.

Ele encontrou quatro presos do condado que se pareciam com o retrato falado. Concordaram em fazer parte da sessão de reconhecimento.

Lavonne chegou. Hallinen foi buscá-la e levou-a à delegacia de Temple City. Margie Trawick chegou.

Os cinco homens estavam na sala de interrogatório. Jim Boss Bennett era o segundo da fila.

Margie e Lavonne colocaram-se por trás de um espelho falso. Observaram os cinco homens em separado.

Margie disse: "O número dois se parece muito com ele. O rosto se parece com o rosto que eu vi naquela noite. Os cabelos se parecem com os dele, o contorno do couro cabeludo e o rosto parece ser um pouco mais fino. Ele me parece familiar, como o homem que eu vi naquela noite."

Lavonne indicou o homem número 2. Ela disse: "Para mim, aquele é o homem que eu vi com a ruiva."

Hallinen conversou com Lavonne e com Margie individualmente. Perguntou-lhes se estavam absolutamente certas do que diziam. Elas usaram de evasivas e ambigüidades, começaram com aquele "bem, sabe" e disseram que não tinham tanta certeza assim.

Hallinen lhes agradeceu pela franqueza. Bennett era um bom suspeito/uma possibilidade remota. Ele se parecia com o retrato falado. Ele não parecia ser grego ou italiano ou latino de espécie alguma. Era mesmo lixo branco magrela.

Não podiam mais mantê-lo detido. Não podiam indiciá-lo por homicídio. A tentativa de estupro não se sustentava. A queixosa era uma bêbada. Precisavam soltar Jim Boss Bennett.

Eles o soltaram. Hallinen continuou a segui-lo, como suspeito viável.

Ele conversou com a esposa de Bennett e com conhecidos seus. Eles disseram que Jim era ruim —, mas não era tão mau. Ele jamais disse a eles que Jim era suspeito de um crime envolvendo sexo e homicídio.

Ele não tinha provas. As duas pessoas que o identificaram não estavam lá tão certas do que diziam. Ele deteve Bennett com uma acusação de agressão. Queria fazê-lo suar, queria dar uma prensa nele.

Bennett pagou a fiança. Hallinen decidiu desistir de tudo. Era rotineiro que táticas de intimidação saíssem pela culatra. Abuso de poder era abuso de poder. Suspeitos barra-pesada o mereciam. Bennett passava um pouco aquém desse limite. Lavonne e Margie eram boas testemunhas. Lavonne e Margie não estavam bem certas.

Era 1/9/62. O caso Long entrava em inatividade. O caso Ellroy completava quatro anos, dois meses e dez dias.

20

As divagações em torno do caso Bobbie Long me deixaram atordoado. Eu passei quatro dias a sós com a pasta.

Coloquei três fotos da cena do crime na cortiça. Coloquei a foto de prontuário de Jim Boss Bennett. Centralizei a colagem em torno das três imagens de Jean Ellroy morta.

O efeito foi mais grosseiro do que chocante. Eu queria minar a vitimização de minha mãe e ver a morte dela de maneira mais objetiva. Lá estava o sangue em seus lábios. Lá estavam seus pêlos púbicos. Lá estavam a corda e a meia em torno de seu pescoço.

Olhei fixamente para a cortiça. Comprei outro quadro e coloquei os dois, lado a lado. Prendi as fotos das cenas do crime dos casos Long e Ellroy em ordens contrastantes. Decorei os pontos de semelhança e de diferenciação.

Duas ligaduras em Jean. Uma ligadura em Bobbie. A bolsa encostada na cerca de arame. A moita de hera e a estrada de terra perto da estação de tratamento de água. Os dois sobretudos atirados de forma idêntica.

Minha mãe parecia ter sua idade e mais um pouco. Bobbie Long parecia ser mais jovem do que era na realidade. Jim Boss Bennett parecia ser caipira demais para ser o Moreno.

Estudei o caso Long. Estudei o caso Ellroy. Li os Livros Azuis de Long e de Ellroy e todos os relatórios e bilhetes encontrados em ambas as pastas. Olhei fixamente para meu quadro. Queria deserotizar minha mãe e me acostumar a vê-la morta. Coloquei os dois casos lado a lado e construí cronologias e linhas narrativas com as informações pinçadas aqui e ali.

Minha mãe deixou nossa casa entre as oito e as oito e meia da noite. Foi vista no Manger Bar "entre as oito e as nove horas da noite". Estava só. O Manger Bar ficava perto do Desert Inn e do Stan's Drive-In. Minha mãe e o Moreno chegaram ao Stan's pouco depois das 22:00. Havone Chambers os serviu. Eles saíram do Stan's. Chegaram ao Desert Inn pouco depois das 22:30. A Loura chegou com eles. Michael Whittaker entrou de penetra no grupo. Margie Trawick observou o grupo. Ela saiu do Desert Inn às 23:30. Minha mãe, o Moreno, a Loura e Mike Whittaker ainda estavam sentados juntos, na mesma mesa. Minha mãe, o Moreno e a Loura saíram em torno da meia-noite. Uma garçonete chamada Myrtle Mawby viu minha mãe e o Moreno no Desert Inn por volta das 2:00. Eles saíram. Chegaram ao Stan's Drive-In por volta das 2:15. Lavonne Chambers os serviu outra vez. Saíram por volta das 2:40. O corpo de minha mãe foi encontrado às 10:10. Seu carro foi encontrado nos fundos do Desert Inn.

Este era o evangelho, segundo o relato das testemunhas. As lacunas cronológicas formavam vácuos teóricos. A cronologia Bobbie Long era simples. Bobbie foi à pista de corrida de Santa Anita. Seu corpo foi encontrado em La Puente — 13 quilômetros a sudoeste.

Ela conheceu um homem durante as corridas. Ele a alimentou, a comeu e a matou. Este era o evangelho, sem o relato de testemunhas. Eu acreditava nele. Stoner acreditava nele. Não tínhamos como provar. Os tiras tinham trabalhado em cima desta premissa, em 1959. Hoje, tornara-se inquestionável. A última noite de minha mãe entre os vivos desafiava uma interpretação rigorosa.

Ela deixou nossa casa em seu carro. Chegou ao Manger Bar sozinha. Encontrou-se com o Moreno em algum lugar. Ela largou o carro em algum lugar e eles pegaram o carro dele. Lavonne Chambers os serviu no carro dele. Eles saíram do Stan's Drive-In. Foram ao Desert Inn. Apanharam a Loura no caminho. Voltaram ao Stan's no carro dele. O de minha mãe foi encontrado nos fundos do Desert Inn.

Ela poderia ter se encontrado com o Moreno no apartamento dele. Poderia ter se encontrado com ele num bar. Poderia ter deixado o carro em qualquer dos dois lugares. Eles foram ao Stan's no carro dele. Ela poderia ter pego o carro dela logo depois. Ele poderia ter apanhado a Loura. Ela poderia ter apanhado a Loura. Eles poderiam ter encontrado a Loura do lado de fora do Desert Inn. Eles se divertiram juntos no Desert Inn. Saíram juntos. Poderiam ter saído para algum lugar em grupo. A Loura poderia ter ido a algum lugar sozinha. Minha mãe e o Moreno poderiam ter se beijado e tirado sarro no carro dele ou no dela, nos fundos do Desert Inn. Eles poderiam ter ido ao apartamento dele. Eles poderiam ter se beijado e tirado sarro no estacionamento do Desert Inn, antes da tal saideira das 2:00. Ela poderia ter freado o ato sexual no carro dele ou no dela. Ela poderia ter dito não a ele no apartamento dele. Eles poderiam ter ido ao apartamento da Loura. Ela poderia ter dito não a ele lá. Eles voltaram ao Desert Inn. Poderiam ter voltado da casa da Loura, do Moreno, de outro bar ou de qualquer rua escura do vale de San Gabriel. Minha mãe poderia ter deixado o carro na casa da Loura ou do Moreno. Poderia ter deixado o carro em qualquer dos dois locais durante qualquer das lacunas reconstrutivas daquela noite. O Moreno poderia ter reavido o carro depois de tê-la matado. Poderia tê-lo desovado no estacionamento do Desert Inn entre as 3:00 e as 4:00. A Loura poderia tê-lo desovado. Eles poderiam ter feito um comboio de dois carros. Poderiam ter deixado a cena do crime no carro da Loura ou no carro do Moreno.

São 2:40. Minha mãe e o Moreno deixaram o Stan's Drive-In. O carro dela ficou estacionado nos fundos do Desert Inn ou então num outro lugar qualquer. Ele está entediado e mal-humorado. Ela está meio bêbada e tagarela. Eles vão para a casa dele, para a casa da Loura, para a Arroyo High School ou para *algum outro lugar*. Ela diz não para ele, ou diz a coisa errada, ou olha para ele da forma errada, ou o enfurece com um gesto praticamente imperceptível.

Talvez tenha sido estupro. Talvez tenha sido sexo consensual. Talvez a reconstrução de Stoner seja válida. Talvez minha teoria do MAIS tenha batido em alguma tecla factual. Talvez minha mãe tenha reclamado de um possível *ménage à trois* em algum momento da noite. Talvez o Moreno tenha decidido coagi-la a desempenhar alguma atividade "solo". Talvez Lavonne Chambers e Margie Trawick tenham se enganado com relação aos horários e ferrado com qualquer possibilidade de se estabelecer uma linha temporal precisa. Talvez Myrtle Mawby tenha errado o horário. Quem sabe minha mãe e o Moreno deixaram o Desert Inn com a Loura e não voltaram para a tal saideira às 2:00? Tínhamos um assassino e uma vítima. Tínhamos uma mulher não-identificada. Tínhamos três testemunhas do sexo feminino e uma testemunha do sexo masculino, bêbada. Tínhamos um espaço de tempo de sete horas e uma série de eventos prosaicos, geograficamente localizados, que resultaram num homicídio. Dava para ficar extrapolando a partir de fatos estabelecidos e interpretar o prelúdio de uma infinidade de maneiras.

Ela talvez tivesse conhecido o Moreno e a Loura naquela noite. Ela talvez os tivesse conhecido em alguma noitada anterior. Talvez os tivesse conhecido separadamente. Talvez a Loura tivesse arranjado um encontro para ela com o Moreno. Talvez a Loura fosse uma velha amiga. Talvez a Loura a tivesse incitado a mudar-se para El Monte. Talvez o Moreno fosse um antigo amante, de volta em busca de um pouco mais.

Talvez ele fosse um antigo funcionário da Packard-Bell ou da Airtek. Talvez ele fosse uma velha paixão de mesa de bar, de passagem pela vida de minha mãe. Talvez ele tenha matado Bobbie Long sete meses depois de assassinar minha mãe.

Não havia telefone no número 756 da Maple. Os policiais não tinham como checar as ligações interurbanas feitas por minha mãe. Talvez ela tivesse ligado para a Loura ou para o Moreno naquela noite ou em algum momento durante os quatro meses que passamos em El Monte. Toda ligação feita para fora de El Monte teria sido registrada na conta. Talvez a Loura morasse em Baldwin Park ou West Covina. Talvez o Moreno morasse em Temple City. Os policiais jamais encontraram a bolsa de minha mãe. Os policiais não encontraram um livrinho de endereços no número 756 da Maple. Devia estar na bolsa dela. Ela estava carregando uma bolsa naquela noite. Talvez o Moreno tivesse se livrado da bolsa. O nome dele talvez constasse do livrinho de endereços. Talvez o nome da Loura também constasse.

Era 1958. A maioria das pessoas tinha telefone. Minha mãe não tinha. Estava se escondendo em El Monte.

Estudei a pasta de minha mãe. Estudei a pasta de Long. Reuni fatos estranhos e uma dolorosa omissão.

Minha mãe tinha deixado uma bebida por terminar na cozinha. Talvez a Loura tivesse telefonado, sugerindo que saíssem para se divertir um pouco. Talvez nossa casinha a tivesse sufocado e forçado a fugir às pressas. Talvez Bobbie Long tivesse sido uma alcoólatra disfarçada. Um tira descobriu duas garrafas em sua cozinha. Eu sempre achei que minha mãe lutou com o homem que a matou. Eu sempre achei que os tiras encontraram pedaços de pele com sangue debaixo de suas unhas. O relatório da autópsia não dizia coisa alguma do gênero. Eu é que tinha embelezado a história com pinceladas de heroísmo. Eu moldei minha mãe à guisa de uma tigresa ruiva e carreguei a imagem comigo durante 36 anos.

Jean e Bobbie. Bobbie e Jean.

Duas vítimas de homicídio. Duas cenas de crime quase idênticas, a alguns quilômetros de distância uma da outra. Um forte consenso entre a divisão de homicídios do xerife.

Os caras achavam que um homem tinha matado as duas mulheres.

Stoner tendia nessa direção. Eu tendia nessa direção com uma reserva. Não via o Moreno como um maníaco assassino.

Eu me forcei a não formar um julgamento. Sabia que a base de minha rejeição provinha, parcialmente, de motivos estéticos. Maníacos assassinos me aborreciam e me irritavam. Eles eram uma raridade estatística na vida real e uma praga da mídia. Romances, filmes e programas de TV os celebravam como monstros e exploravam seu potencial como centelha para uma trama de suspense. Maníacos assassinos eram unidades do mal auto-suficientes. Eles eram o contraste perfeito para o policial irritadiço que já virou lugar-comum. A maioria deles sofreu terríveis traumas de infância. Os detalhes forneciam bom material para dramas psicopopulares e dava a eles uma certa verve de vítima. Maníacos assassinos se deleitavam em agredir as vistas do grande público e tinham tido suas crianças interiores destroçadas. Eram apavorantes num determinado momento e tão descartáveis quanto um saco de pipocas vazio em outro. Seus impulsos hiperbólicos sugavam leitores e espectadores e os distanciavam de seu próprio êxtase demoníaco. Maníacos assassinos nada tinham de prosaico. Eram descolados, espertos, *cool*. Vomitavam um alucinado *jazz* nietzschiano. Eram bem mais *sexy* do que um tarado de merda que matou duas mulheres num misto de tesão e pânico e a pressão exata de um gatilho puxado apenas duas vezes.

Eu próprio já me aproveitei de maníacos assassinos. Três romances atrás, eu os evitei de forma consciente. Funcionavam bem como forragem de cenário. Sob qualquer outro ponto de vista, eram uma merda, literariamente falando. Eu não achava que um maníaco assassino tivesse matado minha mãe e Bobbie Long. E não havia certeza de que o mesmo homem tinha apagado as duas mulheres. O Moreno tinha aparecido em público com a Loura e com minha mãe. Sua raiva parecia ter aumentado gradativamente, à medida que a noite progrediu. Ele conhecia a Arroyo High School. Provavelmente ele morava no vale de San Gabriel. Psicopatas calculistas não cagam onde comem.

A Loura conhecia o Moreno. Ela sabia que ele tinha matado minha mãe. Ele provavelmente a coagiu ao silêncio. Bobbie Long não era a Loura. Bobbie Long era apenas uma pobretona esperando sua vez para tornar-se vítima.

Ela era ordinária e avarenta. E voluntariosa. Tinha um histórico ruim com os homens e se regozijava de seus triunfos insignificantes sobre o sexo masculino. Tinha uma boca suja pra cacete.

Talvez ela tivesse conhecido o Moreno na pista de corridas. Ele tinha matado aquela porra daquela enfermeira no ano anterior e ainda estava meio tocado por causa disso. Levou Bobbie a algum lugar para jantar. Ele a atraiu até seu apartamento e tratou de providenciar uma trepada. Bobbie exigiu pagamento. Ele reclamou. Aí mesmo foi que ele pirou.

Talvez ele tivesse aprendido com a ruiva. Talvez ela o tivesse tirado do sério, irrevogavelmente. Talvez ela tivesse revelado a ele um lado oculto de sua própria personalidade e mostrado que o estupro e o sexo consensual eram incompletos sem estrangulamento. Talvez ele tivesse se transformado num maníaco assassino.

Talvez Jean e Bobbie o tivessem tirado do sério da mesma maneira. Talvez ele tivesse matado aquelas duas mulheres e se enfiado em algum buraco negro paranormal. O uso de meias de náilon para estrangulamentos era um *modus operandi* bastante comum. O Moreno tinha enforcado minha mãe com uma corda e uma meia. Bobbie Long tinha sido morta com uma única ligadura.

Talvez elas tivessem sido mortas por dois homens diferentes.

Dei um passo atrás, para me afastar da questão. Stoner me aconselhou a não me prender a uma única teoria ou a uma só reconstrução hipotética.

Passei quatro dias a sós com as pastas. Eu me tranquei e me concentrei nos relatórios, nos bilhetes e nas fotos presas ao meu quadro de cortiça. Stoner tinha duplicatas dos Livros Azuis de Long e de Ellroy. Nós nos falávamos pelo telefone quatro vezes ao dia e discutíamos provas e lógicas gerais do caso. Concordamos que Jim Boss Bennett não era o Moreno. Ele era bebum demais e comprovadamente pirado demais para seduzir mulheres durante o curso de uma noite longa ou de um dia passado nas corridas. Jim Boss Bennett era um pau-d'água de primeira linha. Ele corria atrás de mulheres que eram abertamente alcoólatras. Ele as encontrava em estabelecimentos do mais baixo nível. Para o padrão dele, o Desert Inn era um local para grã-finos. Ele freqüentava bares que serviam cerveja Eastside Old Tap Lager e vinho T-Bird com gelo. Stoner disse que era bem possível que ele já andasse estuprando as mulheres com quem saía há bastante tempo. Ele não tinha penetrado Margaret Telsted. Provavelmente deixou uma dúzia de outras mulheres. É possível que tivesse deixado de cometer um bom número de estupros devido à impotência alcoólica ou por não ter estratégia alguma. Minha mãe gostava de vagabundos. Ela possuía padrões igualitários. Jim Boss Bennett era esfarrapado e patético demais para ela. Ela curtia pobretões cheirando a almíscar. Jim Boss Bennett tinha menos cheiro de almíscar e mais cheiro de corpo. Não fazia o gênero dela.

Discutimos as duas mulheres que tinham delatado os maridos. A Mulher nº 1 se chamava Marian Poirier. Seu ex mulherengo se chamava Albert. Ao que parecia, ele teve casos com Jean Ellroy e com duas outras mulheres da Packard-Bell Electronics.

A sra. Poirier admitia não ter prova alguma. Disse que o marido conhecia duas outras mulheres que tinham sido assassinadas. Ela disse que era "coincidência demais". Ela não deu o nome das duas mulheres mortas. Jack Lawton escreveu-lhe uma carta pedindo que desse o nome das duas. A sra. Poirier escreveu de volta e ignorou a pergunta de Lawton. Stoner desconsiderou a mulher. Disse que ela parecia se equilibrar precariamente entre a sanidade e a loucura.

A Mulher nº 2 se chamava Shirley Ann Miller. Seu ex se chamava Will Lenard Miller. Ao que parecia, Will tinha matado Jean Ellroy. Ao que parecia, Will tinha deixado escapar "Eu não deveria tê-la matado!" certa noite, enquanto dormia. Ao que parecia, Will tinha pintado o Buick dos dois alguns dias depois do assassinato. Ao que parecia, Will tinha tocado fogo num depósito de móveis em 1968.

Encontrei uma pilha de bilhetes a respeito de Will Lenard Miller. A maioria estava datada de 1970. Vi o nome de Charlie Guenther meia dúzia de vezes.

Guenther era o antigo parceiro de Stoner. Bill disse que ele estava morando perto de Sacramento. Disse que devíamos pegar um avião até lá e mostrar-lhe o material relacionado a Miller.

Discutimos Bobbie Long e minha mãe. Tentamos criar um fio que ligasse as duas em vida.

Elas trabalhavam a alguns quilômetros uma da outra. Elas tinham fugido de maus casamentos. Elas eram reservadas e autosuficientes. Eram fechadas mas superficialmente sociáveis.

Minha mãe era uma bêbada. Bobbie jogava compulsivamente. Minha mãe achava jogar enfadonho. O sexo deixava Bobbie petrificada.

Elas jamais se conheceram em vida. Todas as ligações entre as duas soavam como ficção especulativa.

Eu passei algum tempo na companhia de Bobbie. Apaguei as luzes da sala e me deitei no sofá com fotos dela e de minha mãe. Eu estava perto de um interruptor. Eu podia pensar na escuridão e acender a luz para olhar para Bobbie e Jean.

Eu me ressentia de Bobbie. Não queria que ela me distraísse de minha mãe. Segurava a foto de minha mãe para manter Bobbie em seu devido lugar. Bobbie era uma vítima tangencial.

Bobbie passa à frente da fila do café. Bobbie joga até ficar endividada e sacaneia um amigo porque ele joga cartas. A jogatina era uma obsessãozinha de merda. A grande emoção mesmo estava no risco de aniquilação e na possibilidade da transcendência através do dinheiro. A obsessão por sexo era o amor com uma distância de seis ou de seis mil vezes. Ambas as compulsões eram dominadoras. Ambas destruíam. Jogar sempre tinha a ver com auto-abnegação e dinheiro. O sexo era uma propensão glandular e, às vezes, o caminho mais curto para um amor destrutivo.

Jean e Bobbie eram tristes e sozinhas. Jean e Bobbie estavam à beira do mesmo precipício. Dava para peneirar os pedacinhos de informação mais diversos encontrados nas duas pastas e dizer que as duas eram a mesma mulher.

Eu não acreditava nisso. Bobbie estava a fim de se dar bem. Jean estava a fim de se esconder, de sair de si mesma e talvez de se entregar a algo estranho, novo ou melhor.

Bobbie Long não era nosso enfoque principal. Ela era uma vítima de homicídio possível ou provavelmente relacionada ao de minha mãe em uma pista que provavelmente levaria a psique deteriorada do Moreno. Não havia testemunhas oculares no caso Long. Todos os amigos de Bobbie tinham cinqüenta e poucos anos em 1959, e era bem possível que já estivessem mortos a esta altura. Era provável que o Moreno estivesse morto. Era provável que ele freqüentasse bares com assiduidade. Era provável que ele fumasse. Era provável que bebesse uísque ou bebidas feitas com álcool de cereais puro. Talvez tivesse morrido de câncer em 1982. Talvez estivesse vivendo com a cara enfiada numa máscara de oxigênio na linda cidade de La Puente.

Fiquei sentado na escuridão, segurando os dois retratos falados. De vez em quando acendia as luzes e olhava para os dois. Desrespeitei as regras de Stoner e reconstruí o Moreno.

A imagem que Bill tinha dele era a de um vendedor cheio de lábia. Eu o via como um tipo operário, pouco sincero. Fazia pequenos bicos para faturar uma grana a mais. Usava o Olds 1955 ou 1956 em mau estado para fazer seus trabalhos de fim de semana. Ele carregava uma caixa de ferramentas no banco traseiro. Ela continha um pedaço de corda de varal.

Ele tinha 38 ou 39 anos. Gostava de mulheres mais velhas do que ele. Por um lado elas conheciam o riscado muito bem e, por outro, caíam nas malhas de um romance vagabundo. Ele as odiava tanto quanto gostava delas. Ele jamais se perguntava por que era assim.

Ele conhecia mulheres em bares e em boates. Espancou algumas mulheres ao longo dos anos. Elas diziam e faziam coisas que o incomodavam. Possuía algumas mulheres à força. Ele as assustava e as convencia a dar para ele antes de comê-las à força. Era detalhista. Era cuidadoso. Sabia usar seu charme.

Ele vivia no vale de San Gabriel. Gostava da vida noturna. Gostava daquela atmosfera de crescimento desenfreado do lugar. Passava um bocado de tempo sonhando acordado. Pensava em machucar mulheres. Jamais se perguntava por que pensava naquelas coisas ensandecidas.

Ele matou aquela tal enfermeira em junho de 1958. A Loura ficou com o bico calado. Ele passou seis semanas, ou seis meses ou um ano assustado. Seu medo foi passando. Ele corria atrás de mulheres, trepava com mulheres e uma vez a cada mil anos espancava alguma mulher.

Ele envelheceu. Seu apetite sexual diminuiu. Ele deixou de correr atrás, de trepar e de espancar mulheres. Ele pensava naquela enfermeira que tinha assassinado tanto tempo atrás. Não sentia remorsos. Nunca mais matou outra mulher. Ele não era um psicopata enfurecido. As coisas nunca fugiam ao seu controle como tinham fugido naquela noite, com a enfermeira.

Ou:

Ele faturou Bobbie Long lá em Santa Anita. A enfermeira estava morta havia sete meses. Faturou algumas outras mulheres nesse meiotempo. Ele não as machucou. Considerava a ruiva um acidente de percurso.

Ele comeu Bobbie Long. Ela disse alguma coisa ou fez alguma coisa. Ele a esganou e desovou seu corpo. Ele tinha medo da polícia, da câmara de gás e de si mesmo. Viveu com aquele medo. Envelheceu com aquele medo. Ele nunca mais matou outra mulher.

Liguei para Stoner e contei-lhe minhas reconstituições. Ele achou a primeira plausível e rejeitou a segunda. Ele disse que ninguém mata duas mulheres e pára por aí. Eu discordei. Disse a Bill que ele estava indevidamente atado a empirismos policiais. Eu disse que o vale de San Gabriel era uma espécie de *deus ex machina*. As pessoas que se dirigiam aos bandos para lá o faziam por motivos inconscientes que suplantavam a aplicação consciente da lógica e tornavam qualquer coisa possível. A região definia o crime. A região era o crime. Tínhamos dois homicídios com ramificações sexuais, e um ou dois assassinos que matavam com motivações sexuais mas que se furtavam do comportamento padrão de assassinos com motivações sexuais. A migração inconsciente para o vale de San Gabriel explicava cada absurdo e cada ato homicida que ali ocorria. Nosso dever era localizar, com exatidão, três pessoas dentro daquela migração.

Bill ouviu minha história e partiu para dados específicos. Disse que precisávamos vasculhar a pasta de minha mãe e começar a procurar antigas testemunhas. Precisávamos checar algumas informações com o Departamento de Trânsito e com o Departamento de Segurança Pública. Precisávamos avaliar a investigação de 1958. Precisávamos seguir os passos de minha mãe do berço ao túmulo. Na maioria das vezes, homicídios faziam desvios nas direções mais estranhas. Precisávamos saber nossos dados pelo avesso e estar sempre prontos para um grande salto.

Eu disse que estava pronto.

Bill me mandou apagar as luzes e voltar ao trabalho.

21

Ward Hallinen estava com 83 anos. Eu o vi e me lembrei dele imediatamente.

Ele tinha me dado uma barra de chocolate na delegacia de El Monte. Sempre se sentava à esquerda do parceiro. Meu pai vivia admirando seus ternos.

Seus olhos azuis me transportaram ao passado. Eu me lembrava de seus olhos e de nada mais a seu respeito. Ele me pareceu frágil. A pele estava coberta por lesões vermelhas e cor-de-rosa. Tinha 46 ou 47 anos em 1958.

Veio nos receber na porta de casa. Era uma construção estilo rancheiro-*fake*, protegida por árvores. Havia um terreno de bom tamanho ao lado. Vi uma cocheira e dois cavalos pastando.

Stoner me apresentou a ele. Trocamos um aperto de mãos. Eu disse algo como: "Como vai, sr. Hallinen?" Minha memória estava funcionando a toda. Eu queria iluminar a dele com uma centelha. Stoner tinha dito que talvez ele estivesse senil. Talvez não se lembrasse do caso Jean Ellroy.

Entramos e nos acomodamos na cozinha. Stoner colocou nossa pasta sobre uma cadeira vazia. Eu olhei para Hallinen. Ele olhou para mim. Mencionei o momento em que ele me deu o chocolate. Ele disse que não se lembrava.

Desculpou-se pela péssima memória. Stoner fez uma piada sobre ele próprio estar em idade avançada e com a memória falha. Hallinen perguntou-lhe quantos anos tinha. Bill respondeu: "Cinqüenta e quatro." Hallinen riu e deu-lhe um tapa no joelho.

Stoner mencionou alguns dos antigos integrantes da Homicídios do xerife. Hallinen disse que Jack Lawton, Harry Andre e Claude Everley estavam mortos. Blackie McGowan estava morto. O capitão Etzel e Ray Hopkinson estavam mortos. Ned Lovretovich estava por aí, aprontando. Ele próprio tinha se aposentado fazia muito tempo. Não sabia exatamente em que data. Tinha feito alguns serviços de segurança particular e começado a criar cavalos de corrida. Juntou muito tempo de serviço para a aposentadoria. Arrancou uma nota preta do condado de Los Angeles.

Stoner riu. Eu ri. A esposa de Hallinen entrou. Stoner e eu nos levantamos. Frances Traeger Hallinen mandou que nos sentássemos.

Ela me pareceu bem fisicamente, esperta. Era filha do velho xerife Traeger. Sentou-se conosco e mencionou alguns nomes.

Stoner mencionou alguns nomes. Os nomes trouxeram à tona pequenas anedotas. Eu fiz um pequeno *tour* nostálgico.

Eu reconheci alguns nomes. Cem policiais tinham escrito bilhetes sobre os casos Ellroy e Long. Tentei imaginar Jim Wahlke e Blackie McGowan.

Frances Hallinen falou do caso Finch-Tregoff. Eu disse que o acompanhara, quando era pequeno. Ward Hallinen disse que foi o maior caso que jamais pegou. Eu mencionei alguns detalhes. Ele não se lembrava deles.

Frances Hallinen pediu licença e saiu. Bill abriu a pasta. Eu apontei para os cavalos, do lado de fora, e emendei o assunto com o caso Bobbie Long e com Santa Anita. Hallinen fechou os olhos. Assisti-o lutar para se lembrar daquilo tudo. Ele disse se lembrar de ter ido até a pista. Não conseguia desenterrar nada de mais específico.

Bill mostrou-lhe as fotos de Arroyo High School. Enquanto o fazia, narrei detalhes sobre a cena do crime. Hallinen olhou fixamente para as fotos. Fez uma careta e lutou. Ele disse que *achava* que se lembrava do caso. Disse que *achava* ter tido um suspeito bastante plausível.

Mencionei Jim Boss Bennett e a sessão de reconhecimento de 1962. Bill pegou uma pilha de fotos de prontuário de Jim Boss Bennett. Hallinen disse não se lembrar da sessão de reconhecimento. Olhou aquelas fotos por uns bons três minutos.

Seu rosto se contorceu. Segurou as fotos com uma das mãos e agarrou a mesa da cozinha com a outra. Fincou os pés no chão. Lutava contra sua incapacidade com todas as forças.

Ele sorriu e disse que não conseguia se lembrar do homem. Bill deu a ele o Livro Azul do caso Ellroy e pediu-lhe que folheasse os relatórios.

Hallinen leu o laudo cadavérico e o relatório da autópsia. Leu a transcrição dos depoimentos das testemunhas. Leu lentamente. Disse que se lembrava de outros casos nos quais trabalhou com Jack Lawton. Disse que o nome do escrivão lhe era familiar. Disse que se lembrava do velho chefe da polícia de El Monte.

Olhou as fotos da cena do crime. Disse que sabia ter estado ali. Olhou para mim como quem diz: Esta é a sua mãe? Como é que você agüenta olhar essas fotos?

Bill perguntou-lhe se guardava as anotações de seus velhos casos. Hallinen contou que as jogara fora alguns anos atrás. Desculpou-se por isso. Queria poder ajudar. Mas sua mente não deixava.

Fiz sinal de basta para Bill. Ajeitamos a pasta e nos despedimos. Hallinen se desculpou mais uma vez. Eu disse que acontece com todo mundo. Soei condescendente.

Hallinen se desculpou por não ter pego o filho da puta. Eu disse que ele tivera uma vítima muito astuta nas mãos. Agradeci-lhe o esforço e gentileza.

Bill e eu voltamos para o condado de Orange de carro. Discutimos nossos planos futuros até chegarmos lá. Bill disse que teríamos que lutar contra uma verdadeira avalanche de memórias falhas. Conversaríamos com gente que estava na meia-idade em 1958. Estaríamos peneirando em meio a perdas de memória e lembranças cronologicamente deturpadas. Os idosos tendiam a inventar coisas, inconscientemente. Desejavam agradar e impressionar. Queriam provar sua solvência mental.

Mencionei os cadernos de Hallinen. Bill disse que nossa pasta carecia de relatórios suplementares. Hallinen e Lawton tinham trabalhado no caso um verão inteiro. Provavelmente encheram seis cadernos. Precisávamos reconstruir sua investigação inicial. Talvez tivessem interrogado o Moreno sem jamais terem se dado conta de que era um suspeito. Perguntei a Bill se Jack Lawton tinha sido casado. Bill disse que sim. Dois de seus filhos tinham trabalhado como policiais durante algum tempo. Jack tinha trabalhado com seu antigo parceiro, Billy Farrington. Billy saberia dizer se a esposa de Jack ainda estava viva. Ele poderia entrar em contato com ela para saber se ela guardara os cadernos de Jack.

Classifiquei os cadernos como uma escassa possibilidade de sucesso. Bill concordou comigo. Eu disse que tudo levava de volta à Loura. Ela conhecia o Moreno. Sabia que ele tinha matado Jean Ellroy. Ela jamais se manifestou. Ou tinha medo de represálias ou algo a esconder. Eu disse que, ainda assim, era bem capaz de ela ter aberto a bocarra. Era bem capaz de ter contado às pessoas o que tinha acontecido, de ter se gabado de sua proximidade com um assassinato ou de ter contado a história como uma lição a ser aprendida. O tempo tinha passado e seu medo, diminuído. Ela tinha contado às pessoas. Duas, seis ou uma dúzia de pessoas sabiam da história ou de elementos da história.

Bill disse que precisávamos levar nosso caso ao conhecimento público. Eu disse que a Loura tinha contado a pessoas, que tinham contado a pessoas, que tinham contado a pessoas. Bill disse que eu era o caçador de publicidade supremo. Eu disse que deveríamos instalar um disque-denúncia no meu apartamento. Bill disse que ligaria para a companhia telefônica para providenciar uma linha.

Discutimos o caso Long. Bill disse que precisávamos ligar para o Departamento de Medicina Legal para saber se guardavam as amostras de sêmen recolhidas de Bobbie Long e de minha mãe. Ele conhecia um laboratório que fazia testes de DNA por dois mil dólares.

Poderiam determinar, de forma conclusiva, se Bobbie Long e minha mãe tinham feito sexo com o mesmo homem.

Pedi a Bill que classificasse o caso Long em termos de prioridade. Ele disse que era um caso de baixa prioridade. Um sujeito qualquer tinha conhecido Bobbie e matado-a. Era provável que minha mãe *conhecesse* a Loura e o Moreno. Era provável que conhecesse pelo menos um dos dois antes daquela noite.

Eu mencionei o carro do Moreno e os cartões de computador IBM encontrados no arquivo. Parecia-me que a polícia só tinha verificado os registros de veículos dentro do vale de San Gabriel. Lavonne Chambers tinha mencionado, especificamente, um Olds 1955 ou 1956. Eu achava que a polícia tinha verificado registros naquela porra de estado inteirinho. Bill disse que a busca com cartões de computador era um tanto confusa. Os casos de homicídio eram repletos de incongruências esquisitas.

Eu disse que tudo levava de volta à Loura. Bill disse: "*Cherchez la femme.*"

Pegamos um vôo até Sacramento na manhã seguinte. Íamos atrás de más notícias.

Bill tinha ligado para o Departamento de Medicina Legal. Disseram que tinham se desfeito das lâminas contendo as amostras de sêmen. Era rotina desfazerem-se de provas antigas. Precisavam de espaço para armazenar as novas.

Alugamos um carro e fomos à casa de Charlie Guenther. Bill ligou para Guenther na noite anterior e disse a ele que estávamos a caminho. Fez algumas perguntas preliminares. Guenther disse que o caso lhe parecia vagamente familiar. Disse que a pasta talvez desse um empurrãozinho em sua memória.

Levamos a pasta para ele ver. Levei cinqüenta perguntas que poderia fazer.

Guenther foi simpático. Não parecia ter 65 anos, mas sim 40. Estava bem. Tinha cabelos grisalhos e olhos azuis como os de Ward Hallinen. Metralhou uma série de declarações de ódio a O.J. Simpson no lugar dos cumprimentos de praxe. Tratamos logo de ir falando do caso.

Bill relatou alguns dos pontos. Guenther disse que se lembrava agora. Tinha sido chamado com o parceiro, Duane Rasure. Uma mulher tinha dedurado o ex-marido. Eles foram atrás do sujeito. Ele não confirmou e nem refutou sua culpa.

Nos sentamos em volta de uma mesa de centro. Eu esvaziei o envelope com informações sobre Will Lenard Miller. Continha três fotografias de Will Lenard Miller, relatórios da delegacia do xerife de Orange; cópias da declaração de imposto de renda de 1957, 1958 e 1959 de Will Lenard Miller; comprovantes de imposto retido na fonte de 1957, 1958 e 1959; uma conta de financeira datada de 17/5/65; um teletipo enviado pela delegacia do xerife de Orange para a delegacia do xerife de El Monte datado de 4/9/70; uma escritura de imóvel assinada por Will e Shirley Miller datada de 9/1/57; uma lista de pontos a serem investigados escrita com a letra de Charlie Guenther; uma folha com os antecedentes criminais de Will Lenard Miller — com duas acusações por ter passado cheques sem fundos em 1967 e 1969 e por ter falsificado um cartão de crédito em 1970; uma carta escrita por um advogado datada de 3/11/64, detalhando os ferimentos que Will Lenard Miller alegava ter sofrido enquanto trabalhava na oficina C.K. em 26/3/62; uma ordem de condicional da corte municipal do condado de Orange datada de 22/11/67; um relatório de teste de polígrafo ao qual Will Lenard Miller foi submetido — datado de 15/9/70.

Olhamos para toda aquela papelada. Separamos as declarações de imposto de renda. Olhamos as fotos de Will Lenard Miller.

Ele tinha cabelos escuros e era grandalhão. Tinha traços grosseiros. Não se parecia com o Moreno.

Guenther examinou sua lista. Disse que as anotações eram relativas aos procedimentos de praxe. Ele sempre fazia isso quando pegava casos antigos. Mas nada ativava sua memória. A lista era apenas um lembrete pessoal.

Lemos a carta do advogado. Discriminava as queixas trabalhistas de Will Lenard Miller.

Miller levou um tombo e ferrou o joelho esquerdo. Começou a ter tonteiras e a apagar. Caiu e ferrou a cabeça. Seus ferimentos físicos foderam com seu equilíbrio psicológico.

Mencionei o relatório do Livro Azul. Shirley Miller tinha declarado que minha mãe recusou-se a encaminhar um processo de acidente de trabalho no qual o marido dera entrada. Segundo ela, aquilo "o deixou maluquinho".

Guenther disse que Miller era um bebê chorão. Bill disse que ele certamente não tinha cara de latino.

Demos uma olhada no *sursis*. Will Lenard Miller tinha passado alguns cheques sem fundo. Levou uma multa de 25 dólares e passou dois anos em condicional. Tinha que restituir a quantia. Tinha que ir a um consultor financeiro. Tinha que pedir permissão para fazer qualquer compra acima de cinqüenta dólares.

Todos nós concordamos.

Will Lenard Miller era um merda digno de pena.

Demos uma olhada nos espelhos usados nas declarações de imposto de renda. Confirmaram nossa avaliação.

Will Lenard Miller entrava e saía de empregos com certa rapidez. Trabalhou em nove oficinas em três anos.

Lemos os relatórios do xerife do condado de Orange. Colocamos a história básica em perspectiva.

Era final de agosto, 1970. Os policiais do condado de Orange foram à procura de Will Lenard Miller. Queriam pegá-lo numa violação de condicional. O policial J. A. Sidebotham conversou com Shirley Ann Miller. Ela contou que tinha se separado de Will Lenard Miller um ano antes. Disse que ele tinha tocado fogo num depósito de móveis em 1968. Disse que ele tinha assassinado uma enfermeira chamada Jean Hilliker em 1958.

Jean trabalhava na Airtek Dynamics. Ela costumava sair com Will Lenard Miller. Rejeitou uma reclamação médica apresentada por Will Lenard Miller. Isto enfureceu Will Lenard Miller. Jean Hilliker foi assassinada duas semanas depois. Shirley Miller leu a respeito. Will Lenard Miller se parecia com o retrato do suspeito. Os jornais disseram que o suspeito dirigia um Buick. Will Lenard Miller dirigia um Buick 1952 ou 1953. Ele o pintou alguns dias após o assassinato. A Companhia de Móveis McMahon recuperou alguns móveis comprados por Will Lenard Miller. Alguém tocou fogo no depósito deles algumas semanas depois. Shirley Miller leu a respeito.

Mostrou o artigo a Will Lenard Miller. Will Lenard Miller disse: "Fui eu." Will Lenard Miller era um doente mental, um psicótico.

Sidebotham ligou para a delegacia do xerife de El Monte. Disseram a ele que Jean Hilliker era Jean Hilliker Ellroy. O xerife de Los Angeles estava cuidando do caso. Estava sendo assistido pela polícia de El Monte.

Sidebotham prendeu Will Lenard Miller. Pegou-o por violação de condicional e o trancafiou na cadeia do condado de Orange. A delegacia do xerife de El Monte entrou em contato com a Delegacia de Homicídios do gabinete do xerife. Mandaram que o policial Charlie Guenther e o sargento Duane Rasure reabrissem o caso Jean Ellroy.

Guenther e Rasure interrogaram Shirley Ann Miller. Ela contou a eles a mesma história que tinha contado ao policial Sidebotham. Guenther e Rasure interrogaram diversos funcionários da Airtek. A polícia de El Monte designou dois policiais para auxiliá-los. O sargento Marv Martin e o detetive D. A. Ness interrogaram mais gente da Airtek. Guenther e Rasure e Martin e Ness interrogaram Will Lenard Miller. Will Lenard Miller disse que não tinha matado Jean Hilliker. Will Lenard Miller fez o teste do polígrafo e passou.

Guenther disse que começava a se lembrar daquilo tudo. Lembrava-se de Will Lenard Miller. Eles o haviam interrogado duramente na cadeia do condado de Orange. Ele andava tomando uns comprimidos para o coração. Estava com uma aparência de merda. Quiseram levá-lo para Los Angeles, para fazê-lo passar pelo polígrafo. O promotor recusou-se a deixá-lo ir. Guenther disse que não confiava no operador do polígrafo do condado de Orange. Achava que o teste não tinha sido conclusivo.

Verificamos a transcrição do polígrafo.

RE: WILL LENARD MILLER
Alegação: Envolvimento na Morte de JEAN ELLROY em junho de 1958, El Monte.

Assunto: Teste de Polígrafo de WILL LENARD MILLER

Realizado por: FREDERICK C. MARTIN, Examinador de Polígrafo, Procuradoria

15 de setembro de 1970

Durante entrevista realizada antes do exame, após discutir com MILLER as circunstâncias que cercaram a morte de JEAN ELLROY, e após lhe mostrar uma foto na qual se encontram seis homens e quatro mulheres sentados ao redor de uma mesa, ele afirmou não reconhecer nenhuma das pessoas da fotografia — especialmente ELLROY. Além disso, afirmou jamais ter conhecido pessoalmente a vítima ou tê-la visto em toda a sua vida. Afirmou que só sabia de sua existência porque sua mulher tinha trabalhado na mesma fábrica em que ELLROY era enfermeira, e ELLROY tinha receitado medicamentos para ela. Afirmou que soube a respeito pelas conversas que teve com sua mulher e por ter lido o nome da enfermeira no frasco de remédio.

Uma série de testes físicos e psicológicos foi feita com MILLER, e destes testes estabeleceu-se que MILLER estava apto para o exame.

As seguintes perguntas relevantes, e respostas verbais pertinentes, foram utilizadas durante o exame:

1. Você conheceu, pessoalmente, alguma das mulheres da fotografia que lhe mostrei? RESPOSTA: Não.
2. Você matou JEAN ELLROY no mês de junho de 1958. RESPOSTA: Não.
3. Você dispôs do corpo de JEAN ELLROY num campo, em El Monte, no mês de junho de 1958? RESPOSTA: Não.
4. Você atirou em JEAN ELLROY levando-a à morte? RESPOSTA: Não.

   Não houve reações que indicassem dissimulação nas respostas acima. A pergunta número quatro é uma pergunta de controle — não ocorreu e nem tampouco foi alegado.

FREDERICK C. MARTIN, Examinador de Polígrafo, Procuradoria

pc
Ditado em 16/9/70

Bill disse que aquele lhe parecia ser um teste incompleto. Guenther disse que Miller jamais foi um suspeito de peso. Eu disse que Shirley Miller tinha se enganado a respeito dos fatos.

Ela trabalhava na Airtek. Will Lenard não trabalhava. Não havia espelhos de imposto renda. Minha mãe tinha um Buick. O Moreno não tinha. O fato de Miller ter pintado o carro nada significava.

Bill disse que ligaria para Duane Rasure e para os dois outros policiais de El Monte. Talvez tivessem mais informações. Guenther disse que precisávamos encontrar a Loura. Estávamos fodidos sem ela.

Pegamos um avião de volta para o condado de Orange. Bill me ligou na manhã seguinte.

Contou que tinha conversado com Rasure e com os policiais de El Monte. Rasure lembrava-se do caso. Disse ter conversado com quatro ou cinco funcionários da Airtek. As pessoas tinham dito que Will Lenard Miller realmente trabalhara na Airtek. Não conseguiam ligá-lo a Jean Ellroy de maneira alguma. Rasure considerava a pista Miller um fracasso completo.

Marv Martin lembrava-se do caso. Disse tê-lo discutido com Ward Hallinen mais ou menos em 1970. Ward tinha ido até a delegacia de El Monte. Conversaram sobre Will Lenard Miller. Hallinen nem sabia da existência de Will Lenard Miller. Martin soltou uma bomba. Contou que achava que Will Lenard Miller tinha se enforcado na cadeia logo depois de ter sido interrogado. O promotor Ness disse que Marv estava completamente enganado. Disse que Miller tinha tido um ataque cardíaco e que tinha morrido em sua cela.

O boato do suicídio me abalou. Bill disse que não acreditava que fosse verdade. Alguém teria feito uma anotação na pasta de minha mãe. Disse que acabava de telefonar para Louie Danoff, do Bureau. Louie disse que ligaria para o xerife do condado de Orange. A polícia tinha arquivos sobre as mortes ocorridas sob custódia.

Eu classificava Will Lenard Miller como uma possibilidade bastante remota. Bill disse que eu estava sendo otimista. Disse que precisávamos ir ao gabinete e desencavar algumas testemunhas.

Levei uma lista comigo. Bill me mostrou três computadores.

Um deles era alimentado pelo Departamento de Justiça da Califórnia. Fornecia dados pessoais, nomes falsos e números de CII, que indicavam a existência de antecedentes criminais. Outro era alimentado pelo Departamento de Trânsito da Califórnia. Fornecia registros sobre multas, dados pessoais, endereços anteriores e o endereço atual do indivíduo. O último computador, o "catálogo reverso", armazenava dados de oito estados da Costa Oeste. Era só colocar o nome do indivíduo e você recebia um endereço e um número de telefone.

Conheci Louie Danoff e John Yarbrough. Trabalhavam na Divisão Casos Não Solucionados. Danoff disse que Will Lenard Miller não tinha se matado numa cela da cadeia do condado de Orange. Ele acabava de conversar com um contato do condado de Orange. O homem deu uma verificada e respondeu que de jeito nenhum. Bill pediu a Yarbrough que procurasse Lavonne Chambers. Ela tinha 29 anos em 1958. Era funcionária de um cassino de Nevada em 1962.

Verifiquei minha lista de testemunhas.

Sr. e sra. George Krycki, Margie Trawick, Jim Boss Bennett, Michael Whittaker, Shirley Miller, Will Lenard Miller, Peter Tubiolo. A data de nascimento de Marge Trawick era 14/6/22. A data de nascimento de Jim Boss Bennett era 17/12/17. Michael Whittaker tinha 24 anos em 1958. Eu sabia que o fator idade reduziria bastante nossa busca.

Bill procurou os Krycki primeiro. Nada conseguiu com o Departamento de Trânsito ou com o Departamento de Justiça. Conseguiu alguma coisa do catálogo reverso. George e Anna May Krycki moravam em Kanab, Utah. O computador imprimiu o endereço e o número de telefone.

Bill procurou Jim Boss Bennett. O Departamento de Justiça lhe deu alguma coisa. O impresso dizia que o registro CII de Jim Boss

Bennett tinha sido purgado. Bill disse que Jim Boss Bennett devia estar morto. O Departamento de Justiça deletava pessoas já falecidas de seus computadores. Ele queria confirmar a morte de Bennett. Disse que conhecia um camarada que poderia checar os registros da Seguridade Social.

Procuramos Peter Tubiolo. Conseguimos alguma coisa com o Departamento de Trânsito. Tubiolo estava com 72 anos. Morava em Covina.

Procuramos Shirley Miller. O Departamento de Trânsito nos deu alguma coisa. O endereço dela correspondia àquele da pasta de Will Lenard Miller. Um asterisco e a palavra "morto" apareciam logo abaixo.

Procuramos Will Lenard Miller. O Departamento de Justiça o listava como dado purgado. Bill disse que o filho da puta estava morto.

Procuramos Margie Trawick. Recebemos três negativas. Eu me lembrei que Margie era casada e divorciada ou então viúva. O nome de solteira era Phillips. Bill procurou Margie Phillips com a data de nascimento da qual dispúnhamos. Nada no Departamento de Justiça e nem no de Trânsito. O catálogo reverso nos deu uma imensa lista impressa. Margie Phillips era um nome comum.

Procuramos Michael Whittaker. Conseguimos resposta dos Departamentos de Trânsito e de Justiça sobre um certo Michael *John* Whittaker. Conseguimos um endereço de 1986, em San Francisco. O impresso do Departamento de Justiça listou um número de registro e uma data de nascimento de 1/1/34.

Abri minha maleta e verifiquei o Livro Azul do caso Ellroy. O segundo nome de Whittaker era John.

Bill anotou o número de registro e entregou-o à arquivista. Ela disse que pediria uma cópia da ficha de antecedentes criminais de Whittaker e seu endereço atual.

John Yarbrough se aproximou de nós. Entregou um bilhete para Bill. Disse que tinha ligado para um sujeito da polícia de Las Vegas. O camarada ligou para um cara da comissão de regulamentação dos cassinos de Nevada. Encontraram os registros trabalhistas de Lavonne Chambers. Telefonaram para o Departamento de Trânsito de Nevada e conseguiram todos os detalhes.

Lavonne Chambers chamava-se agora Lavonne Parga. Acabava de renovar a carteira de motorista. Vivia em Reno, Nevada.

22

Bill quis chegar a Lavonne Chambers de surpresa. Não quis telefonar para marcar uma entrevista. Quis vê-la sem que ela tivesse tempo de pensar e reformular respostas.

Pegamos um vôo para Reno. Arrumamos dois quartos no Best Western. O recepcionista nos deu mapas. Alugamos um carro e fomos até o último endereço conhecido de Lavonne Chambers.

Ficava nos arredores de Reno. A área era semi-rural e estava em mau estado de conservação. Todo mundo tinha uma caminhonete ou um *trailer* 4X4. Os veículos tinham boa aparência. As casas tinham péssima aparência.

Batemos à porta de Lavonne Chambers. Um homem veio abrir. Bill mostrou-lhe seu distintivo e explicou nossa situação. O homem disse que Lavonne era sua mãe. Ela estava no centro médico do condado de Washoe. Tinha uns ataques de asma muito fortes.

O homem se lembrava do assassinato. Era quase um bebê na época. Disse que ligaria para a mãe para prepará-la.

Nos explicou o caminho até o hospital. Chegamos lá em menos de dez minutos. Uma enfermeira nos levou ao quarto de Lavonne Chambers.

Ela estava sentada na cama. Tinha um tubo de oxigênio enfiado no nariz. Não parecia doente. Aparentava ser uma mulher firme, forte.

Parecia atordoada.

Bill e eu nos apresentamos. Bill explicou sua associação com a polícia. Eu disse que era filho de Jean Ellroy. Lavonne Chambers olhou para mim. Eu lhe roubei 36 anos e a vesti outra vez com o uniforme vermelho e dourado do Stan's Drive-In. Me senti um tanto trêmulo. Sentei-me sem ser convidado.

Bill sentou-se ao meu lado. A cama ficava alguns metros diante de nós. Eu peguei bloco e caneta. Lavonne disse que minha mãe era linda. Sua voz era forte. Ela não arfou e seu peito não chiou.

Eu lhe agradeci. Ela disse que se sentia culpada pra cacete. Era dever dos atendentes do *drive-in* anotar as placas dos carros. O procedimento auxiliava a polícia a apanhar aqueles que fugiam sem pagar a conta. Ela não tinha anotado a placa daquele carro. Minha mãe e o homem lhe pareceram pessoas de respeito. Nunca tinha se arrependido tanto de uma coisa na vida.

Perguntei-lhe se lembrava-se bem daquela noite. Ela respondeu que se lembrava muito bem. Ficava repetindo as recordações como se fossem um disco quebrado. Queria ter certeza de que se lembrava de tudo.

Bill lhe fez algumas perguntas gerais. Eu sabia que ele a estava testando. As respostas que ela deu correspondiam aos detalhes encontrados no arquivo do caso.

Bill disse: Vamos voltar no tempo. Lavonne disse que tudo bem. De início, descreveu minha mãe e o Moreno. Disse que minha mãe tinha os cabelos ruivos. Disse que atendeu minha mãe e o Moreno duas vezes. Não conseguiu colocar as duas visitas em perspectiva cronológica. A polícia achava que o assassino era um morador da região. Ela olhou tudo à sua volta, todas as noites que trabalhou naquele *drive-in*. Passou anos com os olhos bem abertos.

Bill mencionou o assassinato de Bobbie Long. Lavonne disse que não sabia nada a respeito. Eu disse que o mesmo homem talvez tivesse matado Bobbie Long. Lavonne me perguntou quando ela tinha sido morta. Eu disse 23/1/59. Lavonne disse que tinha conversado com a polícia durante todo o verão anterior. Tinham deixado de se falar muito antes de janeiro.

Bill mencionou a sessão de reconhecimento de 1962. As lembranças de Lavonne eram conflitantes com os fatos estabelecidos nos Livros Azuis. Ela disse que tinha sido uma sessão com um só homem. Disse que tinha sido a única testemunha. Confirmou, basicamente, o que constava do Livro Azul. Não tinha certeza de que o homem que viu naquele dia era o mesmo que matou minha mãe.

Bill mostrou-lhe duas fotos de prontuário policial de Jim Boss Bennett. Ela não conseguiu colocar Jim Boss em contexto algum. Mostrei-lhe os dois retratos falados. Ela os identificou imediatamente.

Bill disse: Vamos voltar no tempo. Lavonne disse que tudo bem. Ela repassou aquela noite para nós outra vez. Eu a interrompi com perguntas que tentavam estabelecer relacionamentos espaciais. Quis saber exatamente como ela estava posicionada cada vez que viu o Moreno. Lavonne contou que os fregueses piscavam os faróis para pedir a conta. Eu visualizei carros e faróis altos faiscando e Lavonne equilibrando bandejas e *flashes* de perfis com dois segundos de duração — *flashes* de um homem prestes a matar uma mulher.

Mencionei o carro do Moreno. Bill me interrompeu. Perguntou a Lavonne se conhecia bem os carros da época. A maioria dos atendentes dos *drive-ins* conhecia bem marcas e modelos. Ela conhecia carros bem assim?

Lavonne disse que sabia pouco sobre carros. Não sabia distinguir entre marcas e modelos diferentes. Percebi o que Bill estava fazendo. Perguntei a Lavonne como ela tinha identificado o carro do Moreno.

Lavonne disse que tinha ouvido uma notícia no rádio. A morta se parecia com a ruiva que ela tinha atendido no sábado à noite. Ficou remoendo aquilo. Tentou se lembrar de qual seria o carro em que a ruiva estava. Conversou com o chefe. Ele lhe mostrou diversos carros. Ela foi limitando suas possibilidades dessa forma.

Olhei para Bill. Ele me fez sinal para parar. Deu uma cópia do Livro Azul de Jean Ellroy para Lavonne e pediu-lhe que lesse seu depoimento. Disse a ela que voltaríamos mais tarde para discuti-lo.

Lavonne disse que podíamos voltar depois do jantar. Nos disse para evitar os cassinos. Era difícil vencer a banca.

Jantamos numa churrascaria no Reno Hilton. Discutimos a questão do carro longamente.

Eu disse que a identificação do carro por parte de Lavonne poderia ter sido contaminada. O chefe podia tê-la confundido. O depoimento que constava no Livro Azul era enfático. O Moreno estava dirigindo um Olds 1955 ou 1956. Talvez Lavonne tivesse identificado o carro errado. Talvez a identificação tivesse sido imperfeita desde o início. Talvez Hallinen e Lawton tivessem sacado isso. Talvez isso explicasse o número reduzido de cartões perfurados encontrados na pasta.

Bill disse que era possível. Algumas testemunhas se convenciam de que certas coisas eram verdadeiras e se mantinham irredutíveis em seus depoimentos, fizesse chuva ou sol. Eu perguntei a ele se tínhamos como verificar registros antigos de veículos. Ele disse que não. A informação não tinha sido computadorizada. Os registros manuscritos tinham sido destruídos há muito tempo.

Terminamos de jantar e atravessamos o cassino. Senti um desejo avassalador de jogar dados.

Bill explicou quais apostas eu deveria fazer. As combinações me confundiram. Eu disse "Foda-se" e coloquei cem dólares na mesa.

Acertei quatro seqüências seguidas. Ganhei mil e seiscentos dólares. Dei cem dólares para o *croupier* e troquei minhas fichas por dinheiro. Bill disse que eu deveria trocar meu nome para Bobbie Long Jr.

Lavonne nos esperou acordada. Disse que tinha lido seu antigo depoimento. Não acendeu novas lembranças.

Eu lhe agradeci por sua dedicação — na época do crime e agora. Ela disse que minha mãe realmente era muito bonita.

A viagem para Reno me ensinou uma coisa. Aprendi a falar num tom mais baixo. Aprendi a domar uma linguagem corporal mais agressiva.

Stoner era meu professor. Eu estava moldando minha *persona* detetivesca de acordo com as especificações exatas fornecidas por ele. Ele sabia subordinar o ego e fazer com que as pessoas lhe contassem coisas. Eu queria desenvolver essa habilidade o quanto antes. Eu queria que pessoas idosas me contassem coisas antes de morrerem ou de ficarem senis.

Uma jornalista do *L.A. Weekly* me telefonou. Queria escrever um artigo sobre a nova investigação. Perguntei a ela se incluiria um telefone DDG para denúncias. Ela disse que sim.

O contato de Bill na Seguridade Social deu retorno. Disse que Jim Boss Bennett tinha morrido de morte natural, em 1979. Bill Farrington deu retorno. Disse que a viúva de Jack Lawton ainda estava viva. Ela prometeu que procuraria os antigos cadernos de Jack na garagem e que ligaria se os achasse. A arquivista do gabinete ligou para Bill. Disse que tinha recebido a ficha de antecedentes criminais de Michael Whittaker. Tinha dez páginas. Ela deu os detalhes.

Eram patéticos e horripilantes. Whittaker estava com sessenta anos agora. Era um bêbado e um *junkie* havia trinta anos. Ele tinha dançado com minha mãe no Desert Inn.

Me encontrei com Bill no gabinete. Falamos de Whittaker.

Bill disse que ele provavelmente estava em Frisco ou em alguma cadeia. Eu disse que ele poderia ter morrido de AIDS ou de desgaste generalizado. Bill pediu à arquivista que checasse os serviços de utilidade pública. Ele queria localizar Whittaker. Nós precisávamos achá-lo. Precisávamos achar Margie Trawick.

Eu peguei os impressos do catálogo. Eu disse que poderia telefonar para todas as Margie Phillips. Bill disse que devíamos, antes de mais nada, verificar os registros trabalhistas.

Eu sabia o nome e o endereço de cor. Margie Trawick tinha trabalhado na Tubesales — na Tubeway Avenue, número 2211. Bill checou um guia de ruas. O endereço ficava a cinco minutos de onde estávamos.

Fomos até lá. O lugar era uma combinação de depósito e escritórios. Encontramos a chefe do departamento pessoal. Conversamos com ela. Ela verificou seus arquivos. Disse que Marge Trawick tinha trabalhado ali de 1956 a 1971. Disse que todas as pastas de funcionários eram confidenciais.

Insistimos. A mulher soltou um suspiro e anotou o telefone da casa de Bill. Disse que ligaria para alguns funcionários e perguntaria a respeito de Margie.

Bill e eu voltamos ao gabinete. Folheamos o Livro Azul do caso Ellroy e encontramos três outros nomes.

Roy Dunn e Al Manganiello — dois *barmen* do Desert Inn. Ruth Schienle — diretora de pessoal da Airtek.

Passamos os nomes pelo computador do Departamento de Trânsito. Encontramos quatro Roy Dunn, nenhuma Ruth Schienle e um Al Manganiello, morador de Covina. Passamos os nomes pelo computador do Departamento de Justiça. Recebemos três negativas. Passamos Ruth Schienle pelo catálogo e conseguimos uma possibilidade no estado de Washington.

Bill telefonou para Al Manganiello. O telefone devolveu a linha. Telefonei para Ruth Schienle. Uma mulher atendeu ao telefone.

Tinha 28 anos e era solteira. Não tinha parenta alguma chamada Ruth Schienle.

Bill e eu voltamos ao condado de Orange. Nós nos separamos pelo resto do dia. Eu fiquei com a pasta. Queria saber de cor cada palavra constante dela. Queria forjar ligações que ninguém jamais tinha forjado.

Bill me telefonou naquela noite. Disse que Margie Trawick tinha morrido em 1972. Sofria de câncer terminal. Estava sentada numa cadeira, no cabeleireiro, e caiu dura no chão, vítima de uma hemorragia cerebral.

Conseguimos localizar Michael Whittaker em San Francisco. Seguimos seu rastro até uma espelunca localizada no distrito de Mission. Bill telefonou para ele. Disse que queria discutir o caso Ellroy. Whittaker disse: "Eu só fiz dançar com ela!"

Pegamos um táxi até o hotel onde ele morava. Whittaker não estava. O recepcionista disse que ele tinha dado uma saída com a mulher havia uns minutos. Esperamos no saguão. Traficantes e putas circulavam por ali e nos olhavam de maneira estranha. Ficavam sentados pelos cantos, falando besteira. Ouvimos dezenas de comentários a respeito de O.J. Simpson. O consenso se dividia em duas tendências: tinham armado uma cilada para O.J. e O.J. estava coberto de razão em ter dado fim na vagabunda.

Esperamos. Vimos uma confusão no conjunto habitacional que ficava do outro lado da rua. Um garoto negro correu e abriu fogo contra um *playground* com algum tipo de arma.

Ninguém se machucou. O moleque fugiu correndo. Parecia uma criança, contente como quem acaba de ganhar um brinquedo novo. Os policiais chegaram e deram uma vasculhada pelo local. O recepcionista disse que aquele tipo de coisa acontecia todos os dias. Algumas vezes os pirralhos se matavam.

Passamos seis horas esperando. Fomos até uma loja de biscoitos e compramos um café. Voltamos. O recepcionista disse que Mike e a esposa tinham acabado de subir.

Subimos e batemos à porta. Eu estava puto da vida e cansado. Whittaker nos deixou entrar.

Ele era ossudo e tinha uma barriguinha saliente. Usava um rabo-de-cavalo de motoqueiro. Não causava medo. Tinha uma aparência frágil. Parecia um doidão que tinha vindo para São Francisco comprar drogas com facilidade e envelhecer às custas do governo.

O quarto tinha, o máximo, 3m x 3,5m. O chão estava coberto de frascos de comprimidos e edições populares de romances policiais. A mulher de Whittaker devia pesar uns 135 quilos. Estava esparramada numa caminha estreita. O quarto fedia. Eu vi insetos caminhando pelo chão e uma fileira de formigas rondando o rodapé. Bill apontou para os livros e disse: "Talvez sejam seus fãs."

Eu ri. Whittaker deitou-se na cama. O colchão afundou e bateu no chão.

Não havia cadeiras. Não havia banheiro. A pia tinha cheiro de urinol.

Bill e eu ficamos em pé ao lado da porta. Uma brisa soprava pelo corredor. Whittaker e a esposa queriam nos ser úteis. Começaram a tentar justificar seu estilo de vida e os frascos de comprimidos à vista. Eu os interrompi. Queria voltar até aquela noite e ouvir a versão de Whittaker. Seu depoimento não fazia o menor sentido. Eu queria abrir o cérebro dele com um maçarico.

Bill sabia que eu estava ficando impaciente. Fez sinal para mim de deixe que eu falo. Dei um passo atrás e me coloquei na soleira da porta. Bill fez aquele discurso de não estou aqui para julgar ninguém/vocês não se meteram em fria alguma. Ele sugou a atenção de Whittaker e sua esposa.

Bill falou. Whittaker falou. A mulher ouvia e olhava para Bill. Eu ouvia e olhava para Whittaker.

Ele comentou cada uma de suas 44 prisões. Cumpriu pena por todos os crimes do código penal relacionados a drogas.

Bill o levou de volta até junho de 1958. Bill caminhou com ele na direção do Desert Inn. Whittaker contou que tinha ido lá com "um havaiano gordo que lutava caratê". O havaiano gordo tinha "enchido uns caras de porrada". Era tudo mentira.

Ele não se lembrava da Loura ou do Moreno. Não se lembrava muito bem da vítima. Contou sobre a prisão por embriaguez naquela noite. Disse que a polícia o tinha interrogado na noite seguinte ao crime e, outra vez, dois dias depois, ou algo assim. Ele estava tomando metadona agora. A metadona fodia com a cabeça dele. Ele só foi àquele barzinho caipira uma vez. Nunca mais voltou. O lugar tinha colocado um feitiço sobre ele. Ele tinha um colega chamado Spud naquela época. Conhecia uns caras, os irmãos Sullivan. Eram da mesma cidade que ele, McKeesport, na Pensilvânia. Seu irmão tinha morrido de cirrose. Ele tinha duas irmãs, chamadas Ruthie e Joanne.

Fiz sinal para Bill de que chegava. Ele assentiu com a cabeça e fez sinal de vamos com calma para Whittaker.

Whittaker parou de falar. Bill disse que precisávamos ir para o aeroporto. Apontou para mim e disse que eu era o filho da morta. Whittaker fez *ooohs* e *aaahs*. A esposa deixou escapar um nossa mãe. Eu me senti mais benevolente com relação a eles e dei-lhes uma nota de cem dólares. Tinha sido ganha na mesa de dados.

Bill Farrington deu retorno. Disse que Dorothy Lawton não tinha conseguido encontrar os cadernos de Jack. Disse que ia entrar em contato com os filhos de Jack para ver se estavam com eles.

Instalaram uma linha DDG ligada à minha linha comum. Mudei a mensagem da minha secretária eletrônica. Dizia assim: "Se você tiver alguma informação sobre o assassinato de Geneva Hilliker Ellroy no dia 22 de junho de 1958, por favor deixe uma mensagem após o sinal." Eu tinha dois números de telefone e uma secretária eletrônica. Todo mundo que ligava ouvia a mensagem sobre o assassinato.

Um produtor do programa *Day One* ligou para mim. Disse que tinha lido o artigo que escrevi para a GQ. Tinha conversado com o pessoal da GQ e tinha ouvido falar da nova investigação. Queria fazer um programa a respeito. Seria exibido em todo país, em horário nobre.

Eu concordei. Perguntei se ele mencionaria o meu disque-denúncia. Ele disse que sim.

Comecei a ficar meio nervoso. A ruiva se apresentava diante do público em grande estilo. Ela tinha vivido uma vida dividida, secreta, e se esquivava de todo tipo de demonstrações públicas. A publicidade era nosso caminho mais direto até a Loura. Eu precisava justificar minhas exibições públicas desta forma.

Bill e eu passamos quatro dias com a jornalista do *L.A. Weekly*. Passamos uma semana com a equipe do *Day One*. Nós os levamos à Arroyo High, ao Valenzuela Restaurant e à velha casinha de pedras de Maple Street. Comemos muita comida mexicana de quinta categoria. O pessoal do Valenzuela devia se perguntar quem diabos éramos nós e por que sempre aparecíamos por lá com aquela equipe de filmagem, aquela pasta velha e aquelas fotos horripilantes em preto-e-branco. Eles não falavam inglês. Nós não falávamos espanhol. Dávamos gorjetas extravagantes e transformamos o Valenzuela no nosso QG em El Monte. Bill e eu chamávamos o lugar de Desert Inn. Era seu nome de direito. Comecei a amar aquele lugar. Aquela primeira visita, à noite, tinha me assustado. As visitas subseqüentes me bateram de forma doce, branda. Minha mãe tinha dançado naquele lugar. Agora eu dançava com ela. A dança era uma reconciliação só.

Conhecemos o novo proprietário da minha velha casa. Seu nome era Geno Guevara. Comprou a casa em 1977. Um pastor a vendeu a ele. Os Krycki tinham ido embora havia muito tempo.

Geno adorava o pessoal da mídia. Ele os deixava perambular pelo quintal e fotografar tudo. Passei algum tempo dentro da casa. O interior tinha sido alterado e aumentado. Eu fechei meus olhos e a livrei das reformas. Fiquei em pé no meio do meu quarto e no de minha mãe, pensando neles como tinham sido. Senti a presença dela. Senti o cheiro dela. Senti o cheiro do *bourbon* Early Times. O banheiro estava igualzinho a 1958. Eu a vi nua. Eu a vi passar a toalha no meio das pernas.

Arroyo High se transformou num território de representações em público. A equipe do *Day One* me filmou lá com Bill. A fotógrafa do *L.A. Weekly* tirou suas próprias fotos da cena do crime. As crianças da escola ficavam rondando. Queriam saber a história inteirinha. Riam e tentavam se enfiar na frente das câmeras. Fomos a Arroyo High umas cinco ou seis vezes no decorrer de duas semanas de mídia. As visitas me davam a sensação de serem violações e vulgarizações. Eu não queria que o lugar perdesse sua força. Eu não queria transformar King's Row numa estrada de acesso como outra qualquer, numa parada diária na rota publicitária da minha vida.

El Monte se tornava benignamente familiar. A metamorfose era previsível e completamente perturbadora. Eu queria que El Monte continuasse a ser elíptica. Queria que ela se escondesse de mim e que me ensinasse como se escondia. Queria recuperar meu medo e aprender com ele. Queria encalhar naqueles poucos quilômetros que formavam El Monte. Queria construir um instinto de caçador proveniente daquele isolamento.

Bill e eu terminamos nossa primeira série de reportagens. Encontramos Peter Tubiolo, Roy Dunn e Jana, filha de Ellis Outlaw. Eles nos levaram de volta à El Monte de 1958.

Tubiolo estava com 72 anos. Naquele tempo, tinha metade da idade que tinha agora. Ele se lembrava de mim. Ele se lembrava de minha mãe. Era grandalhão e bonachão tanto naquela época quanto agora. Eu o teria identificado numa sessão de reconhecimento com cinqüenta homens. Ele envelhecera de uma forma absolutamente reconhecível.

Ele era afetuoso. Era bondoso. Disse que nunca tinha saído com minha mãe. Ele jamais soube de onde os tiras tinham tirado aquela idéia absurda.

Eu contei a eles. Era verdade. Eu o vi ir buscar minha mãe no seu Nash azul e branco. Eu mencionei o Nash. Tubiolo disse que adorava aquele carro. Eu não discuti com ele sobre o que tinha dito a respeito de minha mãe. Os policiais tinham livrado sua cara naquela época. Sua cara e sua franqueza o inocentavam agora. Era viúvo. Não tinha filhos. Parecia próspero e feliz. Tinha deixado a Anne LeGore School em 1959. Tinha se transformado num figurão do sistema do condado de Los Angeles. Vivia bem. Era provável que ainda tivesse uns bons anos à sua frente.

Ele disse que nunca tinha ido ao Desert Inn ou ao Stan's Drive-In. Disse que eu era um moleque muito sensível. Disse que os garotos mexicanos de Medina Court tinham uma artimanha naquele tempo. Eles se livravam dos sapatos e iam para a escola descalços. Era exigido que as crianças fossem para a escola calçadas. Era uma regra básica. Tubiolo mandava moleques descalços para casa o tempo todo. Meus amigos Reyes e Danny usavam dessa artimanha. Eu fumava maconha com eles. Que coisa mais looouca, rapaz. Eu vi *Os Dez Mandamentos* com eles. Fiquei rindo daquela besteirada sagrada toda. Reyes e Danny me fizeram calar a boca. Eram católicos. Minha mãe odiava católicos. Ela dizia que eles seguiam todas as regras impostas por Roma. O Moreno era um branco de origem latina. Era provável que fosse católico. Todos os meus circuitos mentais se voltavam para aquela noite.

Roy Dunn e Jana Outlaw nos levaram de volta ao Desert Inn.

Nós os interrogamos em casa. Dunn vivia em Duarte. Jana Outlaw vivia em El Monte. Eram moradores vitalícios do vale de San Gabriel.

Dunn lembrava-se do assassinato. Jana, não. Tinha nove anos na época. Dunn costumava beber com Harry Andre. Harry bebia no Playroom Bar. Dunn trabalhava no Playroom e no Desert Inn. Ellis Outlaw pagava bem. Ellis morreu engasgado com um pedaço de comida em 1969. Já estava mesmo semimorto devido à bebida. Myrtle Mawby estava morta. A esposa de Ellis estava morta. O Desert Inn ficou aberto durante dez anos. O lugar era da pesada. Spade Cooley tinha tocado lá — anos antes de espancar a esposa até a morte. Ellis contratava artistas de cor. Joe Liggin e uns clones dos

Ink Spots tocaram no Desert Inn. O Desert Inn era uma fachada para uma agência de *bookmaker*. Ellis organizava carteados e servia bebidas alcoólicas após o horário permitido. Havia prostitutas trabalhando no bar. A comida era boa. Ellis alimentava os tiras de El Monte com um desconto considerável. Vendeu o Desert Inn para um sujeito chamado Doug Schoenberger. Doug rebatizou-o de The Place. Deixou que o jogo, as apostas de cavalos e a prostituição florescessem. Doug era íntimo de um ex-tira de El Monte chamado Keith Tedrow. Keith tinha visto a cena do crime de Jean Ellroy. Espalhou um boato idiota sobre o corpo de Jean Ellroy. Ele disse que o assassino tinha arrancado um dos mamilos dela com os dentes. Keith deixou a polícia de El Monte. Juntou-se à de Baldwin Park. Foi assassinado em 1971. Estava dentro do carro, estacionado. Uma mulher atirou nele. Declarou insanidade e livrou-se da pena. Parece que Keith estava tentando extorquir dinheiro dela por causa de um flagrante de droga. Doug Schoenberger vendeu o The Place e mudou-se para o Arizona. Foi assassinado em meados dos anos 80. O crime permaneceu sem solução. O filho de Doug era o suspeito nº 1.

Roy e Jana conheciam o Desert Inn. Conheciam o lugar como a palma da mão. Careciam de informações sólidas.

Nós precisávamos de nomes.

Precisávamos dos nomes dos freqüentadores habituais do Desert Inn e da turma que rondava os bares do vale de San Gabriel. Tínhamos que descobrir quem eles conheciam em 1958. Precisávamos estabelecer uma rede de amizades íntimas e superficiais. Precisávamos encontrar nomes que correspondessem às características físicas da Loura e do Moreno. Precisávamos criar círculos concêntricos de nomes, círculos em eterna expansão. Precisávamos descobrir dois nomes num lugar grande, num tempo distante.

Roy e Jana nos deram três nomes:

Uma antiga garçonete do Desert Inn, agora empregada de um Moose Lodge local. Um antigo atendente do Stan's. Um antigo *barman* do Desert Inn.

Encontramos a garçonete e o atendente. Não sabiam porra nenhuma sobre o caso Jean Ellroy e não podiam nos dar nomes. Roy e

Jana tinham se confundido com relação às datas e locais. O atendente tinha trabalhado no Simon's Drive-In. A garçonete tinha trabalhado no The Place, não no Desert Inn. A turma que ela conhecia era muito mais jovem.

Bill e eu falamos do Desert Inn. Nós o inserimos no contexto do final de junho de 1958.

Ellis Outlaw estava prestes a ir para a cadeia por dirigir embriagado. Ele servia caipiras locais e gente que apostava em cavalos através de agências ilegais. Ele servia marginais locais e figuras que rondavam a vizinhança e tinham coisas para esconder da polícia. Margie Trawick tinha visto a Loura e o Moreno uma única vez. Myrtle Mawby os tinha visto uma única vez. Margie trabalhava meio expediente. Myrtle trabalhava meio expediente. Provavelmente o Moreno era um cara do lugar. O Desert Inn era *o* bar local. Provavelmente o Moreno tinha passado por lá mais cedo, naquela mesma noite, e imprimido sua imagem em centenas de memórias. Hallinen e Lawton tinham acampado no Desert Inn o verão inteiro. Anotaram nomes e os deixaram em seus caderninhos pessoais. Talvez algumas pessoas tivessem mentido para eles. Talvez algumas pessoas soubessem a verdade. A Loura talvez devesse dinheiro para Ellis Outlaw. Talvez o Moreno tivesse dito a algumas pessoas que o negócio da enfermeira era provocar. Talvez algumas pessoas tivessem achado que ela tinha feito por merecer o que lhe aconteceu. Talvez algumas pessoas tivessem mentido para os tiras.

Bill e eu estávamos de acordo.

Nosso crime se desenrolava dentro de fronteiras limitadas. A Loura e o Moreno tinham dado sorte e tinham escapado pelas frestas.

Precisávamos desencavar dois nomes e ligá-los a uma fugitiva que se escondia.

23

Kanab, Utah ficava logo acima da fronteira com o Arizona. A rua principal tinha apenas três quadras. Os homens calçavam botas de caubói e vestiam *parkas* de náilon. Fazia seis graus a menos do que no sul da Califórnia.

A viagem nos levou através de Las Vegas e por lindas colinas. Arranjamos dois quartos no Best Western e dormimos cedo. Íamos ver George e Anna May Krycki pela manhã.

Bill ligou para a sra. Krycki com dois dias de antecedência. Fiquei ouvindo na extensão, no quarto. A voz da sra. Krycki era esganiçada em 1958. Continuava esganiçada hoje em dia. Meu pai costumava gozar dos gestos bruscos que ela fazia com as mãos.

Ela não podia acreditar que a polícia estivesse revirando um caso antigo como aquele. Ela se referia a mim como "Leroy Ellroy". Disse que eu era um garoto agitado. Seu marido tinha tentado ensinar a Leroy Ellroy como empurrar uma vassoura. Leroy Ellroy simplesmente não conseguiu aprender.

A sra. Krycki concordou em ser interrogada. Bill disse que estava indo até lá com o parceiro. Não disse que o parceiro era Leroy Ellroy.

Bill passou dois dias inteirinhos me sacaneando. Ficava me chamando de Leroy. Ficava perguntando: "Cadê a vassoura?" A sra. Krycki tinha dito à polícia que minha mãe nunca bebia. Eu cheguei em casa certa vez e dei com minha mãe e a sra. Krycki trêbadas.

A casa dos Krycki em Kanab se parecia com a casa deles em El Monte. Era pequena, sem grandes enfeites e bem-cuidada. O sr. Krycki estava varrendo a entrada da garagem. Eu me lembrava de sua postura mais do que de seu rosto. Bill disse que ele tinha uma técnica impressionante com a vassoura.

Saímos do carro. O sr. Krycki soltou a vassoura e se apresentou. A sra. Krycki saiu de casa. Tinha envelhecido da mesma forma facilmente reconhecível que Peter Tubiolo. Me pareceu forte e saudável. Aproximou-se de nós e invadiu nosso espaço físico coletivo. Mandou cumprimentos a mil por hora, além de gestos agitados como os que meu pai tinha satirizado um dia.

Ela nos levou para dentro de casa. O sr. Krycki ficou do lado de fora, com a vassoura. Nós nos sentamos na sala. Os móveis eram forrados com tecidos chamativos, que não combinavam entre si. Quadriculados, listras, figuras geométricas e estampados lutavam um com o outro. O resultado geral era de agitação.

Bill disse seu nome e mostrou o distintivo. Eu disse meu nome. Esperei um segundo e disse que era filho de Jean Ellroy.

A sra. Krycki fez alguns gestos e sentou-se sobre as mãos. Disse que eu tinha crescido tanto. Disse que eu era o garotinho mais agitado que ela jamais vira na vida. Eu não conseguia nem mesmo empurrar uma vassoura. Deus sabe que seu marido tinha tentado. Eu disse que a vassoura não era meu forte. A sra. Krycki não riu.

Bill disse que queríamos falar sobre Jean Ellroy e sua morte. Pediu à sra. Krycki que fosse completamente franca.

A sra. Krycki começou a falar. Bill fez um gesto para mim de quem diz deixe-a falar.

Ela contou que a chegada dos mexicanos tinha forçado a saída dela e de George de El Monte. Os mexicanos destruíram o vale de San Gabriel. Atualmente, Gaylor, seu filho, morava em Fontana. Tinha 49 anos. Tinha quatro filhas. Jean tinha cabelos ruivos. Jean fazia pipocas e as comia com uma colher. Jean tinha visto um anúncio no jornal e alugado a casinha dos fundos. Jean tinha dito: "Acho que este lugar vai ser seguro." Ela achava que Jean estava se escondendo em El Monte.

A sra. Krycki parou de falar. Bill pediu a ela que explicasse seu último comentário. A sra. Krycki disse que Jean era culta e refinada. Suas qualificações a colocavam acima de El Monte. Perguntei a ela por que pensava assim. A sra. Krycki disse que Jean lia versões condensadas de livros publicadas pelo Reader's Digest. Ela se sobressaía em El Monte. Não pertencia àquele lugar. Tinha ido parar em El Monte por algum motivo misterioso.

Bill perguntou a ela sobre o que Jean gostava de falar. A sra. Krycki disse que ela falava de suas aventuras na escola de enfermagem. Pedi a ela que descrevesse tais aventuras. Ela disse que era só disso que se lembrava.

Perguntei à sra. Krycki sobre a relação de minha mãe com os homens. Ela disse que Jean saía quase todo sábado à noite. Ela jamais trazia homem algum para casa. Não costumava se gabar de seus homens. Na verdade, ela nunca falava de homens. Perguntei à sra. Krycki sobre a relação de minha mãe com a bebida. Ela contradisse todos os seus antigos depoimentos.

George tinha sentido cheiro de bebida no hálito de Jean certa vez. Encontrou duas garrafas vazias de bebida nos arbustos, do lado de fora da casa. Jean levava garrafas de bebida para casa dentro de sacos de papel. Jean parecia estar sempre cansada. Eles desconfiavam que Jean bebesse bastante.

A sra. Krycki parou de falar. Eu olhei diretamente para ela e fiz que sim com a cabeça. Ela teceu diversos comentários, sem se preocupar com a seqüência.

Jean tinha um mamilo deformado. Ela viu o corpo de Jean no necrotério. Eles o tinham colocado debaixo de um lençol. Seus pés estavam de fora. Ela os reconheceu. Jean sempre andava pelo quintal descalça. A polícia tinha feito um monte de ligações do telefone dela. Jamais se ofereceram para pagar.

A sra. Krycki parou de falar. Bill a levou através dos dias 21/6 e 22/6/58. Seu relato combinava com o que constava dos Livros Azuis.

O sr. Krycki entrou. Bill pediu a ele que contasse o que tinha acontecido naqueles dois dias. O sr. Krycki contou a mesma história básica. Pedi a ele que descrevesse minha mãe. Ele disse que ela era uma mulher bonita. Não era um tipo comum em El Monte. Anna May a conhecia melhor do que ele.

O sr. Krycki me pareceu desconfortável. Bill sorriu e disse que tínhamos ficado sem perguntas. O sr. Krycki sorriu e saiu outra vez.

A sra. Krycki disse que havia uma coisa que ela jamais tinha dito aos policiais.

Eu assenti. Bill assentiu. A sra. Krycki começou a falar.

Tinha acontecido por volta de 1952. Ela estava morando na Ferris Road, em El Monte. Gaylord tinha seis ou sete anos. Ela estava separada do primeiro marido.

A sra. Krycki estava fazendo compras num mercado da vizinhança de propriedade de uma família com o nome de LoPresti. Um empacotador tinha bancado o cupido. Disse que seu tio John queria muito sair com ela. John LoPresti tinha uns trinta anos àquela época. Era alto. Tinha cabelos escuros e a pele azeitonada.

Ela saiu com ele. Ele a levou ao Coconino Club. Dançaram. Ele dançava bem. Ele era "insinuante e calculista".

Deixaram o Coconino. Foram até Puente Hills. LoPresti estacionou o carro e fez gestos bastante atrevidos. Ela mandou que ele parasse. Ele lhe deu um tapa. Ela saiu do carro. Ele a agarrou e a atirou no banco traseiro.

Ele agarrou suas roupas. Ela resistiu. Ele gozou e limpou as calças com um lenço. Ele disse "Você conseguiu me fazer gozar" e "Não tem mais com o que se preocupar". Ele a levou para casa. Ele não botou mais as mãos sobre ela. Ela não telefonou para a polícia. Estava brigando com o ex pela guarda do filho. Não queria criar caso e macular sua reputação. Viu LoPresti em duas outras ocasiões.

Ela estava caminhando. Ele passou de carro e acenou para ela. Perguntou se ela queria uma carona. Ela o ignorou.

Ela o viu uns dois anos depois. Estava no Coconino com George. LoPresti a tirou para dançar. Ela o ignorou. Alertou Jean sobre ele — um pouco antes de ela sair naquela noite de sábado.

A história me soou feia e verdadeira. A coda me pareceu fictícia. Me pareceu forçada e coincidente demais.

LoPresti era habitante do local. LoPresti era italiano. LoPresti era um predador que agia em boates. Fechei os olhos e repassei a cena de Puente Hills. Acrescentei um carro antigo e roupas de época. Coloquei o rosto do Moreno em John LoPresti.

Tínhamos um suspeito de verdade.

Voltamos para o condado de Orange. Falamos de John LoPresti sem parar. John tinha posto a perder uma tentativa de estupro em 1952. Era só dar a ele seis anos para refinar seu número e tornar-se mais perverso. Bill concordava. LoPresti era nosso primeiro suspeito quente.

A viagem levou 13 horas. Chegamos por volta da meia-noite. Dormimos para descansar da viagem e partimos para El Monte.

Fomos ao museu de El Monte. Verificamos os catálogos telefônicos de 1958. Encontramos oito mercados listados nas páginas amarelas.

O Jay's, na Tyler. O Jay's, na Central. The Bell Market, na Peck Road. A Crawford's Giant Country Store, na Valley. O Earp's Market e o Foodlane, na Durfee. O Tyler Circle, na Tyler. O Fran's Meat na Garvey.

Nada de LoPresti Market. Nenhum mercado tipicamente italiano listado.

Checamos o catálogo de assinantes. A maioria das listagens pessoais incluía adendos entre parênteses. Listava a ocupação e o primeiro nome da esposa do assinante. Fomos à letra L e acertamos duas vezes.

LoPresti, John (Nancy) (Maquinista) — Frankmont, 10806.

LoPresti, Thomas (Rose) (Vendedor) — Maxson 3419.

Frankmont ficava perto do número 756 da Maple. Maxson ficava perto do Stan's Drive-In e do Desert Inn.

Fomos até o *bureau*. Colocamos os quatro LoPresti nos computadores do Departamento de Veículos Motores e de Justiça. Não achamos Thomas e Rose. Achamos John e Nancy.

A carteira de motorista de Nancy ainda era válida. O impresso mostrava o endereço atual e o antigo, na Frankmont. Sua data de nascimento era 16/8/14. John vivia em Duarte. Apontei para uns números esquisitos ao lado de seu endereço. Bill disse que se referiam a um acampamento de *trailers*. John tinha 69 anos. Tinha olhos azuis. Tinha 1,85m e 97kg.

Chamei a atenção de Bill para a altura e o peso. Bill chamou a minha atenção para a idade e a cor dos olhos. O filho da puta não correspondia à descrição do Moreno.

Duarte ficava cinco quilômetros ao norte de El Monte. O acampamento de *trailers* era feio pra caralho. Os *trailers* eram velhos e corroídos pelo tempo. Eram colados um no outro, de forma que não havia espaço de circulação entre eles.

Encontramos o de número 16 e tocamos a campainha. Um senhor idoso abriu a porta. Ele correspondia aos dados da nossa carteira de motorista. Tinha olhos azuis e traços grosseiros. O rosto o exonerava.

Bill mostrou-lhe seu distintivo e perguntou seu nome. O homem disse John LoPresti. Bill disse que tínhamos algumas perguntas a fazer com relação a um assassinato antigo. John disse que podíamos entrar. Ele não estremeceu, não se encolheu, não tremeu, não admitiu ou negou sua culpa.

Entramos no *trailer*. O interior tinha, no máximo, 1,82m de largura. As paredes eram decoradas com pôsteres centrais da *Playboy*. Tinham sido emoldurados e protegidos com verniz de alto brilho.

John sentou-se numa poltrona reclinável. Bill e eu nos sentamos na cama. Bill fez um esboço do caso Jean Ellroy. John disse que não se lembrava dele.

Bill disse que estávamos atrás da velha turma de El Monte. Queríamos desencavar o panorama geral do final dos anos 50. Sabíamos que ele tinha morado na Frankmont naquela época.

John disse que não era aquele John. Era seu falecido tio John e sua tia Nancy. Ele vivia em La Puente naquela época. Costumava perambular por El Monte. Seu tio Tom tinha um mercado em El Monte. El Monte era do barulho.

Perguntei a ele quais eram os lugares que costumava freqüentar. John respondeu o Coconino e o Desert Inn. Ia ao Playroom de vez em quando. Ficava atrás do Stan's Drive-In. Serviam doses de uísque a 25 centavos cada.

Bill perguntou a ele se já tinha sido preso. John disse que tinha sido apanhado por dirigir embriagado. Eu me mostrei cético. Perguntei: E o que mais? John disse que tinha sido preso em 1946. Alguém disse que ele tinha feito uma coisa muito indecente.

Perguntei: Que tipo de coisa indecente? Ele disse que alguém tinha colocado um livro de sacanagem debaixo da porta de uma mulher. Quem levou a culpa foi ele.

Bill disse que precisávamos de nomes. Queríamos encontrar a turma que freqüentava o Desert Inn. Queríamos encontrar todos os ratos de bar que um dia rondaram Five Points.

John acendeu um cigarro. Disse que ia fazer uma cirurgia no coração no dia seguinte. Precisava de todos os prazeres que a vida pudesse lhe proporcionar.

Eu disse: Nos dê alguns nomes. John deu oito ou dez nomes sem sobrenome. Eu disse: Precisamos de nomes completos. John disse: "Al Manganiello." Bill disse que andávamos procurando por ele. John disse que ele estava trabalhando no Glendora Country Club.

Eu o apertei para que nos desse mais alguns nomes. Bill o apertou para que nos desse mais alguns nomes. Mencionamos todos os estabelecimentos de El Monte e pedimos a ele que casasse alguns dos nomes com os locais que freqüentavam. John não conseguiu nos dar um único nome.

Senti vontade de dar uma sacaneada nele.

Eu disse: Ouvimos dizer que você era o tal com as moças. John respondeu que era verdade. Eu disse: Ouvimos dizer que você gostava *muito* de mulher. John respondeu: É, gostava mesmo. Eu disse: Ouvimos dizer que você faturava um monte de mulher. John disse que teve mais mulheres do que lhe era destinado. Bill disse: Ouvimos dizer que você foi dar um amasso numa mulher chamada Anna May Krycki e acabou gozando antes da hora.

John estremeceu, se encolheu, tremeu e negou sua culpa. Nós agradecemos e saímos porta afora.

24

Trabalhamos no caso. Arrombamos os cofres de lembranças defeituosas. Anotamos informações. Escavamos nomes.

Desencavamos nomes de batismo e sobrenomes e apelidos e nomes completos e descrições que não correspondiam. Conseguimos nomes na pasta. Conseguimos nomes com velhos tiras. Conseguimos nomes com ratos de bar idosos e com habitantes vitalícios de El Monte. Trabalhamos no caso durante oito meses. Plantamos nomes e colhemos nomes. Não criamos círculos concêntricos de nomes, que se expandiam sem parar. Contra nós, tínhamos um lugar enorme e um naco de tempo perdido.

Fomos em frente.

Encontramos o ex-policial Bill Vickers. Ele se lembrou das duas investigações policiais. Achavam que tinham um assassino culpado por dois homicídios. Achavam que o mesmo cara tinha estrangulado a enfermeira e a mulher das corridas de cavalos. Pedimos a ele nomes. Não tinha nenhum para nos dar.

Encontramos Al Manganiello. Ele nos deu os mesmos nomes que Roy Dunn e Jana Outlaw nos tinham dado. Ele nos falou de uma velha atendente de *drive-in* que morava em Pico Rivera. Nós a encontramos. Estava senil. Não se lembrava do final da década de 1950.

Encontramos os filhos de Jack Lawton. Disseram que procurariam os cadernos de Jack. Procuraram. Não encontraram. Achavam que o pai os jogara no lixo.

Encontramos o antigo capitão do gabinete do xerife do condado de Los Angeles Vic Cavallero. Ele se lembrava da cena do crime do caso Jean Ellroy. Não se lembrava da investigação da morte de Bobbie Long. Ele disse que tinha pego um sujeito no final dos anos 50. O cara era do DPLA. Estava descendo a Garvey a mil por hora. Estava com uma mulher. Ela era atendente do Stan's Drive-In. Ela disse que o tira bateu nela. Ela se recusou a dar queixa. O tira era gordo e louro. Cavallero disse que era um filho da puta de primeira. Não se lembrava do nome do sujeito.

Encontramos Dave Wire, ex-policial da El Monte. Pedimos a ele que nos desse nomes. Ele disse que tinha um suspeito. Seu nome era Bert Beria. Estava morto. Era um policial de reserva de El Monte. Bert era um bêbado. Bert era louco. Bert batia na mulher e corria pela auto-estrada San Berdoo com o carro de polícia. Bert era parecido com aqueles antigos retratos falados. Bert bebia no Desert Inn. Bert seria capaz de estuprar uma tartaruguinha de estimação. Wire disse que deveríamos verificar informações a respeito de Bert. Wire disse que deveríamos conversar com a ex-mulher de Keith Tedrow, Sherry. Ela conhecia bem o ambiente dos bares de El Monte ·

Encontramos Sherry Tedrow. Ela nos deu três nomes. Procuramos duas antigas *barwomen* do Desert Inn e um gordão chamado Joe Candy. Joe financiava Doug Schoenberger. Foi Joe quem emprestou dinheiro para que ele comprasse o Desert Inn.

Fizemos algumas buscas no computador. Joe Candy e a *barwoman* nº 1 estavam mortos. Encontramos a *barwoman* nº 2. Tinha trabalhado no The Place, não no Desert Inn. Não sabia porra nenhuma sobre El Monte no final dos anos 50.

Conversamos com o chefe de polícia Wayne Clayton, de El Monte. Ele nos mostrou uma foto de Bert Beria, datada de 1960. Não se parecia com o Moreno. Era velho demais e careca demais. Clayton disse que tinha designado dois policiais para ficarem de olho no velho Bert. Ele nos apresentou ao sargento Tom Armstrong e ao agente John Eckler. Contamos a eles sobre nosso caso e demos fotocópias do Livro Azul para os dois. Eles verificaram os arquivos de suas delegacias. Acharam que seria possível encontrar um arquivo em separado para Jean Ellroy, elaborado pela Delegacia do xerife de El Monte. Encontraram um número de arquivo. Descobriram que a pasta tinha sido destruída vinte anos atrás.

Armstrong e Eckler entrevistaram a viúva e o irmão de Bert Beria. Eles taxaram Bert de misantropo, disseram que era um merda de primeira linha. Não acreditavam que tivesse matado Jean Ellroy.

Encontramos a filha de Margie Trawick. Ela se lembrava do caso. Tinha 14 anos na época. Perguntamos a ela se teria algum nome para nós. Ela não tinha.

Encontramos um policial que sacava computadores de trás para frente. O que ele tinha em casa era um catálogo para todos os cinqüenta estados. Digitou o nome de Ruth Schienle. Recebeu uma folha impressa que não tinha mais tamanho. Bill e eu ligamos para 19 Ruth Schienle. Nenhuma delas era a nossa Ruth Schienle. Nenhuma delas conhecia a nossa Ruth Schienle. Mulheres são bichos difíceis de se achar. Elas se casam e se divorciam. Perdem-se por trás de mudanças de nome.

Voltamos ao Livro Azul de Jean Ellroy. Dali extraímos quatro nomes. Anotamos "Tom Baker", "Tom Downey" e "Salvador Quiroz Serena". Todos tinham sido inocentados. Serena trabalhou na Airtek. Ele disse que "podia ter dormido" com minha mãe. Achamos o nome "Grant Surface". Passou pelo polígrafo em 25/1 e 1/7/59. Os resultados não foram "conclusivos". "Dificuldades psicológicas" foderam com os testes. Digitamos os nomes de Baker, Downey, Serena e Surface pelo catálogo de cinqüenta estados e pelos computadores dos Departamentos de Trânsito e de Justiça do estado. Nada conseguimos nos casos de Surface e Serena. Conseguimos uma porrada de dados para Baker e Downey. Telefonamos para todos os Baker e Downey. Não encontramos os nossos Baker e Downey.

Bill telefonou para Rick Jackson, da Homicídios do DPLA. Jackson verificou os estrangulamentos acompanhados de estupro e de espancamento cometidos na mesma época dos casos Ellroy/Long. Encontrou dois casos nos registros do DPLA. Tinham sido solucionados e julgados com sucesso.

A Vítima nº 1 chamava-se Edith Lucille O'Brien. Foi apagada em 18/2/59. Tinha 43 anos. Foi espancada e jogada em cima de um morro em Tujunga. Suas calças compridas estavam viradas pelo avesso. O sutiã estava puxado para cima. O caso parecia ter sido incitado por um frenesi sexual.

Edith O'Brien perambulava pelos bares de Burbank e Glendale. Ela pegava homens para transar. A última vez em que foi vista viva estava saindo do Bamboo Hut, na San Fernando Road. Saiu com um homem. O homem tinha um Olds 1953. O homem voltou ao Bamboo Hut sozinho. O homem conversou com um outro homem. Ele disse que Edith estava lá fora, no carro. Ela derramou espaguete no banco da frente. Os dois homens ficaram bem pertinho um do outro e cochicharam. O homem do carro ficou no bar. O outro saiu.

O legista relatou que o assassino amarrou os punhos da vítima. Provavelmente ele a atacou com uma chave de cruz. O DPLA apanhou um camarada chamado Walter Edward Briley. Ele foi julgado e condenado. Tinha 21 anos. Era alto e grandalhão. Sua sentença foi prisão perpétua. Saiu da cadeia sob condicional em 1978.

Um homem chamado Donald Kinman estuprou e estrangulou duas mulheres. As vítimas eram Ferne Wessel e Mary Louise Tardy. As datas de falecimento eram 6/4/58 e 22/11/59. Kinman conheceu a vítima nº 1 num bar. Ele pegou um quarto num hotel e a matou lá mesmo. Conheceu a vítima nº 2 num bar. Matou-a num *trailer* do acampamento de seu pai. Deixou impressões digitais nos dois locais. Ele se entregou e confessou os dois crimes. Kinman era corpulento e tinha cabelos crespos. Kinman foi enquadrado em dois casos de homicídio. Kinman passou 21 anos na cadeia.

Kinman me deixou animado. Ele tinha cometido dois assassinatos e parado por aí. Era mais volátil do que o Moreno. Era puramente autodestrutivo. Eu via no álcool seu gatilho. A bebida perfeita e a mulher perfeita cruzaram seu caminho duas vezes. Ele contou: "Não sei o que foi que me deu, só sei que tive a sensação de que era algo que eu precisava fazer."

Bill e eu discutimos o Moreno como maníaco assassino. Bill era a favor. Eu era contra. Batemos bola com esse assunto umas doze mil vezes. Bill disse que deveríamos contatar alguém para elaborar um perfil psicológico do Moreno.

Carlos Avila trabalhava para o Departamento de Justiça do estado. Ensinava procedimentos para a elaboração de perfis psicológicos. Dava seminários. Trabalhou na Homicídios do xerife durante nove anos e conhecia a geografia de nosso cenário. Devíamos contratar um perfil para os casos Ellroy e Long.

Bill telefonou para Carlos Avila. Emprestamos a ele nossas pastas. Ele as estudou e escreveu sua opinião.

SUJEITO DESCONHECIDO;
GENEVA "JEAN" HILLIKER ELLROY; VÍTIMA (FALECIDA); TAMBÉM CONHECIDA COMO JEAN ELLROY;
22 DE JUNHO DE 1958;
ELSPETH "BOBBIE" LONG; VÍTIMA (FALECIDA);
23 DE JANEIRO DE 1959;
GABINETE DO XERIFE DO CONDADO DE LOS ANGELES;
LOS ANGELES, CALIFÓRNIA;
HOMICÍDIO (ANÁLISE CRIMINAL INVESTIGATIVA).

A análise investigativa a seguir foi preparada pelo investigador Criminal Carlos Avila, consultor particular, em conjunto com o agente especial Sharon Pagaling, do Departamento de Justiça, divisão de investigação. Esta análise baseia-se no exame minucioso do material apresentado relativo ao caso, fornecido pelo sargento aposentado William Stoner, do Gabinete do xerife do condado de Los Angeles, e por James Ellroy, filho da vítima Jean Ellroy. As conclusões aqui contidas foram tiradas a partir de experiências investigativas pessoais, escolaridade e pesquisas conduzidas por estes analistas criminais.

Esta análise não deve substituir uma investigação detalhada e bem planejada, nem deve ser encarada como totalmente inclusiva. As informações aqui contidas são baseadas na revisão, análise e pesquisa de casos criminais similares aos submetidos pelo sargento Stoner, da delegacia do xerife do condado de Los Angeles (aposentado).

Dois crimes foram analisados para esta investigação. A análise e a discussão dos dados apresentados refletirão a descrição de uma personalidade única que, cremos, foi responsável pelas mortes das vítimas Ellroy e Long.

ANÁLISE DAS VÍTIMAS

O exame do histórico pessoal das vítimas é um aspecto significativo do processo de análise. Foi examinada a vulnerabilidade a crimes violentos; foram examinados também o estilo de vida, o comportamento, a história de vida e os hábitos sociais/sexuais. Especificamente, analisamos o risco que cada uma corria em se tornar vítima de violência.

A vítima Jean Ellroy era uma mulher branca de 43 anos de idade; tinha 1,66m de altura, pesava aproximadamente 60 kg e tinha cabelos ruivos. Era divorciada e tinha se mudado, com o filho menor de idade, para uma casa alugada e bem conservada em El Monte, na Califórnia, em 1958. Trabalhou como enfermeira industrial em Los Angeles a partir de 1956. A vítima Ellroy era atraente e gostava de freqüentar os clubes noturnos locais nos fins de semana, quando o filho ficava com o pai. Os senhorios de Ellroy a descreveram como sendo uma mulher reservada, que gostava do convívio com o filho. Segundo eles, ela não gostava de falar de sua vida pessoal e não tinha muitos amigos íntimos. Após sua morte, o senhorio contou ter encontrado garrafas vazias de bebida alcoólica em arbustos próximos à casa da vítima e nas latas de lixo.

Os senhorios de Ellroy a viram deixar a residência em seu carro às 20:00, de sábado, 21 de junho de 1958. Testemunhas afirmaram ter visto a vítima mais tarde na companhia de um homem adulto, não identificado, num restaurante *drive-in*, aproximadamente às 22:00; e, por fim, voltaram ao restaurante *drive-in*, aproximadamente às 02:15, da manhã seguinte. Seu corpo foi encontrado numa escola secundária próxima dali no dia 22 de junho de 1958, aproximadamente às 10:00. A área na qual a vítima foi vista pela última vez foi descrita como tendo "baixo índice de criminalidade", sem abduções anteriores, agressões sexuais ou crimes congêneres.

A vulnerabilidade de Ellroy a um crime de natureza violenta foi elevada por ela freqüentar clubes noturnos, ter convívio social com pessoas que não conhecia bem e consumir bebidas alcoólicas. Na data de sua morte, o risco foi elevado devido à sua circunstância pessoal: uma mulher sozinha, dentro de um carro com um homem.

A vítima Bobbie Elspeth Long era uma mulher branca de 52 anos, 1,65m de altura, 60kg, aproximadamente, e cabelos louro-escuros. Era divorciada e vivia num bem-cuidado apartamento de dois cômodos em Los Angeles, que ela alugava já havia quatro anos. Long trabalhava como garçonete num restaurante das redondezas, no turno da noite. Várias pessoas conhecidas de Long disseram que ela gostava de apostar em cavalos e que tinha contraído dívida com um *bookmaker*. Descreveram-na como sendo reservada com relação à sua vida pessoal e familiar. Long mentia freqüentemente sobre a idade e, após sua morte, soube-se que era oito anos mais velha do que dizia ser. Consta que Long gostava de ser acompanhada, socialmente, por diversos homens, mas ela foi descrita como sendo pouco dada a envolvimentos sexuais, a não ser que tal contato lhe trouxesse algum lucro. Uma busca feita no apartamento de Long após sua morte revelou garrafas de bebida escondidas. Segundo descrições, Long era comunicativa e segura de si.

O corpo de Long foi encontrado aproximadamente às 02:30, de sexta-feira, 23 de janeiro de 1959, abandonado no acostamento de uma estrada na cidade de La Puente. No dia anterior, Long tinha apanhado um ônibus para ir à pista de corrida de cavalos de Santa Anita, onde testemunhas a viram apostar em diversos páreos no decorrer do dia. Conhecidos de Long acreditam ser possível que ela aceitasse carona de algum estranho que tivesse conhecido nas corridas, caso ela o tivesse considerado bem apessoado.

A área na qual a vítima foi vista pela última vez foi descrita como tendo "baixo índice de criminalidade", sem abduções anteriores, agressões sexuais ou crimes congêneres.

A vulnerabilidade de Long a um crime de natureza violenta foi elevada por sua personalidade autoconfiante, pelo seu envolvimento com apostas, pelas dívidas contraídas em decorrência de tais apostas e por sua disposição em aceitar caronas de estranhos.

Em geral, com base nas circunstâncias de ambos os casos, acreditamos que o criminoso conhecia as vítimas socialmente, em algum nível e que por um período inicial não definido as vítimas gozaram de sua companhia por vontade própria.

RELATÓRIO DO LEGISTA

Os relatórios dos legistas analisaram as lesões sofridas pelas vítimas, não havendo necessidade de reiterar tais resultados. No entanto, alguns pontos serão discutidos e devem ser pesados quando da análise geral dos referidos crimes.

O patologista registrou a morte de Ellroy como sendo asfixia por estrangulamento com ligadura. Ela também tinha lacerações no couro cabeludo, uma pequena escoriação sobre a pálpebra direita, e o esfregaço vaginal foi positivo para a presença de espermatozóides. Foi observado que a vítima encontrava-se no final de seu período menstrual. Testes toxicológicos demonstraram que ela tinha um teor de álcool no sangue de 0,8 por cento.

A causa da morte da vítima Long também foi asfixia por estrangulamento com ligadura. No entanto, a vítima Long teve uma fratura craniana com contusões cerebrais resultantes de golpe com objeto pesado. Estas lacerações tinham o formato de uma meia-lua com cortes nas bordas. A vítima tinha, também, uma fratura no sexto espaço intervertebral.

Ambas as vítimas foram estranguladas com meias de náilon. Além da meia de náilon, a vítima Ellroy tinha uma "corda de varal" amarrada com força em torno do pescoço. A vagina da vítima Long também continha espermatozóides. O teor de álcool em seu sangue era de zero por cento.

ANÁLISE DA CENA DO CRIME

Muito embora não se venham a fazer tentativas de reconstruir cronologicamente as circunstâncias dos crimes, certas observações serão feitas com relação às cenas dos crimes e seu significado, quando estiverem relacionadas ao criminoso. Quando examinadas individualmente, as duas cenas do crime não apresentam uma abundância de provas forenses. No entanto, quando analisado o comportamento apresentado pelo criminoso nas cenas dos crimes torna-se mais significativo.

A vítima Ellroy foi vista viva, pela última vez, por volta das 2:15-2:30 do dia 22 de junho de 1958, na companhia de um homem com quem já fora vista naquela mesma noite.

Foi descoberta mais tarde, às 10:00, deitada sobre um arbusto de hera, numa via pública urbanizada de uma escola secundária em El Monte. A vítima estava vestida, embora suas calcinhas estivessem faltando e seu sutiã estivesse desabotoado e puxado até a altura do pescoço. A meia que vestia sua perna esquerda encontrava-se enrolada no tornozelo e a outra estava amarrada em torno de seu pescoço, assim como o pedaço de corda. O casaco da vítima foi atirado sobre a parte inferior de seu corpo.

Embora estivesse menstruada, a vítima parece ter mantido relações sexuais consensuais. Por ocasião da autópsia, foi encontrado um tampão na vagina da vítima.

Pouco tempo após o término desta relação, o criminoso atacou a vítima com um objeto pesado, que devia estar à mão, e logo a seguir usou a corda e, finalmente, a meia da vítima. Devido à ausência óbvia de ferimentos que evidenciassem a tentativa de defesa, é pouco provável que a vítima tenha lutado. Segundo relato de testemunhas, a vítima parecia à vontade na companhia do criminoso e é muito provável que jamais tenha se sentido fisicamente ameaçada por ele.

Ao deixar o Stan's Drive-In, é bastante provável que o criminoso tenha ido diretamente ao local onde foi encontrada a vítima. O criminoso conhecia o local e o escolheu por ser isolado da vista do público e por já ter sido usado como "local para namoro", motivo pelo qual seu carro não chamaria a atenção.

O ato sexual teria ocorrido dentro do carro do criminoso, assim as calcinhas da vítima teriam permanecido no veículo, pois ela não teve a oportunidade de vesti-las outra vez. Quaisquer que tenham sido as circunstâncias que provocaram a ira do criminoso, ocorreram após a vítima já ter reinserido o tampão.

Depois de estrangulada a vítima, o criminoso removeu-a do veículo e atirou o corpo sobre a hera. Durante o percurso, o colar de pérolas da vítima se rompeu e caiu pela rua. O último ato do criminoso foi atirar o casaco da vítima sobre a parte inferior de seu corpo.

Quanto à morte de Bobbie Long, e na ausência de qualquer informação por parte de testemunhas, a cronologia específica dos acontecimentos que levaram à morte desta vítima não pode ser relatada com o menor grau de especificidade e/ou detalhe; portanto, nenhuma tentativa será feita de reconstituir-se o crime.

Há, no entanto, certos fatores relativos à cena do crime que sugerem atividades específicas.

Foi encontrada uma passagem de volta na bolsa da vítima, fato que sustenta afirmações de testemunhas de que ela tinha planejado comparecer às corridas de cavalos na pista de Santa Anita no dia 22 de janeiro de 1959.

Partindo-se do princípio de que a vítima realmente foi à corrida é possível que tenha conhecido o criminoso na corrida, naquele dia, ou então que já o conhecesse e que aceitou uma carona por ele oferecida. Como a vítima já tenha aceitado caronas de homens desconhecidos no passado, não é provável que estivesse preocupada com sua segurança.

A vítima era reservada com relação à sua vida pessoal, mas o pouco que se sabe indica que ela estava disposta a aceitar o que quer que um homem tivesse a oferecer.

Conforme demonstrou a autópsia, a vítima parecia ter consumido um jantar mexicano na primeira parte da noite. A vítima parecia ter mantido relações sexuais consensuais com o criminoso. Estava completamente vestida, com exceção das meias, e suas roupas estavam intatas, e não rasgadas.

A vítima foi encontrada deitada sobre a grama do acostamento de uma estrada de terra secundária, 160m de uma das principais ruas da cidade de La Puente. Estava deitada de barriga para cima e a parte inferior de seu corpo estava coberta pelo casaco (de maneira similar à vítima Ellroy). Ao que parece, ela também foi atirada no chão após sua morte.

A morte da vítima Long ocorreu de forma bastante parecida com a da vítima Ellroy. Após manter relações sexuais consensuais, o que possivelmente teria ocorrido dentro do carro do criminoso, foi golpeada de surpresa, e inúmeras vezes, com um objeto pesado que se encontrava ao alcance do criminoso. Após desferir os golpes, o criminoso lançou mão do que pode ter sido uma das meias da vítima, amarrou-a em torno do pescoço desta e a estrangulou.

O criminoso então retirou a vítima de seu veículo e a atirou no acostamento de grama junto com sua bolsa. Mais uma vez, o último ato do criminoso foi atirar o casaco da vítima sobre a parte inferior do corpo, de maneira similar ao que foi feito com a vítima Ellroy.

A distância entre o local onde foi encontrado o corpo da vítima Ellroy e o local onde foi encontrada a vítima Long é de aproximadamente cinco quilômetros. O corpo da vítima Ellroy foi encontrado, aproximadamente, entre um quilômetro e meio e dois quilômetros de onde tinha sido vista dançando e lanchando, antes de sua morte. Esta área fica a pouco mais de um quilômetro de onde foi descoberto o corpo de Long.

Nas duas mortes, o crime não parece ter sido motivado por roubo. Acreditamos que no caso da vítima Ellroy, o criminoso simplesmente tenha se esquecido de livrar-se da bolsa da vítima antes de partir. Os atos sexuais, a utilização de um objeto pesado seguido de estrangulamento com as meias de náilon das próprias vítimas e o ato de cobrir a parte inferior do corpo de ambas parecem ser a assinatura do criminoso, o seu cartão de visitas.

CARACTERÍSTICAS E TRAÇOS DO CRIMINOSO

Estatisticamente falando, crimes violentos costumam ser de natureza intra-racial, brancos contra brancos e negros contra negros. Portanto, sem termos provas físicas que determinem o contrário, acreditamos que o criminoso seja um homem branco.

Com relação à idade do criminoso, um número de fatos pertinentes ao crime foi examinado. A idade da vítima, o controle ou a falta de controle exibida pelo criminoso, o grau de trauma infligido, as provas levadas ou deixadas na cena do crime, além da interação sexual, se alguma houve com a vítima, se houve alguma, tornam-se fatores importantes. Com base em tais fatores, acreditamos que o criminoso esteja próximo dos quarenta anos. A idade, no entanto, é uma das categorias de mais difícil avaliação, já que idades cronológicas e emocionais costumam ser bastante diferentes. Considerando que a estimativa de idade baseia-se em dados de comportamento, resultado direto de maturidade emocional e mental, nenhum suspeito deve ser eliminado com base, unicamente, no fator idade.

É de todo provável que o criminoso seja capaz de se relacionar com mulheres. É de se esperar que ele seja solteiro, no entanto, e se alguma vez foi casado, teve um relacionamento tumultuado, possivelmente marcado por explosões que podem ter incluído violência doméstica. O criminoso poderia estar vivendo com uma mulher em regime de concubinato, mas ele teria continuado a se relacionar sexualmente com outras mulheres.

Imaginamos que o criminoso tenha inteligência média para acima da média, que terminou o segundo grau e que teria sido capaz de fazer uma faculdade. É mais do que provável que estivesse empregado e que seu histórico profissional fosse consistente com sua escolaridade.

É bastante possível que o criminoso fosse suficientemente familiar com a área onde os corpos das vítimas foram encontrados para saber que seriam locais "razoavelmente seguros" para dispor dos cadáveres. Nossa experiência na análise de casos como este demonstra que criminosos como este costumam dispor dos corpos de suas vítimas em locais que conhecem e/ou com os quais têm alguma ligação. Sendo assim, o criminoso vivia, trabalhava ou visitava com freqüência a área onde as vítimas foram encontradas. Se fosse visto, ele seria capaz de encontrar uma explicação bastante razoável para o fato de estar naquele local.

O criminoso seria cuidadoso com relação à aparência e às suas vestes e estaria em boa forma física. Como as cenas do crime normalmente refletem a personalidade e o estilo de vida do criminoso, imaginaríamos que o criminoso fosse metódico e asseado. Tem poucos amigos íntimos, mas diversos conhecidos. É, com freqüência, impulsivo e busca satisfação imediata. É um "lobo solitário" e não uma pessoa sozinha.

O criminoso demonstra ser uma pessoa confiante mas não é visto por aqueles que o conhecem como um tipo "machão". Em seu trato com as mulheres, ele busca dominá-las e demonstra ser um indivíduo muito controlador. O criminoso pode tentar se fazer passar por passivo. Ele evitaria demonstrar ter um gênio explosivo ou ser de natureza agressiva. Ele alternaria episódios de gênio explosivo com demonstrações de indiferença para com os outros. Teria se mostrado agressivo no trato com as pessoas.

O criminoso é dado ao consumo de bebidas alcoólicas e talvez use drogas, mas não a ponto de ficar fora de si. Não há indicação da utilização excessiva de álcool ou drogas por ocasião dos crimes, embora ele talvez se utilize de qualquer uma dessas substâncias para diminuir suas inibições.

O criminoso muito possivelmente teria um veículo bem conservado, o que seria consistente com o *status* econômico das pessoas com quem suas vítimas costumavam sair. O criminoso gosta de dirigir e estaria disposto a buscar divertimento em local afastado de sua residência.

Não acreditamos que o criminoso tivesse uma ficha criminal extensa. É possível, no entanto, que tivesse sido preso em decorrência de episódios de violência doméstica ou agressão.

Cremos que as armas escolhidas pelo criminoso estivessem à mão; uma ferramenta no formato de meia-lua, que ele muito provavelmente guardava em seu automóvel; um pedaço de corda; as meias usadas por suas vítimas. Isto, juntamente com o fato do criminoso ter golpeado a cabeça das vítimas repetidas vezes como forma de controlá-las, demonstra que os homicídios muito provavelmente não foram planejados muito antes de serem cometidos.

COMPORTAMENTO APÓS O CRIME

Em vista do tempo decorrido desde que esses crimes foram cometidos, o comportamento pós-crime, possivelmente o aspecto mais esclarecedor desta análise, terá um significado menor. Esta seção tratará de analisar o comportamento que teria se seguido imediatamente à perpetração dos crimes.

O criminoso teria ido para casa ou para algum local seguro após os crimes. É possível que tenha sujado as roupas e o carro devido ao trauma infligido nas duas vítimas com o uso de força bruta e com o sangue menstrual de Ellroy.

Tendo cometido aquilo que considerou um homicídio sem testemunhas em ambas as ocasiões, o criminoso não teria ficado excessivamente preocupado ou estressado por muito tempo. Talvez tenha se fingido doente por um breve período, como forma de se isolar, e é possível que tenha ligado para o emprego se dizendo doente no dia seguinte, se estivesse escalado para trabalhar. Além deste afastamento inicial, a rotina normal deste criminoso não teria sido alterada de forma significativa.

Ele evitaria os lugares onde foi visto com cada uma das vítimas imediatamente antes de suas mortes. Tais lugares incluiriam o Desert Inn, o Stan's Drive-In e o restaurante mexicano onde ele e a vítima Long teriam ido na noite da morte desta.

É possível que tenha demonstrado interesse pelos noticiários televisivos relacionados aos assassinatos, mas não se metia nas investigações policiais. É pouco provável que tenha oferecido teorias com relação ao acontecido. Ele sustentaria que seu conhecimento criminal se restringia aos amigos ou à mídia.

Uma vez que as investigações começassem a perder força, o criminoso se reasseguraria de não ter sido visto na companhia das vítimas e de não constar entre os suspeitos. Ele não sentiria culpa ou remorso pelo que havia feito. Essas mulheres eram vistas como "descartáveis", e ele teria justificado seus atos dizendo a si mesmo que elas o haviam levado a cometê-los. Sua única preocupação seria para consigo próprio e para com o efeito que os crimes teriam sobre sua vida. A esta altura, ele já teria se esquecido de grande parte dos detalhes pertinentes aos incidentes.

A não ser que o criminoso tenha sido detido e passado algum tempo preso, acreditamos que ele tenha continuado a matar, se não neste estado, em outros.

Carlos Avila
Investigador Criminal de Perfil Psicológico/Consultor

Avila achava que tínhamos um maníaco assassino. Ele achava que minha mãe tinha trepado com o Moreno de livre e espontânea vontade. Ele fez uma leve concessão:

"A vítima *parece* ter mantido relações sexuais consensuais com o criminoso."

"Quaisquer que tenham sido as circunstâncias que provocaram a ira do criminoso, ocorreram após a vítima já ter reinserido o tampão."

Bill e eu discutimos o perfil de maneira geral e, especificamente, o que diz respeito ao sexo consensual *versus* estupro. Concordamos com a percepção de Avila quanto à psique do criminoso. Bill concordava com a conclusão de que se tratava de um maníaco assassino. Eu a considerava discutível. Fiz uma única concessão: que minha mãe teria sido a primeira vítima de um maníaco assassino. Carlos Avila era um reconhecido especialista em criminologia. Eu não era. Eu não confiava em sua conclusão porque ela era baseada no conhecimento agregado de casos similares e em suas bases patológicas comuns. Não confiava na rigidez lógica e no conhecimento resumido que o levou a tal conclusão. A conclusão minava minha lei básica do homicídio: a paixão criminal é derivada de medos há muito suprimidos, trazidos à luz momentaneamente pela alquimia única existente entre assassino e vítima. Dois estados inconscientes se encaixam e criam um fulgor explanatório. O assassino sabe. O assassino vai em frente ... "Eu tive a sensação de que era algo que eu precisava fazer." A vítima alimenta o assassino com este conhecimento. Ela envia os sinais num semáforo sexual. Olhe só o esmalte descascado. Olhe só como é sórdido o ato amoroso dois segundos depois de se gozar. O semáforo sexual é pleno de subtexto misógino. Todos os homens odeiam as mulheres por motivos testados e comprovados, compartilhados em piadinhas e troças todos os dias. Então é isso. Você sabe que metade do mundo vai aprovar o que você está prestes a fazer. Olhe só as olheiras da ruiva. Olhe só as estrias. Ela está colocando aquela rolha de boceta de volta no lugar. Está enchendo a capa do banco de sangue...

Ele a matou naquele noite. Poderia ter matado qualquer outra mulher. Ele não procurou uma mulher para matar naquela noite. Ela não poderia ter dado a deixa para qualquer outro homem chegar àquele ponto de fulgor explicativo. A alquimia existente entre os dois os ligava, os unia de maneira mútua e exclusiva.

Bill achava que tinha sido estupro. Eu achava que tinha sido estupro. Bill disse que precisávamos manter nossas mentes abertas. Eu abracei a teoria do maníaco assassino momentaneamente. Perguntei a Bill se tínhamos como verificar registros estaduais ou nacionais em busca de homicídios por estrangulamento até a época do nosso crime. Ele respondeu que a maioria dos registros não era computadorizada. Muitos daqueles que eram manuscritos já tinham sido destruídos. Não havia forma sistemática de acessar a informação. O supercomputador do FBI não armazenava dados tão antigos assim. A publicidade continuava a ser nossa maior arma. O artigo do *L.A. Weekly* estava para sair em meados de fevereiro. O *Day One* seria transmitido em abril. Alguns tiras da antiga talvez lessem o artigo ou vissem o programa. Talvez eles nos ligassem e dissessem: "Eu tive um caso assim..."

Colocamos a pasta de lado. Saímos à caça de mais alguns nomes.

Encontramos um velho médico que tinha um consultório perto do Desert Inn. Ele nos deu o nome de Harry Bullard. Harry era dono do Coconino. Ele mencionou os irmãos Pitkin. Eram donos de alguns postos de gasolina em Five Points.

Encontramos os irmãos Pitkin. Eles não nos deram nomes. Nos disseram que Harry Bullard estava morto.

Queríamos dar início a uma avalanche de nomes. Estávamos sem nomes e descontroladamente decididos a agarrar mais alguns. A investigação completava três meses e meio.

Helen veio para a Califórnia no Natal. Passamos a noite de Natal com Bill e Ann Stoner. Bill e eu discutimos o caso em pé, ao lado da árvore de Natal. Eu ignorei todo o bate-papo natalino. Helen conhecia o caso pelo avesso. Nos falamos todas as noites naqueles mais de três meses. Ela tinha me mandado sair à caça do fantasma ruivo. Não a tratava como uma rival ou como uma ameaça. Monitorava sua evolução através dos meus pensamentos e conversava sobre teorias homicidas com a mesma precisão que Bill e eu. Helen era a desconstrutora de Geneva. Ela me preveniu para não julgá-la ou glamourizá-la. Helen satirizava os apetites de Geneva. Helen marcava encontros para Geneva com políticos pegajosos e arrancava justificadas gargalhadas. Bill Clinton deixou Hillary por Geneva e mandou a eleição de 1996 às favas. Hillary mudou-se para El Monte e passou a dar para Jim Boss Bennett. O Moreno era fã do movimento de Direito à Vida. A Loura teve um filho ilegítimo com Newt Gingrich.

Bill passou uma semana com a família. Eu passei uma semana com Helen. Colocamos o caso temporariamente de lado. Eu tive uma crise de abstinência. Conversei com o chefão da Delegacia de Homicídios do gabinete do xerife e participei de alguns casos ativos.

Eu carregava um *bip*. Me biparam e me mandaram para duas cenas de crimes. Peguei dois assassinatos envolvendo gangues. Vi manchas de sangue, buracos de bala e famílias de luto. Eu queria escrever um ensaio para uma revista. Queria chocar este novo terror mecanicista contra meu antigo horror sexual. Meus pensamentos não tomavam forma. Peguei duas vítimas do sexo masculino. Olhei para aqueles fluidos cefálicos, espalhados por todos os lados, e vi minha mãe na King's Row. Olhei para o irmão de um estuprador morto e vi meu pai, posudo, satisfeito da vida, na delegacia de El Monte. A antiga Delegacia de Homicídios do gabinete do xerife encampava 14 homens. O atual esquadrão era uma divisão plenamente habilitada. O condado de Los Angeles teve 43 homicídios em 1958. Neste ano, o condado de Los Angeles já tinha tido mais de 500. A de Homicídios do gabinete do xerife era uma unidade classe A. Eles se referiam a si próprios como os Buldogues. A sala do esquadrão de homicídios era uma porra de um canil de Buldogues. Tinha insígnias de Buldogue por todo lado. O lugar ficava submerso em papelada burocrática marcada por emblemas de Buldogue. Uma placa enfeitava a parede da frente. Listava cada detetive que tinha trabalhado na unidade.

Os novos Buldogues eram multirraciais e dos dois sexos. Enfrentavam os assassinatos *hi-tech*, a cobrança do público, a polarização racial, a superpopulação e uma jurisdição em declínio gradual. Os antigos Buldogues eram homens brancos, com garrafas de bebida escondidas nas gavetas das mesas. Tinham os números a seu favor. Enfrentavam assassinatos pouco sofisticados, numa sociedade estratificada e segregada. Eram respeitados e temidos por todos. Podiam coagir impunemente. Podiam trabalhar em dois mundos sem correrem o risco desses dois mundos se sobreporem. Podiam solucionar assassinatos na Crioulândia ou no paraíso chicano que era El Monte e depois voltar para a segurança de seus lares, onde escondiam suas famílias. Eram homens inteligentes, homens de garra, homens suscetíveis às tentações da carne oferecidas pelo mundo no qual trabalhavam. Eram homens inteligentes. Não eram pensadores prescientes ou futuristas numa utopia às avessas. Não tinham como prever que o mundo onde trabalhavam um dia engoliria seu mundinho seguro. Em 1958, havia 14 Buldogues. Hoje, havia 140. O crescimento do número demonstrava que não havia onde se esconder. O crescimento do número contextualizava meu velho horror. Sugeria que meu velho horror ainda tinha sua razão de ser. Meu velho horror habitava lembranças pré-tecnológicas. A Loura teria conversado com alguém. Ainda haveria papo de bar flutuando por aí, em algum lugar. Lembranças significavam nomes.

As festas chegaram ao fim. Helen voltou para casa. Bill e eu voltamos ao trabalho.

O chefe Clayton nos deu alguns nomes. O diretor do museu de El Monte nos deu alguns nomes. Nós os verificamos. Não nos levaram a lugar algum. Fomos a dois bares de El Monte, abertos desde 1958. Naquela época, eram espeluncas para caipiras brancos. Agora, eram espeluncas latinas. Já tinham trocado de mãos uma dúzia de vezes. Tentamos rastrear os proprietários anteriores até chegarmos a 1958. Demos com registros inexistentes. Demos com nomes ausentes.

Caçamos nomes pelo vale de San Gabriel afora. As pessoas se mudavam para o vale de San Gabriel e raramente o deixavam. Algumas vezes se mudavam para cidadezinhas cafajestes, como Colton ou Fontana. Bill me colocava para dirigir todos os dias. Ele tinha se aposentado para não ter mais que dirigir nas auto-estradas. Eu tinha feito com que ele se desaposentasse. Isto significava ter que servir de chofer. Isto significava ter que ouvir desaforos com relação à minha falta de habilidade ao volante.

Andávamos de carro. Conversávamos. Tecíamos nosso caso e envolvíamos o mundo do crime inteirinho. Percorríamos auto-estradas elevadas e estradas de superfície. Bill apontava para locais de desova e tagarelava sobre seus antigos casos. Eu descrevia minhas atividades criminosas patéticas. Bill descrevia seus anos de patrulha com zelo picaresco. Nós dois venerávamos a sobrecarga de testosterona. Nós dois delirávamos com relatos do mau uso da energia masculina. Ambos enxergávamos seus subterfúgios. Ambos sabíamos que ele tinha matado minha mãe. Bill enxergava a morte de minha mãe num contexto completo. Eu o amava por isso.

Choveu pra caralho o mês de janeiro inteirinho. Enfrentamos engarrafamentos da hora do *rush* e enchentes nas auto-estradas.

Fomos ao Pacific Dining Car e jantamos enormes pratos de carne. Conversamos. Percebi que nós dois detestávamos preguiça e bagunça. Eu vivi aquilo durante vinte anos. Bill viveu aquilo como policial. A preguiça e a bagunça podiam ser sensuais e sedutoras. Ambos sabíamos disso. Ambos compreendíamos o barato que elas proporcionavam. Tudo voltava à testosterona. Era preciso controlar. Era preciso afirmar. A coisa podia fugir ao controle e forçá-lo a capitular, a se entregar. Os prazeres fáceis eram uma tentação maldita. Álcool, drogas e sexo sem compromisso produziam uma versão barata do poder, do mesmo poder do qual tentávamos abrir mão. Destruíam o desejo de viver uma vida decente. Atiravam uma centelha sobre o crime. Destruíam contratos sociais. A dinâmica do tempo perdido/tempo recuperado tinha me ensinado isto. Os especialistas culpavam a pobreza e o racismo pelo crime. Tinham razão. Eu via o crime como uma praga moral coincidente com origens inteiramente empáticas. O crime era o mau uso da energia masculina. O crime era o desejo ardente de uma entrega extasiante. O crime era o desejo romântico fracassado. O crime era a preguiça e a bagunça, o descuido pessoal em escala epidêmica. O livre-arbítrio existia. Seres humanos eram melhores do que ratos de laboratório reagindo a estímulos. O mundo era um lugar fodido. E, de qualquer forma, todos nós tínhamos responsabilidade nisso.

Eu sabia disso. Bill sabia disso. Ele apaziguava seu conhecimento com maior senso de caridade do que eu. Eu me julgava com rigidez e transferia os padrões do meu autojulgamento para o de outras pessoas. Bill acreditava mais na mitigação do que eu. Ele queria que eu estendesse uma certa mitigação à minha mãe.

Ele achava que eu era duro demais com ela. Ele gostava da minha franqueza de parceiro-para-parceiro e não gostava da minha falta de sentimentalismo de filho para com a mãe. Eu disse que estava tentando conter a presença dela. Eu dialogava com ela. Era um diálogo basicamente interno. Externamente, eu usava de críticas e de avaliações falsamente objetivas. Dentro de mim, ela tomava asas. Ela me irritava e me incitava. Eu vestia um jaleco branco e me dirigia a ela clinicamente. Eu fazia comentários grosseiros de forma a suscitar respostas grosseiras. Nós tínhamos um relacionamento de duas caras. Éramos como amantes ilícitos vivendo em dois mundos.

Eu sabia que Bill estava caindo por ela. Não era um tombo como o que ele tinha tomado no caso de Phyllis "Bunny" Krauch. Não era uma fantasia de ressurreição. Não tinha o mesmo sabor para ele de ver Tracy Stewart e Karen Reilly exumadas além do *status* de vítima. Ele estava caindo pelas lacunas da ruiva. Ele queria decifrar o enigma de seu caráter na mesma medida que desejava encontrar seu assassino.

Nós andávamos de carro. Nós conversávamos. Nós perseguíamos nomes. Nós perseguíamos tangentes antropológicas. Fomos ao estacionamento que ficava em frente ao antigo Desert Inn. Pegamos alguns nomes e rastreamos os proprietários até 1958. O filho do antigo dono tinha uma concessionária Toyota. Nos deu quatro nomes. Rastreamos dois até o necrotério e dois até estacionamentos em Azusa e Covina. Bill tinha um palpite de que o Moreno era vendedor de carro. Passamos dez dias seguindo esse palpite. Conversamos com uma porrada de vendedores de carros. Todos eram fossilizados habitantes da região.

Nenhum deles se recordava de nosso caso. Nenhum deles se lembrava dos agitos do Desert Inn. Nenhum deles comeu no Stan's Drive-In. Nenhum deles nos pareceu viver uma vida cem por cento sóbria. Na realidade, a grande maioria nos pareceu ébria. Todos negaram conhecimento do ambiente dissoluto dos bares de El Monte.

Andávamos de carro. Conversávamos. Perseguíamos nomes. Raramente nos afastávamos do vale de San Gabriel. Cada nova pista nos levava de volta a ele. Eu conheci todas as rotas de auto-estrada, de Duarte a Rosemead, Covina e até Glendora. Conheci todas as rotas de estradas que entravam e saíam de El Monte. Nós sempre atravessávamos El Monte. Era o caminho mais curto para se pegar a rodovia 10, rumo ao leste, e a 605, rumo ao sul. El Monte se tornou completamente familiar. O Desert Inn se transformou no Valenzuela. A comida era ruim. O serviço era indiferente. Era um boteco vagabundo, com uma banda de *mariachis*. A repetição acabou com o lugar para mim. Perdeu sua capacidade de me chocar, perdeu seu charme. Não existia como forma de supervisionar minhas noitadas mentais com minha mãe. Só sobrava um campo magnético em El Monte. A King's Row, à noite.

De vez em quando me deixavam do lado de fora. Eu dirigia até lá por volta da meia-noite e encontrava o portão trancado. A King's Row era uma estrada de acesso até uma escola secundária. Ela não existia para reinjetar aquele velho horror em mim.

De vez em quando eu encontrava o portão aberto. Eu entrava com o carro e estacionava com os faróis apagados. Eu ficava ali, sentado. Eu sentia medo. Eu ficava imaginando coisas horripilantes versão 1995 e ficava ali parado, esperando que acontecessem. Eu queria correr riscos físicos por ela. Eu queria sentir o medo que ela sentiu naquele lugar. Eu queria sentir o medo dela se fundir ao meu e tomar uma nova forma. Eu queria me assustar até aguçar minha percepção e sair dali com percepções novas e lúcidas.

Meu medo sempre atingia os píncaros e depois diminuía. Eu jamais consegui me assustar a ponto de voltar no tempo até aquela noite.

O artigo do *L.A. Weekly* foi publicado e expôs a investigação Ellroy-Stoner lindamente. Contava os casos Ellroy e Long detalhadamente. Enfatizava a Loura. Omitia o fato de minha mãe ter sido estrangulada com duas ligaduras. Afirmava que ela tinha sido estrangulada apenas com a meia de náilon. A omissão era de suma importância, pois nos ajudaria a eliminar falsas confissões e confirmar as verdadeiras. Os fatos verídicos já tinham sido publicados na revista GQ e nos antigos artigos de jornal. A omissão do *L.A. Weekly* era uma medida provisória.

Publicaram nosso disque-denúncia em negrito.

As ligações começaram a entrar. Eu mantinha a secretária eletrônica ligada 24 horas por dia. Eu ouvia os recados periodicamente e registrava o horário preciso em que os telefonemas tinham sido dados. Bill disse que todas as contas de telefones DDG identificavam os telefones de chamada. Assim, podíamos registrar os horários em que as ligações suspeitas tinham sido feitas e rastrear seus autores pela conta mensal.

No primeiro dia, 42 pessoas ligaram e desligaram. Dois médiuns telefonaram oferecendo seus serviços. Um homem telefonou e disse que podia fazer uma sessão espírita e convocar o espírito de minha mãe por um precinho camarada. Um cabeça-de-bagre da indústria cinematográfica telefonou e disse que minha história era material para um filme de mega orçamento. Uma mulher telefonou e disse que o pai dela tinha matado minha mãe. Quatro pessoas ligaram dizendo que tinha sido O.J. Simpson. Um velho amigo telefonou me pedindo um empréstimo.

Vinte e nove pessoas ligaram e desligaram no segundo dia. Quatro médiuns ligaram. Duas pessoas ligaram e deduraram O.J. Nove pessoas ligaram para me desejar boa sorte. Uma mulher telefonou, disse que meus livros eram *sexy* e que tal se a gente se encontrasse. Um homem ligou e disse que meus livros eram racistas e homofóbicos. Três mulheres ligaram e disseram que talvez seus pais tivessem matado minha mãe. Duas delas disseram que foram molestadas pelos pais.

As ligações continuaram.

Mais pessoas desligaram e mais pessoas delataram O.J. Mais médiuns nos ligaram e mais pessoas nos desejaram boa sorte. Recebemos duas ligações de mulheres com síndrome de memória reprimida. Disseram que os pais as tinham molestado sexualmente. Disseram que talvez seus pais tivessem matado minha mãe. Recebemos três ligações de uma mesma mulher. Ela dizia que seu pai tinha matado minha mãe *e* a Dália Negra.

Ninguém telefonou para dizer: que conhecia a Loura. Ninguém ligou para dizer que conhecia minha mãe. Nenhum policial ligou para dizer, Eu peguei esse moreno filho da puta.

O número de chamadas diminuía dia após dia. Eu fui diminuindo nossa lista de ligações a retornar. Risquei o nome dos malucos, dos médiuns e da mulher da Dália Negra. Bill telefonou para as outras mulheres que deduraram os pais e fez algumas perguntas do tipo ou vai ou racha.

As respostas inocentaram seus pais. Os pais eram jovens demais. Os pais estavam presos em 1958. Os pais não se pareciam com o Moreno.

As mulheres queriam conversar. Bill se propôs a ouvi-las. Seis mulheres contaram a mesma história. Seus pais espancavam suas mães. Seus pais as molestaram. Seus pais gastavam a grana do aluguel. Seus pais davam em cima de mulheres menores de idade. Seus pais estavam mortos ou então debilitados devido ao consumo excessivo de álcool.

Os pais eram todos de um certo tipo. As mulheres eram todas de um certo tipo. Eram de meia-idade e faziam terapia. Definiam-se através de terminologias psicoterapêuticas. Viviam terapia, falavam terapia e usavam jargão de psicoterapia para exprimir sua crença sincera de que seus pais realmente poderiam ter matado minha mãe. Bill gravou três das conversas. Eu as ouvi. Acreditei piamente em cada acusação específica de abuso sexual. As mulheres tinham sido traídas e sofrido abusos. Sabiam que, no fundo, seus pais eram estupradores e assassinos. Achavam que a terapia tinha dado a elas *insights* sobrenaturais. Elas eram vítimas. Enxergavam o mundo através de uma ótica vítima-predador. Elas me viam como vítima. Queriam criar famílias vítima-predador. Queriam me reivindicar como irmão e ungir minha mãe e seus pais como nossos pais disfuncionais. Achavam que a força traumática que tinha moldado seus *insights* suplantava a lógica pura e simples. Não importava para elas que seus pais não se parecessem com o Moreno. O Moreno poderia ter deixado minha mãe de volta no Desert Inn. Seus pais poderiam ter pego minha mãe no estacionamento. A dor que elas sentiam era totalmente inclusiva. Queriam torná-la pública. Estavam escrevendo a história oral das crianças devastadas do nosso tempo. Queriam incluir a minha história. Eram recrutadoras evangélicas.

Elas me comoviam e me assustavam. Eu ouvi suas fitas outra vez e consegui identificar por que me amedrontavam. As mulheres me soavam presunçosas. Estavam entrincheiradas e satisfeitas com sua condição de vítima.

As ligações feitas para o nosso disque-denúncia foram rareando. O produtor do *Day One* me telefonou. Disse que não poderiam divulgar o número DDG. Violava os códigos de padrões e práticas da emissora. O apresentador diria algumas palavras ao final do nosso segmento. Pediria que as denúncias em potencial fossem feitas para a Divisão de Homicídios do xerife. Ele incluiria o telefone da Homicídios do xerife.

Eu fiquei puto. Bill ficou puto. A restrição acabou com nossa possibilidade de acesso a informações vindas de todo o país. A ligação para o telefone da Divisão de Homicídios do xerife não era gratuita. Gente encrenqueira ligaria para o DDG. Gente encrenqueira não ligaria para a polícia. Gente pobre e gente pão-dura ligaria para o DDG. Gente pobre e gente pão-dura não faria uma ligação interurbana.

Bill previu quinhentas ligações para o disque-denúncia. Ele previu dez ligações para a Divisão de Homicídios do xerife. Passei uma semana sozinho com a pasta de Jean Ellroy. Li cada relatório e cada bilhete 14 dúzias de vezes. Bati o olho num pequeno detalhe.

A Airtek Dynamics era de propriedade do grupo Pachmyer. Pachmyer e Packard-Bell eram foneticamente parecidas. Eu achava que minha mãe tinha trabalhado na Packard-Bell até junho de 1958. O Livro Azul dizia que não. Eu talvez tivesse criado uma Packard-Bell quarenta anos atrás. Podia ser um erro derivado de uma memória disléxica.

Bill e eu discutimos este ponto. Ele disse que eu deveria entrar em contato com meus parentes de Wisconsin. Talvez tio Ed e tia Leoda ainda estivessem vivos. Talvez pudessem esclarecer a questão Packard-Bell. Talvez tivessem alguns nomes para nós. Talvez tivessem o livro de assinaturas do enterro de minha mãe. Talvez contivesse algum nome. Eu disse que tinha ligado para os Wagner em 1978 e pedido perdão a Leoda por todas as vezes em que passei a perna nela. Nós discutimos. Ela disse que minhas primas Jeannie e Janet estavam casadas e perguntou por que eu não estava. Ela me tratou com condescendência. Disse que meu trabalho de *caddy* não devia ser um grande desafio.

Eu mandei os Wagner às favas ali mesmo. Eu os mandei às favas em regime permanente. Eu disse a Bill que não queria contatá-los agora. Ele disse: Você está com medo. Você não quer ressuscitar Lee Ellroy nem por dois minutos. Eu respondi: Você tem razão.

Caçamos nomes. Encontramos uma mulher de noventa anos. Era esperta e lúcida. Conhecia El Monte. Ele deu alguns nomes. Nós os rastreamos até o necrotério.

Passei duas semanas sozinho com as pastas dos casos Ellroy e

Long. Fiz um inventário de cada bilhete escrito em cada pedacinho de papel. Meu inventário tinha 61 páginas. Eu fiz uma fotocópia, que dei a Bill.

Encontrei mais um bilhete amassado que nós dois tínhamos deixado passar. Era um bilhete sobre uma batida policial. Reconheci a caligrafia de Bill Vickers. Vickers tinha conversado com uma garçonete do Mama Mia Restaurant. Ela tinha visto minha mãe no restaurante "por volta das 20:00". Sábado à noite. Estava sozinha. Chegou na porta e vasculhou o lugar com os olhos "como se estivesse procurando alguém".

Verifiquei meu inventário. Encontrei um bilhete relacionado. Dizia que Vickers tinha telefonado para uma garçonete do Mama Mia. Ela tinha mencionado uma mulher ruiva. Vickers disse que levaria uma foto da vítima para ela olhar. O bilhete que eu acabava de encontrar dava prosseguimento ao primeiro. A garçonete deu uma olhada na foto. A tal ruiva era minha mãe.

Era um importante indício para a reconstituição.

Minha mãe estava "procurando alguém". Bill e eu extrapolamos com relação a este "alguém". Ela estava procurando a Loura e/ou o Moreno. Pelo menos um desses dois relacionamentos existia antes daquela noite.

O programa *Day One* foi ao ar. O segmento Ellroy-Stoner foi incisivo, objetivo. O diretor conseguiu resumir a história em dez minutos. Incluiu a Loura. Mostrou o retrato do Moreno. Diane Sawyer pediu que qualquer pista em potencial fosse passada para a Divisão de Homicídios do xerife.

A mulher da Dália Negra telefonou. Quatro outras mulheres ligaram dizendo que seus pais poderiam ter matado minha mãe. Um homem ligou e dedurou o sogro. Retornamos as ligações. As informações dadas eram 100% falsas.

Passei outra semana com as pastas dos casos Ellroy e Long. Criei novas ligações. Bill fez uma faxina na sua mesa no *bureau*. Encontrou um envelope marcado Z-483-362.

Continha:

Um cartão de visitas com nome e endereço de um John Howell de Van Nuys, Califórnia.

O carnê de pagamento do carro de Jean Ellroy. Ela tinha feito seu último pagamento no dia 5/6/58. Eram pagamentos de US$85,58 por mês.

Um cheque cancelado de 15 dólares. O cheque tinha a data de 15/4/58. Jean Ellroy assinou o cheque no dia de seu 43º aniversário. Um homem chamado Charles Bellavia o endossou.

Uma folha de papel com cola na borda e um bilhete num dos lados. O bilhete dizia: "Nikola Zaha. Namorado da Vít.? Whittier."

Passamos mais alguns nomes pelos computadores dos Departamentos de Trânsito e de Justiça. Acertamos com o da Justiça. O de Trânsito não nos deu coisa alguma sobre Zaha. Achamos John Howell e Charles Bellavia através do Departamento de Trânsito. Estavam velhos. Bellavia vivia em West L.A. Howell vivia em Van Nuys. Bellavia era um nome raro. Pensamos ter achado o sujeito certo. Sabíamos que tínhamos achado o John Howell certo. Seu endereço atual diferia do endereço do cartão de visitas por alguns dígitos.

Procuramos Zaha no catálogo. Encontramos dois, em Whittier. Zaha era um nome raro. Whittier era contígua ao vale de San Gabriel. Os dois Zaha, muito provavelmente, tinham parentesco com o nosso Zaha.

Eu me lembrava de Hank Hart, antigo namorado de minha mãe. Eu os peguei na cama certa vez. Hank Hart só tinha um polegar. Eu peguei minha mãe na cama com outro homem. Eu não sabia seu nome. Eu não conhecia o nome Nikola Zaha.

Nikola Zaha podia ser uma testemunha importante. Ele talvez soubesse explicar a mudança precipitada de minha mãe para El Monte.

Bill e eu fomos até Van Nuys. Encontramos a casa de John Howell. A porta estava escancarada. Encontramos Howell e a esposa na cozinha. Uma enfermeira preparava o almoço dos dois.

O sr. Howell estava ligado a um respirador. A sra. Howell estava sentada numa cadeira de rodas. Eles eram velhos e frágeis. Não parecia que fossem viver por muito mais tempo.

Fomos muito cuidadosos no trato com os dois. A enfermeira nos ignorou. Explicamos nossa situação e pedimos a eles que voltassem no tempo. A sra. Howell fez a primeira ligação. Disse que sua mãe tomou conta de mim. Ela tinha morrido quinze anos atrás. Estava com 88 anos. Eu batalhei o nome da mulher e consegui.

Ethel Ings. Casada com Tom Ings. Imigrantes galeses. Ethel era louca por minha mãe. Ethel e Tom estavam na Europa em junho de 1958. Minha mãe os levou até o *Queen Mary* de carro. Meu pai ligou para Ethel e contou que minha mãe estava morta. Ethel ficou arrasada.

O sr. Howell disse que se lembrava de mim. Meu nome era Lee — não James. A polícia encontrou o cartão de visitas dele na casa de minha mãe e o interrogou. Os tiras foram bastante grosseiros.

Eu vi um caderno de endereços sobre a mesa da cozinha. Perguntei ao sr. Howell se podia dar uma olhada. Ele assentiu. Folheei o livro. Reconheci um nome.

Eula Lee Lloyd. Nossa vizinha... por volta de 1954. Eula Lee era casada com um homem chamado Harry Lloyd. Atualmente, vivia em North Hollywood. Memorizei seu endereço e telefone.

A enfermeira bateu de leve no relógio de pulso. A sra. Howell estava tremendo. O sr. Howell estava ofegante. Bill e eu nos despedimos. A enfermeira nos mostrou o caminho e bateu a porta.

Tive uma vaga idéia do quão imprecisa era a minha memória. Eu não tinha me lembrado de Eula Lee Lloyd. Eu não tinha me lembrado de Ethel e Tom Ings. A nova investigação completava nove meses. As lacunas da minha memória talvez estivessem impedindo nosso progresso. Eu recuperei uma recordação. Tinha ido até o navio com Ethel, Tom e minha mãe. Era final de maio ou começo de junho de 1958. Eu achava que tinha aquele período enquadrado microscopicamente. Eu achava que tinha cada detalhe selecionado para análise. Os Howell me mostraram que não era bem assim. Minha mãe podia ter dito certas coisas. Minha mãe podia ter feito certas coisas. Ela podia ter mencionado pessoas. Os policiais tinham me interrogado e reinterrogado. Queriam capturar minhas recordações recentes. Eu precisava recuperar minhas recordações recentes. Eu precisava me dividir em dois. O homem de 47 anos precisava interrogar o garoto. Ela tinha vivido dentro do meu campo de ação. Eu precisava viver com ela outra vez. Eu precisava exercer pressão mental extrema e voltar ao nosso passado em comum. Eu precisava colocar minha mãe num cenário fictício e tentar fazer brotar lembranças reais através de uma expressão simbólica. Eu precisava reviver minhas fantasias incestuosas, contextualizá-las e embelezá-las para além da vergonha e das fronteiras que sempre as restringiram. Eu precisava ir viver com minha mãe. Eu precisava me deitar ao seu lado, no escuro, e mandar ver...

Eu ainda não estava pronto. Antes de mais nada, eu precisava me livrar de um bloqueio temporal. Eu precisava encontrar Lloyd, Bellavia e Zaha para saber onde eles me levariam. Eu queria chegar à minha mãe munido de recordações de grosso calibre. O caso Beckett estava para ir a julgamento. Bill estaria sentado à mesa do promotor o dia todo, todos os dias. Eu queria assistir ao julgamento. Eu queria olhar para Papai Beckett e amaldiçoar sua alma imprestável. Eu queria ver Tracy Stewart ter, enfim, sua vingança tardia e pouco satisfatória. Bill disse que era bem possível que o julgamento durasse umas duas semanas. Seria concluído no final de julho ou em agosto. Eu podia me isolar com a ruiva até então.

Tínhamos três nomes quentes. Nós os caçamos em tempo integral.

Ligamos para Eula Lee Lloyd e ninguém atendeu. Batemos à sua porta e ninguém abriu. Passamos três dias ligando para ela e batendo à sua porta, mas ninguém nos atendeu. Conversamos com a senhoria. Contou que Eula estava enfurnada em algum lugar com uma irmã doente. Explicamos nossa situação. Ela disse que falaria com Eula mais cedo ou mais tarde. Diria a ela que estávamos a fim de bater um papo. Bill deu a ela o telefone de casa. Ela disse que entraria em contato.

Batemos à porta de Charles Bellavia. A esposa abriu. Disse que Charles tinha ido ao mercado. Charles tinha um problema no coração. Caminhava todos os dias. Bill mostrou a ela o cheque cancelado. Disse que a mulher que preencheu o cheque foi assassinada dois meses depois. Ele perguntou por que Charles Bellavia endossou o cheque. Ela disse que aquela assinatura não era de Charles. Não acreditei nela. Bill não acreditou nela.

Ela mandou que fôssemos embora. Tentamos passar uma conversa nela. Ela não se deixou enrolar. Bill colocou a mão no meu braço, como quem diz, larga pra lá.

Largamos. Bill disse que passaria o cheque para a polícia de El Monte. Tom Armstrong e John Eckler dariam uma prensa no velho Bellavia.

Caçamos Nikola Zaha. Partimos para Whittier de carro e fomos ao primeiro endereço que tínhamos para Zaha. Uma adolescente estava sozinha em casa. Disse que Nikola era seu avô. Tinha morrido havia muito tempo. A outra Zaha das redondezas era a ex-esposa de seu tio.

Fomos até a casa da outra Zaha e batemos à porta. Ninguém veio abrir. Fomos até a delegacia de El Monte e deixamos o cheque com Armstrong e Eckler. Voltamos para o condado de Orange e nos separamos pelo resto do dia. Fui a uma loja Home Depot e comprei mais um quadro de cortiça. Pendurei-o na parede do meu quarto.

Desenhei um gráfico contendo uma linha do tempo que incluía a noite de sábado/manhã de domingo. Começava no número 756 da Maple, às 20:00. Terminava em Arroyo High, às 10:10 do dia seguinte. Eu mostrava a posição de minha mãe nos diversos locais de Five Points, hora a hora. Colocava pontos de interrogação para marcar os horários em que ignorávamos seu paradeiro. Estabeleci o horário da morte dela como sendo às 3:15. Prendi meu gráfico na cortiça. Prendi uma foto bem explícita da cena do crime às 3:20.

Passei umas boas duas horas encarando aquele gráfico. Bill telefonou. Disse que tinha conversado com o filho e com a ex-nora de Zaha. Contaram que Zaha tinha morrido em 1963. Tinha quarenta e poucos anos. Teve um ataque cardíaco. Bebia muito e vivia correndo atrás de mulher. Era engenheiro. Tinha trabalhado em diversas indústrias próximas ao centro de Los Angeles. Era possível que tivesse trabalhado na Airtek Dynamics. O filho e sua ex não conheciam o nome Jean Ellroy. O filho disse que o pai corria atrás de mulher, mas que era discreto. Bill conseguiu duas descrições de Zaha. Ele parecia ser a antítese do Moreno.

Bill disse boa-noite. Coloquei o telefone no gancho e fiquei olhando para o meu gráfico.

Armstrong e Eckler deram retorno. Disseram que tinham conversado com Charles Bellavia. Ele disse que a assinatura do cheque não era dele. Não convenceu. Disse que, em 1958, tinha um negócio de *trailers* que servia comida. Seus *trailers* serviam as fábricas do centro de Los Angeles. Armstrong tinha uma teoria. Achava que Jean Ellroy tinha comprado comida. Deu o cheque para o vendedor do *trailer* e recebeu dez ou doze dólares de troco, em dinheiro. Bellavia disse que não conhecia nenhuma Jean Ellroy. Convenceu. O sujeito do *trailer* deu o cheque a Bellavia. Ele o endossou e o depositou na conta da firma.

A senhoria de Eula Lee deu retorno. Disse que tinha conversado com Eula Lee. Eula Lee se lembrava de Jean Ellroy e do assassinato. Disse que não tinha nada para nos contar. Sua irmã estava doente. Ela precisava cuidar dela. Não tinha tempo para ficar conversando sobre velhos homicídios.

Bill começou seu serviço pré-julgamento com o promotor público. Eu me enfurnei em casa com a pasta de Jean Ellroy. A linha DDG tocava de vez em quando. Recebi ligações incriminando O.J. e ligações de médiuns. Quatro jornalistas me ligaram num período de duas semanas. Queriam escrever a respeito da investigação Ellroy-Stoner. Todos prometeram incluir nosso DDG. Marquei entrevistas com o *L.A. Times*, com o *Tribune*, do vale de San Gabriel, com a revista *Orange Coast* e com o *La Opinión*.

Recebemos uma pista quente. Uma mulher tinha lido o *L.A. Weekly* tempos após a publicação e nos ligou. O nome dela era Peggy Forrest. Tinha se mudado para El Monte em 1956. Não era médium. Não achava que o pai tinha matado minha mãe. Vivia a um quilômetro e meio da Bryant com a Maple... naquela época e agora.

Deixou um recado provocante. Bill ligou para ela e marcou uma conversa. Fomos até a casa dela. Ela vivia na Embree Drive, saindo da Peck Road. Ficava ao norte de minha velha casa.

Peggy Forrest tinha os membros compridos e estava com sessenta e tantos anos. Sentou-se no quintal de sua casa e nos contou sua história.

Encontraram a enfermeira no domingo pela manhã. Deram a notícia no rádio. Willie Stopplemoor bateu à sua porta. Queria conversar a respeito. "Willie" era apelido de "Wilma". Willie era casada com Ernie Stopplemoor. Tinham dois filhos, Gailard e Jerry. Gailard freqüentava a Arroyo High. Ernie e Wilma tinham entre 35 e 40 anos. Eram de Iowa. Moravam na Elrovia. A Elrovia ficava perto da Peck Road.

Willie estava agitada. Disse que a polícia estava atrás de Clyde "Stubby" Greene. Tinham encontrado o casaco de Stubby cobrindo o corpo da enfermeira. A enfermeira andava vendendo drogas para Stubby.

Stubby Greene morava em frente a Peggy Forrest. Ele trabalhava numa oficina com Ernie Stopplemoor. Stubby tinha 1,80m e era corpulento. Tinha os cabelos cortados rentes. Devia ter uns trinta anos naquela época. Stubby era casado com Rita Greene. Eram de Vermont ou de New Hampshire. Rita era loura. Usava rabo-de-cavalo. Stubby e Rita viviam de bar em bar. Stubby era "uma lenda em El Monte" e "um conhecido *bad boy*". Stubby e Rita tinham um filho chamado Gary e uma menina chamada Candy. Eles freqüentavam a Cherrylee Elementary School. Tinham uns seis ou sete anos em 1958. Peggy viu Stubby chegar em casa pé ante pé certa manhã. Carregava uns ternos e uns paletós. Aquilo simplesmente não lhe cheirou bem. Willie Stopplemoor nunca mais falou de Stubby ou da enfermeira. Peggy tinha se esquecido daquilo tudo. Mas a grande paulada era o seguinte:

Os Greene desapareceram para destino desconhecido algumas semanas após o assassinato. Tiraram as crianças da escola. Pararam de pagar a hipoteca e abandonaram a casa. Nunca mais voltaram para El Monte. Os Stopplemoor fizeram o mesmo. Sumiram inesperadamente. Não disseram a vivalma que tinham a intenção de se mudar. Simplesmente levantaram acampamento e desapareceram.

Pedi a Peggy que descrevesse Ernie Stopplemoor. Ela disse que ele era muito alto e esguio. Willie Stopplemoor era gorducha e tinha traços comuns. Bill perguntou a respeito da oficina. Peggy disse que não sabia o nome. Ficava em algum lugar do vale de San Gabriel.

Pedi a ela que me desse nomes. Pedi a ela que ligasse alguns nomes ao incidente Greene. Ela contou que seu pai tinha lhe dito alguma coisa. Ele disse que Bill Young e Margaret McGaughey conheciam a enfermeira morta.

Bill pediu a Peggy Forrest que contasse a história toda outra vez. Ela a contou exatamente da mesma forma. Eu anotei todos os nomes, idades e descrições físicas. Fiz uma lista de prioridades e sublinhei quatro coisas:

Museu de El Monte: verificar catálogos de 1958.

Checar 1959: verificar se os Greene e os Stopplemoor realmente deixaram El Monte.

Checar registros escolares: filhos dos Greene & dos Stopplemoor.

Procurar Greene & Stopplemoor no país inteiro e tentar localizá-los.

Eu senti alguma coisa. Eu gostava daquele astral de coisa amarradinha e local.

Mostrei minha lista a Bill. Ele disse que era boa. Discutimos o caso Greene/Stopplemoor. Eu disse que a história do casaco era besteira. A polícia tinha encontrado o casaco de minha mãe cobrindo-lhe o corpo. Bill disse que a história das drogas era besteira. Era muito pouco provável que Jean tivesse acesso a narcóticos de valor comercial. Eu disse que gostava do ângulo geográfico da coisa. A Elrovia ficava a uma quadra da Maple. Comecei a formular teorias. Bill mandou que eu parasse. Precisávamos de fatos, antes de mais nada.

Fomos ao museu de El Monte. Checamos os catálogos. Encontramos um Clyde Greene morando na Embree em 1958. O nome da esposa era listado como sendo Lorraine, não Rita. Checamos os catálogos de 1959, 1960 e 1961. Não havia nenhum Clyde ou Lorraine listados. Encontramos os Stopplemoor na Elrovia por todos os quatro anos.

Bill ligou para Tom Armstrong. Contou a ele a história e passou-lhe nomes e idades aproximadas dos dois filhos dos Greene e dos dois filhos dos Stopplemoor. Era possível que os Stopplemoor tivessem ficado em El Monte. Talvez os Greene tivessem dado no pé. Armstrong disse que verificaria os registros escolares pertinentes. Tentaria descobrir se os Greene e os Stopplemoor tinham tirado os filhos da escola.

Bill telefonou para o chefe Clayton e para Dave Wire. Mencionou os nomes Ernie Stopplemoor e Clyde "Stubby" Greene — a "lenda de El Monte". Os nomes não o faziam pensar em ninguém. Clayton e Wire prometeram ligar para alguns velhos policiais e nos retornar.

Eles ligaram para alguns velhos policiais. Eles deram retorno. Ninguém se lembrava de Ernie Stopplemoor ou de Clyde "Stubby" Greene.

Passamos os Greene, os Stopplemoor e os filhos pelos computadores dos Departamentos de Trânsito e de Justiça, bem como pelo catálogo para 50 estados. Passamos o nome Rita Greene e Lorraine Greene. Recebemos de volta alguns poucos, preciosos, Greene. Ligamos para todos eles. Nenhum deles agiu de forma suspeita. Nenhum deles disse ter morado em El Monte. Nenhum dos Clyde disse ter o apelido de "Stubby". Nenhum dos Gary ou Candy disseram ter papais chamados Clyde ou mamães chamadas Lorraine ou Rita.

Localizamos três Stopplemoor em Iowa. Todos eram parentes de sangue do velho Ernie. Disseram que Ernie e Wilma estavam mortos. Seu filho Jerry estava morto. Seu filho Gailard morava no norte da Califórnia.

Bill pegou o telefone de Gailard e ligou para ele. Gailard não se lembrava dos Greene, do assassinato de Jean Ellroy ou de qualquer outra coisa sobre El Monte, a não ser de veículos envenenados e garotas. Não nos pareceu suspeito. Ele dava a impressão de ser sonâmbulo.

Armstrong nos arrumou os registros escolares. Provavam que os Stopplemoor tinham ficado em El Monte. Provavam que os Greene tinham tirado as crianças da escola em outubro de 1958. Stubby não tinha dado o fora em julho. Peggy Forrest estava enganada.

Tentamos encontrar Bill Young e Margaret McGaughey. Nada. Demos adeus à pista como um todo.

Eu e Bill encontramos com a repórter do *L.A. Times*. Mostramos a ela a pasta. Mostramos a ela El Monte. Nós a levamos ao Valenzuela, à Arroyo High e ao número 756 da Maple. Ela disse que estava atolada de trabalho e que talvez não conseguisse publicar o artigo antes de setembro.

Bill voltou aos preparativos para o julgamento. Eu voltei à pasta do caso. A pasta era uma estrada de acesso à minha mãe. Eu logo me esconderia com ela. A pasta estava me preparando para isso. Eu queria ir ao seu encontro com rumores e fatos estabelecidos sincronizados com minha imaginação. A pasta tinha cheiro de papel velho. Eu podia transformar aquele cheiro em perfume derramado, em sexo e nela.

Eu me isolei com minha pasta. O apartamento não tinha ar-condicionado e fazia um calor de verão. Eu olhava fixamente para o quadro de cortiça. Pedia comida. Conversava com Helen e com Bill pelo telefone todas as noites, e com mais ninguém. Mantinha a secretária eletrônica ligada. Uma série de médiuns e de outras pessoas que diziam poder abrir um canal até a alma de minha mãe telefonavam dizendo que podiam me ajudar. Eu apaguei os recados. Inventei umas medidas malucas e contei-as a Bill. Eu disse que nós podíamos publicar um enorme anúncio num jornal pedindo informações sobre a Loura e o Moreno. Bill disse que isto só serviria para atrair mais malucos, mais idiotas e mais místicos. Eu disse que podíamos oferecer uma recompensa pela informação. Talvez galvanizasse os ratos de bar que ouviram a história da Loura. Bill disse que galvanizaria todos os filhos da puta gananciosos do condado de Los Angeles. Eu disse que podíamos vasculhar todos os catálogos telefônicos de 1958. Podíamos checar os de El Monte, Baldwin Park, Rosemead, Duarte, La Puente, Arcadia, Temple City e San Gabriel, e anotar cada sobrenome grego, italiano e de origem latino-caucasiana, checar nos computadores dos Departamentos de Trânsito e de Justiça e seguir daí. Bill disse que era uma idéia maluca. Levaria um ano e não resultaria em porra nenhuma, além de uma irritação catastrófica.

Ele disse que eu devia ler o conteúdo da pasta. Disse que eu devia pensar a respeito de minha mãe. Eu disse que era o que estava fazendo. Eu não contei que uma parte de mim estava fugindo como minha mãe costumava fugir. Eu não contei que minhas sugestões ensandecidas eram uma última tentativa de evitá-la.

A nova investigação de Jean Ellroy completava dez meses.

25

Papai Beckett parecia-se com o Papai Noel. Em 1981 ele era um filho da puta mau pra caralho. Agora, era um avozinho de barba branca. Tinha problemas cardíacos. Tinha virado crente.

Foi julgado na Divisão 107 da Suprema Corte do Condado de Los Angeles. O juiz Michael Cowles presidia. O vice-promotor público Dale Davidson representava o condado. Um advogado chamado Dale Rubin representava Papai. A sala de audiência era forrada de madeira e tinha ar-condicionado. A acústica era boa. Os bancos dos espectadores eram duros e desconfortáveis.

O.J. Simpson estava sendo julgado a quatro portas dali. Os corredores ficavam entupidos de gente das 8:00 até o final do dia, todos os dias. Estávamos no nono andar. Os elevadores subiam no máximo de sua capacidade, todos os dias. O edifício da vara criminal parecia um centro de diversões multiplex. Apresentava uma atração principal e vários outros números menores. O prédio estava cercado de equipes da mídia, manifestantes e vendedores de camisetas. Os manifestantes pró-O.J. eram negros. Os manifestantes anti-O.J. eram brancos. Os vendedores de camisetas eram birraciais. O estacionamento estava coalhado de carros de filmagem e refletores de luz sobre cavaletes. Estávamos no período de férias. Muita gente levou os filhos.

O julgamento de Beckett foi um fracasso de audiência. Foda-se

Papai Beckett. Papai morava mal. Era um babaca cheio de dobras de banha na cintura e uma peruca vagabunda. O salão principal ficava a quatro portas dali. O.J. Simpson era o Rat Pack inteirinho, em seus melhores dias. Foda-se Tracy Stewart. Nicole Simpson era mais peituda.

Papai Beckett sentou-se ao lado de Dale Rubin. Bill Stoner sentou-se ao lado de Dale Davidson. O júri ficava encostado na parede da direita e assistia às atividades de lado. O juiz sentava-se num poleiro alto e assistia às atividades de frente. Eu fiquei encostado na parede do fundo.

Eu me sentei ali todos os dias. Os pais de Tracy Stewart sentaram-se à minha frente. Jamais nos falamos.

Charlie Guenther veio assistir ao julgamento. Gary White veio de Aspen. Bill manteve-se próximo aos Stewart. Queria ajudá-los a sobreviver ao julgamento e a encontrar os restos mortais da filha. Papai Beckett disse que se lembrava do local de desova. Tinha dito à polícia de Fort Lauderdale que mandaria um bilhete anônimo para os Stewart revelando o local. Ele ainda não tinha feito isso. Não havia vantagem alguma naquilo. Legalmente falando, o ato poderia sair pela culatra. Os Stewart queriam enterrar a filha. Era provável que soubessem que todo o conceito de "conclusão" não passava de balela. Um belo dia, a filha deles tinha sumido. Era provável que quisessem encenar uma reunião, os três, e marcar sua vida com um pedaço de terra e uma pedra.

Bill achava que jamais encontrariam o corpo. Seu fio de esperança era uma enganação. Robbie Beckett tinha dito que levaram o corpo de Tracy para o sul e o desovaram ao lado de uma cerca. Ninguém encontrou o corpo. O corpo deveria ter sido encontrado. Era possível que tivesse sido encontrado e identificado erradamente. Era possível que tivesse sido enterrado sob o nome de outra pessoa. Alguns dias após o assassinato, Papai disse a Robbie que arrancasse tudo de dentro do furgão e desse uma bela faxina. Tratava-se de um ato irracional. Um ato que contradizia, implicitamente, o relato de Robbie com relação ao crime. Eles espancaram Tracy com um porrete. Papai a estrangulou. Tinham feito pouca sujeira.

O corpo deveria ter sido encontrado.

Talvez tivessem esquartejado Tracy dentro do furgão. Talvez tivessem desovado suas partes em diferentes locais.

Bill achava que jamais saberiam. Robbie se agarraria à sua história. Papai jamais mandaria o tal bilhete. Não existia conclusão cabível para um caso como aquele. Condenariam Papai. O juiz não lançaria mão da pena de morte. Precisavam de um corpo. Precisavam provar que Papai estuprou Tracy. Robbie disse que Papai estuprou Tracy. Robbie disse que não estuprou Tracy. Bill não acreditava nele.

Charlie Guenther testemunhou. Descreveu o caso de desaparecimento de Tracy Stewart. Descreveu o trabalho de Gary White para a polícia de Aspen. Consultou um caderninho de bolso e listou datas e locais com precisão. Papai Beckett o observou. Dale Rubin questionou algumas datas e localizações. Guenther verificou suas anotações e as confirmou. Papai observava. Papai vestia camisa esporte de mangas compridas e calças compridas. A roupa complementava os cabelos brancos e os óculos. Era bem possível que seus companheiros de cela o chamassem de "Paizão".

Gloria Stewart testemunhou. Descreveu a vida de Tracy e os eventos que precederam seu desaparecimento. Tracy era uma menina tímida e assustada. Tracy teve dificuldades no segundo grau e parou de estudar prematuramente. Tracy raramente saía com rapazes. Tracy fazia pequenas tarefas e atendia o telefone para os pais. Tracy passava muito tempo em casa.

Dale Davidson foi delicado. Fraseou suas perguntas de maneira respeitosa. Dale Rubin interrogou a testemunha. Insinuou que a vida familiar de Tracy era enclausurada e bastante neurótica. Deu a impressão de pouca seriedade e de que nem ele estava convencido dos próprios argumentos. Eu observei o júri. Tentei mergulhar dentro de suas cabeças. Eu sabia que consideravam as implicações despropositadas. Tracy tinha sido assassinada. Sua vida familiar era irrelevante.

Davidson foi delicado. Rubin foi quase cortês. Gloria Stewart foi feroz.

Ela tremeu. Ela chorou. Ela olhou para Papai Beckett. Ela soluçou, tossiu e atropelou as próprias palavras. O testemunho dela dizia: Não existe conclusão cabível para um caso como este. Seu ódio encheu a sala. Ela tinha assistido ao julgamento de Robbie. Assistiu-o ser condenado. Tinha sido, apenas, um momento fugaz em meio a todo o ódio que sentia. Este era apenas mais um momento. Nada se comparava à força agregada do ódio que ela suportava todos os dias. Ela deixou o banco das testemunhas. Fez um desvio na direção da mesa da defesa e olhou Papai Beckett bem de perto. Ela estremeceu. Caminhou até seu banco e sentou-se. O marido colocou um dos braços em torno de seus ombros.

Eu nunca senti um ódio como aquele. Eu nunca tive um alvo de carne e osso.

O julgamento de Beckett prosseguiu. O julgamento de Simpson prosseguiu, a quatro portas dali. Eu via Johnnie Cochran todos os dias. Era um homenzinho meticulosamente bem-cuidado e vestido. Vestia-se melhor do que Dale Davidson e Dale Rubin.

Sharon Hatch testemunhou. Ela namorou Papai Beckett em 1981. Deu o fora em Papai Beckett. Papai Beckett pirou. Ele a ameaçou e a seus filhos. Sharon Hatch olhou para Dale Davidson. Papai olhou para Sharon Hatch. Ela disse que Papai jamais bateu nela. Ele jamais a ameaçara antes de ela dar o fora nele. Eu segui a lógica de Davidson. Estava estabelecendo a psique de Papai antes e depois da separação. Papai era calmo antes. Depois Papai pirou. Eu não confiava nessa linha de antes e depois. Era uma acusação de causa e efeito codificada, que tinha como alvo uma mulher inocente. Essa linha de interrogatório talvez chutasse os homens do júri bem no meio dos testículos. Talvez eles se compadecessem de Papai. O pobrezinho foi ferrado por uma piranha escrota e sem coração. Olhei para Sharon Hatch. Tentei ler seus pensamentos. Ela me pareceu ser passavelmente inteligente. Era bem provável que soubesse que Papai tinha pirado muito antes da separação dos dois. Ele era um capanga que recolhia empréstimos não pagos na base da força. Era um príncipe fetichista. Seu cavalheirismo para com as mulheres era apenas um sintoma do ódio que sentia por elas. Ele era um psicótico sexual em hibernação. Sabia que queria estuprar e assassinar mulheres. A separação deu a ele a justificativa da qual precisava. Um terço dela se baseava em raiva e os outros dois terços, em autopiedade. Não dava para datar este ódio, que se estendia ao sexo como um todo, para o dia em que Sharon disse: "Dá o fora, amorzinho." Papai Beckett havia muito burilava seu ponto de fulgor explicativo. Ele era igual ao Moreno na primavera de 1958. Eu senti uma pontada de empatia pelo Moreno. Senti uma enorme pontada de ódio por Papai Beckett. Minha mãe tinha 43 anos. Era mordaz. Sabia colocar homens fracos em seu devido lugar. Tracy Stewart era completamente indefesa. Papai Beckett a encurralou em seu quarto. Ela era uma ovelhinha no abatedouro dele.

Dale Davidson e Sharon Hatch trabalharam bem juntos. Estabeleceram Papai como um fusível desgastado, prestes a queimar. Dale Rubin fez algumas objeções. O juiz Cowles invalidou algumas e susteve outras. As objeções tinham a ver com pontos da lei e estavam muito além da minha compreensão. Eu estava de volta à South Bay, em 1981. Estava a meio passo daquela noite, 23 anos antes.

O juiz pediu recesso. Papai ficou detido do lado de fora da sala de tribunal. Dois tiras à paisana entraram com Robbie. Ele estava algemado e acorrentado. Vestia uniforme de presidiário. Os policiais o sentaram no banco das testemunhas, tiraram suas algemas e as correntes. Ele viu Bill Stoner e Dale Davidson e acenou. Eles se aproximaram dele. Puseram-se a sorrir e a conversar.

Robbie era um touro. Era alto e largo. Devia ter uns 0,5% de gordura corporal. Tinha cabelos castanhos compridos e um bigode que despencava pelos cantos da boca. Tinha pinta de quem levantava quase 160 quilos e corria dez metros em 9,6 segundos.

O julgamento recomeçou. Os tiras à paisana sentaram-se perto dos jurados. O meirinho trouxe Papai. Ele se sentou ao lado de Dale Rubin.

Robbie olhou para Papai. Papai olhou para Robbie. Eles se analisaram, mutuamente, e desviaram o olhar.

O escrivão tomou o juramento de Robbie. Dale Davidson aproximou-se do banco das testemunhas. Fez algumas perguntas preliminares a Robbie.

Robbie falava de forma presunçosa. Lá estava ele, pronto para descarregar seu rancor contra o pai. Ele dava ênfase a palavras como "nera" e frases como "ele num tinha ninhuma". O que ele estava dizendo era: Eu sei que tá errado e tô cagando. A sugestão era: Eu sou quem eu sou e foi meu pai que me fez assim.

Papai observava Robbie. Os Stewart observavam Robbie. Davidson conduziu Robbie de volta a Redondo Beach e à casa de Tracy e ao apartamento de Papai. Dale Rubin fez diversas objeções. O juiz as invalidava ou as sustinha. Rubin parecia atordoado. Ele não conseguia se desviar do ímpeto de Robbie. Robbie começou a olhar diretamente para Papai.

Davidson trabalhou lenta e deliberadamente. Ele levou Robbie exatamente *àquele* instante. Robbie começou a gaguejar e chorar. Ele levou Tracy até o quarto. Entregou-a a Papai. Papai começou a tocá-la...

Robbie perdeu o controle. Ele vacilava e tropeçava nas próprias palavras. Dale Davidson se deteve. Suspendeu suas perguntas por um instante maravilhosamente bem calculado. Perguntou a Robbie se ele conseguia ir em frente. Robbie secou o rosto e fez que sim com a cabeça. Davidson deu-lhe um copo d'água e disse a ele que fosse em frente. Robbie mandou ver, como bom pau-mandado que era.

Ele ficou bêbado. Papai estuprou Tracy. Papai disse: A gente precisa matar ela. Eles desceram as escadas com ela. Ele bateu nela com um porrete...

Robbie fraquejou outra vez. Fraquejou no momento certo. Ninguém lhe deu a deixa. Sacou lágrimas bem lá do fundo e engasgou. Chorou pela vida mal vivida. Ele não queria matar aquela garota naquela noite. Foi o pai quem o forçou a fazê-lo. Ele não estava chorando pela menina que matou. Estava chorando pela sua própria perda.

Robbie era bom. Robbie compreendia o deslocamento dramático. Ele buscou a velha autopiedade e se saiu com lágrimas e se mostrou como aquele que procura a redenção. Ele era mau, mas não tão mau quanto o pai. Seu caráter miserável e seu remorso lindamente fingido davam a ele carisma e credibilidade instantâneos. Eu viajei no tempo até voltar a 9/8/81. Um homem precisava matar uma mulher. Um garoto precisava agradar ao pai. Papai só matava mulheres na presença de outros homens. Papai precisava de Robbie. Papai não podia matar Tracy sem ele. Robbie sabia o que Papai queria. Você também a estuprou? Você a estuprou porque Papai a estuprou e você o odiava e não agüentava vê-lo se divertir mais do que você? Você a estuprou porque sabia que Papai ia mesmo matá-la e, sendo assim, que diferença fazia um estupro a mais ou a menos? Você abriu sacos de lixo e a desmembrou ali mesmo, atrás do furgão?

Davidson o conduziu através do resto da noite e resumiu os fatos. Robbie ateve-se à sua história tantas vezes contada e oficialmente registrada. Davidson lhe agradeceu e passou-o para Dale Rubin. Foi então que Robbie caiu na real. Aquilo era Robbie *versus* Papai — sem rabos-de-saia sacrificáveis para distorcer a verdadeira questão.

Rubin tentou desacreditar Robbie. Ele perguntou: Você não levou Tracy para a sua casa para uso próprio? Robbie negou. Rubin reformulou a pergunta repetidamente. Robbie negou repetidamente. Robbie levantava a voz a cada negativa. Agora, Robbie era puro orgulho. Ele se remexia mesmo sentado. Ele dizia "Não" com inflexão exagerada e sacudia a cabeça para cima e para baixo, como se estivesse falando com algum retardado. Rubin perguntou a Robbie se ele se meteu em muitas brigas nos velhos tempos. Robbie respondeu que tinha o sangue quente. Gostava de dar porrada. Tinha aprendido com o pai. Tinha aprendido tudo de ruim que sabia com o pai. Rubin perguntou a Robbie se ele costumava bater nas namoradas. Robbie disse que não. Rubin mostrou-se surpreso. Robbie disse a Rubin que pensasse o que bem entendesse. Robbie sacudia aquela cabeça de maneira mais e mais enfática a cada vez que dizia "Não". Rubin persistia. Robbie persistia com muito mais estilo. Ele tinha pelo menos dez interpretações para a palavra "não". Ele olhava para Papai Beckett. Ele sorria para Dale Rubin. Os sorrisos diziam: Você não pode ganhar porque eu não tenho o que perder.

Papai Beckett olhou para as próprias mãos. Ele olhava para cima e seu olhar cruzou com o de Robbie algumas provocantes vezes. Ele sempre afastava os olhos primeiro. Não o fazia por medo ou por vergonha. Fazia-o porque estava cansado. O coração ia mal. Estava velho demais para jogos psicológicos com presos valentões de pouca idade.

Robbie passou um dia e meio naquele banco. Foi interrogado, reinterrogado, afagado e amofinado. Ele agüentou bem. Jamais vacilou. Jamais pareceu estar fingindo. Tratava-se de uma *performance* parricida. Robbie era bravura. Robbie cantava ópera. Provavelmente Robbie superestimou o efeito daquilo tudo sobre o pai. Papai Beckett estava bocejando um bocado.

Davidson mencionou o caso Sue Hamway. Robbie contou ao tribunal o que sabia. Davidson mencionou Paul Serio. Robbie o retratou como sendo um imbecil, o esparro de Papai Beckett. Rubin mencionou Serio. Robbie satirizou a linguagem corporal do esparro e acrescentou-a à coreografia da cabeça balouçante. Rubin não conseguia abalar Robbie. Seu ódio enchia a sala. Tratava-se de um ódio infantil genérico, racionalizado com o passar dos anos. Robbie estava estrelando a história de sua própria vida. Tracy Stewart fazia o papel da mocinha ingênua. Robbie não sentia coisa alguma por ela. Era apenas uma vaca que bateu de raspão em dois sujeitos e fodeu com tudo.

Robbie terminou seu testemunho. O juiz pediu um recesso. Eu quase aplaudi.

A primeira esposa de Papai testemunhou. Ela disse que Papai tinha sido um péssimo pai. Tinha sido brutal com Robbie, com David e com Debbie. David Beckett testemunhou. Apontou para Papai no meio do tribunal e chamou-o de "pedaço de merda". Dale Rubin reinterrogou David. Ele perguntou: Você não foi condenado por molestar crianças? David respondeu que sim. Apontou para Papai e disse que tinha aprendido com ele. Não entrou em detalhes. Debbie Beckett não pôde testemunhar. Tinha morrido de AIDS, atribuída ao uso de drogas intravenosas.

Paul Serio testemunhou. Descreveu sua parte no assassinato de Susan Hamway. Colocou toda a culpa em Papai. Não sabia que aquilo era uma execução pensou que fossem sacudir alguém para reaver uma dívida. Papai matou Sue Hamway sozinho. Papai sacou um consolo e disse: Vamos fazer parecer que foi por sexo.

Serio demonstrou pesar pela filhinha de Sue Hamway. A neném tinha morrido de fome enquanto o corpo de Sue se decompunha.

Bill Stoner testemunhou. Descreveu a investigação de Beckett desde o primeiro dia. Demonstrou calma e autoridade. Stoner contrabalançava os modos teatrais de Robbie. Era um auditor independente, sendo chamado para fazer um balancete e para somar os custos. Dale Rubin tentou irritá-lo. Não conseguiu.

A defesa chamou três testemunhas. Dois antigos colegas de Robbie testemunharam. Contaram que Robbie costumava dar porrada em estranhos sem o menor motivo. Rubin controlou suas testemunhas. Elas pintaram um belo quadro. O Robbie pré-Tracy era impetuoso e imprevisivelmente violento. A revelação carecia de força. Foi anulada pelas porradas anteriores desferidas por Robbie. Robbie tinha pintado o mesmo quadro, só que de maneira mais dramática e na primeira pessoa.

Rubin chamou sua última testemunha. Outro velho colega testemunhou. Contou que Robbie tinha dito que estuprara Tracy Stewart. Eu acreditava nele. Não consegui ler a mente dos jurados. Achei que a reação foi: E daí? Robbie já está preso mesmo. Não dava para tirar o crédito de Robbie. Sua auto-imolação tinha roubado a cena. Estamos cansados. Queremos ir para casa. Muito obrigado pela carona. Arranjamos uma entorse cervical. Foi divertido. Foi mais interessante e menos demorado do que essa zona que é o caso Simpson. Tivemos sexo e desavenças familiares; nos desviamos da bostalhada científica e dessa conversa oca sobre racismo. O número secundário matou o *show* principal a pau.

O julgamento estava quase no fim. Bill previa que o veredicto sairia rapidamente: culpado. Talvez Gloria Stewart se levantasse no meio do tribunal e confrontasse Papai Beckett. Talvez o insultasse. Talvez implorasse pelo corpo de Tracy. Juridicamente falando, a confrontação do réu por parte da vítima era uma coisa nova. Fomentava os direitos da vítima e sua absolvição psicológica. Eu disse a Bill que não queria assistir à súmula e nem ao confronto de Papai Beckett por parte dos Stewart. Papai bocejaria. Gloria diria sua fala e continuaria a chorar sua perda. A lei do confronto tinha sido aprovada por idiotas viciados em TV diurna. Eu não queria ver o teste de Gloria. Não queria vê-la como vítima profissional. Bill jamais nos apresentou. Ele nunca disse a ela quem eu era e quem eu tinha perdido em junho de 1958. Ele sabia que não teríamos coisa alguma a dizer um ao outro. Ele sabia que eu nunca tinha sentido a dor que ela sentia.

O julgamento de Beckett durou duas semanas. Bill e eu íamos para lá em carros separados todos os dias. Bill saía com Dale Davidson e Charlie Guenther na maioria das noites. Às vezes eles se encontravam com Phil Vanatter. Vanatter agora era famoso. Trabalhava no maior homicídio do século. A equipe do caso Beckett saiu para comemorar o final do julgamento. Vanatter foi junto. Bill me convidou. Recusei o convite. Eu não era policial e nem vice-promotor de justiça. Eu não estava a fim de falar de trabalho com profissionais. Eu não queria me compadecer de quem quer que fosse e nem discutir os aspectos farsescos do caso Simpson. Eu estava com pouco saco para essa história de homem branco ultrajado. O DPLA passou mais de cinqüenta anos arrebentando pretos, indiscriminadamente. Mark Fuhrman era Jack Webb com dentões de vampiro. O DNA era inequivocamente preciso e confuso. Conspirações racistas tinham mais peso dramático. Bill sabia disso. Mas era educado demais para esfregar isso na cara de Paul Vanatter. Marcia Clark precisava de um Robbie Beckett preto. Um Robbie Beckett indiciaria O.J. Simpson em ritmo *soul*. A justiça era política e teatro. O.J. Simpson não era Emmett Till ou os Scottsboro Boys. A posição de vítima era algo a ser explorado. Eu não era Gloria Stewart.

Fui até West Los Angeles. Queria achar um telefone público reservado e ligar para Helen. Queria conversar sobre Tracy e Geneva.

Eu me lembrei dos telefones do Mondrian Hotel. Era hora do *rush*. O Sunset Boulevard provavelmente estava entupido de gente. Virei para norte na Sweetzer. Atravessei o Santa Monica Boulevard e lá estava eu.

Estava passando por uma zona de homicídio.

Karyn Kupcinet morreu no número 12 e pouco da North Sweetzer.

Era final de novembro de 1963. Jack Kennedy estava morto havia uns quatro ou cinco dias. Alguém estrangulou Karyn em seu apartamento. Ela estava nua. A sala do apartamento estava uma zona. Ela estava virada de cara para o sofá. A Delegacia de Homicídios do gabinete do xerife cuidou do caso. Ward Hallinen trabalhou nele. Foram atrás do namorado ator de Karyn e de um vizinho esquisitão. O pai de Karyn era Irv Kupcinet. Era apresentador de um *talk-show* e colunista em Chicago. Karyn tinha se mudado para Los Angeles para se dar bem como atriz. Quem a bancava era o pai. Ela não estava conseguindo se dar bem. O namorado dela e os amigos dele estavam. Karyn estava um pouquinho acima da esbeltez ideal. Ela tomava remédio para emagrecer e para viajar. Charlie Guenther achava que ela tinha morrido acidentalmente. Encontraram um livro do lado do corpo, na mesa de centro. Era sobre dançar pelado. Dizia que era só sair dançando pelado, como uma ninfa, para libertar as inibições. Guenther achava que ela devia estar doidaça. Estava dançando peladona. Caiu e quebrou o hióide na mesa de centro. Arrastou-se até o sofá e morreu. Bill achava que ela tinha sido morta. Podia ter sido o namorado, o vizinho esquisitão ou algum babaca que ela arranjou num bar. Eles receberam muitas pistas em 1963. Recebiam pistas até hoje. Um cara do FBI tinha ligado recentemente com uma pista. Tinha gravado uma ligação telefônica com escuta. Um cara da máfia dizia que sabia do babado todo. Karyn estava chupando algum sujeito e morreu engasgada com o pau dele.

Virei para oeste na Sweetezer com Fountain. Avistei o prédio do El Mirador. Judy Dull tinha morado ali. Tinha 19 anos. Já era separada do marido e tinha um filho. Ela fazia fotos bonitas com pouca roupa. Harvey Glatman a encontrou. Glatman era suspeito do caso Jean Ellroy. Jack Lawton o inocentou no caso Ellroy e o ferrou pelo caso Dull.

Eu peguei o norte em La Cienega. Lá estava o edifício de Georgette Bauerdorf. Georgette Bauerdorf foi assassinada em 12/10/44. Um homem arrombou seu apartamento. Enfiou um rolo de ataduras em sua boca e a estuprou. Ela morreu engasgada com as ataduras. Nunca encontraram o assassino. Ray Hopkinson trabalhou no caso. Georgette tinha 19 anos — como Judy Dull. Georgette tinha grana — como Karyn Kupcinet. Georgette era voluntária na cantina da United Service Organization. Sua família morava em Nova York. Os amigos diziam que ela era nervosa e fumava demais. Vivia sozinha. Dirigia por Los Angeles impulsivamente.

Karyn se drogava e se escondia atrás do dinheiro do pai. Judy estava fugindo de ter vivido tanto, em tão pouco tempo. Georgette se cansou de ficar presa em casa e foi correndo para os rapazes da cantina militar. Tracy se escondeu em casa. Robbie foi lá buscá-la. Jean escolheu a cidade errada para se esconder.

Eu vi seus rostos. Eu as juntei numa foto de grupo. Fiz de minha mãe, mãe delas. Coloquei-a bem no meio do quadro.

Me diga por quê.

Me diga por que foi você, e não outra pessoa.

Me leve de volta no tempo e me mostre como você foi parar lá.

26

Minha mãe contava que tinha visto os Federais encherem John Dillinger de bala. Ela era estudante de enfermagem em Chicago. Dillinger foi morto em 22/7/34. Geneva estava com 19 anos. Meu pai dizia que tinha sido treinador de Babe Ruth. Tinha uma caixa abarrotada de medalhas que jamais ganhou. As histórias dela eram sempre mais plausíveis. Ele era mais desesperado, mais ansioso por impressionar. Ela mentia para conseguir o que queria. Ela compreendia os limites da verossimilhança. Ela podia ter estado a três quadras do Biograph Theater. Ela podeia ter ouvido os tiros. Podia ter saltado do som à imagem usando apenas a imaginação. Ela podia ter acrescentado os detalhes à base de *bourbon* com soda e se convencido de que eram verdade. Talvez tivesse me contado a história por boa-fé. Tinha 19 anos naquela época. Talvez estivesse me dizendo: Olhe só como eu era esperta e cheia de esperanças naquela época.

Meu pai era um mentiroso. Minha mãe fabricava verdades. Eu os conheci durante seis anos juntos e quatro separados. Passei outros sete anos com meu pai. Ele ergueu minha mãe e a abateu. As histórias dele eram infladas e rancorosas. As histórias dele eram suspeitas. Ele passou os últimos sete anos da vida difamando minha mãe livremente.

Eu me mantive em contato com tia Leoda. Ela me contava coisas a respeito de Geneva. Elogiava Geneva. Ela a louvava. Eu não conseguia me lembrar de uma só palavra do que dizia. Eu odiava Leoda. Eu era o trapaceiro e ela, o alvo endinheirado.

Eu tinha mentiras sobre as quais construir. Não havia como descontá-las. Queria construir percepções sobre pontos de vista contraditórios. Tinha minha própria memória. Funcionava perfeitamente bem. Submeti-a a uma prova de fogo depois do julgamento do caso Bennett. Eu me lembrei dos nomes de meus colegas de turma. Lembrei de cada parque, e de cada cadeia onde algum dia dormi. Mapeei minha vida com minha mãe em ordem cronológica, ano a ano. Lembrei dos nomes de todas as pessoas que me forneceram drogas e de todos os professores do ginásio. Minha mente era aguçada. Minha memória era boa. Eu conseguia combater as falhas das sinapses com segmentos de fantasia. Eu podia passar cenas alternativas dentro da cabeça. E se ela fez isso: Talvez tenha feito aquilo. É capaz de ter reagido dessa forma. A verdade literal era crucial. Talvez chegasse em quantidade limitada. Minha memória não era reprimida. Talvez faltasse à minha memória uma maior capacidade de recuperação.

Eu não tinha fotografias de família. Eu não tinha fotos dela aos dez, vinte e aos trinta anos. Eu tinha fotos dela aos 42 anos, e já decadente, e fotos dela morta. Eu não sabia grande coisa a respeito de nossa genealogia. Ela jamais mencionava seus pais ou tias e tios favoritos.

Tive muita força de vontade. Lembrei de pensamentos que tinha tido anos-luz atrás. Consegui escavar a superfície do meu cérebro tal qual uma mina e repassar todos os pensamentos que um dia tive sobre ela. Minha imaginação talvez me ajudasse. Talvez me prejudicasse. Talvez eu me fechasse ao chegar a algum entroncamento lúbrico. Eu precisava ser explícito. Devia isto a ela. Eu precisava levá-la mais longe.

Bill estava em Los Angeles. Estava esperando o veredicto de Beckett. Eu disse a ele que estava a fim de cair fora por um tempo. Ele disse que entendia. Ele estava com Tracy Stewart na cabeça.

Eu tinha me submetido à minha prova de fogo e tinha passado.

Desliguei o telefone e apaguei as luzes. Eu me deitei na cama e fechei os olhos.

Ela veio de Tunnel City, em Wisconsin. Tunnel City era uma parada de trem e pouco mais do que isso. Ela se mudou para Chicago. Ela se mudou para San Diego. Meu pai dizia que a conheceu no El Coronado Hotel. Dizia que foi em 1939. Dizia que tinha ouvido a segunda luta entre Louis e Schmeling juntos. A luta aconteceu em 1938. Ela tinha 23 anos então. Ele tinha quarenta. Ele era alinhadíssimo. Usou ternos do pré-guerra todos os anos em que convivi com ele. Pareciam incongruentes em 1960. Foram ficando mais esfarrapados à medida que nosso padrão de vida foi caindo. Eram a última moda em 1938. Ele era bonitão. Ela caiu feio. Ele achou que tinha uma menina-mulher que poderia controlar para sempre. Provavelmente ele a levou para assistir às touradas em Tijuana. Ele falava espanhol fluentemente. Ele pedia todas as refeições dela em espanhol. Ele a levou ao México para cortejá-la e para controlá-la. Eles foram até Enseada. Ela me levou a Enseada em 1956. Ela usava um vestido tomara-que-caia branco. Eu a vi raspar as axilas. Quis beijá-la no local. Ele a embebedou com *margaritas*. Ela ainda não era uma bêbada. Ele despejou sal e pingou limão na mão dela e os lambeu. Ele foi desesperadamente atencioso. Ela ainda não o tinha sacado. Foi sacando com o passar do tempo. Eu trabalhei uma dinâmica de tempo perdido/tempo recuperado. Ela via o tempo perdido como irrecuperável. Ela culpou meu pai por esta perda. Ela diminuiu suas expectativas. *Bourbon* com soda deixava os peões das oficinas mais controláveis, mais atraentes. Ela jamais se perguntou por que desejava tanto homens fracos e vagabundos.

Ela tinha um porte esplêndido. Parecia ser mais alta do que a altura registrada na autópsia. Tinha mãos e pés grandes. Tinha ombros delicados. Eu quis beijar seu pescoço e sentir seu perfume e chegar por trás dela e cobrir seus seios com as mãos. O perfume dela chamava-se Tweed. Ela tinha um vidro sobre a mesa-de-cabeceira, em El Monte. Certa vez eu coloquei um pouquinho num lenço e levei-o para a escola.

Ela tinha pernas longas. Tinha estrias na barriga. As fotos da autópsia eram chocantes e instrutivas. Seus seios eram menores do que eu me lembrava. Da cintura para cima, ela era magra, e da cintura para baixo, mais cheinha. Eu memorizei seu corpo muito cedo. Reformulei suas medidas. Alterei seus contornos para fazê-los corresponder à minha preferência por mulheres cuja constituição física inspirava os maiores pecados. Eu cresci com essa imagem nua. Minha mãe de verdade era uma mulher muito diferente daquela mulher de carne e osso.

Meus pais se casaram. Eles se mudaram para Los Angeles. Ele dizia que eles tinham um apartamento na Oitava Avenida com a New Hampshire. Ela arranjou trabalho como enfermeira. Ele foi para Hollywood. Mudaram-se para o número 459 da North Doheny Drive. Ficava em Beverly Hills. O endereço era mais chique do que o apartamento. Minha mãe dizia que era um apartamentinho de nada. Meu pai conseguiu um emprego com Rita Hayworth. Eu nasci em março de 1948. Meu pai fez os preparativos do casamento de Rita com Aly Khan. A história sobre Rita Hayworth é verdadeira. Eu vi o nome do meu pai em duas biografias escritas sobre ela.

Nos mudamos para o número 9.031 de Alden Drive. Ficava do outro lado da linha que delimita West Hollywood. Morávamos num prédio em estilo espanhol. Eula Lee Lloyd e o marido moravam lá. Uma velha solteirona morava lá. Ela idolatrava minha mãe. Meu pai dizia que ela era sapatão. Meu pai só pensava em sapatões. Ele dizia que as sapatões tinham oferecido uma recompensa por Rita Hayworth. Diziam que eu conheci Rita Hayworth numa barraquinha de cachorro quente. Era 1950 ou 1951. Parece que eu derramei suco de uva em cima dela. Parece que Rita era ninfomaníaca. Meu pai só pensava em ninfomaníacas. Ele dizia que todos os grandes atores eram veados. Meu pai só pensava em veados. Rita demitiu meu pai. Ele começou a dormir o dia todo. Ele dormia no sofá igualzinho ao Adalberto dos quadrinhos. Minha mãe dizia a ele para arranjar um emprego. Ele dizia que tinha influência. Ele estava aguardando a oportunidade certa. Minha mãe era de Wisconsin. Não sabia porra nenhuma sobre influência. Ela deu um basta no casamento.

Minhas lembranças fluíam em ordem cronológica. Minhas fantasias fluíam como complementos, ou como cortes num filme. Eu achei que ia poder sair saltando de um lado para o outro no meu mapa de recordações. Achei que ia tropeçar em minúcias da vida real. Eu estava prestes a me lembrar. Invoquei o perfume Tweed e algumas fotos do período. Eu estava descendo um organograma linear que eu já conhecia.

Diminuí a marcha. A ruiva tirou a roupa. O corpo dela era o da vida real e o rosto tinha 42 anos. Eu não consegui ir mais longe do que isso.

Não que eu estivesse com medo. Eu apenas não quis. Me pareceu desnecessário.

Deixei minha mente vagar. Pensei em Tracy Stewart. Eu tinha visto o antigo apartamento de Papai Beckett. Saí com Bill e com Dale Davidson. Vi os principais locais mencionados no caso Beckett. Vi a sala, o quarto e as escadas que levaram ao furgão. Subi aquelas escadas com Robbie e com Tracy. Deixei o corpo nu de minha mãe por Robbie e Tracy em seis segundos. Robbie levou Tracy até o quarto. Robbie a entregou a Papai.

Parei por aí. Não que eu estivesse com medo. Eu sabia que podia tornar a cena horripilante. Só achei que não aprenderia coisa alguma com aquilo.

Deixei a mente vagar. Voltei a 1955. Eu tinha uma linha do tempo rolando. Decidi deixá-la rolar.

Meu pai tinha ido embora. Agora era só ela e eu, e mais ninguém. Eu a vi vestida de fustão branco. Eu a vi de robe azul-marinho. Eu a coloquei na cama com alguns dos garanhões da linha de montagem. Coloquei cabelões armados e cicatrizes talhadas à faca no rosto dos sujeitos. Eles se pareciam com Steve Cochran em *Private Hell 36*. Eu estava correndo atrás da hipérbole. Eu imaginava detalhes feios para invocar lembranças feias. Eu queria mapear a evolução sexual da ruiva desde meu pai até o Moreno. Meu pai era fraco. Tinha corpo de durão e alma de babaca. Minha mãe o expulsou de sua vida e se tornou minimalista. Todos os homens eram fracos e alguns homens eram fracos e atraentes. Não dava para controlar a fraqueza deles. Dava para limitar a percepção daquilo e levar o eufemismo um passo além do reconhecimento. Dava para deixar um homem ir entrando na sua vida em doses homeopáticas. Eu não via os homens derrubarem a porta da minha mãe. Eu a peguei em flagrante duas vezes. Meu pai dizia que ela era uma vagabunda. Acreditei nele. Sentia a propensão sexual dela. Filtrava minha percepção através do meu próprio tesão por ela. Ela viveu 15 anos com meu pai. Ela sucumbiu a uma imagem. Ficou esperta. A desilusão trouxe o esclarecimento. Ela se atirou aos homens a partir de uma perspectiva desiludida e completamente masculina. Era possível conter os homens. Sexo e álcool era a forma de contê-los. Ela atirou 15 anos de vida na privada e deu descarga. Sabia que era uma cúmplice passiva. Odiava sua própria estupidez e fraqueza. Via em homens ordinários seu prêmio de consolação. Via em mim sua redenção. Ela me mandava ir à igreja e me fazia estudar. Pregava a diligência e a disciplina. Não queria que eu me transformasse no meu pai. Não me sufocava de amor e não me transformou numa bichinha típica dos anos 50. Ela vivia em dois mundos. Eu marcava a linha divisória. Ela achava que seu esquema de mundo repartido fosse sustentável. Calculou mal. Ela não sabia que a supressão nunca funciona. Tinha o álcool e os homens do lado de cá. Tinha o filhinho do lado de lá. Ela foi se esgarçando, na tentativa de ser tanta coisa ao mesmo tempo. Começou a ver seus dois mundos se mesclarem numa só coisa. Meu pai esfregava aquele mundinho vagabundo dela na minha cara. Propagandeava o que ela era sem trégua. Ele me ensinava a odiá-la todos os fins de semana. Ela zombava dele todos os dias da semana. A zombaria com a qual ela me alimentava era menos virulenta do que o ódio dele. Ela pregava o trabalho sério e a determinação. Era uma bêbada e uma puta e, portanto, uma hipócrita. O mundo que ela construiu ao meu redor não existia. Eu precisava usar uma visão de raios X para ter acesso ao seu mundo oculto.

Eu a peguei na cama com um homem. Ela puxou o lençol para tapar os seios. Eu a peguei na cama com Hank Hart. Estavam nus. Eu vi uma garrafa e um cinzeiro na mesa-de-cabeceira. Ela se mudou para El Monte comigo. Vi uma puta em fuga. Talvez ela tivesse fugido para criar um espaço entre seus dois mundos. Ela disse que estávamos nos mudando para meu próprio bem. Desconsiderei aquilo, achando que era mentira. Diga que eu estava errado. Diga que ela fugiu por nós dois. Fugiu rápido demais e interpretou mal El Monte. Viu a cidade como uma faixa intermediária. Parecia ser um bom lugar para uma farra de fim de semana. Parecia ser um bom lugar para criar um garotinho.

Ela tentou me ensinar certas coisas. Eu as aprendi um pouco tarde. Eu me tornei mais disciplinado e meticuloso e diligente e decidido do que ela jamais poderia sonhar. Superei todos os sonhos de sucesso que ela poderia ter sonhado para mim. Não podia comprar uma casa e um Cadillac para ela e expressar minha gratidão com autêntico *nouveau richismo*.

Viajamos pelo tempo. Percorremos nossos dez anos juntos. Dávamos saltos irregulares, para frente e para trás. As velhas recordações soavam contraponteadas. Cada *bip* de Jean, a ruiva devassa, evocava uma outra imagem. Aqui temos Jean bêbada. Aqui temos Jean com seu filho ingrato. Ele caiu de uma árvore. Ela está tirando farpas de seu braço. Está esfregando água de hamamélis no local. Está segurando uma pinça debaixo de uma lupa.

Viajamos pelo tempo. Ali no escuro, eu perdi a noção do tempo real. Esse equilíbrio contrabalançado pairou no ar. Esgotei minhas recordações e abri os olhos.

Olhei para o gráfico na parede. Senti o suor no travesseiro.

Desliguei minha máquina do tempo. Eu não queria levá-la a mais nenhum lugar. Não queria colocá-la em cenários fictícios ou resumir minhas revelações e dizer que aquilo era o compêndio de uma vida. Não queria me limitar a defini-la como complexa e ambígua. Não queria dar a ela menos do que lhe era devido.

Eu estava faminto e irrequieto. Queria respirar ar puro e ver gente viva.

Fui até o *shopping*. Caminhei até a praça de alimentação e comprei um sanduíche. O lugar estava coalhado de gente. Observei as pessoas. Observei homens e mulheres juntos. Procurei seduções. Robbie cortejou Tracy em público. O Moreno levou Jean ao Stan's Drive-In. Harvey bateu à porta de Judy e a fez sentir-se segura.

Não vi nada de suspeito.

Parei de vigiar. Fiquei sentado, imóvel. As pessoas passavam pelo meu campo de visão. Eu me senti alegre. Era como se o oxigênio estivesse me deixando doidão.

Aquilo me bateu de maneira sutil.

O Moreno era irrelevante. Podia ser que ele já estivesse morto, ou não. Podia ser que o encontrássemos, ou não. Nós nunca paramos de procurar. Ele era apenas uma placa, mostrando a direção. Ele me forçou a me estender e dar a minha mãe o que ela merecia.

Ela não era menos do que a minha salvação.

27

O júri deu seu veredicto. Papai Beckett foi condenado em nome de Tracy Stewart. Bill disse que seria perpétua, sem condicional. Gloria Stewart o confrontou. Implorou pelo corpo de sua filha e xingou Papai dos nomes mais horrorosos. Eu disse que não havia corpo, eu disse que não havia conclusão cabível. Papai levou perpétua. Gloria levou perpétua com Papai e Robbie.

Bill deu uma festa no quintal da casa. Chamou-a de Farra do Dia do Trabalho. Na verdade, era uma festa de despedida para Papai Beckett.

Compareci. Dale Davidson e a esposa compareceram. Vivian Davidson era vice-promotora de justiça. Conhecia o caso Beckett intimamente. Alguns outros promotores públicos apareceram. Gary White e a namorada apareceram. O pai de Bill deu as caras. Os vizinhos de Bill foram chegando. Todo mundo comeu salsicha e hambúrguer e falou de homicídio. Os policiais e os promotores estavam aliviados que aquela zorra toda do caso Beckett tivesse terminado. Os não-policiais e os não-promotores achavam que isso significava que o caso tinha sido concluído. Eu queria pegar o idiota que inventou essa tal de conclusão para enfiar uma placa comemorativa no rabo dele. Todo mundo falava de O.J. Todo mundo deu sua versão de um possível veredicto e de suas possíveis ramificações. Eu não falei muito. Estava na minha festinha particular, com a ruiva.

Ela estava brincalhona. Ficava roubando batatas fritas do meu prato. Compartilhamos piadinhas que só faziam sentido para nós dois.

Eu fiquei olhando Bill virar hambúrgueres na chapa e conversar com os amigos. Sabia que ele estava aliviado. Sabia que seu alívio remontava da data da prisão de Papai Beckett. Ele tinha frustrado a possibilidade de Papai matar outras mulheres. Na teoria, esta era uma boa lógica. O veredicto de culpado já era uma coisa mais ambígua. Papai estava velho e doente. Eram findos seus tempos de estuprador, assassino. Robbie estava na plenitude de seus tempos de estuprador, assassino e espancador de mulheres. Ele acabava de ter um desempenho extraordinário. Tinha facilitado o lado da justiça no caso *Condado de Los Angeles* versus *Robert Wayne Beckett Sr.* Tinha criado para si amizades junto aos homens da lei. Tinha cometido parricídio por eles. Ia ficar bonito na ficha dele. Talvez até chegasse a influenciar um juiz num pedido precoce de condicional.

Bill continuava na auto-estrada da desova. Ele estava cumprindo sua própria perpétua. Ele escolheu o homicídio. O homicídio me escolheu. Ele chegou ao homicídio por dever moral. Eu cheguei ao homicídio como *voyeur*. Ele se tornou um *voyeur*. Ele precisava olhar. Precisava saber. Ele sucumbiu a repetidas seduções. Minhas seduções começavam e terminavam com minha mãe. Bill e eu éramos réus num mesmo crime, éramos passíveis de indiciamento. Estávamos sendo julgados no Tribunal de Preferências dentre as Vítimas de Homicídio. Tínhamos preferência por vítimas mulheres. Para que sublimar seu desejo quando ele pode ser usado como ferramenta de percepção? A maioria das mulheres era assassinada por causa de sexo. Esta era nossa justificativa de *voyeur*. Bill era um detetive profissional. Ele sabia olhar, peneirar e dar um passo atrás para colocar seus achados em perspectiva e manter sua compostura profissional. Eu podia dobrar estas restrições. Não precisava recolher provas para um tribunal. Não precisava estabelecer motivações coerentes e explicáveis. Podia me chafurdar no sexo de minha mãe e no de outras mortas. Eu podia classificá-las e reverenciá-las como irmãs no terror. Eu podia olhar, peneirar, comparar, analisar e construir meu próprio conjunto de elos sexuais e não-sexuais. Podia validá-los de forma a abranger o sexo como um todo e atribuir um bom número de detalhes à vida e à morte de minha mãe. Eu não estava à caça de suspeitos que continuassem em atividade. Não estava à caça de fatos para que estes se moldassem a uma tese pré-estruturada. Eu estava à caça de conhecimento. Estava à caça de minha mãe como verdade. Ela me ensinou algumas verdades no escuro de um quarto. Eu queria retribuir. Eu queria homenagear mulheres assassinadas em seu nome. Aquilo me soava profundamente grandioso e egoísta. Dizia que eu estava contemplando uma vida na auto-estrada da desova. Isto reprisou, com perfeição, o momento que tive naquela praça de alimentação. Apontou-me o caminho certo naquele mesmo instante.

Eu precisava conhecer sua vida da mesma forma que conhecia sua morte.

Pensei bem naquilo. Alimentei a idéia intimamente. Voltamos ao trabalho.

Encontramos com os jornalistas do *La Opinión*, do *Orange Coast* e do *San Gabriel Valley Tribune*. Levamos todos eles para dar uma voltinha por El Monte. O *L.A. Times* também apareceu. Recebemos um total de sessenta ligações. Teve gente que desligou, alguns médiuns telefonaram e ouvimos trotes dizendo que o culpado era O.J. e ligações nos desejando boa sorte. Duas mulheres ligaram dizendo que seus pais poderiam ter matado minha mãe. Retornamos as ligações. Ouvimos mais histórias de abusos sexuais sofridos na infância. Os dois pais foram inocentados.

Uma jovem nos ligou. Dedurou uma velhinha. Ela disse que a velha morava em El Monte. A velha tinha trabalhado na Packard-Bell por volta de 1950. Era loura. Usava um rabo-de-cavalo.

Encontramos a tal velhinha. Ela não agiu de maneira suspeita. Não se lembrava de minha mãe. Não conseguia localizar minha mãe no contexto da Packard-Bell Electronics.

O *La Opinión* saiu. Não recebemos uma só ligação. O *La Opinión* era publicado em espanhol. O *La Opinión* era uma tacada muito remota.

O *San Gabriel Valley Tribune* saiu. Recebemos um total de 41 ligações. Teve gente que desligou, alguns médiuns telefonaram.

Ouvimos trotes dizendo que O.J. era o culpado. Um homem ligou. Disse que era um velho freqüentador de El Monte. Contou que conhecia um camarada moreno por volta dos anos 50. O moreno costumava freqüentar um posto de gasolina na Peck Road. Ele não se lembrava do nome do tal moreno. O posto de gasolina já não existia mais. Ele conhecia um bocado de camaradas da El Monte de 1958.

Nos encontramos com o tal sujeito. Ele nos deu alguns nomes. Nós os passamos para Dave Wire e para o chefe Clayton. Eles se lembraram de alguns daqueles camaradas. Não lembravam em nada *o* camarada Moreno. Passamos os nomes dos camaradas por nossos três computadores. Não obtivemos uma única resposta, nacional ou estadual.

Um jornalista da Associated Press me ligou. Queria escrever um artigo sobre a caçada Ellroy-Stoner. Teria repercussão nacional. Ele incluiria o telefone DDG. Eu disse: Fechado.

Nós o levamos a El Monte. Ele escreveu seu artigo. Apareceu em inúmeros jornais. Os editores retalharam a história. A grande maioria cortou o DDG. Recebemos pouquíssimos telefonemas.

Três médiuns telefonaram. A mulher da Dália Negra ligou. Ninguém telefonou para dizer que conhecia a Loura. Ninguém telefonou para dizer que conhecia minha mãe.

Mais uma vez passamos nossos nomes-chave pelo computador. Queríamos ter certeza de que estávamos apostando certo. Achamos que, de repente, poderíamos entrar num banco de dados novo. Ruth Schienle e Stubby Greene estavam mortos ou não podiam ser achados. Salvador Quiroz Serena talvez tivesse voltado para o México. Não conseguimos encontrar Grant Surface. Ele tinha passado pelo polígrafo duas vezes em 1959. Não tinha passado e nem sido reprovado. Nós queríamos questionar os resultados inconclusivos.

Bill seguiu um palpite e ligou para Duane Rasure. Rasure encontrou as anotações sobre Will Lenard Miller e as mandou para nós via FedEx. Lemos as anotações. Encontramos seis nomes de gente da Airtek. Encontramos duas pessoas vivas. Lembravam-se de minha mãe. Contaram que ela tinha trabalhado na Packard-Bell antes de ir para a Airtek. Não conheciam o nome Nikola Zaha. Não saberiam identificar os namorados de minha mãe. Forneceram mais uns nomes de gente da Airtek. Contaram que Ruth Schienle tinha se divorciado do marido e que tinha se casado com um sujeito chamado Rolf Wire. Ao que parecia, Rolf Wire tinha falecido. Passamos Rolf e Ruth Wire pelos três computadores e não achamos coisa alguma. Passamos os novos nomes da Airtek. Nada. Fomos até o escritório do Pachmyer Group. Bill disse que eles não nos deixariam ver as fichas de pessoal. Eu disse, A gente pede. Eu não estava procurando pistas que me levassem ao Moreno. Estava procurando pistas que me levassem à minha mãe.

O pessoal da Pachmyer foi muito simpático. Disseram que a divisão Airtek tinha falido em 1959 ou 1960. Todas as pastas da Airtek tinham sido destruídas.

Encarei aquela perda de maneira pouco profissional. Minha mãe tinha trabalhado na Airtek de 9/56 em diante. Eu queria saber como ela era então.

A reinvestigação da morte de Jean Ellroy completava 13 meses.

O.J. Simpson foi absolvido. Los Angeles chegou à beira do apocalipse. A mídia enlouqueceu por trás das palavras "possíveis ramificações". Todos os homicídios ramificam. Pergunte a Gloria Stewart ou Irv Kupcinet. O caso Simpson aleijaria seus sobreviventes imediatos. Los Angeles se recuperaria do crime. Mais cedo ou mais tarde, um homem ainda mais celebrado mataria uma mulher ainda mais linda. O caso exporia, microcosmicamente, um estilo de vida ainda mais *sexy* e absurdo. A mídia construiria o novo caso a partir do de O.J. e transformaria o caso num evento ainda maior.

Eu queria ir para casa. Eu queria ver Helen. Eu queria escrever estas memórias. Mulheres mortas estavam me retendo. Elas morriam em Los Angeles e me pediam para ficar por lá mais um tempinho. Eu estava cansado do trabalho de detetive. Estava de saco cheio de pesquisas infrutíferas em computadores, de informações errôneas. Eu tinha a ruiva dentro de mim. Eu podia levá-la comigo. Bill poderia correr atrás das pistas e perseguir os fatos da vida dela na minha ausência. Eu fiquei mais um tempo só para tentar a sorte com alguns fantasmas novinhos em folha.

Fiz quatro viagens, sozinho, até o escritório. Apanhei quatro Livros Azuis para olhar. Li casos julgados de capa a capa. Eu não tinha fotos das cenas dos crimes. Usei uma câmera mental para produzir algumas. Li relatórios cadavéricos, histórias pessoais e exibi histórias de mulheres vivissecadas dentro de minha própria mente. Eu olhei. Peneirei. Chafurdei. Eu não comparei e não analisei como achei que faria. As mulheres se destacavam como indivíduos. Elas não me levavam de volta à minha mãe. Elas não me ensinavam. Eu não podia protegê-las. Eu não podia vingar a morte delas. Eu não podia homenageá-las em nome de minha mãe porque eu não sabia, realmente, quem elas eram. Eu não sabia quem ela era. Eu tinha uma vaga idéia e uma vontade do cacete de saber mais.

Comecei a me sentir como um ladrão de túmulos. Eu sabia que estava de saco cheio da morte como um todo. Eu queria arranjar umas pistas sobre a ruiva. Queria descolar mais umas informações e entesourá-las e levá-las para casa comigo. Bolei algumas medidas desesperadas que me mantivessem em Los Angeles. Bolei anúncios em jornais e matérias pagas e torrentes de injúrias *on-line*. Bill disse que era uma idéia de doido. Disse que a gente podia dar uma prensa nos Wagner, em Wisconsin. Ele disse que eu estava com medo. Ele não entrou em detalhes. Não precisava. Ele sabia que minha mãe me tornava único. Ele sabia que eu a abraçava com egoísmo. Os Wagner clamavam pelos seus próprios direitos. Talvez questionassem os meus. Talvez eles me recebessem de volta de braços abertos e tentassem me transformar num defunto dócil com uma família agregada. Eles tinham direitos próprios com relação à minha mãe. Eu não queria dividir os meus. Eu não queria quebrar a magia entre mim e ela e o que ela fez de mim.

Bill tinha razão. Eu sabia que era hora de ir para casa.

Empacotei meus quadros de cortiça e meus gráficos e os despachei para a Costa Leste. Bill transferiu nosso disque-denúncia para um serviço de atendimento. Eu levei a pasta para casa comigo.

Bill continuou a trabalhar no caso. Perdeu um parceiro, mas recuperou um outro. Joe Walker era analista criminal. Trabalhava na delegacia do xerife de Los Angeles. Conhecia a rede de computadores da justiça intimamente. Ele estava intoxicado com o caso Karen Reilly. Achava que um maníaco assassino negro tinha dado fim em Karen Reilly. Queria trabalhar no caso Jean Ellroy. Bill disse a ele que podia.

Senti saudades de Bill. Ele tinha se tornado meu melhor amigo. Serviu de dama de companhia para mim durante 14 meses. Ele me libertou no momento exato do impasse. Me mandou de volta para casa com minha mãe e com meus direitos não resolvidos.

Eu não pendurei as cortiças em casa. Não precisava. Ela estava sempre ali, comigo.

O *Orange Coast* saiu. O *Orange Coast* era um jornaleco do condado de Orange. O artigo era bom. Eles publicaram nosso DDG. Recebemos cinco ligações. Dois médiuns ligaram. Três pessoas telefonaram e nos desejaram boa sorte.

As festas de final de ano chegaram ao fim. Uma produtora de TV me ligou. Ela trabalhava para o programa *Unsolved Mysteries*. Sabia tudo a respeito da busca Ellroy-Stoner. Queria fazer um episódio a respeito do caso Jean Ellroy. Dramatizariam aquela noite de sábado e incluiriam um pedido por informações específicas. O programa costumava solucionar casos. Gente idosa costumava assistir ao programa. Velhos tiras costumavam assistir ao programa. Tinham seu próprio disque-denúncia e telefonistas de plantão 24 horas ao dia. Eles reprisavam os episódios no verão. Enviavam as pistas que recebiam para os parentes mais próximos da vítima e para o investigador responsável pelo caso.

Eu disse sim. A produtora disse que queriam filmar nas locações verdadeiras. Eu disse que pegaria um vôo até lá. Liguei para Bill e dei a notícia. Ele achou que seria uma oportunidade fabulosa. Eu disse que precisávamos dar densidade ao nosso episódio. Precisávamos saturá-lo de detalhes sobre a vida de minha mãe. Eu queria que as pessoas telefonassem e dissessem: "Eu conheci essa mulher."

Talvez os Wagner assistissem ao programa. Talvez atacassem a imagem de minha mãe. Ela mandava o filho ir à igreja. O filho ganhava dinheiro às custas da morte dela. Ele a transformou numa *femme fatale* barata. Quando garoto, ele era um pequeno trapaceiro. Agora, era um assassino de caráter. Ele difamou a mãe. Errou a soma da folha de balanço da vida dela e deu ao mundo uma contabilidade incorreta. Reclamou seus direitos de propriedade com base em lembranças distorcidas e nas mentiras daquele pai imprestável. Ele deturpou a imagem da mãe egregiamente, para todo o sempre.

Eu voltei à epifania daquele quarto escuro e daquela praça de alimentação. Um novo balancete de recordações. A sugestão de Bill. O elo exclusivo que eu não queria romper. Os Wagner talvez assistissem ao programa. Eles nunca tinham visto ou nunca tinham reagido ao livro que dediquei a ela. Eram cadáveres do Meio-Oeste. Não eram bem informados. Era possível que tivessem passado direto por mim em jornais e revistas. Leoda me subestimava. Eu a odiava por fazê-lo. Eu queria esfregar minha mãe de verdade na cara dela e dizer: Olhe só como ela era e como eu a venero mesmo assim. Ela poderia acabar comigo com algumas poucas palavras. Ela poderia dizer: Você não conversou conosco. Você não seguiu os passos de sua mãe até Tunnel City, Wisconsin. Você baseou seu retrato em dados insuficientes.

Eu ainda não queria voltar lá. Eu não queria romper o elo. Eu não queria mexer naquela essência de sexo que ainda o definia. Os mortos pertencem aos vivos que os reclamam com maior obsessão. Ela era toda minha.

Filmaram nosso episódio em quatro dias. Filmaram Bill e eu na delegacia de El Monte. Eu reproduzi o momento no depósito de provas. Abri o saco plástico e puxei uma meia de seda lá de dentro.

Não era *a* meia. Alguém enroscou uma meia velha e deu um nó. Eu não puxei lá de dentro uma simulação da corda de varal. Omitimos o detalhe das duas ligaduras.

O diretor elogiou meu desempenho. Filmamos a cena rapidamente.

A equipe era bárbara. Estavam sempre prontos para uma boa risada. A filmagem parecia até uma grande festa em homenagem a Jean Ellroy.

Eu conheci o ator que faria o Moreno. Ele me chamou de Little Jimmy. Eu o chamei de Shitbird. Ele era magro, durão. Parecia-se com os retratos falados. Eu conheci a atriz que faria minha mãe. Eu a chamei de Mãe. Ela me chamou de Filho. Ela tinha cabelos ruivos. Estava mais para Hollywood do que para Wisconsin rural. Eu brinquei com ela. Eu disse: "Não vá sair atrás de homem enquanto eu estiver fora este fim de semana." Ela respondeu: "Vá se catar Jimmy, estou precisando dar umazinha!" Mamãe e o Moreno estavam a fim de umas boas risadas. Foi uma farra. Bill apareceu todos os dias. Divertiu-se horrores.

Filmaram a seqüência do Desert Inn num boteco espalhafatoso na Downey. O *set* estava completamente anacrônico. Conheci a atriz que faria a Loura. Era a própria personificação da vagabunda "isca de bar". O Moreno estava lindo de morrer. Vestia terno de crepe de seda. Minha mãe vestia uma cópia do vestido com o qual a encontraram.

Eles filmaram a cena com os três personagens. O Moreno parecia mau. Minha mãe parecia saudável demais. A Loura tinha pinta de vagabunda na medida certa. Eu queria uma vinheta *noir*. Eles filmaram uma cena explicativa perfeita.

Nós descemos a rua até o Harvey's Broiler. Eu vi vinte carros antigos enfileirados. Harvey's Broiler era o Stan's Drive-In. Uma atriz que fazia pontas tinha sido escalada para carregar bandejas e fazer Lavonne Chambers.

O Moreno e minha mãe chegaram num Olds 1955. Lavonne trouxe-lhes cardápios. Eles estavam prontos para trabalhar. O produtor me deu fones. Ouvi o diálogo dos dois e bate-papos a esmo. O Moreno deu em cima de minha mãe, de verdade.

Filmaram o assassinato na locação real. A equipe tomou a Arroyo High School de assalto. Levaram caminhões de filmagem, de som, de comida e um furgão guarda-roupa. Alguns dos habitantes locais passearam por lá. A certa altura, eu contei 32 pessoas.

Eles armaram os refletores. King's Row ficou alucinógena. O Olds 1955 veio se aproximando. Um prelúdio casto ao homicídio e um assassinato simulado ocorreram. Eu assisti ao prelúdio e ao assassinato e à desova 25 vezes. Não foi doloroso. Eu tinha me tornado um profissional do homicídio. Eu era mais do que o filho de uma vítima e menos do que um detetive de homicídios.

Filmaram duas cenas na minha antiga casa. Pagaram a Geno Guevara uma taxa pela locação. Conheci o ator que faria meu papel quando moleque. Parecia-se comigo aos dez anos. Vestia roupas como as que eu estava usando no dia 22/6/58.

A delegacia de El Monte bloqueou a entrada para a Bryant e a Maple. A equipe colocou três carros antigos na rua. Chefe Clayton apareceu por lá. Espectadores se reuniram. Um táxi dos anos 50 se materializou. O diretor ensaiou com o garoto Ellroy e com o policial que lhe deu a notícia.

Isolaram o local da cena de chegada. O táxi veio se aproximando. O garoto saltou. O policial disse a ele que sua mãe estava morta. Trinta ou quarenta pessoas assistiram.

Eles filmaram e refilmaram a cena. A história se espalhou. Eu era o moleque que tinha saltado daquele táxi meia vida atrás. As pessoas apontavam para mim. As pessoas acenavam.

Filmaram uma cena doméstica na minha antiga cozinha. A cozinha estava decorada em estilo anos 50. Minha mãe vestia o uniforme branco. Eu vestia minha roupa de trabalho. Minha mãe me chamou até a cozinha e me mandou jantar. Eu me atirei numa cadeira e ignorei a comida. Foi uma cena singela, feita especialmente para a TV. Bill disse que deveriam ter me filmado com a cara enfiada no decote de minha mãe.

Paramos para almoçar. O caminhão do bufê chegou. Um assistente montou um serviço para vinte pessoas no quintal da frente da casa de Geno Guevara. A fila se estendia até a rua. Alguns habitantes do lugar pegaram um prato e entraram de penetra.

Sentei-me ao lado de um estranho. Rezei uma prece pela ruiva. Eu disse: Isto é para você.

28

A festa terminou. Nosso episódio estava programado para ir ao ar em 22/3/96.

Bill e eu mandamos brasa nas entrevistas. Enfatizamos a Airtek. Enfatizamos o nome de solteira de minha mãe e "Jean" como apelido de "Geneva". Nós, agora, já éramos profissionais. Falávamos em *bites* de som. Estávamos diante da oportunidade de uma enorme audiência. Queríamos estimulá-la, provocá-la com detalhes perfeitamente precisos e expostos de maneira simples.

Ela estava lá, em algum lugar. Eu podia senti-la. Passei um mês ansioso porém tranqüilo. Eu me desviei da Loura e do Moreno. Ela estava lá, em algum lugar. As pessoas ligariam e diriam que a conheciam.

Bill estava de volta ao condado de Orange. Estava trabalhando com Joe Walker. Estavam se preparando para receber nomes. O programa nos daria uma porrada de nomes, um número sem precedentes. Nomes de habitantes locais. Nomes vindos de toda a nação. Nomes de informantes e possíveis nomes para a Loura e o Moreno. Nomes para checar e fichas criminais para encontrar. Nomes a contatar e descartar e esmiuçar e comparar a outros nomes e afastar do ponto de vista de loucura pura e simples.

Nomes.

Seus ex-amantes. Seus ex-colegas. Seus ex-confidentes. As pessoas que entreviram sua trajetória.

Nomes.

Bill estava pronto para eles. Ele concedeu a Joe Walker um mandato reserva.

Verifique registros oficiais. Siga os caminhos da burocracia e ataque bancos de dados. Leve-nos de Tunnel City a El Monte.

Joe disse que verificaria registros de casamento e de divórcio Bill disse que conferiria listagens de catálogos. Ele disse que deveríamos ir até Wisconsin. Eu disse: Ainda não. Ele estava querendo passar por cima dos meus direitos. Eu queria pilhar novos nomes e reforçá-los.

Eu assisti ao programa em casa. Bill o assistiu na central telefônica do estúdio. Louie Danoff juntou-se a ele. Ficaram ali com outros policiais, de outros episódios.

O esquema era digno da era espacial. Uma dúzia de telefonistas controlava os telefones e digitava as pistas nas telas dos computadores, simultaneamente. Os policiais liam as telas e ouviam as ligações mais quentes com fones de ouvido. Foi uma questão de segundos para que as pessoas ligassem com pistas. Tinham assistido ao programa. Tinham reconhecido os suspeitos. Tinham reconhecido pessoas que amavam e que havia muito não viam, ou velhos conhecidos. Estavam ligando porque o episódio os emocionou. Estavam ligando porque o episódio virou suas cabeças.

Eu assisti ao programa na companhia de Helen. O episódio Jean Ellroy foi de foder. Foi o melhor programa que vi desde *Robbie Beckett Live*. A narração foi de Robert Stack. Ao vê-lo, soltei uma gargalhada. Eu tinha sido seu *caddie* algumas vezes no Bel-Air Country Club. As cenas dramáticas foram vívidas. O diretor conseguiu um bom equilíbrio. Ele compreendia bem a demografia de seus telespectadores. O assassinato foi assustador e nada mais. Não ofenderia os mais velhos e nem assustaria alguém com uma possível pista a ser dada. Eu estava bem. Bill estava bem. Robert Stack deu ênfase à ligação Airtek. A informação apropriada foi dada. O retrato apropriado de minha mãe e do Moreno foi pintado. A história foi contada de maneira simples e apropriada.

Os telefones tocaram.

Um homem de Oklahoma City, em Oklahoma, telefonou. Disse que o Moreno se parecia com um cara chamado Bob Sones. Bob tinha assassinado a esposa, Sherry, e cometido suicídio. Aconteceu no final de 1958. O crime ocorreu em North Hollywood. Um homem de Centralia, Washington, telefonou. Disse que seu pai era o Moreno. Seu pai tinha 1,98m e pesava 108kg. Carregava um revólver e muita munição. Um homem de Savage, Minnesota, telefonou. Disse que o Moreno era parecido com seu pai. Seu pai morava em El Monte naquela época. Seu pai era violento. Seu pai tinha passado um tempo na cadeia. Seu pai gostava de jogar e de correr atrás de mulher. Um homem de Dallas, no Texas, telefonou. Ele disse que o Moreno lhe parecia familiar. Disse que ele se parecia com um antigo vizinho. O sujeito tinha uma esposa loura. Ele tinha um Buick azul-e-branco. Um homem de Rochester, Nova York, ligou. Disse que seu avô era o Moreno. Vovô vivia num asilo. O homem deu o endereço e o número de telefone. Uma mulher de Sacramento, na Califórnia, ligou. Ela disse que o Moreno era parecido com um médico das redondezas. O médico morava com a mãe. O médico odiava mulheres. O médico era vegetariano. Uma mulher de Lakeport, na Califórnia, telefonou. Ela disse que o Moreno era parecido com seu ex-marido. O ex gostava de correr atrás de mulher. Ela não sabia por onde ele andava agora. Uma mulher de Fort Lauderdale, na Flórida, telefonou. Ela contou que sua irmã tinha sido assassinada. Disse que ela lia muitos romances policiais. Uma mulher de Covina, na Califórnia, telefonou. Disse que a irmã tinha sido estuprada e estrangulada em El Monte. Aconteceu em 1992. Um homem de Huntington Beach, na Califórnia, telefonou. Disse que queria falar com Bill Stoner. Bill atendeu o telefone. O homem desligou. Uma mulher de Paso Robles, na Califórnia, ligou. Disse que o Moreno lhe era familiar. Ela tinha conhecido um sujeito como ele em 1957. Ele queria sexo. Ela disse não. Ele disse que ia matá-la. Ele vivia em Alhambra na época. Um homem de Los Angeles, na Califórnia, telefonou. Disse que sua avó conhecia Jean Ellroy. Eram amigas. Sua avó morava no condado de Orange.

A telefonista fez um aceno para que Bill se aproximasse. Bill olhou para a tela do computador. A telefonista pediu ao homem um minuto, por favor. O homem desligou.

A mulher da Dália Negra telefonou. Ela disse que seu pai tinha matado Jean Ellroy e a Dália Negra. Uma mulher de Los Angeles, na Califórnia, ligou. Ela disse que o Moreno era parecido com seu pai. Seu pai tinha morrido em agosto de 1958. Uma mulher de Los Angeles, na Califórnia, telefonou. Ela disse que a Loura lhe parecia familiar. Ela conhecia um casal nos anos 50. O marido era italiano. A esposa era loura. Ele trabalhava numa linha de tiro de mísseis. Ela trabalhava numa escola de dança. O nome dele era Wally. O nome dela era Nita. Uma mulher de Phoenix, no Arizona, ligou. Disse que o Moreno era parecido com seu tio morto. Ele morava em Los Angeles em 1958. Uma mulher de Pinetop, no Arizona, telefonou. Disse que o Moreno era parecido com um garotinho moreno que ela conheceu. O garoto moreno tinha 16 anos em 1958. Uma mulher de Saginaw, no Michigan, ligou. Disse que o Moreno se parecia com seu ex-marido. Seu ex-marido tinha desaparecido. Não sabia por onde ele andava. Uma mulher de Tucson, no Arizona, ligou. Ela disse que era psicóloga. Disse que James Ellroy sentia muita raiva. Ele revivia a morte da mãe para se castigar. Ele não estava ali por ela. Ele se sentia culpado. Ele precisava de tratamento. Uma mulher de Cartwright, Oklahoma, ligou. Disse que o Moreno era parecido com o ex-marido de sua mãe. Ele estuprou e tentou matar sua mãe. Ele era o demônio. Era caminhoneiro. Tinha tido Buicks. Saía com outras mulheres e atentava o juízo de sua mãe. Ela não sabia se ele ainda estava vivo. Uma mulher de Benwood, West Virginia, telefonou. Ela disse que um homem perseguiu a ela e seu irmão, em Los Angeles. Ela tinha seis anos. O homem tinha cabelos escuros e bons dentes. Ele tinha um caminhão. Ele tirou as roupas dela, a bolinou e a beijou. Ela o viu num programa de jogos, na TV, muitos anos depois. Talvez tivesse sido no programa de Groucho Marx. Uma mulher de Westminster, Maryland, ligou. Ela disse que o Moreno se parecia com um homem chamado Larry. Larry tinha quarenta anos agora. O Moreno talvez fosse pai dele. Um homem de New Boston, no Texas, telefonou. Contou que o tio de sua esposa tinha se mudado para o Texas em 1958. Ele era parecido com o

Moreno. Era molestador de crianças. Morreu havia dez anos. Estava enterrado em Comway, no Arkansas.

Demos um duro danado. Nós registramos muita besteira e muitas insinuações. Era um programa família. Registramos alguns traumas familiares. Ninguém da Airtek ligou. Nenhum ex-policial ligou. Nenhum ex-amante, ex-colega ou ex-confidente ligou. Os Wagner não ligaram. O autor do único telefonema quente desligou. Eu me sentia como um babaca apaixonado. Eu tinha sido abandonado, chifrado e dispensado. Eu estou esperando ao lado do telefone. Estou esperando que uma mulher especial, ou qualquer outra mulher, me ligue.

O produtor disse que receberíamos mais ligações. Bill estava com todas as folhas de anotações e números dos telefones para quem deveríamos dar retorno. Ele verificou as dicas dadas sobre Bob e Sherry Sones. Não conseguiu achar listagens para os casos. Telefonou para a mulher de Paso Robles. Eles conversaram sobre o Moreno de Alhambra. O tal camaradinha Moreno era jovem demais. Não podia ser o Moreno. A pista era um tiro n'água. Todas as nossas pistas eram.

Mais pistas foram chegando. Bill e eu recebemos as listas de pistas pelo FedEx.

Um homem de Alexandria, na Virgínia, telefonou. Disse que o Moreno era parecido com seu irmão. Seu irmão tinha 1,88m e era esguio. Tinha cumprido pena na Chino State Prison. Um homem de Española, no Novo México, ligou. Disse que tinha morado em El Monte em 1961. O Moreno lhe pareceu muito familiar. Uma mulher de Jackson, no Mississippi, telefonou. Contou que seu pai tinha matado alguém em 1958. Cumpriu pena em Alcatraz. Tinha tatuagens no antebraço direito e não tinha o indicador direito. Tentou matar a mãe dela. Tinha um Chevy azul. A mulher da Dália Negra telefonou. Disse que seu pai tinha matado minha mãe e a Dália Negra. Uma mulher de Virginia Beach, na Virgínia, ligou. Ela disse que conhecia o Moreno. Ele trabalhava no Lynn Haven Mall, em Lynn Haven, na Virgínia.

Uma mulher de La Puente telefonou. Chamava-se Barbara

Grover. Disse que era ex-cunhada de Ellis Outlaw. Ellis tinha sido casado com Alberta Low Outlaw. Ellis e Alberta estavam mortos. Barbara Grover tinha sido casada com o irmão de Alberta, Reuben. Ele era parecido com o Moreno. Era bêbado e tarado. Costumava freqüentar o Desert Inn. Foi assassinado em Los Angeles, em 1974.

Bill telefonou para Barbara Grover. Ela disse que Reuben costumava fazer ponto no Stan's Drive-In. Ele tinha feito uma cirurgia no mastóide certa vez. Tinha ficado com o maxilar afilado, igual ao tal Moreno.

Bill encontrou-se com Barbara Grover. Ela disse que tinha conhecido Reuben Low em 1951. Ele tinha 24 anos. Ela tinha 16. Ele estava saindo com a mãe dela. Ele deu o fora na mãe dela. Começou a sair com ela. Casaram-se em 10/5/53. A mãe dela foi morar com eles. Reuben transava com a mãe dela. Reuben abusava das duas. Reuben comprava carros e deixava de fazer os pagamentos. Reuben era brutal. Tentou matá-la com uma garrafa de cerveja certa vez. Ele gostava de armas e de carros. Ele corria atrás de mulheres. Tinha preferências sexuais estranhas. Vivia chegando em casa com arranhões no rosto. Ele detestava trabalhar. De vez em quando, fazia a manutenção de vendedoras automáticas. Perdeu a ponta do indicador direito num acidente de trabalho, na oficina. Ela tinha deixado Reuben no começo da década de 1960. Ele foi morto 10 ou 12 anos depois. Estava morando em Los Angeles. Estava voltando para casa, depois de sair de uma loja de bebidas. Dois garotos negros o roubaram e o mataram.

Reuben nunca disse que tinha matado uma mulher. Os Outlaw nunca disseram a ela que ele tinha matado uma mulher. Talvez ele tivesse matado Jean Ellroy. Talvez os Outlaw soubessem. Talvez o tivessem protegido.

Barbara Grover mostrou uma foto para Bill. O jovem Reuben Low parecia-se com um Moreno jovem. Tinha cara de caipira. Não parecia ser latino. O dedo amputado chamava a atenção.

Bill ligou para a Homicídios do DPLA. Um amigo puxou a ficha de Reuben Low. A data de falecimento era 27/1/74. Os assassinos foram pegos e condenados.

Bill e eu discutimos Reuben Low. Eu disse que Margie Trawick o conheceria. Ele era freqüentador habitual do Desert Inn. Tinha um defeito físico. Bill disse que Hallinen e Lawton o teriam pego. Provavelmente eles tinham dado uma prensa no tal sujeito e o liberaram.

Nós o tiramos de nossa lista de suspeitos. Era o único filho da puta na nossa lista de suspeitos.

Recebemos outra pista via FedEx. Um homem de Somerset, na Califórnia, telefonou. Seu nome era Dan Jones. Ele disse que tinha trabalhado na Airtek em 1957. Conheceu minha mãe. Gostava dela. Tinha uma foto dela.

Bill ligou para Dan Jones. Ele disse que Jean usava o "Hilliker" na Airtek. Disse que tinha saído da Airtek no começo de 1958. Ele nunca tinha falado com a polícia. Não sabia com quem Jean andava saindo.

Ele deu a Bill alguns nomes de gente da Airtek. Bill procurou-os em todo o estado. Encontrou onze pessoas da Airtek no sul da Califórnia.

Dan Jones me mandou quatro fotos coloridas. Eu viajei no tempo, de volta ao Natal de 1957.

A festa de Natal da Airtek.

Todo mundo estava bebendo. Todo mundo estava fumando. Todo mundo estava se divertindo horrores. Minha mãe aparecia em uma das fotos.

Estava em pé, perto do bar. Vestia o uniforme branco e uma capa que batia na altura dos quadris. Não dava para ver seu rosto. Mas eu reconheci as pernas e as mãos. Ela estava segurando um drinque e um cigarro. Um homem estava prestes a beijá-la. Sua mão esquerda estava perto do seio direito dela.

Bill entrevistou o pessoal da Airtek. A maioria deles se lembrava de minha mãe. Bill anotou todas as entrevistas e mandou-as para mim. Os detalhes me mandaram pelos ares.

Airtek era a Cidade do Romance. O pessoal da Airtek dava um duro danado e farreava duas vezes mais. As pessoas iam trabalhar na Airtek. Elas pegavam o vírus da Airtek e largavam as mulheres e os maridos. O vírus era quente. Era o vírus *boogie-woogie*. A Airtek era um covil de troca de esposas. Jean deixou a Packard-Bell e foi para a Airtek. Ruth Schienle e Margie Stipp também foram. Margie já tinha morrido. Ruth sumiu. Jean era uma mulher linda. Bebia demais. Sabia disso. Ela bebia demais até para os da Airtek. Os padrões da Airtek eram permissivos. Ela bebia no Julie's Restaurant, perto do Coliseum. Ficava molengando, tomando drinques no almoço. Nick Zaha trabalhava na Airtek. Estava tendo um caso com Jean. Os homens da Airtek bebiam muito. Jean dava-lhes injeções de B1 para curar seus porres. A turma da Airtek tinha feito um velório simbólico para Jean. Tinham tocado *Chances Are*, de Johnny Mathis, sem parar. Jean tomou um porre numa festa da Airtek e subiu na plataforma de uma empilhadeira e foi erguida até o teto do armazém. Jean contou a um sujeito que um outro sujeito andava lhe dando trabalho. Não mencionou seu nome. Ela foi morta uma semana depois. Will Miller trabalhava na Airtek. Era um cara muito legal. Um camarada da Airtek tinha ido para a Europa duas semanas antes do assassinato. Jean pediu a ele que lhe mandasse um vidro de Chanel Nº 5. Jean era legal. Jean dava duro. Os cabelos vermelhos de Jean brilhavam depois de três *bourbons* com soda.

Ela estava reluzente naquele momento. Eu queria mais. Estávamos estacionados naquele carro, juntos. Ela estava lá sob coação. Eu não conseguia persuadi-la ou excitá-la para que ela me desse mais um pouquinho. Outras pessoas iam ter que dar para mim.

Eu não sabia como fazer para conseguir mais. Bill agiu de maneira independente e veio me mostrar o que conseguiu.

Joe Walker procurou todos os Hilliker de Wisconsin. Encontrou um Leigh Hilliker em Tomah. Tomah ficava perto de Tunnel City. Bill telefonou para Leigh Hilliker. Ele estava com 84 anos. Era primo de minha mãe em primeiro grau. Disse que Leoda Wagner tinha morrido. Ed Wagner estava hospitalizado em Cross Plains, Wisconsin. Jeannie Wagner era agora Jeannie Wagner Beck. Vivia em Avalanche, Wisconsin. Tinha marido e três filhos. Janet Wagner era agora Janet Wagner Klock. Morava em Cross Plains. Tinha marido e quatro filhos. Leigh Hilliker sabia da busca Ellroy-Stoner. Tinha visto o programa *Day One* no ano anterior. Bill perguntou a ele se os Wagner sabiam da história também. Ele disse que não sabia. Ele tinha seus endereços e números de telefone. Não tinha contato com eles. Não tinha telefonado para perguntar se tinham assistido ao programa.

Bill pegou o telefone de Janet Klock e o do hospital onde Ed Wagner estava internado. Ligou para eles. Contou-lhes o que estávamos fazendo. Ficaram boquiabertos e completamente encantados. Achavam que eu tinha morrido em alguma sarjeta de Los Angeles 15 anos atrás.

Tio Ed estava com oitenta anos. Estava com uma doença cardíaca congestiva. Leoda tinha morrido sete anos antes. Tinha câncer. Janet tinha 42 anos. Era a administradora municipal de Cross Plains, Wisconsin. Disse que tinha umas fotos deliciosas. A mãe as havia dado a ela. Tia Jean era linda. Ela disse que tinha fotos até da infância de minha mãe.

Ela contou que tia Jean tinha sido casada antes. Foi um casamento muito breve. Ela tinha sido casada com um jovem chamado Spalding. Era herdeiro da fortuna dos artigos esportivos Spalding.

Bill me telefonou para dar a notícia. Fiquei pra lá de atordoado. Bill disse que devíamos ir a Wisconsin. Ele enfatizou o ângulo familiar. Eu concordei em ir. A família não constava dentre os motivos para tal decisão. As fotografias e o boato sobre Spalding me convenceram.

Eram mais. Eram ela.

29

Ed Wagner morreu. Adiamos nossa viagem para Wisconsin.

Ed estava velho e doente. Não era um doente terminal. Ele morreu inesperadamente. As irmãs Wagner o enterraram ao lado de Leoda. O cemitério ficava a cem metros da porta dos fundos da casa de Janet.

Eu não o conheci. Eu o vi um máximo de dez vezes. Adotei a linha dura de meu pai com relação a ele. Ele era um simpatizante alemão e tinha fugido do alistamento. Era uma acusação meio duvidosa. Ed sempre me tratou bem. Ficou contente em saber que eu estava vivo e que era bem-sucedido. Eu nunca liguei para ele. Eu queria vê-lo. Eu lhe devia desculpas. Queria dá-las cara a cara.

Liguei para as irmãs Wagner. Tínhamos tomado providências para a viagem antes do pai delas morrer. Começamos nervosos. Fomos relaxando. Janet disse que Leoda teria ficado muito orgulhosa de mim. Discordei. Eu queria destruir a visão que Leoda tinha da irmã. Janet disse que Leoda não toleraria calúnias com relação à irmã. Ed tinha a mente mais aberta. Tinha uma visão mais equilibrada. Jean bebia demais. Era uma pessoa problemática. Jamais compartilhava suas preocupações.

Eu falei com franqueza. Minhas primas retribuíram com igual franqueza. Eu descrevi a vida e a morte de minha mãe em termos bastante explícitos. Elas disseram que eu parti o coração de Leoda.

Eu disse que tentei ajeitar as coisas 18 anos atrás. Eu critiquei minha mãe sem o menor tato. Leoda ficou chocada. Eu fracassei na minha tentativa de reconciliação.

Jeannie estava com 49 anos. Administrava uma estufa local. O marido era professor universitário. Tinham dois filhos e uma filha. Janet tinha se casado com um carpinteiro. Tinham três filhos e uma filha. A última vez que os vi foi no Natal de 1966. Leoda pagou minha passagem para Wisconsin. A vítima não tinha sacado o trapaceiro.

Leoda acabou sacando. Alertou as filhas. Leoda guardou um rancor filho da mãe. As filhas, não. Elas me aceitaram de volta. Jeannie era reservada. Janet mostrou-se entusiasmada. Disse que não sabia muito sobre o casamento com Spalding. Sabia que tinha fracassado rapidamente. Não sabia onde tinham sido as bodas ou as circunstâncias que cercavam a anulação ou divórcio. Ela não sabia o primeiro nome de Spalding. Janet tinha quatro anos em junho de 1958. Jeannie tinha quase 12. Leoda disse que tia Jean saiu para fazer compras e foi seqüestrada. A polícia tinha encontrado o corpo no dia seguinte. Leoda resumiu a morte de minha mãe da mesma forma que expurgou sua vida.

Janet me enviou uma cópia da árvore genealógica dos Hilliker. Era surpreendente. Eu pensava que meus avós fossem imigrantes alemães. Não sei onde foi que arranjei essa idéia. Meus ancestrais tinham nomes ingleses. O nome de minha avó era Jessie Woodard Hilliker. Tinha uma irmã gêmea chamada Geneva. A árvore listava Hilliker, Woodard, Smith, Pierce e Linscott. Tinham chegado à América 150 anos atrás.

Ed e Leoda estavam mortos. Não podiam contestar meus direitos. Eu teria lutado contra as reivindicações de Leoda com tato. Minhas primas tinham conhecido pouco minha mãe. Eu podia apresentá-las. Eu podia repartir minha mãe, superficialmente. Eu poderia entesourar seu coração sombrio todinho só para mim.

Cross Plains era um subúrbio de Madison. Bill e eu pegamos um vôo para o aeroporto de Madison.

Janet foi nos encontrar. Levou o marido, o filho mais novo e a filha. Eu não a reconheci. Ela tinha 12 anos em 1966. Não vi nela a menor semelhança com os Hilliker.

Brian Klock tinha 47 anos. Fazíamos aniversário no mesmo dia. Janet disse que Leoda rezava por mim no aniversário de Brian. Era meu aniversário. Ela jamais se esqueceu da data. Brian era baixo e corpulento. Todos os Klock eram baixos e corpulentos. Mindy Klock tinha 16 anos. Tocava piano clássico. Disse que tocaria Beethoven para mim. Casey Klock tinha 12 anos. Ele me pareceu um moleque bagunceiro. Todos os homens da família Klock tinham cabelos belíssimos. Expressei minha inveja. Brian e Casey riram. Bill entrou no clima. É a criatura mais socialmente hábil que jamais conheci.

Os Klock nos levaram a um Holiday Inn. Nós os convidamos para jantar no restaurante do hotel. A conversa fluiu serenamente. Bill descreveu nossa investigação. Mindy me perguntou se eu conhecia algum astro de Hollywood. Mencionou suas paixonites recentes. Eu disse que eram homossexuais. Ela não acreditou em mim. Contei algumas fofocas de Hollywood. Janet e Brian riram. Bill riu e disse que eu era um mentiroso. Casey tirou meleca e brincou com a comida no prato.

Foi divertido. Janet explicou seu plano para o dia seguinte. Iríamos a Tunnel City e a Tomah. Pegaríamos Jeannie no caminho. Eu mencionei as fotos. Ela disse que estavam na casa dela. Podíamos vê-las logo pela manhã.

Encompridamos bastante o jantar. A comida era esquisita. Todos os pratos incluíam queijo derretido e lingüiça. Achei que aquilo fosse uma aberração regional. Os Klock tinham sotaques regionais. Todas as palavras eram pronunciadas com inflexão ascendente. Ed e Leoda falavam assim. Suas vozes me vieram do nada. Eu não conseguia me lembrar da voz de minha mãe.

Conversamos sobre ela. Janet e Brian mostraram-se reverenciosos. Disse a eles que relaxassem um pouco.

As fotos eram antigas. Foram mostradas coladas em álbuns e tiradas de envelopes. Eu as examinei na mesa da cozinha de Janet. A janela da cozinha dava para o túmulo dos Wagner.

A maioria das fotos era preto-e-branca e sépia. Poucas tinham o colorido típico do final do anos 40. Primeiro eu olhei os meus ancestrais. Dei uma olhada em Tunnel City, Wisconsin. Vi trilhos de trem em todas as fotos tiradas ao ar livre.

Meus bisavós. Um casal vitoriano de aparência severa. Posaram com ar severo. Não se tiravam fotos-surpresa naquele tempo. Eu vi a foto do casamento de Hilliker com Woodard. Earle parecia ser um jovem valente. Jessie era frágil e linda. Tinha uma versão do meu rosto e do rosto de minha mãe, além de alguns traços que nenhum dos dois herdou. Ela usava óculos. Tinha nossos olhos pequeninos. Ela legou à minha mãe ombros delicados e pele alva e macia.

Eu vi minha mãe. Eu a segui de bebê até os dez anos de idade. Eu a vi com Leoda. Leoda olhava para a irmã mais velha. Todas as fotos emolduravam sua admiração. Geneva usava óculos. Tinha cabelos ruivos-claros. Ela sorria. Ela parecia feliz. Seus cenários interiores eram vagos. Foi criada numa casa sem supérfluos. Seus cenários externos eram lindos, selvagens. O oeste de Wisconsin era verde-escuro, em flor ou coberto de neve, repleto de árvores mortas.

Eu saltei para frente. Precisava fazê-lo. Não havia fotos de minha mãe adolescente. Pulei dez anos. Vi Geneva com vinte anos. Os cabelos tinham escurecido. Ela tinha uma beleza severa e implacável.

Os cabelos estavam presos num coque. Ela os repartia no meio. Era um penteado desmazelado. Ela o usava com imperiosa confiança. Ela sabia que aparência devia ter. Sabia controlar sua imagem.

Parecia orgulhosa. Parecia decidida. Parecia estar pensando em alguma coisa.

Saltei adiante. Vi três fotos coloridas de agosto de 1947. Minha mãe estava grávida de dois meses. Estava em pé, ao lado de Leoda. Uma das fotos tinha sido recortada. Provavelmente que Leoda tinha cortado meu pai fora. Minha mãe estava com 32 anos. Seus traços tinham se assentado, resolutos. Ela ainda usava aquele coque. Para que ficar frívola e mexer em sua marca registrada? Ela estava sorrindo. Não parecia distraída. Não parecia tão arrebatadoramente orgulhosa.

Eu vi uma foto em preto-e-branco. Meu pai tinha escrito a data no verso. Escreveu um bilhetinho abaixo da data:

"Perfeição. E quem sou eu para retocar o que já é belo?"

Era agosto de 1946. Bervely Hills. Não podia ser outro lugar. Uma piscina. Uma cabana digna de *château* francês. Uma cena de festa de gente de cinema. Minha mãe sentada numa espreguiçadeira. Estava usando um vestido leve. Estava sorrindo. Aparentava estar deliciosamente satisfeita.

Estava com meu pai naquela época. Ele constava da folha de pagamento de Rita Hayworth.

Vi mais algumas fotografias em preto-e-branco. Eram dos anos 40. Reconheci a fachada. Era o número 459 da North Dohony. Minha mãe estava usando um vestido em cor clara e escarpins. O vestido ficava perfeito nela. Parecia alta-costura com orçamento limitado. Ela fazia pose. Usava um penteado diferente. O coque era trançado, preso dos lados. Eu não consegui ler o que havia por trás de sua expressão.

Cheguei às fotos mais atordoantes. Eram fotos ampliadas, para as quais ela tinha feito pose.

Minha mãe sentada e em pé ao lado de uma cerca. Tinha entre 24 e 25 anos. Estava vestindo camisa quadriculada, casaco, culotes e botas amarradas com cadarços até os joelhos. Estava usando uma aliança de casamento. As fotos pareciam fotos de lua-de-mel, sem o marido. Meu pai ou o tal Spalding estavam em algum lugar longe da câmara. Esta era Geneva Hilliker. Esta era minha mãe sem sobrenome de homem algum. Ela era orgulhosa demais para ir atrás dos homens. Os homens é que vinham atrás dela. Ela prendia os cabelos e transformava a competência e a retitude em beleza. Ela estava ali com um homem. Estava desafiando todas as reclamações de direito, passadas e presentes.

Tunnel City e Tomah ficavam a três horas, rumo ao noroeste. Fomos até lá no furgão de Brian Klock. Brian e Janet foram na frente. Bill e eu fomos atrás.

Pegamos as estradas secundárias. Wisconsin passou por nós em cinco cores básicas. Os morros eram verdes. O céu era azul. Os celeiros e os silos eram vermelhos, brancos e prateados.

A paisagem era agradável. Eu equilibrava uma pilha de fotos

sobre o colo. Olhei para elas. Eu as estendia à minha frente nos ângulos mais variados. Eu as estendia à minha frente para pegar os raios de luz. Bill perguntou se eu estava bem. Eu respondi: Não sei.

Apanhamos Jeannie. Eu a reconheci. Ela tinha meus atentos olhinhos castanhos. O formato e o brilho herdamos de Jessie Hilliker; o castanho, de nossos respectivos pais.

Jeannie achava esse caso Ellroy um estorvo. Seu pai tinha morrido três semanas atrás. Bill e eu éramos um drama do qual ela não precisava. Ela estava distante. Não foi grosseira ou inóspita. Bill perguntou-lhe sobre o assassinato. Ela contou a história de tia Leoda, palavra por palavra. Seus pais nunca falavam sobre o homicídio. Leoda o encerrou com um muro de pedras. Mentiu sobre a morte da irmã e revisou a vida desta de acordo.

Atravessamos o fim de mundo do Wisconsin. Conversei com Jeannie e olhei as fotos. Jeannie deu uma descontraída. Entrou no espírito da viagem. Eu encostei algumas das fotos na minha janela e ensaiei algumas justaposições.

Passamos por uma base militar. Vi uma placa onde se lia Tunnel City. Janet disse que o cemitério ficava logo na saída da auto-estrada. Tinha vindo até aqui algum tempo atrás. Conhecia os principais túmulos dos Hilliker.

Paramos no cemitério. Tinha 90m^2 e era malconservado. Eu olhei as lápides. Casei os nomes com os de minha árvore genealógica. Eu vi Hilliker, Woodard, Linscott, Smith e Pierce. Seus nascimentos datavam de 1840. Earle e Jessie tinham sido enterrados juntos. Ele morreu aos 49 anos. Ela morreu aos 59. Morreram jovens. Seus túmulos estavam abandonados.

Entramos em Tunnel City. Eu vi os trilhos da ferrovia e o túnel. Tunnel City tinha quatro ruas de largura e uns 500m de comprimento. Tinha sido construída numa encosta. As casas eram de tijolos e de ripas de madeira. Algumas estavam bem conservadas. Outras não. Algumas pessoas aparavam a grama. Algumas pessoas estacionavam carros caindo aos pedaços e lanchas em seus quintais. A cidade não tinha centro. Havia uma agência dos correios e uma igreja metodista. Minha mãe freqüentou aquela igreja. Estava fechada, com tábuas de madeira pregadas à entrada. A estação de trem estava trancada com cadeado. Janet nos mostrou a antiga casa dos Hilliker. Parecia um abrigo contra bombardeios. Era de tijolos e tinha 60m².

Olhei a cidade. Olhei as fotos.

Fomos para Tomah. Passamos por uma placa que dizia Hilliker's Tree Farm. Janet disse que pertencia aos filhos de Leigh. Entramos em Tomah. Janet disse que as irmãs tinham se mudado para cá em 1930. Tomah era uma cidadezinha perdida no tempo. Era um *set* de filmagem do pré-guerra. As placas do Pizza Hut e da copiadora Kinko's delatavam a era. A rua principal se chamava Superior Avenue. Ruas residenciais a cortavam. Os terrenos eram grandes. As casas eram de ripas de madeira branca. A casa dos Hilliker ficava a duas quadras da avenida. Era enfeitada e tinha sido reformada com um toque anacrônico. Minha mãe morou naquela casa. Tornou-se aquela beldade severa nesta linda cidadezinha.

Estacionamos e olhamos a casa. Eu olhei as fotos. Bill olhou as fotos. Ele disse que Geneva era a moça mais bonita de Tomah, Wisconsin. Eu disse que ela não agüentava de vontade de sair dali, para sempre.

Voltamos para Avalanche. Jantamos na casa de Jeannie. Conheci o marido de Jeannie, Terry, e seus dois filhos. A filha estava na faculdade.

Terry tinha cabelos longos e barba. Era parecido com o Unabomber. Os garotos tinham 17 e 12 anos. Queriam ouvir histórias de tiras. Bill falou e falou e tirou a pressão social de cima de mim. Eu me permiti assumir uma postura de espectador. As fotos estavam no furgão. Eu resisti a uma vontade terrível de mandar aquela reuniãozinha às favas e me trancar em algum lugar com elas.

Jeannie descontraiu-se ainda mais. Bill e eu tínhamos invadido sua vida. Nós a distraímos. Formamos um elo com seu marido e seus filhos. Ganhamos credibilidade.

O grupo se separou às 23:00. Eu estava morto de cansado e com a cabeça a mil por hora. Bill estava um caco. Eu sabia que suas rotações por minuto estavam altas.

Os Klock nos levaram de volta ao Holiday Inn. Tomamos um

café de saideira e conversamos. Eu disse que precisávamos ir a Chicago e voltar ao Wisconsin. Precisávamos ir à escola de enfermagem de Geneva e voltar a Tomah. Precisávamos descobrir colegas de turma e Hilliker ainda vivos. Bill concordou. Ele disse que devia fazer a viagem sozinho. Talvez as pessoas ficassem pouco à vontade na presença do filho de Geneva. Ele queria que falassem com total franqueza.

Concordei. Bill disse que tomaria as devidas providências para voltar para o leste.

Eu sabia que não conseguiria dormir. As fotos estavam lá em cima. Minha mente divagava. Bill perguntou no que eu estava pensando.

Eu disse: Eu odeio o Moreno agora.

Fui para casa. Bill foi para casa. Ele organizou entrevistas em Tomah e Chicago. Joe Walker desencavou a papelada do divórcio dos meus pais. Encontrou a certidão de casamento e algumas listagens de catálogos antigos. Ele nos forneceu algumas grandes surpresas. Bill voltou para o leste. Checou arquivos de jornais. Conversou com Leigh Hilliker, com a mulher dele e com três senhoras de oitenta anos. Conversou com o superintendente da West Suburban College of Nursing, a escola de enfermagem. Fez anotações rigorosas. Pegou um vôo para casa. Encontrou a companheira de quarto de Geneva na escola de enfermagem. Ele me mandou sua papelada. Joe Walker me mandou a dele. Eu li. Eu li com as fotos à minha frente. Janet encontrou mais fotos. Vi Geneva de óculos escuros e um conjunto de calça e blusa. Eu a vi de culotes e botas, outra vez. A investigação manteve-se coesa. A papelada e as fotos formavam uma vida em elipse.

30

Gibb Hilliker era fazendeiro e pedreiro. Casou-se com Ida Linscott, com quem teve quatro filhos e duas filhas. Batizaram os filhos de Vernon, Earle, Hugh e Belden. Chamaram as duas meninas de Blanche e Norma. Ida teve filhos de 1888 a 1905.

Viviam em Tunnel City. Duas linhas ferroviárias cortavam a cidade. Ficava no condado de Monroe. As indústrias principais eram a madeireira e a de peles. Caçar pombos era uma atividade importante. Como esporte e como profissão. A carne de aves era muito popular naquela época. O condado de Monroe era cheio de aves de caça comestíveis. O condado de Monroe era cheio de índios desordeiros. Gostavam de beber e de fazer baderna.

Earle Hilliker gostava de beber e de fazer baderna. Earle era teimoso. Earle tinha o pavio curto. Foi para Minnesota e arranjou emprego numa fazenda. Conheceu uma garota chamada Jessie Woodard. Casou-se com ela. Era bem possível que fossem parentes de sangue. O boato era insistente. Earle voltou para Tunnel City com Jessie. Tiveram uma filha em 1915. Chamaram-na Geneva Odelia Hilliker.

Earle foi nomeado supervisor de conservação do estado para o condado de Monroe, em Wisconsin. Era 1917. Ele era guarda florestal. Pegava grileiros e dava-lhes prensas. Contratava índios para apagar incêndios nas florestas. Eles pegavam o dinheiro e compravam bebida. Começavam novos incêndios para ganhar mais dinheiro. Earle gostava de brigar. Brigava com dois brancos de uma só vez. Não se metia com os índios. Eles lutavam sujo. Andavam em bandos. Guardavam ressentimentos e atacavam pelas costas.

Earle e Jessie tiveram outra filha. Leoda Hilliker nasceu em 1919.

Jessie criou as meninas. Ela era meiga e tinha a fala mansa. Geneva era uma garota inteligente. Tornou-se uma adolescente inteligente e pensativa. Era calada e autoconfiante. Tinha um certo *je ne sais quoi* de cidade do interior.

Ela se dava bem na escola. Era excelente nos esportes. Era mais madura do que as outras crianças de sua idade.

Era 1930. Os Hilliker mudaram-se para Tomah.

Earle andava bebendo muito. Ele esbanjava seu dinheiro e pagava as contas atrasado. Foi no tempo da Depressão. Vernon Hilliker faliu e perdeu a fazenda de laticínios. Earle o contratou. Transformou-o em guarda florestal e deixou-o administrar o escritório do condado de Monroe. Vernon fazia todo o trabalho. Earle passava o dia todo bebendo e jogando cartas. Vernon disse a Earle que tomasse cuidado. Earle o ignorou. O chefe da conservadoria estadual visitou Tomah. Encontrou Earle bêbado. Demoveu-o e transferiu-o para a delegacia de Bowler. Deu o emprego de Earle para Vernon. Earle reagiu muito mal. Rompeu relações com Vernon e com a família deste. Earle mudou-se para Bowler. Jessie recusou-se a ir com ele. Ficou em Tomah. As filhas ficaram com ela. Geneva tornou-se próxima de Norma, irmã de Earle.

Norma era nove anos mais velha do que Geneva. Era a mulher mais linda de Tomah. Geneva era a menina mais linda. Norma se casou com "Pete" Pendersen. Pete era dono da drogaria de Tomah. Era 15 anos mais velho do que Norma. Construiu um salão de beleza para ela. Norma o administrava na base da brincadeira. Norma e Pete tinham dinheiro. Davam dinheiro para Earle e para Jessie. Norma era a *cause célèbre* local. Diziam que ela tinha um caso com um pastor metodista. Diziam que ele tinha saído de Tomah e que tinha cometido suicídio. Norma e Geneva se comportavam como irmãs ou como as melhores amigas. Não se comportavam como tia e sobrinha. Eram unha e carne.

Geneva agora era uma jovem posuda. Ia aos bailes da cidade. Earle vinha de Bowler para acompanhá-la. Não queria saber de homens farejando os rastros de sua filha.

Geneva concluiu o segundo grau em junho de 1934. Queria ser enfermeira diplomada. Escolheu uma escola de enfermagem perto de Chicago. Norma disse que pagaria os custos da instrução e de sua manutenção. Geneva inscreveu-se no West Suburban College. Foi aceita. Deixou a mãe e a irmãzinha em Tomah. Deixou o pai bêbado em Bowler. Voltava apenas para visitas breves.

Mudou-se para Oak Park, Illinois. Diminuiu o nome para Jean. Arranjou um quarto no alojamento da West Suburban. Rachava o quarto com uma garota chamada Mary Evans. Elas moraram no mesmo quarto durante seis meses. Mudaram-se para quartos adjacentes e compartilharam o mesmo banheiro durante dois anos. Tornaram-se boas amigas. Mary tinha um amante médico. Jean gostava do lado rebelde de Mary. Mary gostava do lado rebelde de Jean. Jean saía com os rapazes e ficava na rua até depois do horário limite. Era como se ela tivesse mandado aquela vidinha de cidade do interior à merda e tivesse dado uma piradinha. Mary e Jean tinham encontrado formas de driblar o horário limite para entrar no alojamento. Mexeram na fechadura da escada de emergência. Assim, podiam fugir e voltar para o alojamento sem serem vistas. Mary podia sair com o médico. Jean podia sair com homens e ficar despreocupada. Jean era quieta e reservada grande parte do tempo. Gostava de ler. Gostava de ficar sentada, sonhando acordada. Jean tinha um outro lado. Mary assistiu-o se desenvolver. Era Jean sem vendas nos olhos. Jean começou a beber um bocado. Jean *vivia* bebendo. Jean saía para beber e voltava depois do horário limite. Ela se sentava na privada e passava um século fazendo pipi. Ela voltou para casa certa noite e acampou na privada. Acendeu um cigarro e jogou o fósforo lá dentro. Um pedaço de papel higiênico pegou fogo e queimou o bumbum dela. Jean riu e riu até não poder mais.

Jean gostava de se remoer. Jean era sua própria conselheira. Ela nunca mencionava seus pais. Sua tia Norma a visitava. Os pais, nunca. Mary achava aquilo estranho. Jean gostava de gente mais velha. Gostava de homens mais velhos. Gostava de ter mulheres mais velhas como amigas. Jean ficou muito amiga de uma enfermeira chamada Jean Atchison. Jean Atchison era dez anos mais velha que Jean. Jean Atchison não saía com homens. Jean Atchison era completamente vidrada em Jean Hilliker. Seguia-a por todos os lados. Todo mundo comentava. Todo mundo achava que eram lésbicas e amantes. Mary achava que Jean Atchison era lésbica. Jean Hilliker gostava demais de homens para ser lésbica.

Jean se apaixonou por um homem chamado Dan Coffey. Dan tinha 25 anos. Jean tinha 20. Dan era diabético e bebia demais da conta. Jean se preocupava com ele. Bebia com ele quase todas as noites. Saiu com ele todas as noites durante um ano e meio. Jean se abriu com Mary. Disse que bebia demais.

Jean sabia equilibrar as coisas. Era uma boa aluna de enfermagem. Tinha facilidade para aprender. Era zelosa e carinhosa para com seus pacientes. Ela conseguia ficar na rua até tarde e ter um bom desempenho no dia seguinte. Jean era competente, capaz e decidida.

Dan Coffey a deixou. Jean reagiu mal. Remoía-se e corria atrás de homens. Ela gostava de rapazes grosseirões. Alguns deles pareciam gângsteres ou então vagabundos desordeiros.

Jean formou-se em maio de 1937. Era agora enfermeira formada. Conseguiu um emprego em tempo integral na West Suburban. Mudou-se do alojamento da faculdade. Jean Atchison arranjou um apartamento em Oak Park. Convidou Jean e Mary Evans para morar com ela. Mary tinha seu próprio quarto. Jean dormia no mesmo quarto que Jean Atchison. Na mesma cama.

O namorado de Mary arranjou um trabalho de cão de guarda para Jean. Ela teria que levar um casal de alcoólatras idosos para Nova York. A mulher estava morrendo de câncer. O marido queria levá-la à Europa antes que ela empacotasse. Cabia a Jean mantê-los sóbrios e transportá-los até o navio.

O trabalho foi um pé no saco. Os bebuns fugiam em cada parada. Jean encontrava garrafas na bagagem dos dois e as esvaziava. Os bebuns arranjavam mais bebida. Jean capitulou. Passou a encorajá-los a beber até cair e deixarem-na dirigir em paz. Chegou a Manhattan. Despejou os bebuns no porto. O velho disse que tinha um quarto de hotel reservado em seu nome. Ela podia descansar lá antes de pegar a estrada de volta para Chicago.

Jean encontrou o hotel, hospedou-se. Conheceu um artista plástico lá. Ele fez um desenho dela nua, em carvão. Passaram uns dias desregrados juntos. Jean ligou para Jean Atchison e para Mary Evans e disse a elas que fossem para a Maçã. Podiam ficar na suíte dela até que alguém as expulsassem. Jean Atchison e Mary convidaram uma outra enfermeira, chamada Nancy Kirkland. Nancy tinha carro. Foram para Nova York e fizeram uma zorra do cacete com Jean. Foi uma farra de quatro ou cinco dias.

As moças voltaram para Chicago. Mary mudou-se do apartamento. O namorado arranjou um lugar só para ela. Jean e Atchison viram um anúncio para um concurso de beleza. Era patrocinado pelos produtos de beleza Elmo. Queriam encontrar quatro mulheres. Queriam coroá-las como a "Mais Encantadora" Loura, Morena, Grisalha e Ruiva. Queriam festejá-las bastante e mandá-las para Hollywood. Jean Atchison mandou um formulário e uma foto de Jean Hilliker. Não contou a Jean. Sabia que Jean não aprovaria.

Jean ganhou o concurso. Era agora a Ruiva Mais Encantadora da América. Zangou-se com Jean Atchison. A zanga foi passando. Pegou um vôo para Los Angeles em 12/12/38. Conheceu as outras Mais Encantadoras. Passaram uma semana em Los Angeles. Ficaram no Ambassador Hotel. Receberam mil dólares cada. Visitaram os pontos turísticos. Foram examinadas por caçadores de talentos. Fizeram um teste com Jean. O jornal de Tomah publicou um artigo sobre a Ruiva Mais Encantadora da América. Disseram que era "uma jovem calada, modesta e muito atraente".

Jean voltou para Chicago. A viagem tinha sido divertida. Ela ganhou um dinheirinho. Tinha gostado da Califórnia. O teste tinha sido divertido e ponto final. Ela não queria ser estrela de cinema.

Era 1939. Jean fez 24 anos em abril. Tia Norma deixou o marido. Juntou-se com um outro pastor das redondezas. Deixaram Tomah para sempre. Norma perdeu contato com Jean. Nunca mais se viram. Jean perdeu contato com Mary. Nunca mais se viram. Leoda Hilliker se casou com Ed Wagner no dia 7/6/39. Jean compareceu ao casamento em Madison, Wisconsin. Jean tinha um amante, ou amantes, naquela época. Ficou grávida. Ligou para o namorado de Mary e pediu a ele que fizesse um aborto. Ele se recusou. A própria Jean fez o aborto. Ela matou o feto e teve uma hemorragia. Ligou para o namorado de Mary. Ele cuidou dela. Não denunciou o aborto.

Jean mudou-se para Los Angeles. Talvez tenha conhecido o tal Spalding lá. Casaram-se em algum lugar. Não foi em Chicago. Não foi no condado de Los Angeles, nem de Orange, San Diego, Ventura, Las Vegas ou Reno. Bill Stoner checou os registros em todos esses locais. Janet Klock encontrou umas anotações antigas. Eram relacionadas às fotos tiradas junto à cerca. Minha mãe tinha feito as anotações. Disse que as fotos tinham sido tiradas perto de Mount Charleston, em Nevada. Minha mãe falava em "nós". Ela usava uma aliança de casamento. Pareciam ser fotos de lua-de-mel. O casamento de Hilliker e Spalding não tinha como ser verificado. Leoda jamais conheceu o tal Spalding. Os amigos de Jean jamais conheceram o tal Spalding. Ninguém sabia seu primeiro nome. Dois homens se qualificaram como herdeiros da fortuna dos materiais esportivos Spalding. Um deles tinha morrido na Primeira Guerra Mundial. O nome de seu filho era Keith Spalding. Bill Stoner não conseguiu encontrar a ligação dele com minha mãe. Era possível que ela tivesse se casado com ele. Era possível que tivesse se casado com um Spalding que não fosse parente de sangue *daqueles* Spalding. O casamento foi breve. Cinco testemunhas confirmavam o fato ou boato. Bill encontrou uma Geneva Spalding no catálogo de Los Angeles de 1939. Sua ocupação aparecia como "Arrumadeira". O endereço era Bedford, número 852, em West Los Angeles. Os catálogos de 1939 saíam em 1940. Ela teria tido tempo de se casar e de se divorciar do sr. Spalding. Ela teria tido tempo de encontrar um emprego e um apartamento só para ela.

Earle Hilliker morreu em 1940. Morreu de pneumonia. Jean Hilliker aparecia no catálogo de Los Angeles de 1941. Era estenógrafa. Morava no número 854 da South Harvard. Mudara-se para o leste, para o distrito de Wilshire. Era possível que estivesse correndo atrás de um certificado de enfermagem.

E de um encontro com meu pai.

Meu pai mudou-se para San Diego depois da Primeira Guerra Mundial. Ele me contou isto. Era um mentiroso. Todas as suas afirmações eram suspeitas. Bill Stoner checou todos os catálogos de San Diego. Encontrou meu pai no de 1926. Aparecia como vice-auditor do condado. Manteve este emprego até 1929. Em 1930 ele era vendedor. Foi gerente de hotel em 1931. Trabalhou no U.S. Grant Hotel pelos quatro anos seguintes. Era detetive e auditor-assistente. Mudou de emprego em 1935. Tornou-se vendedor. Trabalhava para a A.M. Fidelity. Não apareceu nos catálogos de 1936 ou de 1937. Apareceu no catálogo de Los Angeles de 1937. Não havia ocupação listada. Morava no número 2.189 da Leeward. Apareceu no mesmo endereço nos catálogos de 1938 e 1939. O número 2.819 da Leeward ficava em Central L.A. Ficava seis quilômetros e meio ao leste do endereço de Geneva Spalding em 1939. O catálogo de 1940 mostrava meu pai no número 2.845 da 27 Oeste. O de 1941 o mostrava em South Burlington, 408. O endereço ficava a dois quilômetros e meio do endereço de Jean Hilliker em 1941.

Meu pai se casou com uma mulher em San Diego. A data era 22/12/34. Seu nome era Mildred Jean Feese. Era natural do Nebraska. Meu pai a deixou no dia 5/6/41. Ela pediu divórcio no dia 11/9/44. Disse que meu pai a tratava "de maneira cruel e desumana, causando à queixosa intenso sofrimento mental e angústia, que acabaram deixando-a extremamente nervosa, sofrendo de angústia física e levando-a a adoecer".

Meu pai foi intimado judicialmente. Ele não se apresentou. O caso foi julgado à revelia em 20/11/44. O divórcio foi finalizado em 27/11/45. Não nasceram filhos desse casamento. A sentença final não mencionava pagamento de pensão.

Meu pai apareceu no catálogo de 1941. Ele deixou a esposa em 5/6/41. Mildred Jean Ellroy apareceu no catálogo de 1942. Morava no número 690½ da South Catalina. Jean Hilliker apareceu no catálogo de 1942. Apareceu listada como enfermeira. Morava no número 548¼ de South New Hampshire. Ficava a três quadras do número 690½ da South Catalina. Meu pai dizia que morava com minha mãe na esquina da Oitava Avenida com New Hampshire. Dizia que moravam lá quando Pearl Harbor foi bombardeado. A memória dele era meio turva. Moravam três quadras ao norte, na Quinta Avenida com New Hampshire.

Bill e eu reconstruímos os prováveis acontecimentos.

Meu pai conheceu a ruiva em 1941. Conheceu-a em Los Angeles. Deixou a esposa. Foi morar com Jean Hilliker. Correu de uma mulher. Correu para outra mulher. A mulher abandonada entregou o apartamento onde vivia com ele. Mudou-se para um apartamento a três quadras do ninho de amor do marido. A mudança poderia ser uma coincidência ou algo rancorosamente planejado.

Talvez ela perseguisse meu pai.

Talvez ela tivesse se mudado para um apartamento a três quadras de onde ele vivia para se castigar.

Talvez tivesse se mudado para lá para olhar para a ruiva e se vangloriar, intimamente. Ela sabia quem era meu pai. Sabia o que a ruiva teria pela frente.

Não publicaram catálogos de Los Angeles durante o restante da guerra. Os catálogos de 1946 e 1947 estavam faltando. Os catálogos de Beverly Hills estavam faltando. Não conseguimos seguir a mudança para North Doheny, 459.

Em algum lugar eles moraram juntos. O divórcio de Spalding foi concluído em 1939 ou 1940. O divórcio de meu pai foi concluído no final de 1945. Estavam, então, livres para se casar.

Casaram-se no condado de Ventura. A data foi 29/8/47. Minha mãe estava com 32 anos. Estava grávida de dois meses e meio. A certidão de casamento dava um endereço em comum para os dois. North Doheny, 459. A certidão indica que este era o segundo casamento de ambas as partes.

Eu nasci em março de 1948. Jessie Hilliker morreu em 1950. Teve um ataque e morreu. Meus pais se mudaram para o número 9.031 da Alden Drive. O casamento azedou. Minha mãe pediu o divórcio em 3/1/55.

Ela alegou "crueldade extrema". Listou os bens em comum como sendo móveis e um carro. Manifestou o desejo de manter minha guarda.

Meu pai aceitou as reivindicações dela. Assinou um acordo no dia 3/2/55. Ela ficou com o carro e os móveis. Ficou comigo durante o período escolar e uma parte das férias de verão. Ele ficou com duas visitas semanais e parte das férias de verão. Teve de pagar os honorários do advogado e uma pensão alimentícia de cinqüenta dólares.

Houve uma audiência no dia 28/2/55. Meu pai foi intimado. Não apareceu. O advogado de minha mãe pediu que o caso fosse julgado à revelia. Meu pai me disse que ela estava dando para o advogado.

A sentença foi concedida em 30/3/55. Foi interlocutória. O processo de divórcio seria concluído um ano mais tarde. Minha mãe entrou com uma reclamação de conduta contra meu pai. A reclamação o levou ao tribunal no dia 11/1/56. A reclamação apresentava as acusações de minha mãe, especificamente.

Ela disse que meu pai me levou para casa na noite de Ação de Graças e ficou do lado de fora da porta da frente, escutando atrás da porta. Ele invadiu o apartamento no dia 27/11/55. Remexeu as roupas e as gavetas da cômoda dela. Encurralou-a no Ralph's Market, na esquina da Terceira Avenida com San Vicente. Ele berrava insultos enquanto ela fazia compras. O incidente ocorreu no final de novembro de 1955.

Meu pai arranjou um advogado. Escreveu um resumo que rebatia as afirmações de minha mãe. Disse que o estilo de vida dela não contribuía para o meu desenvolvimento moral e social. Meu pai temia pela minha saúde e segurança.

Meus pais se apresentaram diante de um juiz. Ele nomeou uma assistente social para o caso. Pediu a ela que investigasse as acusações.

Ela entrevistou meu pai. Ele disse que Jean era uma boa mãe cinco dias na semana. Ela bebia três quartos de uma garrafa de vinho todas as noites e "enlouquecia" nos fins de semana. Ele disse que ela era uma maníaca sexual. A bebida caminhava lado a lado com a mania sexual. Ele disse que não tinha ficado ouvindo atrás da porta naquela noite. Ele tinha levado o filho para casa às 17:15. Jean abriu a porta. Os cabelos estavam em desalinho. O hálito cheirava a álcool. O tal de Hank Hart estava sentado à mesa da cozinha. Estava de camiseta. Uma garrafa de champanhe, três latas de cerveja, uma garrafa de vinho e uma de uísque estavam à vista.

Ele deixou o apartamento. Decidiu ir visitar uns amigos na vizinhança. Passou pelo apartamento outra vez. Ouviu o filho berrar. Ouviu "mais alguma confusão". Foi até a janela da cozinha e olhou para dentro. Viu o filho entrar no banheiro e tomar banho. Viu Jean e Hank Hart deitarem-se no sofá da sala. Começaram a se beijar. Hart enfiou a mão por baixo do vestido de Jean. Seu filho entrou na sala. Vestia pijama. Assistiu TV. Hank Hart implicou com ele. O garoto foi dormir. Hank Hart tirou as calças. Jean ergueu a saia. Eles tiveram relações no sofá.

Meu pai disse que foi para casa. Ligou para minha mãe. Perguntou a ela se não tinha vergonha. Jean disse que faria o que bem entendesse. Ele disse que não tinha cercado Jean no Ralph's Market. Levou o filho para casa alguns dias após o feriado de Ação de Graças. Jean não estava. O filho mostrou a ele como entrar no apartamento. Ele abriu uns janelões. Entrou no apartamento. Ele não vasculhou as coisas de Jean e nem abriu as gavetas da cômoda. Ele jamais xingou Jean. Foi ela quem telefonou para ele e o xingou.

A investigadora conversou com Ethel Ings. Ela disse que Jean era uma excelente mãe. Jean lhe pagava 75 centavos a hora. Ela tomava conta do filho de Jean. Jean nunca deixava o filho sozinho em casa. Ele ia a uma igreja luterana todo domingo. Jean jamais levantava a voz para ele. Ela nunca usava linguagem chula.

A investigadora conversou com a diretora da Children Paradise School. Ela disse que Jean era uma excelente mãe. O pai mimava o garoto e não o fazia estudar. O pai usava o garoto. Usava-o para se vingar da mãe. Ligava para ele todas as noites e fazia perguntas sobre a mãe. Mandava-o responder "sim" e "não" quando a mãe estivesse por perto.

A investigadora conversou com Eula Lee Lloyd. Ela disse que Jean era uma excelente mãe. O sr. Ellroy não era um bom pai. Recentemente, ela tinha visto o sr. Ellroy em diversas ocasiões. Ele estava agachado do lado de fora do apartamento de Jean. Estava olhando pelas janelas.

A investigadora conversou com minha mãe. Ela contradisse o relato de meu pai com relação aos seus atos. Negou acusações de mania sexual e comportamento dipsomaníaco. Disse que o ex-marido mentia para o filho repetidamente. Ele havia dito ao menino que era dono de uma loja em Norwalk. Tinha dito também que estava comprando uma casa com piscina. Ele queria possuir o garoto, completamente. Seu ex-marido a chamava de coisas vis. Ele o fazia na frente do filho. Seu ex-marido era um homossexual latente. Ela tinha provas médicas.

A investigadora ficou do lado de minha mãe. Citou seu salutar histórico trabalhista. Ela disse que minha mãe demonstrava ter bom caráter. Ela não agia como uma bêbada e uma devassa. O juiz ficou do lado de minha mãe. Ele deu sua sentença. Disse à queixosa e ao réu que parassem de se atacar mutuamente. Ele disse a meu pai que não invadisse o apartamento de minha mãe. Disse a ele que não espreitasse e não flanasse do lado de fora. Disse a ele que fosse me pegar e fosse me deixar e que ficasse longe de lá, porra.

A sentença datava de 29/2/56. Minha mãe estava a dois anos e quatro meses daquela noite de sábado. As anotações e registros catalogavam sua vida em más companhias. Eu poderia classificar a investigação de bem-sucedida. Eu sabia de uma coisa, sem a menor sombra de dúvida. Eu não sabia quem tinha matado minha mãe. Eu sabia como ela tinha chegado à King's Row.

31

Não era o bastante. Era uma pausa momentânea e um ponto de fulgor. Eu precisava saber mais. Precisava pagar minha dívida e fazer valer meus direitos. Minha vontade de procurar e de saber continuava forte e perversamente em sintonia. Eu era meu pai, agachado do lado de fora da janela do quarto de minha mãe.

Eu não queria que terminasse. Eu não deixaria que terminasse. Não queria perdê-la outra vez.

King's Row nada mais era do que uma janela para o passado. O Moreno nada mais era do que uma testemunha com algumas recordações. Eu era um detetive sem sanções oficiais e sem as restrições de provas. Eu podia pegar sugestões e boatos e considerá-los verdadeiros. Eu podia viajar a vida dela na minha própria velocidade mental. Eu podia me deixar ficar em Tunnel City, em El Monte e em qualquer ponto entre uma e outra. Eu podia envelhecer na minha busca. Eu podia temer a minha morte. Eu podia reviver os domingos dela, passados naquela igreja, perto dos trilhos de trem. Pregavam sermões celestiais naquele lugar. Eu podia aprender a crer. Eu podia abrir mão de minha busca com devota isenção e esperar o momento em que nossos olhares se cruzassem em alguma nuvem.

Não vai acontecer. Ela deu as costas àquela igreja. Ela ia àquela igreja debaixo da mira de um revólver. Ela se sentava naquele banco e sonhava. Eu a conheço bem o bastante para tomar isto como fato. Eu me conheço bem o bastante para afirmar que nunca vou parar de procurar.

Eu não deixarei que isto termine. Eu não a trairei e não a abandonarei outra vez.

Estou com você agora. Você fugiu e se escondeu e eu a achei. Seus segredos estão a salvo comigo agora. Você conquistou minha dedicação. Pagou por ela com seu desnudamento em público.

Saqueei seu túmulo. Eu a revelei. Eu a mostrei em momentos de vergonha. Aprendi coisas a seu respeito. Tudo o que aprendi me fez amá-la com intensidade ainda maior.

Eu saberei mais. Seguirei seus rastros e invadirei seu tempo oculto. Descobrirei suas mentiras. Reescreverei sua história e revisarei meu julgamento, à medida que seus antigos segredos forem explodindo. Justificarei tudo isto em nome da vida obsessiva que você me legou.

Não consigo ouvir sua voz. Consigo sentir seu cheiro e o sabor de seu hálito. Posso senti-la. Você se roça em mim. Você se foi e eu quero mais de você.

A investigação continua.
Informações sobre o caso devem ser enviadas para o detetive Stoner pelo telefone 1-800-717-6517 ou pelo *e-mail* detstoner@earthlink.net -EUA.

Este livro foi composto na tipologia
Goudy Old Style em corpo 11/13 e impresso
em papel Offset 90g/m² no Sistema Cameron
da Divisão Gráfica da Distribuidora Record.